唐祥春 保利长大工程有限公司路桥、市政高级工程师，专业方向为交通运输工程。从事高速公路隧道、桥梁等的施工工作。主要参与了南武高速、古武高速、都九高速、云湛高速、官新高速等多条高速公路的新建施工管理工作。公开发表本专业论文7篇，获得7项实用新型及发明专利。主持部级工法"深水库区大水位落差双壁钢吊箱围堰设计与施工工法"的编写工作。

谭博盛 保利长大工程有限公司路桥高级工程师，专业方向为土木工程（隧道与地下工程）。从事高速公路隧道、桥梁等的施工工作。主要参与了河百高速、南天高速、云湛高速、二广高速、官新高速等多条高速公路的新建施工管理工作。公开发表本专业论文4篇，获得7项实用新型及发明专利。参与部级工法"深水库区大水位落差双壁钢吊箱围堰设计与施工工法"的编写工作。

王亚雄 保利长大工程有限公司路桥高级工程师，专业方向为土木工程。从事高速公路隧道、桥梁等的施工工作。主要参与了惠清高速、都安高速、官新高速等多条高速公路的新建施工管理工作。公开发表本专业论文4篇，获得10项实用新型及发明专利。参与部级工法"深水库区大水位落差双壁钢吊箱围堰设计与施工工法"的编写工作。

刘志川

2009年毕业于长沙理工大学，同年进入保利长大工程有限公司工作，土木工程高级工程师，先后参与云罗高速、广佛肇高速、大潮高速、官新高速等多条高速公路的建设工作。公开发表本专业论文2篇，获得安全科技进步奖三等奖。

陈晓庆

毕业于华南理工大学土木与交通学院土木工程（路桥）专业。毕业后在保利长大工程有限公司工作至今，先后在广佛肇高速总承包C段、梅大高速梅州东环支线项目土建工程2标、中山坦洲快线C段、湖南官新高速第11合同段及保利长大工程有限公司技术部工作，担任项目工程部长、副总工、副经理、公司技术部经理等职务。参与建设的梅州东环支线项目获得詹天佑故乡杯奖。以第一作者身份发表路桥相关论文5篇，参与了"山岭地区中、短隧道单项出洞施工工法""山区高等级公路特殊土高填路堤施工工法""路基边坡加筋土柔性支护生态修复施工工法"等工法的编写工作。参与编写了《炭质泥岩隧道大变形控制及动态管理方法——其古顶隧道工程建设实例》一书，与他人合作获得3项路桥相关专利。

李红杰

博士研究生，保利长大工程有限公司路桥高级工程师，专业方向为高速公路施工技术与管理。从事高速公路隧道、桥梁等的施工工作。主要参与了梅河高速、云罗高速、古武高速、肇花高速、揭博高速等多条高速公路的新建、改扩建施工管理工作。公开发表本专业论文13篇，获得11项实用新型及发明专利。参与部级工法"高比例RAP厂拌热再生沥青路面施工工法"和"长隧道路面SMA-10铺装施工工法"的编写工作。

·工程建设理论与实践丛书·

GAOSU GONGLU GONGCHENG SHIGONG JISHU GUANLI TANSUO YU SHIJIAN

高速公路工程施工技术管理探索与实践
——以湖南省官新高速公路第11合同段工程为例

唐祥春 谭博盛 王亚雄 刘志川 陈晓庆 李红杰 编著

华中科技大学出版社
http://press.hust.edu.cn
中国·武汉

图书在版编目(CIP)数据

高速公路工程施工技术管理探索与实践：以湖南省官新高速公路第11合同段工程为例 / 唐祥春等编著. -- 武汉：华中科技大学出版社，2024.11. -- ISBN 978-7-5772-1372-9

Ⅰ. U415.12

中国国家版本馆CIP数据核字第20244HZ610号

高速公路工程施工技术管理探索与实践——以湖南省官新高速公路第11合同段工程为例

唐祥春　谭博盛　王亚雄　刘志川　陈晓庆　李红杰　编著

Gaosu Gonglu Gongcheng Shigong Jishu Guanli Tansuo yu Shijian
——yi Hunan Sheng Guanxin Gaosu Gonglu Di 11 Hetongduan Gongcheng Wei Li

策划编辑：周永华

责任编辑：梁　任

封面设计：张　靖

责任监印：朱　玢

出版发行：华中科技大学出版社（中国·武汉）　　电话：(027)81321913
　　　　　武汉市东湖新技术开发区华工科技园　　邮编：430223

录　　排：华中科技大学惠友文印中心

印　　刷：武汉科源印刷设计有限公司

开　　本：787 mm×1092 mm　1/16

印　　张：21.5　插页：1

字　　数：420千字

版　　次：2024年11月第1版第1次印刷

定　　价：98.00元

本书若有印装质量问题，请向出版社营销中心调换

全国免费服务热线：400-6679-118　　竭诚为您服务

版权所有　侵权必究

编 委 会

唐祥春　保利长大工程有限公司

谭博盛　保利长大工程有限公司

王亚雄　保利长大工程有限公司

刘志川　保利长大工程有限公司

陈晓庆　保利长大工程有限公司

李红杰　保利长大工程有限公司

前言 | Preface

官新高速公路是中国湖南省境内连接怀化市沅陵县和娄底市新化县的高速公路,为中国国家高速公路网呼和浩特—北海高速公路(国家高速 G59)的组成部分之一。

官新高速公路北起于怀化市沅陵县官庄镇沐濯铺,南止于娄底市新化县琅塘镇水口坑,线路全长 76.581 km,道路为双向 4 车道高速公路,设计速度为 80~100 km/h。

官新高速公路第 11 合同段共有 3 座桥梁,分别为沂溪大桥、平口中桥及平口资水大桥,沂溪大桥与平口中桥为普通预应力混凝土连续梁桥,而平口资水大桥为预应力混凝土连续刚构桥+预应力混凝土连续梁桥,其横跨资水(也称"资江"),最大跨径为 90 m,施工难度大,具有较大的探讨价值,因此本书仅对平口资水大桥进行探讨。平口资水大桥位于湖南省益阳市安化县柘溪水库之中(桥下为Ⅳ级航道),水库库容量达 35.7 亿 m^3,桥址在柘溪大坝上游约 55 km 处,同时地处湖南省娄底市新化县龙湾国家湿地公园内,该湿地公园属于国家级重点水资源保护区。受限于水坝拦截,该水域无法驶入重型起重船舶。此外,由于水库需要调蓄洪峰,枯水期为每年 12 月下旬至次年 3 月底,水位为 149 m,而蓄水期水位为 166.68 m,高差达 17.68 m,主墩承台底标高为+146.8 m,河床标高为 145 m,因此主墩承台需要通过深水钢吊箱围堰进行辅助施工,且施工窗口期仅为每年枯水期的 3 个月。

官新高速公路第 11 合同段工程线路全长为 8100 m,隧道共 3 座,隧道总长为 5302 m,占线路总长的 65.5%。其中观音坡隧道围岩以板岩夹变质砂岩为主,围岩较破碎,节理较发育,含水丰富,隧道内发育 6 条断层破碎带,围岩自稳性一般,施工组织难度大;椆树山隧道围岩以板岩、变质砂岩夹泥质灰岩为主,岩质遇水易软化,隧道内发育 5 条断层破碎带,围岩整体较破碎、自稳性差;檀山冲隧道为小净距双向分离式隧道,隧道围岩以强风化、中风化泥灰岩及强风化石英砂岩为主,施工过程中围岩自稳性一般,地质条件较复杂。

本书共 5 章,包括官新高速公路第 11 合同段工程概述、平口资水大桥施工技术总结、隧道工程施工技术总结、官新高速公路第 11 合同段工程保证措施、官新高速公路第 11 合同段工程亮点与技术创新等内容,从施工和管理的角度总结了官新高速公路第 11

合同段工程的建造技术和科研成果。本书详细介绍了平口资水大桥的施工工艺，另外还从洞口及洞身开挖，支护与衬砌，仰拱、面层与预埋件施工，防排水与通风等角度全面总结了观音坡隧道、**桐树山隧道**、檀山冲隧道的施工技术。

  本书作为官新高速公路第 11 合同段工程的建造技术和科研成果总结，代表了新时期我国高速公路工程的建设水平，彰显了桥梁隧道建设者团结、协作、拼搏和创新的时代精神。本书对我国桥隧比例高的高速公路的建设具有一定的指导作用。

  本书包含了官新高速公路第 11 合同段工程参建单位多年的施工经验，在编写过程中，许多同行专家给予了大力支持，并提出很多宝贵建议，在此表示感谢。由于编者的知识水平及经验的局限性，书中难免存在一些不足之处，恳请同行和专家给予批评指正。

目录 | Contents

第 1 章　官新高速公路第 11 合同段工程概述 ⋯⋯⋯⋯⋯⋯⋯⋯⋯⋯⋯⋯⋯⋯⋯⋯（1）
 1.1　项目简介 ⋯⋯⋯⋯⋯⋯⋯⋯⋯⋯⋯⋯⋯⋯⋯⋯⋯⋯⋯⋯⋯⋯⋯⋯⋯⋯⋯⋯（2）
 1.2　沿线自然地理环境 ⋯⋯⋯⋯⋯⋯⋯⋯⋯⋯⋯⋯⋯⋯⋯⋯⋯⋯⋯⋯⋯⋯⋯⋯（2）
 1.3　主要技术指标 ⋯⋯⋯⋯⋯⋯⋯⋯⋯⋯⋯⋯⋯⋯⋯⋯⋯⋯⋯⋯⋯⋯⋯⋯⋯⋯（3）
 1.4　主要工程数量 ⋯⋯⋯⋯⋯⋯⋯⋯⋯⋯⋯⋯⋯⋯⋯⋯⋯⋯⋯⋯⋯⋯⋯⋯⋯⋯（4）
 1.5　项目特点 ⋯⋯⋯⋯⋯⋯⋯⋯⋯⋯⋯⋯⋯⋯⋯⋯⋯⋯⋯⋯⋯⋯⋯⋯⋯⋯⋯⋯（6）

第 2 章　平口资水大桥施工技术总结 ⋯⋯⋯⋯⋯⋯⋯⋯⋯⋯⋯⋯⋯⋯⋯⋯⋯⋯⋯⋯（9）
 2.1　工程概况 ⋯⋯⋯⋯⋯⋯⋯⋯⋯⋯⋯⋯⋯⋯⋯⋯⋯⋯⋯⋯⋯⋯⋯⋯⋯⋯⋯（10）
 2.2　栈桥及平台施工工艺及总结 ⋯⋯⋯⋯⋯⋯⋯⋯⋯⋯⋯⋯⋯⋯⋯⋯⋯⋯⋯（13）
 2.3　下部结构施工工艺及总结 ⋯⋯⋯⋯⋯⋯⋯⋯⋯⋯⋯⋯⋯⋯⋯⋯⋯⋯⋯⋯（26）
 2.4　上部结构施工工艺及总结 ⋯⋯⋯⋯⋯⋯⋯⋯⋯⋯⋯⋯⋯⋯⋯⋯⋯⋯⋯（100）

第 3 章　隧道工程施工技术总结 ⋯⋯⋯⋯⋯⋯⋯⋯⋯⋯⋯⋯⋯⋯⋯⋯⋯⋯⋯⋯⋯（143）
 3.1　洞口及洞身开挖 ⋯⋯⋯⋯⋯⋯⋯⋯⋯⋯⋯⋯⋯⋯⋯⋯⋯⋯⋯⋯⋯⋯⋯⋯（144）
 3.2　支护与衬砌 ⋯⋯⋯⋯⋯⋯⋯⋯⋯⋯⋯⋯⋯⋯⋯⋯⋯⋯⋯⋯⋯⋯⋯⋯⋯⋯（205）
 3.3　仰拱、面层与预埋件施工 ⋯⋯⋯⋯⋯⋯⋯⋯⋯⋯⋯⋯⋯⋯⋯⋯⋯⋯⋯（248）
 3.4　防排水与通风 ⋯⋯⋯⋯⋯⋯⋯⋯⋯⋯⋯⋯⋯⋯⋯⋯⋯⋯⋯⋯⋯⋯⋯⋯⋯（264）

第 4 章　官新高速公路第 11 合同段工程保证措施 ⋯⋯⋯⋯⋯⋯⋯⋯⋯⋯⋯⋯⋯（287）
 4.1　工期保证措施 ⋯⋯⋯⋯⋯⋯⋯⋯⋯⋯⋯⋯⋯⋯⋯⋯⋯⋯⋯⋯⋯⋯⋯⋯⋯（288）
 4.2　质量保证措施 ⋯⋯⋯⋯⋯⋯⋯⋯⋯⋯⋯⋯⋯⋯⋯⋯⋯⋯⋯⋯⋯⋯⋯⋯⋯（292）
 4.3　安全保证措施 ⋯⋯⋯⋯⋯⋯⋯⋯⋯⋯⋯⋯⋯⋯⋯⋯⋯⋯⋯⋯⋯⋯⋯⋯⋯（302）
 4.4　环保、水保保证措施 ⋯⋯⋯⋯⋯⋯⋯⋯⋯⋯⋯⋯⋯⋯⋯⋯⋯⋯⋯⋯⋯⋯（320）

第 5 章　官新高速公路第 11 合同段工程亮点与技术创新 ⋯⋯⋯⋯⋯⋯⋯⋯⋯（325）
 5.1　工程亮点 ⋯⋯⋯⋯⋯⋯⋯⋯⋯⋯⋯⋯⋯⋯⋯⋯⋯⋯⋯⋯⋯⋯⋯⋯⋯⋯⋯（326）
 5.2　技术创新 ⋯⋯⋯⋯⋯⋯⋯⋯⋯⋯⋯⋯⋯⋯⋯⋯⋯⋯⋯⋯⋯⋯⋯⋯⋯⋯⋯（328）

参考文献 ⋯⋯⋯⋯⋯⋯⋯⋯⋯⋯⋯⋯⋯⋯⋯⋯⋯⋯⋯⋯⋯⋯⋯⋯⋯⋯⋯⋯⋯⋯⋯⋯（331）

后记 ⋯⋯⋯⋯⋯⋯⋯⋯⋯⋯⋯⋯⋯⋯⋯⋯⋯⋯⋯⋯⋯⋯⋯⋯⋯⋯⋯⋯⋯⋯⋯⋯⋯⋯（335）

第1章
官新高速公路第 11 合同段工程概述

1.1　项目简介

官新高速公路是湖南省"十二五"规划建设项目"张家界至新化高速公路"中的一段，也是国家发展改革委、交通运输部 2022 年 7 月公布的《国家公路网规划（2013 年—2030 年）》"呼和浩特至北海国家高速公路 G59"中的重要组成部分。

官新高速公路起点位于沅陵县官庄镇沐濯铺，对接 G59 张家界至官庄高速公路，并设枢纽互通接常吉高速，经桃源县西安镇，安化县马路镇、柘溪镇、南金乡、古楼乡、平口镇，止于新化县琅塘镇水口坑，路线全长 76.581 km。

官新高速公路第 11 合同段顺接第 10 标段，右幅起点桩号为 K57+100，左幅起点桩号为 ZK57+100；终点顺接第 12 标段，右幅终点桩号为 K65+200，左幅终点桩号为 ZK65+189.1。路线全长为 8.1 km。主要工程为沂溪大桥、平口资水大桥（跨江桥，连续刚构桥，长 839 m）、椆树山隧道（3502 m）、观音坡隧道（1470 m）、檀山冲隧道（330 m）。本合同段采用双向 4 车道高速公路标准，设计速度为 80～100 km/h，路基宽度为 25.5 m，为全新建公路。

本书仅对平口资水大桥、椆树山隧道、观音坡隧道和檀山冲隧道的施工技术进行总结和讨论。

1.2　沿线自然地理环境

(1) 地形、地貌。

路线走廊带位于湘中地区（湖南省益阳市安化县至娄底市新化县），雪峰山脉北段，山脉走向与地质构造线基本一致，即北东向。走廊带内为侵蚀中低山-丘陵地形，地势总体中部高，东西两侧低。最高黄海高程为 870 m，最低黄海高程为 95 m。

(2) 气候、气象条件。

项目位于湖南省中部，属中亚热带季风性湿润气候，雨量充沛，光能热能充足。春湿低温多雨，夏秋多高温。地区年均降雨量为 1200～1900 mm，雨多集中于 4—6 月，约占全年降雨量的 39%～49%；7—9 月次之，占 23%～28%；1—3 月又次之，占 15%～18%；10—12 月最少，只有 10%～16%，平均年降水日为 162 d。年平均气温为 14～18 ℃，极端最高气温为 40.1 ℃，极端最低气温为 −12.1 ℃。

(3) 工程地质特征。

全线穿越构造剥蚀作用形成的中低山-丘陵地貌区，为山岭重丘地形。线路区内地形复杂且起伏大,山高坡陡,冲沟发育。区内地层分布较为复杂,地层岩性差异大,地质构造复杂,断裂非常发育,工程地质条件较差。

K57+100～K64+000段为构造剥蚀作用形成的中低山区,地形起伏,最大标高为870 m,最小标高为95 m,相对高差为80～500 m,构造剥蚀作用强烈,山高坡陡,山坡坡度一般为40°～65°,冲沟发育,冲沟走向多呈北东向,冲沟及沟谷断面呈V形。地表水较发育,基岩大多裸露,植被较发育。

K64+000～K65+200段为构造剥蚀作用形成的丘陵地貌,属软质岩区。地形稍有起伏,最大标高为270 m,最小标高为140 m,相对高差为20～30 m。山体较低矮浑圆,山坡坡度一般为20°～45°,冲沟发育,冲沟走向多呈北东向,冲沟及沟谷断面呈U形。残坡积覆盖层稍厚,基岩局部裸露,植被较发育。

(4)水文地质特征。

项目所在区域内地表水系较发育,大的常年性地表水体为资水及其支流,路线所经地域主要为资水水系,最大的地表水体为柘溪水库。雨季多集中于4—6月,该时期为汛期,河水受降水影响明显,水位陡涨陡落。一般10月至翌年3月降雨量稀少,蒸发量大于降雨量,该时期的径流量可视为基流量,主要由地下水补给。此外,项目所在区域内还分布有大小不一的冲沟,冲沟内大多为季节性流水,暴雨后水量较大,易形成山洪。

(5)不良地质及特殊性岩土。

本项目地质勘察未发现大规模滑坡,局部坡体沿覆盖层发育小规模滑坡,均为浅层覆盖层滑坡,下伏基岩整体稳定;岩溶整体发育微弱,个别桥梁工点钻探揭露岩溶强发育至中等发育,钻探揭露有溶洞、溶槽等。

1.3 主要技术指标

本项目主要技术指标见表1.1。

表1.1 主要技术指标

项目	指标
设计速度/(km/h)	80
服务水平	一级
停车视距/m	110

续表

项目		指标
最小圆曲线半径/m		400（一般值）
		250（极限值）
最小回旋曲线长度/m		70
不设超高最小平曲线半径/m		2500
最小平曲线长度/m		400（一般值）
		140（极限值）
最大纵坡/(%)		3.9
最小坡长/m		200
最小竖曲线半径/m	凸形	4500（一般值）
		3000（极限值）
	凹形	3000（一般值）
		2000（极限值）
最小竖曲线长度/m		170（一般值）
		70（极限值）
路基宽度/m		25.5
桥涵宽度/m		分离式 12.5
隧道净空横断面尺寸/m		净宽 10.25，净高 5
桥涵设计荷载		公路-Ⅰ级
抗震设防烈度/度		7
设计洪水频率	特大桥	1/300
	其他	1/100

1.4 主要工程数量

本项目主要工程数量如下：路基挖方 18.2 万 m^3；路基填方 43.5 万 m^3；主线桥梁 1608 m/3 座（表 1.2）；主线涵洞通道 3 座；主线隧道 5302 m/3 座（表 1.3）；排水防护工程（包括路基排水、边坡防护、支挡工程等）2.3 万 m^3。

表1.2 桥梁结构概况　　　　　　　　　　　　　　　　　　　　　　　单位：m

序号	左/右	中心桩号	桥梁名称	孔数及跨径	桥梁全长	结构类型		
						上部结构	桥墩及基础	桥台及基础
1	左线	ZK61+358	沂溪大桥	16×30+7×40+30	797	预应力混凝土T梁	柱式墩、桩基础	座板台、柱式台、桩基础
	右线	K61+467	沂溪大桥	8×30+9×40	607	预应力混凝土T梁	柱式墩、桩基础	肋板台、柱式台、桩基础
2	左线	ZK64+105.4	平口资水大桥	7×30+(56+2×90+56)+11×30	839	连续刚构+预应力混凝土T梁	柱式墩、空心薄壁墩、桩基础	肋板台、柱式台、桩基础
	右线	K64+117.4	平口资水大桥	7×30+(56+2×90+56)+11×30	839	连续刚构+预应力混凝土T梁	柱式墩、空心薄壁墩、桩基础	肋板台、柱式台、桩基础
3	左线	ZK64+698.5	平口中桥	2×30	67	预应力混凝土T梁	柱式墩、桩基础	肋板台、U形台、桩基础
	右线	K64+707.5	平口中桥	2×30	67	预应力混凝土T梁	柱式墩、桩基础	肋板台、U形台、桩基础

表1.3 隧道结构概况

隧道名称	左/右	起讫桩号	长度/m	围岩级别			洞门形式		备注
				V	IV	III			
桐树山隧道	左线	ZK57+421	3494	525	630	2323	起点	端墙式	分离式、小净距
		ZK60+915					终点	端墙式	
	右线	K57+420	3510	538	650	2310	起点	端墙式	
		K60+930					终点	端墙式	

续表

隧道名称	左/右	起讫桩号	长度/m	围岩级别			洞门形式		备注
				V	IV	III			
观音坡隧道	左线	ZK61+755	1490	410	350	705	起点	环框式	分离式
		ZK63+245					终点	削竹式	
	右线	K61+770	1450	395	305	725	起点	环框式	
		K63+220					终点	削竹式	
檀山冲隧道	左线	ZK63+338	330	103	210	—	起点	环框式	小净距
		ZK63+668					终点	端墙式	
	右线	K63+350	330	103	210	—	起点	环框式	
		K63+680					终点	端墙式	

1.5 项目特点

(1) 桥隧比高。

本标段共计 8.1 km，其中包括主线桥梁 1608 m/3 座、主线隧道 5302 m/3 座、主线涵洞通道 3 座(137.26 m)，桥隧长度合计为 6910 m，桥隧比高达 85.3%。

(2) 路基短，深挖高填。

本项目路基共计 1.1 km，且均为短路基，路基多被隧道及桥梁隔断，路基最大填筑高度为 24 m，边坡最大开挖高度为 52 m(6 级坡)。

(3) 便道施工难。

桐树山隧道进口地处山区深处，由省道进入需经过约 17 km 的盘山村道，道路随着山体蜿蜒曲折，便道新建或改扩建线路长、难度大、安全风险高。观音坡隧道出口与檀山冲隧道进口便道全长 1.4 km，均需新建，根据现场地质揭露情况，属变质砂岩、硬质岩区，且便道沿库区建设，需采用静态爆破施工技术，工期较长且成本较高。

(4) 临建选址、梁板架设难。

本项目地处湖南省中部山区，地形陡峭，临建选址难，临建工程施工土石方工程量大，石方开挖较多或需采用爆破开挖方式，费用较高。梁场选址困难。其中沂溪大桥左幅小桩号与桐树山隧道出口距离约 44 m，大桩号紧邻观音坡隧道进口，架桥机拼接及梁板架设困难。

（5）环保、水保压力大。

本项目涉及国家级森林公园自然保护区范围，且平口资水大桥横跨资江（柘溪水库），临时用地环保及水中桩水保压力大，施工过程中应特别注意环境、水体保护，避免出现环保违法风险。

（6）电力短缺。

本项目施工用电严重匮乏，外接电施工周期长、费用高，严重影响施工工期，具体如下：①桐树山隧道进口端需与第 8~10 标段共接安化县古楼乡变电站，该线路电力容量缺口约为 23000 kV·A，电力扩容周期约 12 个月，预计会对桐树山隧道进口端总体施工进度产生严重影响；②桐树山隧道出口至标尾段需从平口镇变电站拉设约 9 km 专线，施工周期约 4 个月。

（7）临时租地费用高。

本项目地方关系复杂，诉求较多，经了解，湖南地区临时租地及复垦价格高，总租地费用高。

（8）征拆困难。

①本项目主线内共需拆迁房屋 10605 m^2，拆迁 10 kV 及 220 V 电力、通信线 11770 m。房屋拆迁存在以下困难：当地居民多为库区移民，工程拆迁索赔难度大；红线范围内平口镇敬老院需拆除；平口资水大桥大桩号侧属两市交界处，拆迁房屋同时涉及益阳市安化县、娄底市新化县，征地拆迁存在较强不稳定性等。

②桩号 K61+200（沂溪大桥）处需迁移古树 21 株，最大树龄达 300 年，经前期了解，村民对古树迁移事宜持很大反对意见，迁移较困难。

③刘氏宗祠部分房屋边角及围墙占据了本项目标尾段路基，经了解，该宗祠族谱上有 6.4 万人，其建设费用高达 1600 万元，征地拆迁与宗祠协调难度较大，对工期影响较大。

第 2 章

平口资水大桥施工技术总结

2.1 工程概况

2.1.1 工程简介

平口资水大桥位于湖南省益阳市安化县,桥梁轴线走向方位角为90°,桥梁分左右线设置,全长839 m。左线桥梁中心桩号为ZK64+105.4,设计孔数和跨径为7×30 m+(56 m+2×90 m+56 m)+11×30 m;右线桥梁中心桩号为K64+117.4,设计孔数和跨径为7×30 m+(56 m+2×90 m+56 m)+11×30 m;本桥上部结构采用连续刚构+预应力混凝土T梁。

8♯、9♯、10♯主墩承台为矩形承台,尺寸均为12.6 m×8.5 m×3.2 m,承台基础均采用2×3根D200 cm桩基础。8♯墩承台最初方案是采用承台施工平台+模板施工,后因水位上涨,申报变更为单壁钢吊箱施工工艺。9♯、10♯墩承台施工采用双壁钢吊箱围堰作为挡水结构,围堰顶标高均设为160~166.5 m(围堰分为4段,先拼装2段,即顶标高160 m,根据现场主墩桩基础施工进度及第二年具体水位情况选择性加高),围堰内轮廓尺寸为在承台尺寸的基础上各边外扩5 cm,为12.7 m×8.6 m,壁厚为1.35 m。表2.1为平口资水大桥水中承台尺寸、标高一览表。

表2.1 平口资水大桥水中承台尺寸、标高一览表

桥墩编号	承台尺寸/m	承台顶标高/m	承台底标高/m	承台高/m	备注
左幅8♯	12.6×8.5	155	151.8	3.2	单壁钢吊箱围堰
右幅8♯	12.6×8.5	155	151.8	3.2	单壁钢吊箱围堰
左幅9♯	12.6×8.5	150	146.8	3.2	双壁钢吊箱围堰
右幅9♯	12.6×8.5	150	146.8	3.2	双壁钢吊箱围堰
左幅10♯	12.6×8.5	150	146.8	3.2	双壁钢吊箱围堰
右幅10♯	12.6×8.5	150	146.8	3.2	双壁钢吊箱围堰

2.1.2 自然条件

1. 地形地貌

平口资水大桥横跨资江(柘溪水库),属于丘陵河谷地貌,地貌形态以重丘地貌为主,桥位区域内总体地势南低北高,紧邻(相距15 m)已建成的S225资水大桥。北岸(右岸)

为地势较陡的丘陵,山丘连绵起伏,山顶标高为230～462 m,山上植被发育,但多为灌木及小树,山脚沿河岸边有少量民房和菜地。南岸(左岸)为平口镇,地势相对平缓,分布有民房和街道,高程为169～171 m,但桥址处及上游山坡陡峻,各山丘下游有少量民房,桥址附近山顶标高为200～202 m。桥址处靠近南岸水深较浅,在枯水期时局部河滩露出水面;靠近北岸水较深,主航道偏右(北岸)。

2. 地质条件

桥位区两岸为丘陵,表层为黏土夹碎岩块,少量角砾,中下层为强风化泥灰岩和中风化泥灰岩,局部有灰岩薄夹层。主墩8#、9#、10#桩基础附近的岩层主要分为4层,从上往下主要为淤泥质土、卵石、强风化泥灰岩、中风化泥灰岩。主墩区域河床面以下岩层分布如表2.2所示。

表 2.2 主墩区域河床面以下岩层分布

桥位地质钻孔	8#墩(QZK170)		9#墩(QZK171)		10#墩(QZK172)	
	标高/m	厚度/m	标高/m	厚度/m	标高/m	厚度/m
河床面	149.8	—	141.97	—	144.67	—
淤泥质土	146.9	2.9	134.97	7	135.79	8.88
卵石	146.9	0	133.17	1.8	133.89	1.9
强风化泥灰岩	145.3	1.6	132.27	0.9	130.59	3.3
中风化泥灰岩	123	22.3	112.17	20.1	113.49	17.1

3. 水文条件

桥位地区地表水发育,主要为柘溪水库,受大气降雨、地下水补给及下游水库调容的影响较大,水面高程变化幅度较大。地下水类型主要为孔隙潜水、基岩裂隙水及岩溶水。孔隙潜水主要分布在河谷中的河床、漫滩中,水量较丰富,河岸两侧水量较小,主要接受大气降水及地表径流补给,季节性变化明显,河谷中地下水与地表水为互补互排关系。基岩裂隙水主要赋存于基岩层面裂隙及构造裂隙中,无稳定地下水位,水量不大,水量随季节性变化较大,主要接受大气降水补给。岩溶水则主要分布于岩溶发育地层中,水量受岩溶通道及溶洞储水能力影响,变化较大,无稳定地下水位,受大气降水补给明显,且具有明显的滞后效应,季节性变化亦较显著。

桥位处航道等级为Ⅳ级,主河道水面宽度约550 m,河道断面为U形断面,所处河段较为顺直,但上、下游约1 km处均有较大弯道,水文情况较为复杂。

(1) 预测水位。

桥位下游约 55 km 为柘溪水库大坝,柘溪水库(资江)每年枯水期为 12 月下旬至次年 3 月底,最小水深约为 7.7 m,最大水深约为 12 m,盈水期一般为 6—9 月,最大水深达 28 m,水位落差极大。根据设计图纸,常水位为 166.12 m(水深约为 25 m),最低通航水位为 149.7 m,最高通航水位为 168.23 m,设计洪水位为 169.23 m(水深约为 28 m)。

根据柘溪水库(资江)2016—2020 年逐月水位统计资料,水库水位起伏较大,为 149～166.68 m。枯水期基本维持在 12 月下旬至次年 3 月底,整体水位基本保持在 149～157.7 m。因此平台施工及围堰拼装时施工最高水位控制在 158 m 以下。

(2) 实际水位。

在实际施工过程中,2021 年 3 月初迎来一波强降雨,水位从 2021 年 3 月 4 日的 149.43 m 涨至 2021 年 3 月 12 日的 157.03 m,8 天涨幅达 7.6 m,远超往年同期水平,这导致原定的 8#墩支架+模板施工方案无法实施,经过项目部商议并上报公司申请变更为单壁钢吊箱辅助施工,该方案变更导致费用增加约 156 万元。

将 2021 年水位曲线与历年水位记录对比,第 1 波洪峰与第 2 波洪峰明显异于往年规律。第 1 波洪峰导致 8#平台施工方案变更,第 2 波洪峰为 2021 年 5 月中旬,将 9#、10#墩围堰淹没 1 周左右,加上水位下降后抽水及清理围堰,导致出水进度滞后 11 d。

(3) 沟通协调。

柘溪水库总库容 35.7 亿 m^3,柘溪水电站发电出库流量最大为 1900 m^3/s,泄洪流量最高为 4000 m^3/s,益阳市防汛抗旱指挥部办公室和柘溪水电站可在发电站出库流量限值内协调指挥,泄洪则需要湖南省防汛抗旱指挥部办公室下发正式文件。

因此前期项目部、邻近标段和业主联合发文,积极与柘溪水电站及益阳市防汛抗旱指挥部办公室沟通协调,争取将水位控制在 155 m 以下,但柘溪水电站及益阳市防汛抗旱指挥部办公室的调控权限最高为 1900 m^3/s,只有当水位有趋势突破湖南省防汛抗旱指挥部办公室下发文件规定的 162.73 m 防汛水位时,湖南省防汛抗旱指挥部办公室才会下发文件开闸泄洪。

为及时通报水位信息,益阳市防汛抗旱指挥部办公室组织建立安化境内资江涉水桥梁建设工作群,在群内及时发布政府相关文件及水位趋势,为指导平口资水大桥施工组织提供方便。

2.1.3 施工重点难点

(1) 9#、10#主墩承台施工采用钢吊箱作为挡水结构,且该桥位于水库,受大坝影响,大型驳船与浮吊无法进入,拟采用"先桩后围"的方式,利用桩基础钢护筒作为悬吊系统,现场进行围堰焊接拼装与下放。

（2）柘溪水库枯水期为 12 月下旬至次年 3 月底,为降低施工风险,缩短工期,8#、9#、10# 左右幅共 6 个主墩需要在枯水期完成水下部分的施工,在 3 月底完成吊箱下放并抽水。其中 9#、10# 墩左右幅共 4 个钢吊箱要同时下放,人员、设备和材料投入大,施工组织难度大。

（3）8# 墩位于斜坡河床上,承台小桩号侧河床标高为 152.677 m,比承台底标高（151.8 m）高约 1 m,大桩号侧河床标高为 149.13 m,高差达 3.547 m,纵向坡度达 42%；同时由于该处覆盖层较浅,仅 2 m,承台施工前需进行河床清理。

（4）本桥位于柘溪水库龙湾国家湿地公园,施工环保、水保要求高。

2.2　栈桥及平台施工工艺及总结

2.2.1　栈桥、平台构造

1. 线形控制

栈桥位于拟建平口资水大桥上游,与桥梁翼缘垂直投影线间距为 3 m 左右,栈桥的线形与主桥一致,栈桥通过调节跨来调节线形,调节跨贝雷之间不连接,根据线形需要调整角度,单联内贝雷为直线设置。

2. 标高控制

平口资水大桥位于柘溪水库大坝上游约 55 km 处,属柘溪水库回水区,水文资料显示,该区域 100 年一遇的洪水位高程为 169.23 m,10 年一遇的洪水位高程为 166.12 m。

柘溪水库的汛期为每年的 4 月 1 日至 9 月 30 日,其中 4 月 1 日至 5 月 20 日为初汛期；5 月 21 日至 7 月 15 日为主汛期；7 月 16 日至 9 月 30 日为后汛期。

《中华人民共和国河道管理条例》第十二条规定,"桥梁和栈桥的梁底必须高于设计洪水位,并按照防洪和航运的要求,留有一定的超高",同时,洪水位采用 10 年一遇洪水位高程,即 166.12 m,本平口资水大桥 A# 栈桥桥面标高为 169.17 m,B# 栈桥桥面标高为 170.17 m。

2.2.2　功能要求、总体布置、结构形式与附属结构

1. 栈桥及平台功能要求

因施工需要,本项目栈桥及平台功能要求如下。

(1) 栈桥与水中主墩施工平台衔接,作为施工材料、机械设备转运的主要通道,同时作为施工人员上下班便道。栈桥作为施工通道,除承受施工车辆荷载外,还受到风、浪、水流的作用。栈桥、平台荷载要求见表2.3。

表2.3 栈桥、平台荷载要求

类型	荷载
10 m³ 混凝土运输车	满载 410 kN
人群荷载	3.0 kN/m²
50 t 汽车起重机	自重 400 kN、吊重 120 kN
90 t 履带式起重机	自重 900 kN、吊重 360 kN
流水压力	0.385 kN/m
波浪力	2.84 kN

(2) 在工作状态下,栈桥应满足90 t履带式起重机和满载混凝土运输车正常通行的安全性和适用性要求,在8#墩与9#墩中间设置通航孔,不作为运梁通道。

(3) 在栈桥施工状态下,栈桥应满足自身施工过程的安全性要求,6级以上大风时停止吊装作业,8级以上大风时应停止栈桥施工。

(4) 临时施工平台是水上施工生产的基地,平台须承受钢护筒下放、钻机钻孔及水流等荷载。其主要功能是为钢护筒下放及桩基础施工提供工作平台,便于钢护筒下放及桩基础施工;桩基础施工完成后拆除部分平台,为后续的承台、墩柱施工继续提供服务及简单的工作场地。

2. 栈桥与平台总体布置

平口资水大桥桥位处河槽呈U形,当桥位断面水位达到10年一遇设计洪水位时,河道内有7#~19#桥墩位于水域,根据施工需要,搭设水上栈桥及施工平台。栈桥总长度为480 m,其中安化县方向(小桩号侧)A#栈桥长为78 m(9 m×5+3 m+6 m×3+3 m+6 m+3 m),桥面宽度为6 m;新化县方向(大桩号侧)B#栈桥长为402 m[(3 m+12 m)×16+(3 m+9 m)×13+6 m],桥面宽度为8 m;水中墩均设置施工平台,一端与栈桥相连。

3. 主栈桥结构形式

(1) 基础。

栈桥基础为钢管桩,采用 $\phi 630$ mm×10 mm 钢管(水深小于等于20 m)和

ϕ820 mm×10 mm 钢管(水深大于 20 m)。A#栈桥单排钢管桩 2 根,横向中心间距为 4 m,普通墩纵向中心间距为 9 m 和 6 m,B#栈桥单排钢管桩 3 根,横向中心间距为 3 m,浅水区(水深小于等于 20 m)采用 3 m+12 m 跨径,深水区(水深大于 20 m)采用 3 m+9 m 跨径。为加强稳定性,横向钢管桩采用 ϕ529 mm×8 mm 钢管与制动墩纵向连接。钢管桩采用履带式起重机配合 DZ-90 振动锤由岸边向江中心打设。

(2) 主横梁。

横向每排桩顶面用双拼 I45a 工字钢作为支承贝雷梁的横向承重梁。

(3) 主梁。

贝雷梁采用"2+2+2"共 6 片贝雷,其尺寸为 3 m×1.5 m,贝雷片横向通过花窗连成桁架结构。相邻桁架结构间采用[10 槽钢呈倒八字交错布置,以加强横向稳定性。当贝雷梁支点正上方不在贝雷梁的节点处时,支点处采用[10 槽钢设置加强立杆。

(4) 分配梁。

A#栈桥贝雷梁上按照间距 75 cm 铺设 I25a 工字钢作为横向分配梁,B#栈桥按照 50 cm 间距铺设 I25a 工字钢作为横向分配梁,分配梁在两端通过限位板锁定在贝雷主梁上。

(5) 桥面系。

A#栈桥分配梁上按照间距 22 cm 纵向铺设[20a 槽钢作为桥面,B#栈桥分配梁上铺设 10 mm 厚花纹钢板作为桥面;桥面与 I25a 分配梁之间焊接固定。桥面横向每隔 50 cm 满焊一条 ϕ12 mm 钢筋,起到防滑作用。

(6) 护栏。

采用[10 槽钢竖柱焊接在桥面系横梁上作为护栏的立柱,采用 ϕ50 mm×4 mm 无缝钢管作为护栏的水平栏杆。

4. 施工平台结构形式

施工平台结构形式与主栈桥基本一致,施工平台自下而上依次为 ϕ630 mm×10 mm 钢管桩(B#栈桥水深超过 20 m 用 ϕ820 mm×10 mm 钢管);ϕ529 mm×8 mm 平联;2×I45a 承重梁;(2+2+2)贝雷梁组合,I25 分配梁(7#、8#平台间距为 75 cm,9#~19#平台间距为 50 cm);7#、8#平台[20a 槽钢桥面,9#~19#平台 10 mm 厚花纹钢板桥面;护栏与主栈桥结构形式相同。

(1) 引桥墩及过渡墩施工平台。

引桥墩及过渡墩施工平台共计 10 个,尺寸为长 36.07 m、宽 11 m。其中支栈桥宽 1 m,钻孔平台宽 5 m,平台顶面标高与主栈桥一致。

(2) 主桥墩及过渡墩施工平台。

主桥墩(8#、9#、10#墩)施工平台共计 3 个,尺寸为长 39 m、宽 31 m,平台顶面标高与栈桥顶面标高一致,主墩平台钢护筒间采用 $\phi 529$ mm×8 mm 钢管连接,以增加稳定性。

引桥钻孔平台按周转 2 次计算(平口资水大桥引桥墩共需搭设平台约 8 个,则一次搭设 8 个×0.5=4 个),过渡墩一次性搭设 2 个,主墩钻孔平台一次性搭设 3 个,后期需要根据现场实际情况进行调整。

5. 附属结构

(1) 防撞墩。

栈桥上下游、左右侧各设置一个通航孔,共 6 个防撞墩,防止过往船舶直接冲击栈桥。防撞墩由三根 $\phi 630$ mm×10 mm 钢管通过 3 层双拼[20a 槽钢横联相互固结的结构组成。防撞墩与主栈桥不相连,距栈桥或平台边缘 3 m。

(2) 测量平台。

栈桥结构存在明显晃动,不适合作为测量基站使用。因此为提高平口资水大桥测量放样准确度,拟在 A#栈桥通航孔上游端的防撞墩顶设置一个测量平台,以供测量设置控制点。该平台在防撞墩顶中心间距 30 cm 铺设[20a 槽钢作为分配梁,10 mm 厚花纹钢板作为平台面板,[10 槽钢作为护栏立柱,$\phi 50$ mm×5 mm 无缝钢管作为立柱钢管,设置 20 mm 高 0.6 mm 厚铁皮踢脚板,护栏挂绿色防护网。利用一条 1 m 宽的人行通道与主栈桥相连,人行通道也设置同规格护栏。

测量平台仅供测量建站使用,严禁堆放任何物料。

2.2.3 栈桥及施工平台施工方案

1. 总体施工方案

主栈桥分为 A#、B#两段,施工班组分为 2 组,施工总体思路:从安化端和新化端两侧同时开始进行钢栈桥的施工,安化端的栈桥和钻孔平台施工完毕后,将一组工班调至新化端施工钻孔平台。

钢栈桥施工利用 75 t 履带式起重机或 50 t 汽车起重机配合 DZ-90 振动锤采用"钓鱼法"工艺逐跨施工。

主栈桥施工完成后,组织相关人员进行成桥验收。

2. 施工准备

(1) 施工技术准备。

栈桥施工前,主要进行以下技术准备工作。

①详细调查现场各项条件,取得详细准确的气象、水文资料。对河床标高进行复勘

工作,并针对平口资水大桥区域的水位进行定期观测。

②栈桥施工前,根据实际情况编制合理、安全的施工技术方案和安全方案。

③建立技术岗位责任制,建设技术、质量、安全管理网络,以便在工程实施过程中对重大技术难点问题进行攻关。

④根据施工项目现场实际特点,对技术人员和施工队伍进行安全技术培训。

(2) 施工测量准备。

为了快速、高效、精确地完成测量控制网布设及测量任务,前期先对工程施工进行合理规划。

①完成施工控制网点、水准点的交接后,及时组织工程技术人员对工程的控制网点进行复测及导线布设。

②总工对测量组针对栈桥施工方案进行技术交底,确保测量人员对栈桥布置及设计理念有充分认识,以更好地进行现场施工测量工作。

③编制针对栈桥施工测量的监控方案,保证一系列施工过程中的测量工作及时、可控、精确。

④施工前对所有测量仪器进行全面检测、校正,更换无法满足水上测量精度要求的仪器,减少测量过程中的仪器误差。

(3) 其他方面。

①钢栈桥施工小型机具设备及材料全部由平板车运输到施工现场。现场配备 2 台 10 t 平板车、2 台 25 t 汽车起重机、1 台 55 t 履带式起重机、1 台 75 t 履带式起重机。

②栈桥施工水域范围内为柘溪水库区域,过往船只较多,在栈桥的栏杆上安装警戒灯和雾灯,提前警示过往船舶。

③在施工现场便道入口区域周边和国道 G354 交叉口设置警示标语及路障标志等。

3. 栈桥施工工艺

(1) 主要设备。

钢栈桥由履带式起重机配合振动锤振动沉桩,振动锤采用 DZ-90 弹簧振动锤,其最大激振力为 677 kN,振动锤性能参数见表 2.4。

表 2.4 DZ-90 振动锤性能参数

振动锤型号	功率/kW	偏心力矩/(N·m)	激振力/kN	振幅/mm	转速/(r/min)	锤的质量/kg	是否配夹具
DZ-90	90	500	0~677	0~9.0	0~960	5864	配夹具

(2) 栈桥钢管桩施工。

①钢管桩加工与运输。

栈桥钢管桩采用成品钢管桩,制作采用螺旋焊缝,由生产厂家按设计长度定尺加工成型。

钢管桩成品的外形尺寸允许偏差应符合设计要求。

钢管桩采用平板车运输到施工现场,在平板驳船上加工两个特制专用的胎架,胎架高过钢管桩堆放高度,胎架及钢管桩必须用缆绳紧固,防止滚落。

钢管桩加工时必须按设计图纸要求焊好平吊及竖吊吊耳,并在每次起吊前检查好吊索吊具。

钢管桩堆放形式应保证在装桩、运输和起吊时保持平稳,同时应避免产生轴向变形和局部压曲变形。钢管桩加工应满足表 2.5 和表 2.6 的规定。

表 2.5　管节尺寸允许偏差

偏差名称	允许偏差	说明
钢管外周长	±0.5%周长,且不大于 10 mm	测量外周长
管端椭圆度	±0.5%周长,且不大于 5 mm	相互垂直的直径之差
管端平整度	2 mm	多管节拼接时,以整桩质量要求为准
管端平面倾斜	小于 0.5%d,并不得大于 4 mm	多管节拼接时,以整桩质量要求为准
钢管壁厚度	−0.6 mm	
相邻管节直径差	不大于 2 mm	用管节周长差表示,不大于 2π
相邻管节对口板边高差	不大于 1 mm	—

注:d—管节直径。

表 2.6　管节焊缝外观缺陷的允许范围及超过允许范围的处理方法

缺陷名称	允许范围	超过允许范围的处理方法
咬边	深度不超过 0.5 mm,累计总长度不超过焊缝长度的 10%	补焊
超高	2～3 mm	修正
表面裂缝未融合、未焊透	不允许	铲除缺陷后重焊
表面气孔、弧坑、夹渣	不允许	铲除缺陷后重焊

②钢管桩接长。

现场对接应在专门台架上进行,保证管节对口在同一条轴线上。焊接时,每边需要打 30°角的坡口,保证焊接的质量。

钢管对接拼接时相邻管对口板边高差不大于 1 mm,上下两节桩必须在同一条纵向轴线上。焊接前应在焊缝上下 3 cm 范围内清除铁锈、油污。钢管桩应采用多层焊,焊完每层焊缝后,应及时清除焊渣。

钢管桩接长施工:先围绕钢管桩外沿满焊一圈高度不低于 8 mm 的焊缝,然后在焊缝圈外均匀贴焊 8 块加劲钢板,加劲钢板需满焊,焊缝高度不低于 8 mm。

钢管桩应做好防腐措施,防腐范围为钢管桩顶至河床面。

③钢管桩插打。

插打钢管桩前,应充分了解打桩区域的河床冲刷、流速等变化情况,认真复核钢管桩位坐标,确认无误后按钢管桩打设顺序填写并交给负责定位人员。

钢管桩插打采用"钓鱼法"施工,先悬拼出中间 2 组贝雷梁,在悬拼出的贝雷梁上弦杆安装导向架,导向架安装完成后,测量人员精确测放桩位纵横向轴线位置,插桩后根据此放样点微调钢管桩,使钢管桩处于设计位置。两层导向架上下对齐,纵向及横向错位均不得大于 10 mm。插桩后微调钢管桩,进行准确插打。

④试验桩。

试验桩插打施工工艺与钢管桩施工工艺基本一致,其施工目的如下。

a. 试桩可确定钢管桩的桩基础承载能力,以便选择经济合理的持力层和桩长。

b. 确定钢管桩在不同土层的桩侧阻力和桩端阻力。

c. 确定钢管桩的桩端闭塞效应。

d. 试桩可为钢管桩施工设备和施工工艺的改进提供重要依据,比如为锤形选择和停锤标准等提供参考意见。

e. 验证地质勘查报告中各地质层的实际分布及地质参数取值的合理性。

f. 可通过试验实测钢管桩周围泥面施工期(上部承台结构形成之前)在冲刷作用下的标高变化情况。

g. 总结试验桩的施工经验,为后续钢管桩插打施工提供理论依据。

⑤沉桩施工。

悬臂导向架精确就位,将定位架后端的限位槽钢按设计桩位精确固定,前端限位槽钢移开,形成一个 U 形缺口,运输钢管桩就位。履带式起重机用吊钩将整条钢管桩起吊,从 U 形缺口处吊至设计桩位,稳定后,操作工人将前端限位槽钢固定在设计位置,形成完整的导向框架。

钢管桩在自重作用下下沉入土，松钩，用履带式起重机将振动锤与液压夹钳吊至钢管桩顶口，用液压夹钳将钢管桩顶口夹住，检查桩的垂直度满足要求后，振动锤开始振动，先点动，再联动，防止钢管桩在起始段由于地层不好发生溜桩。每次振动持续时间宜不超过 10 min，持续时间过长则振动锤易遭到破坏，持续时间太短则桩难以下沉。每根桩的下沉应一气呵成，不可中途停顿较长时间，以免桩周土恢复造成继续下沉困难。

钢管桩插打以贯入度控制。斜率控制偏差为 1/100。钢管桩入土长度应大于计算长度；若打到设计标高后贯入度过大，超过 30 cm/min，需根据实际情况采取接桩或其他方式处理；当桩贯入度小于 5 cm/min 时，持荷 3 min，钢管桩无明显下沉时方可停锤。若无法达到停锤条件，则采用接长护筒的方式，继续打设至符合停锤条件为止。振动锤与桩头必须夹紧，无间隙或松动，否则振动力不能充分向下传递，影响钢管桩下沉，接头也易振动。在振动锤振动过程中，若发现桩顶有局部变形或损坏，要及时修复。测量人员现场指挥精确定位，在钢管桩打设过程中要不断地检测桩位和桩的垂直度，钢护筒平面位置控制偏差为 ±5 cm，垂直度不能超过 1‰，并控制好桩顶标高。下沉时，若钢管桩倾斜，应及时牵引校正，每振 1~2 min 要暂停一下，并校正钢管桩一次。

(3) 平联及承重梁安装。

①平联安装。

钢管桩插打经检验合格后，在焊横联及斜撑形成群桩前，其单桩稳定性很差，钢管桩连接件必须快速及时安装、焊接，焊缝高度应高出钢管面 2 mm，焊缝宽度不小于 2 倍的钢管壁厚，使已打入的钢管桩形成群桩，增强水平稳定性。平联由 ϕ 529 mm×8 mm 钢管焊接组成。钢管桩沉放完成后，立即进行该钢管桩的平联施工。钢管桩与 ϕ 529 mm×8 mm 平联钢管接触面应全部满焊。

平联安装时用卷尺量出钢管桩实际间距。根据钢管桩实际间距加工平联，平联钢管在后场下料加工制作，并将平联的一端按钢管桩的弧度要求下好料，平联钢管长度较实际桩间距短，以便现场安装。在前场施工中，首先将下好料的一端与钢管桩按设计位置对好位并调平平联焊接，然后将另一端通过哈佛接头（Harvard connector）与钢管桩焊接。

②主横梁安装。

钢管桩施沉后根据施工放样标高及平面位置切割主横梁 U 形凹槽，主横梁安装就位后焊接耳板进行局部加强。

桩顶主横梁安装前，应准确测量桩顶标高，割除多余管桩，拆除导向架（水面段），对桩顶进行处理，处理后沿桩顶横桥向开槽口，并焊接隔板，用吊机将承重梁落入槽口之内，焊接连接板和肋板。

注意事项：处理后的桩顶应平整，无卷曲、撕裂、不圆等外观缺陷；主横梁中心应与两根钢管桩中心基本重合，纵向及横向偏差不得大于 20 mm；主横梁顶标高偏差不得大于 5 mm，且分配梁各处绝对高差不得大于 5 mm，如偏差过大，应适当加钢板抄垫。

(4) 贝雷梁安装。

贝雷梁根据桩位间距由测量放样确定位置，在后场成段拼装，用平板车运到墩位处用吊车起吊拼装。贝雷梁起吊前应进行调节试吊，贝雷梁起吊至对接位置后，用手动葫芦进行微调，先对接上弦，再对接下弦。插上钢销后，立即安装保险销。待整个对接段的钢销和保险销安装完毕后，吊机方可松钩。贝雷梁拼装完成后，根据测量放样的栈桥中心调整各片贝雷梁的位置，并焊接横向限位角钢固定贝雷梁。

吊车首先安装一组贝雷，准确就位后先牢固捆绑在承重梁上，然后焊接限位器，再安装另一组贝雷，同时与安装好的一组贝雷用花窗进行连接。以此类推完成该节贝雷梁的安装，在贝雷安装时注意贝雷应不侵入钢护筒位置。

(5) 桥面系施工。

贝雷梁安装完毕，按设计铺设桥面板，桥面板采用正交异性桥面板，A#栈桥、B#栈桥采用不同形式，A#栈桥桥面板采用 75 cm 间距的 I25a 工字钢做分配梁，垂直方向焊接[20a 槽钢；B#栈桥桥面板采用 50 cm 间距的 I25a 工字钢做分配梁，桥面焊接 10 mm 厚花纹钢板。

桥面板为矩形块件，长度方向为钢栈桥的横桥向，宽度方向为钢栈桥的纵桥向，A#栈桥桥面板长度和宽度均为 6 m；B#栈桥的桥面方向长度为 8 m，宽度为 3 m；并用特制卡子将 I25 工字钢与贝雷梁上弦杆锁紧。每条工字钢使用 2 个卡子，分配梁固定后铺设桥面。

桥面板安装注意事项：桥面板要求接缝严密顺直，整体平整，无翘曲；桥面板与板间设置 10 mm 缝隙，减小温度影响。

(6) 安装栏杆及铺设管线。

完成桥面铺设后应及时进行栈桥两边及平台四周安全护栏的焊接，栈桥两侧均设置栏杆，其中靠平台侧遇到平台时栏杆断开。平台护栏高 1.3 m，横杆采用 ϕ50 mm × 4 mm 钢管，竖杆采用[10 槽钢，每 1.5 m 设置一道竖杆与桥面系横梁焊接。栈桥平台栏杆通过粉刷不同颜色油漆以警示。

栏杆施工完成后进行电力管线及水管铺设，并在栈桥平台上设置航道警示灯和夜间照明设施。

(7) 栈桥的维护及保养。

由于栈桥平台需使用较长时间，必要的维护是维持栈桥使用寿命的有力保障，应定期对栈桥进行全方位的检查和保养,以确保栈桥的使用安全。项目部委托安化县金海湾水务有限公司编制《平口资水大桥施工通航安全保障方案》,并由该公司配备足够数量的航标及打捞船,组织专人对栈桥进行后期维护保养。同时,项目部成立栈桥安全检查小组,每个月进行一次栈桥的全面检查。具体的维护项目包括以下几点。

①做好施工监控,在栈桥上每隔50 m设置一个沉降观测点,测量钢管桩标高,保证相邻钢管桩之间的相对沉降在规范要求范围内,如出现相对沉降超限,应停止施工,采取一些措施(如垫小钢板抬高贝雷梁,但应保证其与桁架和承重横梁的连接完好)来减小相对沉降量,必要时拆除贝雷梁重新加固护筒。

②观测栈桥钢管桩的冲刷情况,对局部冲刷过大(冲刷深度超过3.0 m)的位置采用抛沙袋、片石的办法进行维护。

③检查贝雷桁架纵梁连接处的销轴、定位销的松动脱落情况。

④检查固定卡松动情况,对松动掉落的零部件及时紧固补装。

⑤检查警示灯、照明线路的完好情况,发现损坏,及时修复。

⑥及时修复或更换栈桥面板发生翘曲或损坏的部位。

⑦及时修复栏杆在施工过程中损坏的部位,并对警示漆不明显区段的栏杆进行重新刷漆。

⑧遇到台风、龙卷风、汛情、大雾等灾害性天气时,在保证江上各墩设备、人员安全撤退后及时关闭栈桥,禁止一切人员、车辆上桥,待解除警报后再使用。

⑨对钢管桩进行防腐涂装处理。钢管表面打磨光滑后涂沥青涂料。

⑩在栈桥使用过程中,平时尤其是洪水期及时用打捞船打捞护筒周围的漂浮物。

4. 栈桥施工过程中遇到的问题及病害

(1) 覆盖层过薄。

A♯栈桥施工过程中在8♯平台位置覆盖层较薄,钢管桩振动下沉深度不到1 m,为保证栈桥的稳定性,项目部拟订了4种方案。

①在覆盖层较浅的部位增加板凳桩和平联。

通过平联焊接的板凳桩能提高栈桥结构的整体性,同时通过平联将栈桥和8♯墩平台固结在一起,形成整体结构,进一步加强栈桥的稳定性。

该措施适用于不超过50 m的浅覆盖层区段。若附近有大面积的施工平台,如浅覆盖层区段较长,且没有一定数量的施工平台来增强稳定性,则需要采取其他稳固栈桥的措施。

②液压冲击锤。

前期遇到覆盖层浅的困难时,项目部参考官新高速公路第7标段的施工方案拟采用冲击锤加大锤击力的方案。

项目部引进 YC-12 型冲击锤进行钢管桩跟进,冲击锤锤心重 12 t,锤总重 18 t,桩帽+油管重 3 t,共计 21 t,最大打桩能量为 180 kJ。

但实际施工过程中出现如下问题导致该方案实施失败:岩层为中风化岩层,强度较高,钢护筒底口未经过加固处理,即便加大锤击力度,也只能造成钢护筒底脚卷边,而不能将钢护筒锤入岩层;未安装强度较高的导向架,由于锤击力方向与钢管桩轴线不平行,钢管桩产生了严重的倾斜;90 t 履带式起重机+20 t 液压夯锤质量达到 110 t,已经逼近栈桥 120 t 的设计极限,且 90 t 履带式起重机的 20 t 起重力臂仅有 9 m 左右,导致履带式起重机必须靠近栈桥外沿吊放液压夯锤,存在较大的施工风险。若想使用液压冲击锤,就必须使用吊船进行施工,不能用钓鱼法进行沉桩施工。

③钢筋混凝土锚桩。

钢筋混凝土锚桩是通过冲击钻引孔,将钢管桩跟进至岩层 2~3 m 深度,再在其内部浇筑一条 6 m 长的钢筋混凝土桩,以加强其锚固强度的施工方案。

将冲击钻运至锚桩区域,冲击成孔,钻进至设计孔深后通过泥浆泵进行清孔,清孔完成后进行钢筋笼的下放,利用导管法浇筑水下混凝土,使锚桩满足嵌岩深度的要求。

钻机、钢管桩选型:栈桥和平台的锚桩均为直径 1 m、厚度 12 mm 的钢管桩,用 CK900 型冲击钻配直径 90 cm 的冲锤冲击成孔。

钻孔工艺:钻孔工艺与本书"2.3.1 水中桩基础施工"中的水下桩基础成孔工艺相同,详见"2.3.1.5 桩基础施工流程"中的"3.钻孔施工"。

实际施工中遇到了以下问题导致未能按钢筋混凝土锚桩方案施工:锚桩需要冲击钻施工、灌注混凝土和桩的强度达到设计要求,施工周期长,平口资水大桥栈桥施工进度慢,锚桩施工会将工期延后半个月以上;锚桩施工需要组装浮箱或打桩船,由于平口资水大桥处于水库上游,该段河道没有打桩船供应商,现有施工队无浮箱施工经验。

项目部最终通过施工过程中的监控检测,确定在覆盖层较浅的部位增加板凳桩和平联的方案已能满足栈桥结构稳定性的需求,且在后续桥梁下部结构施工过程中未出现超规格晃动。

④锚杆植桩。

后期项目部通过实地考察中国建筑第六工程局有限公司建造的福建某跨海大桥发现,其钢管桩采用了锚杆植桩工艺,该工艺与锚桩工艺相比,其所用设备较为轻便,施工速度较快,并且锚固效果较好。

当河床为裸岩、孤石等情况下,可采用钢管桩+锚杆桩组合方案,钢管桩利用锚杆与河床进行固结,具体的施工过程如下。

a.搭设平台:锚杆植桩工艺通常与板凳群桩结合,先将钢管桩板凳焊接成型后再根据锚固力选择是全部还是部分植桩。以已经插打及焊接连接的钢管桩板凳为基础搭设简易的钻孔平台,钻孔直径为 170 mm,可选用 XY-2B 型钻机,该钻机质量约为 1 t,比较轻便。

b. 下放套管:在选作锚固桩的钢管内插入 3 根套管,套管直径为 194 mm,套管间距为 40 cm,呈三角形布置。

c. 锚孔钻芯:锚孔设计直径为 170 mm,每根钢管桩内布设 3 个锚固孔。因水深及河床地质不一,其锚固长度也不相同,一般要求锚入强-弱风化岩的长度不小于 5 m。钻机调整就位后开始钻进,采用接长钻杆的方式使钻筒深入河床基岩取芯成孔,测量孔深合格后用高压风枪完成清孔。

d. 锚筋制作及下放:锚筋采用 3 根 ϕ 32 mm 螺纹钢筋通过电焊捆绑在一起形成锚杆束,单根长度不小于 10 m(长度由锚孔深度确定)。制作好的锚筋上捆绑 2 根注浆管,注浆管采用 ϕ 25 mm 的高强度塑料管,一根作观察孔,一根作压浆管。根据实测锚孔深入基岩的深度,计算压浆管出岩面的位置,在此处破开一个辅助孔,并用无纺布包裹此孔,用铁丝扎紧。

e. 锚孔注浆:锚孔采用压浆剂注入,孔底返浆法施工。注浆材料采用压浆料,浆液水灰比为 0.4~0.7,注浆压力控制在 0.5~0.8 MPa。施工中浆液通过压浆管至辅助孔流出,此时无纺布袋撑开膨胀成胶囊封堵锚孔顶口,隔绝上部水层,防止浆液从孔顶流出,孔内水从观察孔排出,直至观察孔内流出水泥浆后停止压浆。

f. 钢管桩锚固处理:利用钻机将套管拔除,注意不要将锚筋带出,移开钻机,考虑管桩内泥沙难以清净,在管桩内填入粒径 20~40 mm 的碎石进行高压旋喷处理,使钢管桩与锚杆基岩形成一个整体,确保整体的稳定性,最后形成岩层-锚杆-钢管桩的稳定系统。

目前有多种工艺可以应用于裸岩钢管桩施工,但每种工艺各有优缺点和使用条件。方案比选时,应充分结合现场已有设备、地质条件、工人熟练度来选取合适的工法,做到技术先进、经济合理。

(2)钢管桩倾斜。

由于栈桥施工过程中仅利用贝雷梁作为导向架,未采用专用钢管桩导向架,同时受水流侧向力的影响,钢管桩在施工过程中产生定位不准、倾斜的质量问题。

导向架在钢管桩沉设过程中起定位作用,因此导向架安装必须进行测量定位。吊车在吊放钢管桩时需要考虑水流力对钢管桩底部的推动作用,着床时应将钢管桩逆水流移动一段距离(具体距离通过试桩确定)。

钢管桩在开振之前必须确保其垂直度,且由于振动锤夹钳为单边夹持,需要在沉桩过程中调整夹持位置,以防止钢管桩因偏心受力而倾斜。如有条件,应尽量采用双边夹持的方式。

(3) 曲线栈桥施工过程中的问题。

B#栈桥长度为 402 m,引桥段线形为曲线形,栈桥需跟随主桥线形同样设置为曲线形,全桥未设置伸缩缝,贝雷梁从桥头直连至桥尾。

由于在施工过程中贝雷梁没有保持直线状态,部分钢管桩位置与设计偏差较大,且贝雷梁需要调整曲线,曲线段施工困难。

贝雷梁为两片一组,用花窗连接,由于曲线累积,贝雷梁到后期错位较为严重,花窗与两组贝雷片无法保持垂直。

栈桥曲线段贝雷片与桥面板错位示意图见图 2.1。

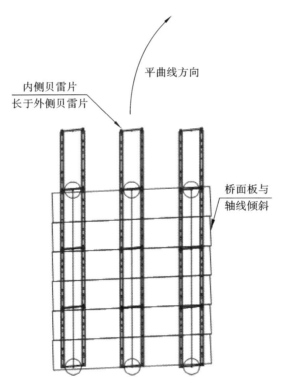

图 2.1 栈桥曲线段贝雷片与桥面板错位示意图

(4) 桥上部结构质量问题及控制措施。

①桥面板安装问题。

如果桥面板材料采用回收材料,通常会有较为严重的变形、锈蚀问题,导致桥面板铺装后接缝不严密、翘曲变形。因此应对进场材料进行严格把控,严禁使用不合格的原材料。对于不平整或者接缝不均匀的桥面板,应当增加面板帮焊片,以保证其整体稳定性。

桥面板在安装后应检查其与贝雷片的锁定装置,该工序极易出现疏漏,如果桥面板未进行锁定,将会导致栈桥在使用过程中桥面板产生位移,甚至会导致车辆刹车拖动桥面板,出现安全事故。

栈桥桥面与施工平台桥面处由于线形问题,会存在接缝不严密的现象,接缝处应覆盖钢面板,并将钢面板焊接在栈桥或者平台面板上,不得焊接成整体,保证其伸缩性。

②焊缝漏焊。

栈桥及平台在钢管桩打设后,需要进行平联的施工,这两道工序有大量的高空焊接工作,费时费工,特别是平联焊接,尽管多次交底和强调,在验收时仍然发现大量缺焊、漏焊的现象。因此针对这两个步骤应加大检查力度。检查人员攀爬栈桥结构较为困难,可以乘坐交通船在底部观察。

③贝雷片无竖杆支撑点处未加强。

由于需要为桩基础钢护筒让位置,施工平台的部分贝雷片与承重梁的支撑点未处在竖杆位置,该支撑点荷载承受能力较差,因此前期方案中要求对该位置加强支撑。但由于平台施工处于新旧队伍交接时期,该项措施未能得到落实。

水中桩基础施工完毕,拆除平台后发现摆放过钻机的弱支撑点处均出现不同程度的变形,甚至破坏。

在今后的施工方案中应尽量避免设计曲线桥型,如受客观条件影响,不得不如此设计,应当在施工时严格落实加强措施;否则将存在较为严重的安全隐患。

2.3 下部结构施工工艺及总结

2.3.1 水中桩基础施工

2.3.1.1 桩基础概况

平口资水大桥所有桩基础均为嵌岩桩,其中7#～19#墩处于柘溪水库水域中,水中桩基础共74根,其中2.0 m直径桩38条共1036 m、2.2 m直径桩28条共1032 m、2.5 m直径桩8条共252 m。水中桩基础统计见表2.7。

表2.7 水中桩基础统计

墩位	桩径/cm	数量/根	桩长/m	最高施工水位水深/m	桩基础类型	备注
7#	250	4	22	1.4	嵌岩桩	主桥过渡墩位置
8#	200	12	26	16.3	嵌岩桩	主桥主墩位置

续表

墩位	桩径/cm	数量/根	桩长/m	最高施工水位水深/m	桩基础类型	备注
9#	200	12	28	21.4~26.8	嵌岩桩	主桥主墩位置
10#	200	12	28	20.1~23.5	嵌岩桩	主桥主墩位置
11#	250	4	41	18.6	嵌岩桩	主桥过渡墩位置
12#	220	4	41~42	16.7	嵌岩桩	引桥
13#	220	4	39	13.3	嵌岩桩	引桥
14#	220	4	37	11.3	嵌岩桩	引桥
15#	220	4	37	9.9	嵌岩桩	引桥
16#	220	4	37	9.5	嵌岩桩	引桥
17#	220	4	37	9.9	嵌岩桩	引桥
18#	220	4	29~30	10.6	嵌岩桩	引桥
19#	200	2	26	1.1	嵌岩桩	引桥

注:9#、10#墩的桩基础水深均超过12 m。

2.3.1.2 地质条件

区域地质资料及此次地质勘察与钻探成果显示,拟建桥梁区无断层构造,未见明显新构造痕迹;桥址属单斜岩层,岩层产状较稳定,产状变化不大,一般为140°∠40°,岩体节理裂隙较发育。本区地层为泥盆系中统易家湾组+棋梓桥组,岩性以灰岩为主。

桥位区特殊性岩土主要为素填土及淤泥质土,主要分布于河岸及河床段,对桥梁安全性影响较小。

根据地质调查,桥位地区地表未见落水洞、熔岩塌陷等不良地质。

本区属于放射性元素含量低值区,工程施工不会造成放射性核元素污染。

实际施工过程中未发现卵石层,但有非常多的水平层状裂隙强风化岩层位置为方解石夹碳质泥灰岩,裂隙水发育,且8#、9#墩桩基础位置覆盖层薄,导致桩基础出现非常频繁的漏浆现象。

通过酸性溶剂测试和硬度测试可得,黑色碳质泥灰岩夹杂的白色岩石为方解石。

2.3.1.3 水中桩基础施工工艺流程

水中桩基础施工工艺流程图如图2.2所示。

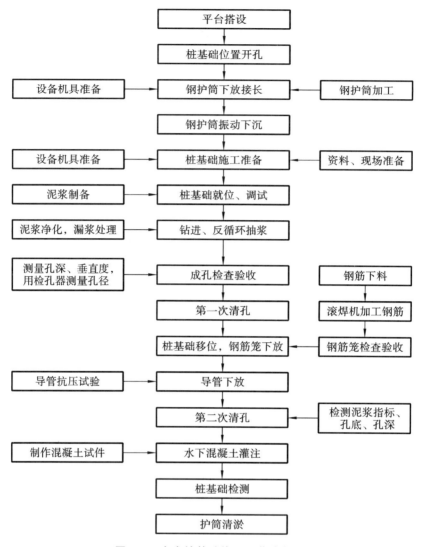

图 2.2 水中桩基础施工工艺流程图

2.3.1.4 临时结构设计

1. 钢护筒设计

水中桩基础需要较长的钢护筒来将成孔泥浆与外界隔绝,同时作为高出河床部分桩基础的模板。主墩范围的钢护筒还要承担围堰施工的荷载,因此需要加厚。

平口资水大桥桩基础设计桩径为 2.0 m、2.2 m、2.5 m,钻孔灌注桩护筒内径宜比桩径大 200～400 mm,护筒长度大于 20 m 取大值,小于 20 m 取小值,对应的护筒规格为 D200(钢护筒内径 2.4 m,壁厚 20 mm)、D220(钢护筒内径 2.4 m,壁厚 14 mm)、D250

(钢护筒内径 2.7 m,壁厚 14 mm),采用 Q235 钢板卷制。

钢护筒刃脚加强处理:为了减小钢护筒沉放过程中的阻力以及钢护筒变形,钢护筒底节底口设置刃脚,刃脚高度为 50 cm,在底口内外两侧各加焊 14 mm 厚钢板。

钢护筒内支撑及吊耳:钢护筒分节加工,顶节段为调节段,按钢护筒长度匹配加工,为防止护筒节段在吊运过程中发生变形,在每节钢护筒管节两端距离顶、底口各 0.5 m 处设置"米"字形内支撑,内支撑由[10 槽钢焊接而成,在距离管节端部 2.2 m 处设置 2 个运输吊耳,在每节钢护筒管节上口距离端部 13 cm 处对称设置下放吊耳孔。倒运吊耳由 20 mm 厚的 A3 钢板加工,尺寸为 20 cm×18 cm,中央开 $\phi 8$ cm 的孔。下放吊耳孔根据重量增设加强钢板。

吊耳与护筒通过双面角焊缝连接,焊脚尺寸为 10 mm,焊缝长度为 100 mm,在护筒竖立后下放过程中割除。

钢护筒连接:钢护筒节段对接采用坡口焊,后场加工连接采用内坡口焊,现场连接采用外坡口焊,钢护筒横向焊接除采用坡口焊外,还应设置帮焊片,帮焊片采用与钢护筒相同厚度的 A3 钢板加工,20 cm 宽,30 cm 长,环钢护筒均匀设置 8 片帮焊片,焊缝采用 9 mm 角焊缝。

钢护筒加工要求:钢板边缘加工的切削量应不小于 2 mm;边缘加工允许偏差直线度为 $L/3000$(L 为钢护筒总长度)且不大于 2 mm;钢护筒对接头应校圆,失圆度应不大于钢管外径的 1%;钢护筒的径向偏差不得超过壁厚的 20%,护筒对接处要求筒内无突出物,以免卡钻;所有焊缝均应达到二级焊缝标准,其质量检查按有关规定执行;钢护筒焊接前应保持表面干燥,同时应清除表面浮锈,以免影响焊缝质量;焊缝坡口的尺寸应符合工艺要求,坡口角度允许偏差为 ±5°,对接钢板允许偏差为 ±1 mm,间隙允许偏差为 ±1 mm。

2. 钢护筒辅助设施

(1) 钢护筒吊装卸扣。

10 m 钢护筒标准管节倒运时最大吊重为 120 kN,采用 2 根 7 m 长的 $\phi 32$ mm 钢丝绳连接倒运吊耳起吊,钢丝绳竖向夹角取 30°,钢护筒接长时最大荷载为 360 kN。根据《钢丝绳通用技术条件》(GB/T 20118—2017),钢护筒倒运选用 6×37 $\phi 32.5$ mm($S=392.11$ mm²)钢丝绳,钢护筒沉放选用 6×37 $\phi 52$ mm($S=1003.8$ mm²)钢丝绳。

卸扣根据《一般起重用 D 形和弓形锻造卸扣》(GB/T 25854—2010)的规定选用:钢护筒节段倒运时,钢丝绳连接卸扣选用 GB/T 25854-6-DW12.5;钢护筒接长下放时,钢丝绳连接卸扣选用 GB/T 25854-6-DW40。

(2) 钢护筒及钢筋笼吊架。

钢护筒及钢筋笼下放时,在顶部设置专用吊架,吊架由双拼Ⅰ25工字钢与吊耳板组成。

(3) 钢护筒导向架。

钢护筒导向架采用型钢焊接组成的"井"字形双层框架结构,导向装置内口尺寸比钢护筒外径大10 cm,导架在钢筋加工场制作,整体吊放在钻孔平台上。导向装置采用50 t汽车起重机安装,安装时测量人员进行精确放样。

(4) 钢护筒对接限位板。

每节钢护筒上端对称设置4个对接限位板,保证钢管桩卡在导向装置上,并提高对接准确度。限位板用20 mm厚钢板加工而成,通过10 mm双面角焊固定在钢护筒上,管节对接并焊接完毕后再进行割除。

3. 钢护筒施工验算

(1) 钢护筒吊耳结构。

为了方便钢护筒倒运,在每节钢护筒管节上设置2个倒运吊耳,吊耳距管节端部3 m,为便于钢护筒下放和接长,在每节钢护筒距离端部20 cm处对称设置2个直径5 cm的下放耳孔。

(2) 钢护筒倒运吊耳板计算。

钢护筒标准管节长10 m,单个管节考虑加强箍和内支撑后最大重量为120 kN。根据需要,钢护筒转运时在管节上焊接吊耳,在钢护筒竖立后下放过程中割除吊耳。

①吊耳板尺寸。

吊耳板结构示意图如图2.3所示。

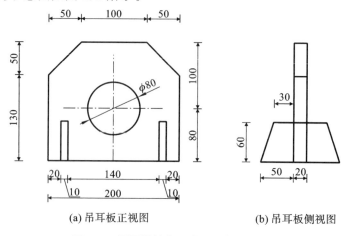

(a) 吊耳板正视图　　(b) 吊耳板侧视图

图 2.3　吊耳板结构示意图(单位:mm)

吊耳板尺寸应满足式(2.1)～式(2.3)的要求。

$$B = (2 \sim 2.6)d \tag{2.1}$$

$$\delta \geqslant B/20 \tag{2.2}$$

$$a = (0.7 \sim 1.05)d \tag{2.3}$$

式中：B——吊耳板宽度，取 200 mm；

d——吊耳孔直径，取 80 mm；

δ——吊耳板厚度，取 20 mm；

a——孔顶至板顶距离，取 60 mm。

②吊耳板承载力计算。

吊耳孔局部受压承载力见式(2.4)。

$$\sigma_{cj} = \frac{\alpha \gamma_g P}{d\delta} \leqslant f_{cj} \tag{2.4}$$

式中：σ_{cj}——吊耳孔局部受压承载力，MPa；

α——动力系数，取 1.3；

γ_g——荷载分项系数，取 1.35；

P——吊耳板荷载标准值，N，采用 2 点起吊，钢丝绳竖向夹角取 30°；

d——吊耳孔直径，取 80 mm；

δ——吊耳板厚度，取 20 mm；

f_{cj}——局部紧接承压强度设计值，MPa，Q235 钢板取值 125 MPa。

当 $P = 70$ kN 时，经计算 $\sigma_{cj} = 76.78$ MPa $< f_{cj}$。

③吊耳板焊缝计算。

吊耳板与钢护筒焊接，焊缝为双面角焊缝，按构造要求，有式(2.5)和式(2.6)。

$$h_{fmin} > 1.5\sqrt{t_{max}} = 1.5 \times \sqrt{20} = 6.7 \text{(mm)} \tag{2.5}$$

$$h_{fmax} < 1.2 t_{min} = 1.2 \times 20 = 24 \text{(mm)} \tag{2.6}$$

式中：h_{fmin}——焊脚最小尺寸；

h_{fmax}——焊脚最大尺寸；

t_{max}——较厚的被连接板件的厚度；

t_{min}——较薄的被连接板件的厚度。

取角焊缝的焊脚尺寸 $h_f = 10$ mm，则角焊缝的计算厚度 $h_e = 0.7 h_f = 7$(mm)。

焊缝长度取 200 mm，则焊缝计算长度 l_w 见式(2.7)。

$$l_w = B - 2h_f = 180 \text{(mm)} \tag{2.7}$$

式中：l_w——焊缝计算长度；

B——吊耳板宽度；

h_f——角焊缝的焊脚尺寸。

角焊缝应力 σ_f 见式(2.8)。

$$\sigma_f = \frac{N}{h_e l_w} = \frac{87 \times 10^3}{7 \times 180} = 69 \text{ (MPa)} \tag{2.8}$$

式中：N——作用在焊缝上的外力；

其余符号意义同前。

由上述计算结果和相关设计要求可知，吊耳板焊缝强度满足吊装要求。

在吊耳两侧各增加 2 个 10 mm 厚的加劲板，加劲板与吊耳板和钢护筒焊接，焊缝采用双面角焊缝，焊脚尺寸为 10 mm。

(3) 主墩钢护筒下放吊耳计算。

主墩钢护筒长度为 15～30 m 不等，标准管节长 12 m，单根钢护筒需由 2～3 个管节组成，单个管节重量按 120 kN 考虑，单根钢护筒最大重量按 360 kN 考虑。钢护筒管节下放时在管节顶部设置吊耳孔，每节管节顶部的吊耳孔在下节管节接长后进行封堵。吊耳孔参照吊耳板设计公式进行计算。

①第 1 节管节下放吊耳孔计算。

第 1 节管节下放时采用两点对称吊放，取 $B=200$ mm，$d=100$ mm，$\delta=20$ mm，$a=80$ mm，$P=60$ kN，进行计算。

经计算，$\sigma_{cj}=52.65$ MPa<125 MPa，满足要求。

即第 1 节管节下放时在管节顶部对称开设 2 个吊耳孔，吊耳孔直径为 100 mm，吊耳孔中心至管节顶部距离 130 mm。

图 2.4 为第 1 节管节下放吊耳孔结构图。

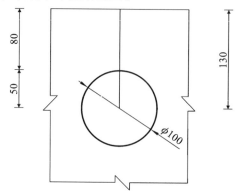

图 2.4　第 1 节管节下放吊耳孔结构图（单位：mm）

②第 2 节、最后一节管节接长后下放吊耳孔计算。

第 2 节管节下放时采用两点对称吊放,取 $B=200$ mm,$d=100$ mm,$\delta=30$ mm,$a=80$ mm,$P=120$ kN,进行计算。

最后一节管节下放时 $P=180$ kN。

经计算,$\sigma_{\text{cjmax}}=105.3$ MPa<125 MPa,满足要求。

图 2.5 为第 2 节、最后一节管节下放吊耳孔结构图。

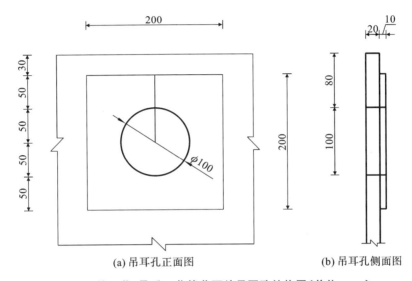

(a) 吊耳孔正面图　　(b) 吊耳孔侧面图

图 2.5　第 2 节、最后一节管节下放吊耳孔结构图(单位:mm)

(4) 引桥墩钢护筒下放吊耳计算。

引桥墩钢护筒长度为 13～21 m 不等,厚度为 14 mm,标准管节长 12 m,单根钢护筒需由 2 个管节组成,单个管节重量按 100 kN 考虑,单根钢护筒最大重量按 180 kN 考虑。钢护筒管节下放时在管节顶部设置吊耳孔,每节管节顶部的吊耳孔在下节管节接长后进行封堵。吊耳孔参照吊耳板设计公式进行计算。

第 1 节管节下放时采用两点对称吊放,取 $B=200$ mm,$d=100$ mm,$\delta=14$ mm,$a=80$ mm,$P=50$ kN,进行计算。

第 2 节管节下放时 $P=90$ kN,经计算,$\sigma_{\text{cj}}=112.8$ MPa<125 MPa,满足要求。

即第 1 节管节下放时在管节顶部对称开设 2 个吊耳孔,吊耳孔直径为 100 mm,吊耳孔中心至管节顶部距离 130 mm。

第 1 节管节下放吊耳孔结构图可见图 2.4。

(5) 过渡墩下放吊耳计算。

过渡墩钢护筒长度为 23 m,厚度为 14 mm,标准管节长 10 m,单根钢护筒需由 3 个管节组成,单个管节重量按 100 kN 考虑,单根钢护管最大重量按 210 kN 考虑。钢护筒管节下放时在管节顶部设置吊耳孔,每节管节顶部的吊耳孔在下节管节接长后进行封堵。吊耳孔参照吊耳板设计公式进行计算。

①第 1 节管节下放吊耳孔计算。

第 1 节管节下放时采用两点对称吊放,取 $B=200$ mm,$d=100$ mm,$\delta=14$ mm,$a=80$ mm,$P=50$ kN,进行计算。

经计算,$\sigma_{cj}=62.7$ MPa<125 MPa,满足要求。

即第 1 节管节下放时在管节顶部对称开设 2 个吊耳孔,吊耳孔直径为 100 mm,吊耳孔中心至管节顶部距离 130 mm。

第 1 节管节下放吊耳孔结构图可见图 2.4。

②第 2 节、最后一节管节接长后下放吊耳孔计算。

第 2 节管节下放时采用两点对称吊放,取 $B=200$ mm,$d=100$ mm,$\delta=24$ mm,$a=80$ mm,$P=100$ kN,进行计算。

最后一节管节下放时 $P=105$ kN。

经计算,$\sigma_{cj}=76.8$ MPa<125 MPa,满足要求。

图 2.6 为第 2 节、最后一节管节下放吊耳孔结构图。

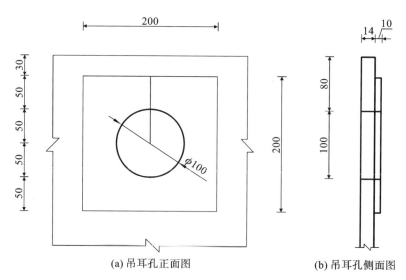

(a) 吊耳孔正面图　　(b) 吊耳孔侧面图

图 2.6　第 2 节、最后一节管节下放吊耳孔结构图(单位:mm)

(6) 钢护筒壁厚验算。

钢护筒壁厚取 11♯墩钢护筒进行验算,该墩钢护筒壁厚最薄为 14 mm、内径最大为

2.7 m,为最不利工况,钢材采用 Q235 钢材。11#墩桩基础河床标高为 142.5 m,桩顶标高为 166.4 m,计算水位采用 160 m。钢护筒受力示意图如图 2.7 所示。

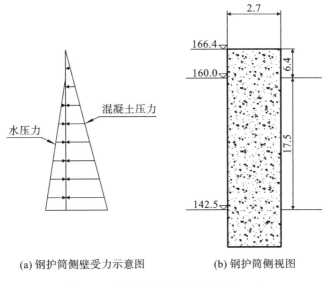

(a) 钢护筒侧壁受力示意图　　(b) 钢护筒侧视图

图 2.7　钢护筒受力示意图(单位:m)

经验算,钢护筒筒壁内产生的拉应力小于钢材的设计强度,因此钢护筒壁厚满足施工要求。

2.3.1.5　桩基础施工流程

1. 钢护筒加工、管节存放及运输

(1) 钢护筒加工。

管节下料:钢护筒管节放样前,钢板应进行机械校平处理。下料时按管节的展开长度进行画线,预留加工收缩长度。管节下料采用半自动切割机,每段管节加工长度为 2 m,管节焊缝采用 V 形坡口,坡口角度采用 60°±5°。

管节卷制:单节钢护筒采用三辊卷板机卷制,先卷制试验段,试验段圆度符合要求后方可批量卷制,考虑钢板的回弹性,卷圆时施加一定的过卷量。为了减小材料的内部应力,在管筒卷制合缝后继续加压至重叠 20 mm 后,减小上辊压力,利用钢板的回弹性使直缝合龙,用样板对直缝处进行检查。

卷板采用多次、循环进给法,先调节上辊的位置,使钢板发生初步的形变,然后来回滚动,用专用弧形卡尺初步测量,根据数据调整上辊,多次循环直至达到规定要求。

纵缝对接:卷板完成后先进行纵缝组对,利用专用工具调整对接直缝间隙,使其不大于 2 mm,当对口错边量不大于 2 mm 时进行定位焊,定位焊的焊缝高度不大于设计焊缝高度的 2/3,长度为 40～60 mm,间隔不大于 500 mm,定位焊位置在坡口背面,利于清根时抛除焊渣。

纵缝焊接:当管节进行定位焊后,将管节吊装至焊接胎架上固定,对焊缝表面及坡口附近的母材进行清理、打磨。

环缝组对焊接:将焊好纵缝的两节标准管节吊至焊接胎架上,相邻两管节焊缝错开 1/4 管节周长。环缝焊接时将自动焊机对准焊缝,焊机固定不动,旋转管节,进行接缝的对接,环缝焊接的过程与技术要求与纵缝焊接相同。

成品钢护筒加工:按钢护筒的分节情况进行顶节和底节的加强箍加工,加强箍要满焊,焊缝高度不小于 8 mm,按图纸要求在每节焊节上焊接吊耳板,在每节钢护筒顶、底口处焊接"米"字形[10 槽钢内支撑。

(2) 管节的存放。

管节加工完成后,按接长顺序进行编号,按要求进行检查和验收。管节不得堆放,管节两侧必须用木楔塞住,防止滑动。管节两侧设置支撑,搬运时应防止因管体受撞击而产生的管节损坏变形。

(3) 管节的运输。

钢护筒管节加工完成后,用平板车将其从加工场运输至钻孔平台,一台平板车一次运输一节钢护筒。为了便于吊装,需要在钢护筒与平板车之间加设草垫和松木块来保证钢护筒不被挤压变形,草垫和松木块的加设位置与钢护筒内部的"米"字形支撑相对应,在加设时注意保护吊耳和限位板。

2. 钢护筒下放

在平台位置架设 90 t 履带式起重机,分节下放,接高护筒,为了防止钻孔过程中出现钢护筒漏浆的情况,需要利用冲击钻在钢护筒内冲击成孔,再在钢护筒顶部安装替打装置,利用钻机小冲程锤击替打钢护筒,直至钢护筒入岩深度达到 2 m 以上。最终钢护筒顶标高高于钻孔平台 20 cm。

钢护筒下放流程示意图如图 2.8 所示。

(1) 钢护筒下放施工顺序。

钢护筒沉放按单侧顺序进行,一个施工平台配置 1 台 90 t 履带式起重机及 3 个导向架,钢护筒沉放由内至外。该平台所有钢护筒着床后,用履带式起重机吊起 DZ-150 振动锤对已着床的钢护筒逐个进行振动沉桩。钻机就位后进行替打跟进。

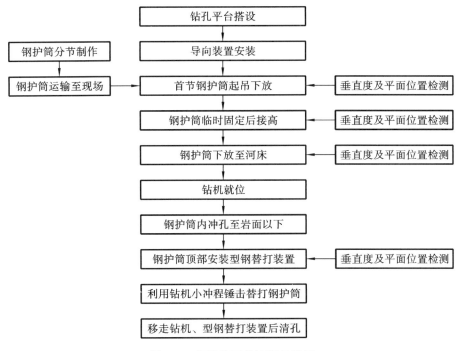

图 2.8 钢护筒下放流程示意图

单个平台钢护筒施工顺序如图 2.9 所示。

(2) 钢护筒下放施工工艺。

①钢护筒下放接长。

钢护筒单根管节长为 10 m,质量为 12 t,管节采用平板车运至钻孔平台后,按照钢护筒管节的接长顺序,采用 90 t 履带式起重机吊装各管节,90 t 履带式

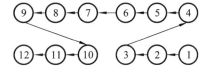

图 2.9 单个平台钢护筒施工顺序

注:数字表示施工顺序。

起重机架设在钻孔平台辅助区,主钩通过钢丝绳及卸扣连接管节侧面的吊耳孔,将钢护筒卸至钻孔平台。

钢护筒卸至钻孔平台后,将卸扣和钢丝绳改扣至钢护筒顶口的下放吊孔上,利用履带式起重机缓慢将钢护筒管节竖起,过程中管节最低点距平台不能超过 50 cm,将钢护筒竖起后,履带式起重机应停止动钩,直至钢护筒停止晃动,即可进入钢护筒的转移阶段。

履带式起重机通过旋转上塔将钢护筒运至桩位,底口与导向装置目测对中后通过测量来复测,确认位置无误后下放钢护筒,钢护筒通过限位钢板架设在限位架上。

钢护筒在下放至顶口高于导向架 50 cm 左右高度时停止下放,通过观察导向架与钢护筒的相对位置,将钢护筒中心对准桩中心后,在钢护筒对应导向架 4 条边梁的位置焊接 4 根 50 cm 长的 I25a 工字钢,作为限位板。固定好钢护筒后,履带式起重机即可松开

吊钩,进行下一节钢护筒的吊放工作。

下一节钢护筒通过同样的程序吊运对中后进行环缝焊接,焊接后,先用履带式起重机将连接后的钢护筒提升 10 cm,再将下段护筒上的吊耳、限位板通过砂轮机割除。

管节对接完成后,继续进行下放,重复上述操作直至钢护筒接长至设计长度,最后调整钢护筒中心位置,通过测量复测后,在导向装置上焊接型钢顶紧钢护筒进行限位,继续下放钢护筒至其底口坐落于河床。

②钢护筒的振动下沉。

淤泥层的钢护筒采用 DZ-150 振动锤振动下沉。DZ-150 振动锤技术参数如表 2.8 所示。

表 2.8 DZ-150 振动锤技术参数

项目	单位	参数
电机功率	kW	150
静偏心力矩	N·m	1120
激振力	kN	0~1140
转速	r/min	0~960
最大振幅	mm	13.5
质量(不包括夹桩器、油管)	kg	8700
允许最大拔桩力	kN	450
长度	mm	2200
宽度	mm	1500
高度(不包括夹桩器)	mm	3300
夹具宽度	mm	600~2500

钢护筒下沉稳定后,可松开吊钩,然后用 90 t 履带式起重机把振动锤起吊到钢护筒顶口,用液压夹钳将钢护筒顶口夹住,缓慢下放吊钩,钢护筒在振动锤自重压力作用下继续往下沉,并在下沉结束检查钢护筒的垂直度满足要求后,开启振动锤,每次振动持续时间不宜超过 10 min,过长则振动锤易遭到破坏。每根桩的下沉应一气呵成,不可中途停顿,以免桩周土恢复造成继续下沉困难。

在振动下放过程中,需要持续观测并及时调节钢护筒的垂直度。下放到位后,将钢护筒顶面抄平至设计标高。

③钢护筒的嵌岩锚固。

如果钢护筒桩位覆盖层厚度小于 2 m,且振动下沉深度不超过 1 m,为保证桩基础开孔时护筒底口不漏浆,需要对钢护筒进行替打跟进,使其嵌入岩层 2 m 左右。

钢护筒振动至岩面后安装冲击钻机,在钢护筒内进行钻孔作业,由于表层为强风化泥灰岩,且钻进深度不大,采用清水钻进工艺,钢护筒主要起导向作用。钻孔开始时采用小冲程进行冲击,待斜岩面冲平后再加大冲程,钻进过程中用泥浆泵进行反循环抽渣。

如果钢护筒不能在自重作用下自动下沉跟进,此时需提起冲击钻钻头,在护筒顶部安装 10 cm 厚的钢制提打板,利用冲击钻机的钻头小冲程锤击替打,在外力作用下使钢护筒嵌岩跟进。替打过程中应实时监控钢护筒偏位情况,调整锤击力度和位置,保证替打过程中钢护筒的垂直度。

由于主墩桩锤质量达 10 t,每次锤击产生的最大冲击力应控制在 500 kN 以内,可以根据式(2.9)和式(2.10)计算提锤高度。

$$(F - mg) \cdot \Delta t = mv \tag{2.9}$$

式中:F——最大冲击力;

m——锤子质量;

g——重力加速度;

Δt——锤头与钢护筒接触时间;

v——锤头下落速度。

$$v^2 = 2gh \tag{2.10}$$

式中:h——锤下落高度;

其余符号意义同前。

已知 $F = 500$ kN,$m = 10$ t,$g = 10$ m/s^2,令 $\Delta t = 0.1$ s,将这些数值代入式(2.9)可知,$v = 4$ m/s。再将 $v = 4$ m/s 代入式(2.10)可知,$h = 0.8$ m。因此每次替打提锤的高度应不高于 80 cm,避免冲击力过大导致护筒脚卷边。

(3)钢护筒定位精度和垂直度控制。

钢护筒下放时主要通过导向架控制钢护筒的平面位置和垂直度。导向架分上、下两层,每层各设置 4 个顶推装置,顶推装置由 20 t 千斤顶和限位滚轮组成。特别要注意导向架必须垂直,否则会影响钢护筒的垂直度。

导向架的定位分为粗定位和精确定位。先将桩位的中线通过测量放样在平台上,计算好导向架垫梁中心至孔位处的距离,使导向架中线与桩位中线重合,距离相等,再将垫梁点焊固定至平台钢板上,完成导向架的粗定位。粗定位后,在导向架的顶推装置处放出桩位周边四点的坐标,根据顶推装置上固定点和桩位坐标间的关系及钢护筒直径即可求出固定点和钢护筒外壁之间的距离,并由此控制钢护筒的平面位置和垂直度,钢护筒平面位置放样完成后,将顶推装置上的千斤顶锁定,完成导向架的精确定位。

钢护筒起吊到导向架上相应孔位,用 2 台水准仪或经纬仪利用竖向十字丝从两个相互垂直的方向测量监控垂直度,并用顶推装置调整钢护筒初始垂直度直至满足要求。钢护筒刚接触河床时,应在重新监控确认垂直度符合要求后将其快速下沉,保证钢护筒垂直下沉稳定。

若入泥时垂直度或平面位置出现偏差,纠偏措施如下:适当提高钢护筒,根据偏位数据在相应偏位侧方位松开限位滚轮,并在反向位置利用导向架上、下两层顶推装置进行纠偏,直至垂直度满足要求,再将所有顶推装置顶紧护筒,缓慢下沉。待钢护筒靠自重下沉稳定并调整平面位置和垂直度满足要求后,用振动锤点振使其继续下沉,振动下沉过程中要随时动态观测钢护筒垂直度和限位滚轮,如垂直度超标或者限位滚轮松动,采用相同方法及时进行纠偏。

如采用上述措施未能实现纠偏,则采用高压水卸除单侧土压力的办法实现纠偏。

根据规范,桩基础钢护筒的中心偏位不得大于 10 cm,倾斜度不得大于 2%。

(4)钢护筒孔口防护措施。

已经沉放完毕且不施工的钢护筒和作泥浆池用的钢护筒周围应围好,并在孔口上覆盖防落网。

(5)钢护筒施工注意事项。

钢护筒对接焊缝必须进行表面打磨处理,修补后的焊缝应光滑圆顺,不影响原焊缝的外观质量要求;钢护筒堆放形式应使拖车在装卸、运输和起吊时保持平稳,同时应避免产生轴向变形和局部压曲变形;吊装作业必须由专人指挥,指挥信号明确、清晰;吊装前必须检查焊缝是否符合设计要求,钢丝绳有无断丝现象,是否具备起重能力;钢护筒起吊离地 30 cm,应用麻绳拉住,防止其在空中晃动或打转,方能继续提升;下放第 1 节管节后,必须将其可靠固定在导向架上后,方能松钩解绳;风力大于六级时应停止吊装作业。

3. 钻孔施工

(1)施工前准备工作。

①组织技术人员认真学习桩位处水文、地质情况,了解并查明土质、砂层、透水层等的状况,熟悉桥址区工程地质情况。

②对进场的施工专业队提前 10 d 进行三级技术交底、安全交底,组织专业队人员熟悉地质情况及气候对施工的影响,特别是充分了解冬季施工的各种困难。

③准备好泥浆泵、电磁铁及相关打捞工具,做好电力供应准备工作,同时做好各机械设备的维护保养工作,熟悉各种机械设备的性能,确保施工时正常运转,万一出现故障能及时修复。

④做好各项桩基础施工前的准备,包括施工工艺准备、钻孔前的设备检修、人员培训

与准备、事故预案等,同时准备相关质检表格。

⑤建立工地试验室,配备相应的泥浆检测设备。

(2) 设备选择。

平口资水大桥水中钻孔直径有 2.0 m、2.2 m 和 2.5 m,均采用冲击钻成孔。冲击钻配置如表 2.9 所示。

表 2.9　冲击钻配置

型号	冲孔直径/m	主卷扬机型号	冲锤最大质量/t	副卷扬机型号	外形尺寸/m
CK-2200	2.0~2.2	JKL10(A)	8	JK2	7.2×2×7.2
CK-2500	2.2~2.5	JKL12.5	10	JK2	7.5×2.2×7.5

大桩号和小桩号桥头各配置一台 450 kW 的发电机,防止停电影响施工。

(3) 桩基础施工顺序。

桩基础采用跳孔施工方式,8♯、9♯、10♯墩各布置 6 台冲击钻,每台钻机施工 2 根桩,分两期施工,主墩桩基础施工顺序如图 2.10 所示。

图 2.10　主墩桩基础施工顺序

注:数字表示施工顺序。

引桥及过渡墩各设置 1 台钻机跳打。

(4) 桩基础就位。

桩基础安装之前先根据桩位坐标放出桩基础底座安装位置,并通过十字交叉法放出落锤中心点位。

将钻机在平台上组装完毕,根据桩位中心和钻机底盘尺寸在轨道梁上标出钻机底盘边线标志,再根据定位标志,调整钻机位置,用水平尺检查底盘水平度。钻机就位后要保证底盘中线、桩的轴向中线在同一条直线上,偏差不大于 2 cm。

钻机就位自检合格后,由技术人员及监理工程师验收就位情况,验收合格后将钻机与平台进行固定、限位,保证在钻进过程中不产生位移。

钻机及附属设备主要利用吊车进行移动。

(5) 泥浆的制备与循环。

①泥浆制备。

由于水上桩基础钢护筒均嵌岩锚固,钻孔桩钻进施工过程中泥浆主要起携带钻渣的作用,为保证泥浆性能,本工程在本桩钢护筒内制备泥浆,泥浆采用黏土制备。泥浆各指标参数见表 2.10。

表 2.10 泥浆各指标参数

指标	原浆参数	成孔过程中泥浆参数	清孔后泥浆参数	测定方式
比重	1.05~1.10	1.18~1.23	<1.15	泥浆比重计
黏度	18~20 Pa·s	22~24 Pa·s	20~22 Pa·s	漏斗黏度计
含砂量	≤2%	≤5%	≤2%	含砂量测定仪
pH 值	8~9	8~9	8~9	pH 广泛试纸
胶体率	95%	95%	95%	量杯

②泥浆循环及净化。

泥浆循环系统利用相邻的钢护筒作为储浆池。钻进过程中在平台上摆放一个长 3 m、宽 2 m、高 1.5 m 的泥浆池作为沉淀池。

桩孔内泥浆循环采用反循环工艺进行清孔。钻进过程中孔内水头保持比钢护筒顶低 50 cm 左右，抽渣泵水管在钻进管内液面高度下 1~2 m 深度，带渣的泥浆抽进沉淀池进行沉淀分离变成合格泥浆后，通过沉淀池顶部的溜槽流入储浆池，储浆池内的泥浆通过泥浆泵泵送进钻进孔位。钻进过程中抽渣泥浆泵和送浆泵同时开启，保持孔内水头高度不变。

③泥浆和钻渣的处理。

泥浆运输采用专门的泥浆运输车。泥浆运输车采用全封闭的罐式运输车。运输车在罐顶部和底部设置进浆口和排浆口，泥浆通过泥浆泵打入罐式运输车，装满后，将进浆口封闭，运输至指定地点弃浆。罐式运输车密封性较好，杜绝了泥浆运输过程中的污染。钻渣通过挖掘机装载至自卸车上，并由自卸车运送至弃渣场弃置。

(6) 钻进成孔。

钻机钻锤就位、泥浆制备完毕后，用卷扬机提升实心钻锤，上下往复冲击，将土石劈裂、劈碎。泥浆使钻渣悬浮，从而使钻锤每次都能冲击到孔底新土层。此外，泥浆还起到护壁作用。

在刚开始钻进到护筒底口以下 2~4 m 范围时，采用浓泥浆、小冲程、高频率反复砸击，使孔壁坚实，不塌不漏。

正常钻进过程中，冲程和泥浆指标应按照具体的地层条件进行过程调控，在岩层中钻进时，采用小、中冲程冲击，防止卡钻、冲坏孔壁或使孔壁不圆、形成梅花桩。

基岩表面不平整时，可投入片石，将表面垫平后再用小冲程冲击钻进，时刻关注钢丝绳的晃动，及时修正，防止斜孔。

钻进过程中要定期检查泥浆指标、核对桩位偏差，有问题及时调整。

在钻进过程中对照地质柱状图,及时捞取渣样,判断各地层变化情况,及时调整钻进速度。

在接近孔底标高 0.5 m 时,控制钻进速度,用标定好的测量绳勤测量,使超钻深度不大于 10 cm。钻孔达到设计要求的深度后,技术人员对孔深、孔径等指标进行确认,并报监理工程师检验。

塌孔、缩孔等事故往往是由对地质情况研究不够,对护筒内外水头差、泥浆指标、不同地层的进尺速度等施工细节把握不到位等因素引起的。因此,要彻底预防塌孔、缩孔等事故,需做好以下措施。

①钻孔过程必须连续操作,不得中途长时间停止,尽可能缩短成孔周期。所有设备都要有备用的,坚决避免因设备故障长时间停止钻进,进而导致塌孔、缩孔等事故的发生。

②钻过护筒脚部位时必须慢速钻进,经常观察水面和水位情况,防止护筒脚漏浆,若发现漏浆,必须马上回填或加压护筒后再钻进,确保安全成孔。

③泥浆质量对塌方及缩孔的预防有着至关重要的作用。因此在钻孔过程中必须要有专人负责泥浆的试验工作,24 h 值班并定时检测,特别是从一种地质层进入另一种地质层时,要加强对泥浆指标的监控,当钻孔至中砂层及砂砾层等易塌地层时,应加大泥浆比重、黏度及胶体率,以确保护壁厚度,防止塌孔。

(7)清孔、检孔。

在成孔后,将抽浆泵深入孔底进行反循环清孔,由于桩径较大,清孔时应将导管在钻孔内摆动,以便将孔底周边的钻渣清理干净。

孔底沉渣厚度、孔内泥浆指标经检测符合要求后,拆除导管,进行孔位检测。成孔检测质量标准见表 2.11。

表 2.11 成孔检测质量标准

项目	质量标准
孔的中心位置	允许偏差:群桩 100 mm;单桩 50 mm
孔径	不小于设计桩径
倾斜度	允许偏差:钻孔桩 1%;挖孔桩 0.5%
孔深	端承桩:相对于设计深度超深不大于 10 cm
沉渣厚度	端承桩:50 mm
清孔后泥浆指标	相对密度为 1.03~1.10;黏度为 17~20 Pa·s;含砂率小于 2%;胶体率大于 98%

(8) 钢护筒漏浆的预防和应对措施。

①可能造成漏浆的原因。

a. 钢护筒打设位置覆盖层较薄,导致钢护筒入土深度不足,在桩基础施工至钢护筒口时,桩锤锤击钢护筒口岩面,桩锤的剐蹭、振动导致钢护筒周边淤泥质土受扰动影响,发生漏浆现象。

b. 初期岩层钻进过程中未采用小冲程冲进,过大落锤距离导致桩锤在打击岩面时发生较大振动,在钢护筒底位置或者岩层交界面发生岩层破碎现象,导致漏浆。

②漏浆的预防措施。

a. 钢护筒下料前应充分了解对应的地质资料,若地质资料中所记录的钻孔离桩位较远,可参考最近的平台管桩沉桩记录,对地下孤石位置进行提前摸底,同时可作为钢护筒下料长度的参考。

b. 提高钢护筒沉放精度,通过在薄弱部位加焊帮焊片、导向架调整,加快钢护筒沉放及焊接的进度,能保证钢护筒受力良好,不会产生偏斜导致的漏浆现象。

c. 护筒二次跟进措施:护筒二次跟进时,若发现有孤石、卵石层,可以浇筑一层封底混凝土后再进行冲孔,以保证护筒底部位置岩层的完整性。

d. 减振措施:为保证冲孔过程中不扰动土层,减少振动,可采用重锤轻打,使用较重桩锤、较小冲程(1.0~1.5 m),增加击打频率。同时间隔布置桩基础,错位施工,增加作业间距,减少各桩位之间的相互干扰,避免出现串孔现象。

e. 减少孔内外水头差:为尽可能降低孔内外压力差,减少对桩基础护壁的影响,采用高功率大扬程水泵,可有效降低孔内泥浆液面高度。钻进过程中严格控制泥浆指标并确保水位差不超过 1 m。

③漏浆的治理办法。

a. 回填片石与黏性土进行封堵:桩基础漏浆后,及时回填片石至钢护筒口,再回填红土至钢护筒底口以上 1 m,可添加 600~750 kg 水泥,增加泥浆黏度。缓慢冲孔至钢护筒底口以下约 2 m,挤压片石与黏性土填补漏浆缝隙,停机 12 h 观察孔内漏浆情况。此方法成功率不高,漏浆后应及时采取回填措施,防止漏浆情况恶化,一般需多次回填片石与黏性土,提高封堵的成功率。

b. 设置外护筒:对于多次封堵失败,进尺深度远离钢护筒底口,回填片石、黏性土方量较大的桩位,可采用沉放直径大于原护筒的外护筒的方法。沉放外护筒液面高度较低,减少内护筒水压力。外护筒还可约束内护筒底口周边淤泥,成为泥浆与外界的屏障,延长渗径长度,减少漏浆的可能性。外护筒直径比内护筒大 200 mm,桩基础灌注后 12 h 内振动拔除并可多次利用。

c. 继续替打跟进：若漏浆位置位于距钢护筒底口 1~3 m 处，可考虑继续替打跟进护筒，让护筒下沉封堵漏浆位置。

(9) 钻进过程中偏孔的应对措施。

在桩机发生偏孔后，现场立即采取向桩孔内回填片石的处理方法。回填片石高度控制在偏孔位置上部 2~4 m，片石尺寸为 20~40 cm。片石搭配黏性土回填可避免片石间距大导致的密实性差、整体强度达不到要求等问题，从而保证冲击钻钻头接触作业面时能均匀受力。同时，冲击钻作业时采用降低扬程、小冲程反复纠孔的方案，从而达到破碎斜岩面、纠正偏孔的效果。

4. 桩基础钢筋笼的制作、吊运和安装

(1) 钢筋笼制作。

桩基础钢筋笼采用长线法在钢筋笼滚焊机上制作，钢筋连接采用镦粗直螺纹套筒连接，加工好的钢筋笼分节、分类挂牌编号，分节检验、运输和安装。

①钢筋接头加工。

钢筋下料用切割机。钢筋切割断面垂直于钢筋轴线，断面偏角不许超过 4°，且断面不得有马蹄形。

钢筋镦粁用液压镦粗机，镦粗加工操作中要保证钢筋轴线与镦粗头轴线偏差不大于 4°，镦粗头不得出现与钢筋轴线相垂直的横向表面裂纹。

将镦粗好的钢筋放至钢筋螺纹套丝机上进行套丝。丝头长度与钢筋直径相等（标准型丝头）。完成后，立即将其一端戴上塑料保护帽，另一端拧上连接套筒并预紧。在钢筋制作好后，应把钢筋进行分号、分类、挂牌并堆放好，现场抽检数量为该断面丝头总数的 1/10。

钢筋接头加工注意事项如下。

a. 钢筋下料时不宜用热加工方法切断，钢筋断面平整并与钢筋轴线垂直，不得有马蹄形或扭曲，端部出现弯曲时调直。

b. 丝头有效螺纹长度满足规范要求。

c. 标准型丝头有效螺纹长度不小于 1/2 连接套筒长度，允许误差为 $2p$（p 指螺距），丝头加工完毕后应戴上丝头保护帽，防止钢筋损坏。

d. 连接钢筋时，连接套筒应与钢筋规格一致，并保证丝头和套筒内螺纹干净、不受损。连接时用工作扳手将丝头在套筒中央位置顶紧，拧紧后用扭力扳手检查拧紧力。拧紧力矩值如下：当钢筋直径为 18~20 mm 时，拧紧力矩值为 200 N·m；当钢筋直径为 22~25 mm 时，拧紧力矩值为 260 N·m；当钢筋直径为 28~32 mm 时，拧紧力矩值为 320 N·m；当钢筋直径为 36~40 mm 时，拧紧力矩值为 360 N·m。

e.丝头有效螺纹数量不少于设计规定,不完整螺纹长度不超过2个螺纹周长,环通规能顺利旋入,环止规旋入长度不得超过3 p。

f.标准型连接套筒应有有效外露螺纹,并不得超过2 p,对应钢筋的规格进行连接套筒的拉伸试验并符合规范规定。

②钢筋笼加工。

钢筋笼采用自动滚焊机加工,将加工好的主筋分布在分料盘的圆周上,同时穿入固定盘和移动盘环形模板的导管内,并在移动盘的导管内用螺栓夹紧。夹紧前注意调整好每根主筋的错位长度(1 m)。安装主筋的同时将加强箍安装在对应位置,并穿好圆盘保护层垫块。

将盘条穿过调直机与主筋中的一段进行交叉焊接固定,固定后固定盘和旋转盘同步旋转,移动盘同时向前移动,这样盘条自动缠在主筋上,同时进行焊接,从而形成成品钢筋笼,在钢筋笼尾部,盘条缠绕3圈后,将盘条端头焊接固定在主筋上切断盘条,完成焊接。

最后进行声测管的安装,声测管分节长度与钢筋笼一致,与钢筋笼之间每隔2～4 m用U形卡扣进行固定,管道接长时采用套管连接,现场焊接,保证密封性。检测管均匀设置在钢筋笼内侧并固定,同时要能上下活动,保证对接方便。为使钢筋笼在加工、运输和安装过程中不变形,加劲箍每隔2 m采用钢筋十字撑(ϕ28 mm钢筋制作)加固。为保证钢筋笼下放接长时相邻主筋不会错位,每节钢筋笼靠顶端的加劲箍与主筋的焊接质量须保证。

加工好的钢筋笼按安装要求分节编号,在分节处的主筋上做标记,以方便安装过程中钢筋笼对接。没有套筒的一端套上塑料保护帽保护螺牙,并按安装要求分节、分类编号,统一堆放,并将钢筋笼用枕木垫高以避免粘上泥土及产生变形。每节钢筋笼顶部共设4个吊点,沿钢筋笼四周均匀布置。吊点采用ϕ25 mm以上的圆钢吊环与主筋满焊。

为保证钢筋笼下放时吊装方便,加工时要事先焊接吊环。

③钢筋笼加工质量要求。

a.成品钢筋笼应进行质量抽检,钢筋表面不允许有明显的锈蚀、油污、焊渣;钢筋骨架没有明显不圆,施工刚度能满足要求。

b.丝头钢筋下料时,断面应与钢筋轴线垂直且不得有马蹄形或挠曲,应用切割机切割端头后下料,不得用烧焊方式切割下料,若端部不直,应调直后下料。

c.套筒表面应进行防锈处理。

d.接头拼接时应用管钳扳手拧紧;拼接完成后,套筒每端不得有1扣以上的完整丝扣外露,加长型接头的外露丝扣数不受限制,但应另有明显标记,以便检查进入套筒的丝头长度是否满足要求。

e. 成品钢筋笼尺寸偏差应符合表 2.12 的有关规定。

表 2.12 钻孔桩钢筋骨架的制作和安装质量标准

检查项目	允许偏差
主筋间距	±10 mm
箍筋间距	±20 mm
外径	±10 mm
倾斜度	0.5%
保护层厚度	±20 mm
中心平面位置	20 mm
顶端高程	±20 mm
底面高程	±50 mm

(2) 钢筋笼的吊运。

钢筋笼加工合格后,在钢筋笼的主筋上选择 1 根通长的主筋作为基准钢筋,在接头附近刷红色油漆做标记,挂好标识牌,再将其按照现场沉放的顺序进行摆放,所有的螺纹用塑料套筒套上封闭,防止在存放、运输过程中损坏。

钢筋笼起吊就位采用钢筋场门式起重机,为了保证起吊时骨架不变形,宜用两点抬吊,两点位置取在钢筋笼两端第二道加强箍和主筋连接处。

钢筋笼装车时,按下放的先后顺序进行有序堆放,钢筋笼在平板车上堆放不能超过两层,并在加强箍位置设置草垫和木块,防止钢筋笼滚动导致挤压变形。

(3) 钢筋笼的安装。

为防止钢筋笼在下放时变形,钢筋笼整长最大质量为 9.8 t,小于单节钢护筒质量,钢筋笼的吊放采用与钢护筒相同的吊架,钢丝绳用吊装钢护筒用的 $6 \times 37 \phi 32.5$ mm 钢丝绳和卸扣。

①起吊。

钢筋笼运至施工平台后,利用 50 t 汽车起重机主副钩配合,完成单节钢筋笼从水平放置状态到竖直状态的转换。

②正位下放。

单节钢筋笼吊至孔口正上方后,检查确认吊点垂线、桩基础轴线和笼体中轴线吻合后,由操作人员扶着缓慢下放,防止钢筋笼与孔壁碰撞。下放过程中及时割除钢筋笼的三角支撑架。用 4 根长 3 m 的[20 槽钢作为扁担将钢筋笼临时悬挂在水平放置的枕木上,以此承受钢筋笼的重量,然后吊车脱钩进行下节钢筋笼的吊装。

③连接。

按同样的步骤起吊下一节钢筋笼,调整吊车大臂位置使上下节钢筋笼中心对齐,缓慢转动上节钢筋笼使油漆标记的主筋准确对位并使上下节钢筋笼主筋完全顶紧。

当钢筋笼主筋全部对位完成后开始连接套筒,本工程加长丝头在上,套筒全部往下拧紧,拧紧程度以标准型丝头外露 1 个完整丝为准。每节钢筋笼套筒拧紧后,采用标定后的扭矩扳手进行检查。

声测管采用套管套接接长。钢筋笼下放完成后,及时封闭声测管上口,防止混凝土浇筑过程中混凝土及其他杂物进入其内堵塞声测管。

钢筋笼全部接长后,采用 4 根对称布置的 $\phi 28$ mm 钢筋作为吊筋,吊筋的接长和吊筋与主筋的连接均采用套筒,顶部钩住[20 槽钢做的扁担,扁担与吊筋和钻孔平台固定牢固,防止钢筋笼触底变形和混凝土浇筑过程中钢筋笼上浮。吊筋长度=护筒顶高程−桩底高程−钢筋笼长度。

钢筋笼吊放到位后,用清水注满声测管,防止混凝土浇筑时声测管漏浆堵塞。

5. 水下混凝土浇筑

桩基础由陆上拌和站供应混凝土,混凝土搅拌运输车运输,桩基础采用水下导管灌注法施工,浇筑前泥浆指标和桩底沉渣厚度必须满足设计要求,否则需要进行二次清孔,直至满足设计要求后方可灌注水下混凝土。

(1) 混凝土浇筑设备。

导管由 $\phi 300$ mm×8 mm 的无缝钢管制成,采用快速螺纹接头,导管接头处设置两道 O 形密封圈,保证接头的密封性。

混凝土用 2 台 HZS120 型搅拌机组生产,用 10 m^3 混凝土搅拌运输车通过便道和栈桥运至钻孔平台,用混凝土输送泵车泵送。

(2) 导管安装。

导管标准节长度为 3 m,底节长度为 6 m,调配节长度为 0.5~1.5 m,通过调配节满足底口距孔底 0.3~0.4 m 的要求。

导管在使用前进行水密试验及接头抗拉试验,根据《公路桥涵施工技术规范》(JTG/T 3650—2020),水密试验水压应不小于孔内 1.3 倍水压力。导管下放前检查每根导管是否干净、畅通,有无小孔眼,以及止水 O 形密封圈是否完好。水密试验方法是把拼装好的导管先灌满水,两端封闭,一端焊接出水管接头,另一端焊接进水管接头,并与水泵出水管相接,启动水泵给导管注入压力水,当水泵的压力表压力达到导管需承受的计算压力时,稳压 10 min 后接头及接缝处不渗漏即为合格。

导管采用钻机逐节接长、下放,通过工字钢及活动卡板拼成的操作平台进行悬挂,导管接长至底口距孔底 40 cm 为止,安装时注意密封圈是否安置到位和检查每个导管两头丝扣有无破丝等现象。

(3) 二次清孔。

导管下放到位后,应立即进行孔底沉渣厚度检测,若沉渣厚度不满足设计要求,采用抽渣泵进行二次清孔。混凝土浇筑前需再次检测沉渣厚度,若沉渣厚度大于 5 cm,则继续清孔,直至满足设计要求。

清孔结束并经监理工程师检验合格后,拆除导管弯头,进行桩基础混凝土灌注。

(4) 混凝土浇筑。

①首封混凝土浇筑:按规范要求,首封混凝土方量应满足导管初次埋深大于 1 m 且不超过 3 m 的要求,设导管下口离孔底 40 cm,桩基础首封混凝土方量(桩基础直径按 2 m、2.2 m、2.5 m,导管内径按 30 cm 进行计算)计算简图如图 2.11 所示。

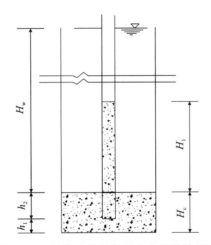

图 2.11 桩基础首封混凝土方量计算简图

注:H_1—桩孔内混凝土达到埋深时,导管内混凝土柱平衡导管外(或泥浆)压力所需的高度;

h_1—桩孔底至导管底端间距;h_2—导管初次埋深;H_w—孔内水或泥浆的深度;H_c—混凝土浇筑高度。

桩基础首封混凝土方量计算公式见式(2.11)。

$$V \geqslant \frac{\pi D^2}{4} \times (h_1 + h_2) + \frac{\pi d^2}{4} \times H_1 \tag{2.11}$$

式中:V——首封混凝土方量,m³;

D——桩孔直径,m;

h_1——桩孔底至导管底端间距,m,取 0.4 m;

h_2——导管初次埋深,m,取 1 m;

d——导管内径,m,取 0.3 m;

H_1——桩孔内混凝土达到埋深时,导管内混凝土柱平衡导管外(或泥浆)压力所需的高度,m,其计算见式(2.12)。

$$H_1 = \frac{\gamma H_w}{\gamma_c} \tag{2.12}$$

式中:γ——孔内泥浆的容重,kN/m³,取最大值 $\gamma = 11$ kN/m³;

H_w——孔内水或泥浆的深度,m;

γ_c——混凝土的容重,kN/m³,取 $\gamma_c = 24$ kN/m³。

首封混凝土灌注采用"剪球法"。首批混凝土灌注后,应立即测量导管的埋深并记录,埋深不得小于 1 m。

②正常浇筑:首封混凝土浇筑后,采用小料斗进行桩基础混凝土浇筑,混凝土应连续灌注,不得中断,始终保持护筒内泥浆面高于水位 1.5~2 m。

混凝土灌注过程中,随时测量混凝土面的高度,确保导管埋深控制在 2~6 m,当导管埋深过大时,及时拆卸导管。

当混凝土的顶面标高到位后,停止灌注,及时拆除导管。混凝土终灌标高超出设计标高 0.5~1 m,以确保桩头凿除后桩顶混凝土密实、无松散层。

6. 桩基础钢护筒清淤

平口资水大桥主墩桩基础桩顶通常距离护筒顶 20 m 左右,因此在桩基础施工完毕,龄期达到 7 d 以上后,应及时进行钢护筒内的清淤工作,将桩顶沉积的大量淤泥、水泥浆用高压水枪配合泥浆泵清理干净。

施工过程中泥浆应用密封良好的泥浆车运至指定地点弃置,不得直接向河内排放。

2.3.1.6 桩基础施工注意事项

(1)剪球前导管底至孔底的距离一般控制在 40 cm,首封混凝土一定要达到计算的方量,以满足灌注后导管埋入混凝土面 1 m 以上的要求。灌注后及时测量混凝土面的高度,以确定首封混凝土埋管深度。

(2)混凝土导管使用前一定要进行水密性和承压试验,并检查密封圈是否完好,有无老化现象,以保证混凝土灌注过程中不漏水、不破裂。

(3)混凝土灌注过程中设专人测量孔深,准确掌握混凝土面上升高度,以便严格控制导管埋深为 2~6 m,防止导管埋入过深,使上层部分混凝土初凝致导管提起困难,或导管埋入太浅致导管提空,同时做好混凝土灌注记录以备查。

(4) 试验人员值班,确保混凝土按监理工程师认可的配合比拌制,并按施工技术规范规定的频率全面检查混凝土的温度、含气量及坍落度等指标,严禁将不符合要求的混凝土送入漏斗灌注。

(5) 混凝土灌注前必须全面严格检查各种机械,排除故障隐患,灌注过程中电器和机械维修人员跟班作业,配备必要的配件,出现故障时能及时抢修。混凝土开始灌注后需连续灌注,不得中途停顿。

(6) 混凝土灌注时,注意埋管深度并适当控制混凝土灌注速度以防止钢筋笼上浮。

(7) 冬季灌注混凝土时,混凝土的温度应不低于 5 ℃。当气温低于 0 ℃时,灌注混凝土应采取保温措施。强度未达到设计强度的 50%的桩顶混凝土不得受冻。夏季混凝土的入孔温度应控制在 32 ℃以下。

(8) 混凝土灌注到接近标高时,灌注混凝土值班人员要计算还需灌注的混凝土量,并通知拌和站按所需混凝土量拌制,以免造成浪费。

2.3.1.7 桩基础施工总结

1. 桩基础漏浆处理

平口资水大桥主墩桩基础施工过程中,覆盖层较浅的 8#、9#墩桩基础均发生了严重程度不一的漏浆现象。据统计,主墩桩基础如不遇漏浆,15 d 左右即可成桩,8#和 9#墩由于漏浆,平均需要 22 d 成桩,成桩时间最长的桩号是 8 a-2,从 2020 年 11 月 13 日开孔,直至 2021 年 1 月 1 日成孔,共计 50 d。

根据施工经验,总结出水中桩基础漏浆现象的产生原因及处理方案如下。

(1) 护筒底脚漏浆。

河床覆盖层浅,无法为护筒底脚提供良好的密封性;岩面倾斜不平整,护筒未嵌入岩面;护筒直径偏小,开孔时易砸到护筒底脚,导致护筒底脚变形。以上问题都可能导致护筒底脚漏浆。护筒底脚漏浆通常出现在造浆和开孔初期,漏浆速度随护筒底口缝隙尺寸变化。

对于河床覆盖层过浅或岩面倾斜不平整导致的护筒底脚漏浆,可在开孔时就进行护筒替打跟进,使护筒嵌入岩面 2 m 左右,可保证护筒与河床的密封性。当护筒长度为 30~40 m 时,护筒直径应比桩锤大 30 cm 左右。

(2) 岩层小型裂隙漏浆。

①小型裂隙漏浆判断依据。

当地质钻孔资料显示该岩层裂隙较发育,钻进过程中漏浆速度缓慢(1 m/min 左右),且漏浆后护筒内泥浆液面高于或等于河水水位时,基本可以判断为岩层小型裂隙漏浆。

② 小型裂隙漏浆处理方案。

岩层小型裂隙漏浆可通过投放袋装水泥和黏土进行封堵。投放水泥和黏土后用桩锤进行拌和，待 8～10 h 后再进行冲进。

（3）岩层大型裂隙漏浆。

① 大型裂隙漏浆判断依据。

当钻进过程中出现突发性漏浆，漏浆速度极快（0.5 m/s 左右），且漏浆后护筒内泥浆液面高度低于河水水位，而桩锤无明显下沉和落空感，观察护筒外水面可明显看到泥浆翻涌时，可以排除溶洞，判断为大型贯通裂隙。

② 大型裂隙漏浆处理方案。

大型裂隙仅靠回填袋装水泥和黏土是无法进行封堵的。直接进行片石回填同样效果不佳，因为刚出现漏浆现象时，可能刚接触裂隙，直接回填片石无法完全对裂隙进行封堵，继续冲进过程中会将封堵好的部分冲散。

发生大型裂隙漏浆时，可继续以小冲程锤击方式将桩孔冲进 50 cm 左右，保证裂隙完全处于孔壁上。过程中应人工操作，防止卡钻。

当裂隙处于距护筒底口 1～2 m 的范围时，可以继续替打跟进护筒，将护筒下沉至裂隙部位，堵住裂隙。

当裂隙较深，替打护筒需要较长的行程时，可用导管灌注水下混凝土进行封堵，待封堵混凝土凝固后可继续冲进。

实践过程中，封底混凝土并不能一次性解决问题，冲进过程中封堵住了大型裂隙，但是冲进过程中仍然会有松动产生小型裂隙，表现为漏浆速度明显放缓，漏浆后护筒内泥浆液面高度高于或等于河水水位。

后续漏浆可通过抛填片石挤压裂隙、抛填袋装水泥及黏土密封裂隙来进行最后治理。

2. 水下桩基础混凝土配合比设计

平口资水大桥单桩混凝土方量较大，最大方量超过 320 m³，运输条件不利，灌注持续时间较长。为了保证水下混凝土的正常施工，官新高速公路第 11 合同段试验室对本桥水下灌注混凝土的配合比进行了优化。

（1）胶凝材料优化。

粉煤灰是玻璃晶体构造，掺加适量的粉煤灰可以发挥"滚珠轴承"作用。因此，可以选择水泥和粉煤灰的胶凝材料（简称为"胶材"）组合，优化配合比，提高混凝土工作性能。试验证明，粉煤灰掺量宜为总胶材的 15%。

（2）砂率、碎石级配的优化。

混凝土要达到良好的和易性，必须有足够的砂浆填充碎石的空隙并保持富余量，同时要有足够的浆体填充砂的空隙,使其起到一定的润滑作用。混凝土中骨料分为粗骨料和细骨料两种,粗细骨料的用量一般用砂率表示。细骨料的用量会影响混凝土拌和物的流动性和黏聚性,而碎石的粒形、级配对混凝土的和易性有较大的影响,因此,对砂率及碎石的级配进一步优化。改变5～10 mm、10～20 mm和16～31.5 mm三种碎石的掺配比例,进行碎石的紧密堆积密度试验,当三种碎石按4∶13∶3的比例掺配时,其堆积密度最大、空隙最小,此时的粒形和级配也最好。本项目选用机制砂作为细骨料,砂率宜适当提高。选好碎石掺量后,改变砂率进行对比试验,通过对拌和物的和易性与强度进行综合评定,最终发现砂率为45%时工作性能最好。

(3) 减水剂的优化。

水下灌注持续时间较长,要保证混凝土的经时保塑性和具有较长的缓凝时间。这就要求厂家在减水剂中添加一定量的保塑和缓凝成分,使混凝土2 h坍落度增加1 cm,混凝土初凝时间为12 h,以确保混凝土可以持续灌注。

3. 替打跟进施工工艺总结

钢护筒替打跟进是在钢护筒顶口安装一块替打板,通过桩锤锤击替打板将钢护筒锤入岩层中的工艺,为辅助锤击,还要先用桩锤进行引孔。平口资水大桥桩基础在施工过程中大部分都需要进行护筒替打跟进施工,过程中遇到了不少问题,总结如下。

由于桩锤是质量为8 t左右的实心铁锤,且底部焊有钻牙,冲击过程中对替打板会造成强大的冲击力,因此对替打板本身强度要求非常高。

原方案中,替打板由型钢拼焊加工而成,实际施工过程中,前期用I25工字钢并联焊接,使用5～6次后变形严重,改用I45工字钢加工,使用10多次后损毁。

最终在厂家定制10 cm厚钢板,厚钢板相对工字钢的优势是可以在锤击一面轻微变形后更换为另一面,防止钢板往同一方向严重变形,该钢板加工的替打板在水中桩基础施工结束后无损坏,较为耐用。

2.3.2 围堰施工

2.3.2.1 工程概况

8#、9#、10#主墩承台为矩形承台,尺寸均为12.6 m×8.5 m×3.2 m,承台基础均采用2×3根D200 cm桩基础。

8#墩承台最初方案是采用承台施工平台+模板施工,后因水位上涨,申报变更为单壁钢吊箱施工工艺,围堰顶标高为160.5 m,整体高度为9.7 m,长为9 m,宽为13 m。

9#、10#墩承台施工采用双壁钢吊箱围堰作为挡水结构,围堰顶标高均设为160～

166.5 m(围堰分为4段,先拼装2段,即顶标高160 m,根据现场主墩桩基础施工进度及第二年具体水位情况选择性加高),围堰内轮廓尺寸为在承台尺寸的基础上各边外扩5 cm,为12.7 m×8.6 m,壁厚为1.35 m。平口资水大桥水中承台(钢围堰)尺寸、标高可见表2.1。

2.3.2.2 自然条件

1. 地形地貌

根据设计河床断面及河床断面扫描图,8#墩位于斜坡河床上,8#墩承台小桩号侧河床标高为152.677 m,大桩号侧河床标高为149.130 m,高差达3.547 m,承台纵向长度为8.5 m,纵向坡度达42%,因此8#承台施工前应将小桩号位置的河床标高降至承台标高以下2 m左右深度。

9#墩围堰范围内河床淤泥平均标高为143.5 m,低于围堰底标高(144.1 m),可直接施工钢吊箱围堰。

10#墩围堰范围内河床淤泥实测平均标高为146.0 m,高于围堰底标高(144.1 m),需要在围堰下放前进行淤泥清理工作,将围堰范围内河床标高降低至围堰底标高以下。

2. 水文条件

围堰水文条件与平口资水大桥桥址水文条件相同,详见第2.1.2节的"3. 水文条件"。

2.3.2.3 单壁钢吊箱施工工艺

平口资水大桥8#墩左右幅承台采用单壁钢吊箱施工工艺。吊箱下放前应清理承台周围的淤泥,实测8#墩承台位置河床示意图如图2.12所示。

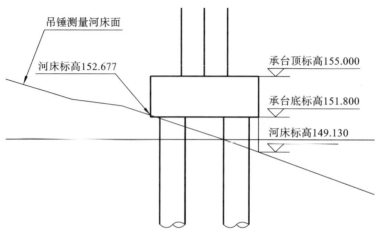

图2.12 实测8#墩承台位置河床示意图(单位:m)

该处河床淤泥层厚度为2～3 m,拟在水位下降后用挖掘机将露出河床的淤泥清理干净,淤泥用底部密闭的运输车运至指定弃土场弃置。清理后在桩基础钢护筒上安装吊箱拼装平台。

具体施工工艺流程如下:施工准备→围堰安装→单壁钢吊箱围堰下放→封底及抽水。

1. 施工准备

(1) 平台拆除。

桩基础施工完毕、桩检合格后即可拆除平台,拆除主墩平台围堰施工范围内的桥面板并将钢管桩用振动锤拔出。

(2) 河床清淤。

栈桥拆除后,进行测量放样,将需要挖除淤泥的范围用竹桩+纤维带标记出来,用小型挖掘机将8#墩承台周围的淤泥清理掉。挖除的淤泥用自卸车运至指定弃土场弃置。

(3) 施工放样。

河床清理完毕后,根据当时的水位安装底板拼装平台,高度通常比未来半个月最高水位高2 m左右。

2. 围堰安装

(1) 底板拼装平台的安装。

底板牛腿由双拼I25a工字钢组成,与钢护筒外壁进行焊接连接。

底板龙骨由HW340型钢组成,在栈桥平台上利用汽车起重机进行预拼装,拼装好后由吊车吊放至拼装平台上。

底板龙骨拼装好后在龙骨上焊接6 mm厚钢板作为底板面板,6 mm厚钢板背面贴∠75 mm×75 mm×8 mm角钢作为加劲肋。

底板面板焊接过程中应注意跟踪检查焊缝的密封性,背面加劲肋需要焊接在型钢翼板上,以达到支撑底部面板的作用。

加劲肋与面板的焊接应双面满焊。

(2) 施工平台牛腿安装、底板面板吊装。

施工平台牛腿由双拼I25a工字钢组成,为侧板拼装和下放提供一个工作面。施工平台牛腿加工和安装可与底板面板吊装同步施工。

单块平台底板质量为20 t左右,因此吊装时选择2台50 t汽车起重机协同作业。进行底板吊装作业时,应派专职司吊工,并给司吊工与吊车司机配备对讲机。

(3) 围堰侧板安装。

围堰侧板分为 2 层。第 1 层为 6 m 高，6 mm 厚钢板背面贴 I 14a 工字钢竖肋、∠80 mm×80 mm×8 mm 角钢横肋，外侧套 2 层双拼 I 36b 工字钢组成的围檩，防止封底胀模。第 2 层 3.7 m 高，600 mm 厚钢板背面贴 I 12.6 工字钢竖肋，外侧套 4 层双拼 [20a 槽钢作为加劲梁。侧板安装和加工均采用焊接连接。

(4) 吊点、内支撑安装。

一个围堰设置 4 个下放吊点，吊点主横梁为双拼 I 450a 工字钢。下放到位后增设 20 个封底吊点锁定，吊杆均为 $\phi 32$ mm 精轧螺纹钢。

内支撑由双拼 I 36b 工字钢加工的圈梁和 $\phi 325$ mm×10 mm 钢管组成，内支撑和圈梁焊接成整体，在侧板设计高度上用 [10 槽钢每隔 3 m 焊接一道牛腿，将内支撑和圈梁吊放在牛腿上，圈梁不得焊接在围堰侧板上。

3. 单壁钢吊箱围堰下放

单壁钢吊箱采用精轧螺纹钢＋液压穿心千斤顶下放，下放行程为 15 m 左右，过程中需要接长精轧螺纹钢。接长精轧螺纹钢时应先将封底吊点锁定，再将下放千斤顶旋松并用接长螺母将下放精轧螺纹钢接长。

4. 封底及抽水

单壁钢吊箱围堰封底及抽水工艺见本书第 2.3.2.4 节，同双壁钢吊箱围堰封底及抽水工艺。

2.3.2.4　双壁钢吊箱施工工艺

9#、10# 左右幅一共 4 个承台采用有底钢吊箱围堰施工，即采用双壁钢吊箱作为形成干施工环境的临时围堰结构物，同时作为承台混凝土浇筑时的侧面模板。

钢吊箱围堰采用后场加工制造，利用平板车或运输船将制造好的围堰单元块运至拼装平台，现场组拼成型。其中 10# 墩承台在底板龙骨就位后需要先进行河床清淤，再在护筒顶口设置下放装置，整体下放钢吊箱就位，堵塞钢吊箱底板与钢护筒间缝隙，最后采用多点导管法浇筑水下混凝土封底形成防水围堰。承台及水下部分墩柱浇筑完毕后即可拆除钢吊箱围堰，钢吊箱围堰采用水下氧割及拉杆连接法分块吊出墩位。

1. 工艺流程

双壁钢吊箱围堰施工主要作业内容有：围堰制造、钻孔平台拆除、拼装平台搭设、围堰拼装及下放、围堰封底等。施工工艺流程如下：吊箱分块制作→钢吊箱块单元验收（侧板焊缝水密试验）→施工平台上放样钢吊箱平面位置→分块组拼钢吊箱围堰底板→分区对称组拼钢吊箱围堰侧板和内支撑系统(钢吊箱水密试验)→接长护筒、安装围堰吊挂系统→廊节钢吊箱围堰下沉→钢吊箱围堰分段接高(钢吊箱水密试验)→钢吊箱下沉至设计标高→安装封底混凝土浇筑导管→浇筑水下封底混凝土→围堰内抽水,构筑物施工。

2. 主要临时结构设计

(1) 总体设计条件。

吊箱顶标高为 159.900 m(可根据实际水位加高至 163.500 m 和 166.500 m);承台顶标高为 150.000 m;承台底标高为 146.800 m;承台高度为 3.2 m;封底混凝土底标高为 144.600 m;封底混凝土厚度为 2.2 m;蓄水期设防水位为 166.000 m;枯水期设防水位为 158.000 m;水流流速为 1.0 m/s;护筒直径为 2.4 m;封底混凝土握裹力为 150 kN/m²;混凝土干容重为 24 kN/m³;钢材容重为 7.85 kN/m³;封底混凝土强度等级为 C25。

单个双壁钢围堰参数如表 2.13 所示。

表 2.13　单个双壁钢围堰参数

项目	参数
壁体外轮廓尺寸	15.4 m×11.3 m
壁体内轮廓尺寸	12.7 m×8.6 m
壁体厚度	1.35 m
底板开孔半径	2.56 m
底板龙骨质量	28.6 t
底板面板质量	11.9 t
第 1 节侧板高度	5.6 m
第 1 节侧板总质量	87.8 t
第 2 节侧板高度	9.7 m
第 2 节侧板总质量	129.6 t
第 3 节侧板高度	3.6 m
第 3 节侧板总质量	36.3 t
第 4 节侧板高度	3 m
第 4 节侧板总质量	16.0 t
下放总质量	310.2 t

(2) 钢吊箱结构组成。

①底板。

钢吊箱底板为型钢骨架分配梁底板,面板为 6 mm 厚钢板,主梁为 H500 mm× 200 mm×10 mm×16 mm 型钢,底板加劲肋采用[12.6 槽钢,间距 40 cm 布置。在桩位处开孔,开孔直径为 2560 mm,孔周边用 4 根斜撑加固,并在此设置吊点,斜撑为双拼 I32b 工字钢。

②侧板。

钢吊箱侧壁分为 4 节,第 1 节高 5.6 m,第 2 节高 9.7 m,第 3 节高 3.6 m,第 4 节高 3 m。第 1 节、第 2 节和第 3 节为双壁钢围堰,第 4 节为单壁钢围堰,根据现场实际施工进度及水位进行安装。

双壁钢围堰侧壁面板采用 6 mm 厚钢板,加劲梁采用 10 mm 厚钢板,侧板采用连续的∠200 mm×125 mm×12 mm 角钢做横向肋,间距 700～1000 mm 布置,竖肋采用 ∠75 mm×50 mm×6 mm 角钢,间距 400 mm 布置。侧壁内部沿高度方向在横肋或环板上对应设置水平横向支撑结构体系,由八字形连续交接分布的∠75 mm×50 mm×6 mm 或∠100 mm×63 mm×8 mm 角钢构成。为了在后续抽水过程中控制侧壁内部水位,于加劲梁和拐角箱梁内壁板底部开孔连接相邻隔仓,开孔大小为 ϕ250 mm。

单壁钢围堰侧壁采用 6 mm 厚钢板,纵横肋以及斜撑均采用 H200 mm×125 mm× 14 mm 型钢,施工时如果遇到暴雨导致水位超过施工最高水位,应暂停施工。

③内支撑。

内支撑一共分为 5 层,第 5 层标高为 163.2 m,第 4 层标高为 159.2 m,第 3 层标高为 156.1 m,第 2 层标高为 153.2 m,第 1 层标高为 150.5 m,支撑点与加劲梁位置相对应。内支撑采用 ϕ600 mm×16 mm 钢管,斜撑分配梁采用 H500 mm×200 mm× 10 mm×16 mm 型钢。

内支撑在下放阶段为直撑,在破桩头之后为保证承台及墩柱的施工空间,需要改为斜撑,改支撑过程中,水面以下的内支撑应先安装好斜撑后再将直撑拆除。

④吊挂系统。

吊挂系统分为下放吊挂系统和封底吊挂系统,下放过程中设置 4 个吊点,下放到位后,封底之前增设 20 个吊点,以保证封底浇筑时围堰的稳定性。

下放吊挂系统吊杆采用 9×ϕ15.2 mm 钢绞线,下端设置锚固端通过锚垫板与底板龙骨反扣,上端在四角的钢护筒顶端分别设置一根分配梁(H500 mm×200 mm× 10 mm×16 mm 型钢),每根分配梁上设置 1 个 150 t 穿心千斤顶,一共 4 个吊点,下放时通过千斤顶的收放将围堰逐步下放。

封底吊挂系统采用 ϕ32 mm 精轧螺纹钢做吊杆,吊杆底部通过锚垫板与底部龙骨反扣，顶部锚固在吊点牛腿上，在每根钢护筒四周对称布置 4 个吊点，吊挂牛腿为 H400 mm 型钢，焊接在钢护筒外壁上。

⑤连通器。

连通器由钢管、法兰盘及止水塞组成，每个侧板设置一个连通器，标高根据现场施工水位控制，不低于承台顶标高。

⑥导向装置。

钢吊箱在第一层钢围堰顶往下 1 m 设置一层导向装置，一共设置 8 个，分别顶在侧板靠近四角钢护筒的边上，与护筒外壁间距 5 cm，由 ϕ630 mm×8 mm 钢管、10 mm 厚加劲肋和底板、[20b 槽钢组成，与侧壁一同加工制作。

⑦吊箱与平台连接笼梯。

吊箱顶与施工平台间设置拼装式笼梯供人员上下，爬梯通过 I25a 工字钢架设在两个围堰之间。安全爬梯仅供人员上下，不得堆载工具、材料。

⑧拼装平台。

钢吊箱往外延伸 1.5 m 作为拼装平台，平台设置 1.2 m 高护栏，铺设人行道板。

3. 施工准备

(1) 主要设备选型。

①加工场起重设备。

根据项目总体规划，2#钢筋加工场钢结构加工区需要满足钢护筒、钢吊箱的加工与存放等多种需求，根据其中吊重最大的 A 侧板(重 13 t)，设置了 2 台 10 t 门式起重机作为主要起重设备，轨道间距为 25 m，吊高为 10 m，覆盖整个钢结构加工作业线，满足钢吊箱的吊装要求。

②平台吊装设备。

钢吊箱拼装现场根据吊重最大 13 t 的条件，选择 90 t 履带式起重机或者 50 t 汽车起重机吊装钢吊箱壁板。

③钢吊箱下放设备。

根据设计及工艺要求，仅利用千斤顶下放底节钢吊箱入水，底节钢吊箱质量为 310.2 t，选用 4 台不小于 150 t 的连续千斤顶进行钢吊箱下放。吊杆采用 4 组 9×ϕ15.2 mm 钢绞线。下放千斤顶由主顶油缸、上夹持器、下夹持器、撑脚及导向架组成，千斤顶上安装位移传感器，计算机采集传感器信号使液压泵站同步控制各千斤顶动作。

(2) 吊具参数选择。

①吊耳参数。

a. 侧壁单元竖直吊装吊耳。

单个钢吊箱块体质量不超过 13 t，拼装时在顶部横肋上靠近水平横撑焊接 4 个吊耳。

吊耳板厚度为 20 mm,尺寸为 150 mm×140 mm,吊耳孔直径为 50 mm,孔顶至板顶距离为 40 mm。吊耳板与环板用双面角焊缝焊接,焊脚尺寸为 10 mm,吊耳两侧焊缝各长 150 mm。

吊耳板两侧各增加 2 个 10 mm 厚度的加劲板,加劲板与吊耳板和环板用双面角焊缝焊接,焊脚尺寸为 7 mm。

b. 侧壁单元水平吊装吊耳。

水平吊装时在外壁板加劲处焊接 4 个吊耳,吊耳板与水平面成 45°角摆放,与钢丝绳保持同一方向。

吊耳板厚度为 20 mm,尺寸为 150 mm×140 mm,吊耳孔直径为 50 mm,孔顶至板顶距离为 40 mm。吊耳板与壁板用双面角焊缝连接,焊脚尺寸为 7 mm,吊耳两侧焊缝各长 150 mm。

吊耳板两侧各增加 2 个 10 mm 厚度的加劲板,加劲板与吊耳板和壁板用双面角焊缝焊接,焊脚尺寸为 7 mm。

c. 底板龙骨吊装吊耳。

底板龙骨单根吊装,每根龙骨上焊接 2 个吊耳,吊耳板厚度为 20 mm,尺寸为 150 mm×140 mm,吊耳孔直径为 50 mm,孔顶至板顶距离为 40 mm。吊耳板与底板主梁用双面角焊缝连接,焊脚尺寸为 10 mm,吊耳两侧焊缝各长 150 mm。

吊耳板两侧各增加 2 个 10 mm 厚的加劲板,加劲板与吊耳板和底板主梁用双面角焊缝焊接,焊脚尺寸为 7 mm。

d. 钢护筒割除吊装吊耳。

钢护筒、钢管桩管节拆除吊装时,在管节顶部对称开设 2 个吊耳孔,吊耳孔直径为 100 mm,孔顶至管节顶距离为 80 mm。

e. 吊耳使用方式及安全系数。

吊装方式可分为单点吊、多点吊、八字吊及抬吊,安全系数取 8。

②起重钢丝绳和卸扣参数。

钢丝绳参数见表 2.14。

表 2.14 钢丝绳参数

起吊工况	钢丝绳型号	备注
吊重 10 t 以内	2 根或 4 根 ϕ28 mm,6×37 S+IWR	钢丝绳公称抗拉强度为 1870 MPa,采用八字吊,吊装时钢丝绳水平夹角为 60°,安全系数为 8
吊重 10~15 t	2 根 ϕ37 mm,6×37 S+IWR	
	4 根 ϕ37 mm,6×37 S+IWR	

卸扣参数见表 2.15。

表 2.15 卸扣参数

起吊工况	卸扣型号	备注
吊重 10 t 以内	2 点或 4 点起吊:GB/T 25854-6-DW10	安全系数为 8
吊重 10~15 t	2 点或 4 点起吊:GB/T 25854-6-DW16	

根据《钢丝绳通用技术条件》(GB/T 20118—2017),侧板倒运钢丝绳选用 6×37 ϕ32.5 mm 钢丝绳($S=392.11$ mm^2)。

卸扣根据《一般起重用 D 形和弓形锻造卸扣》(GB/T 25854—2010)的规定选用:吊装侧板时,钢丝绳连接卸扣选用 GB/T 25854-6-DW16。

4. 围堰加工制作

钢围堰加工制作总体工艺采取先进行散件下料加工,在场内按设计分块制作成块件,再将块件运抵施工现场进行组拼焊接的流程。

钢围堰单元块制造的主要内容包括:底板块单元制造、侧板分块制造、内支撑制造、限位制造等。钢围堰单元块制造流程如图 2.13 所示。

围堰分块应遵循以下原则:块件能满足现场设备起吊需求;制作场地及出运条件应满足要求;平板车能运输每个块件;运输船舶能转运每个块件;壁板分块尽量避开隔仓板,满足隔仓注水要求。在满足以上条件的前提下尽量减少分块数量,以减少现场块件拼装工程量,加快块件拼装进度。

围堰加工制作要点具体如下。

(1) 原材料报计划、进场。

设计图纸下来后,根据图纸计算所需原材料数量,包括设计量和损耗量。双壁钢吊箱围堰涉及的钢材总量多、种类多,且部分型号的型钢在市场上较难寻找,比如[40b、[32b 槽钢等,因此提前进行材料的规划,并根据市场情况适当调整型钢类型是前期准备的必要工作之一。

(2) 原材料矫正。

围堰使用的钢板和型钢,由于轧制时压延不均,轧制后冷却收缩不均,以及运输、储存过程中受各种因素的影响,常常产生波浪形、局部凹凸和各种扭曲变形。这些变形将影响气割及其他加工工序的正常进行,降低加工精度;而且它们在焊接时还会产生附加

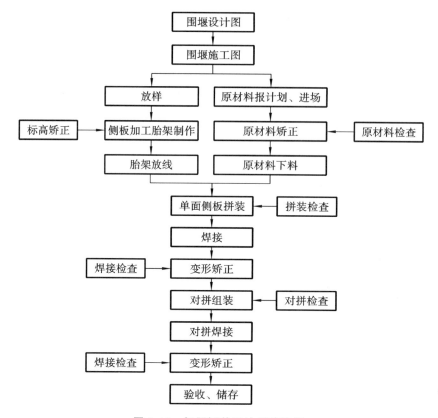

图 2.13 钢围堰单元块制造流程

应力,使构件失稳从而影响构件的强度。因此,在下料前应对变形的钢板、型钢进行矫正处理,消除这些变形。

①钢板的矫正。

对大面积的钢板,采用卷板机辊压矫正,若一次不能矫平,则往复数次,直至满足要求为止。对于较厚的小面积钢板及由钢板切割或剪切好的零件,由于零件边缘在切割时受高温或机床剪切作用而产生变形,因此需将板件压平。钢板平整度应满足以下要求:当钢板厚度为 6~8 mm 时,允许翘曲度为 2.5 mm/m;当钢板厚度为 8~11 mm 时,允许翘曲度为 2.0 mm/m;当钢板厚度为 11 mm 以上时,允许翘曲度为 1.5 mm/m。

②型钢的矫正。

小尺寸的型钢可利用平台或用锤手工敲击来矫正,无法矫正的型钢应放入废料区或者加工成零配件。

根据《钢结构工程施工质量验收标准》(GB 50205—2020),钢材矫正后的允许偏差如表 2.16 所示。

表 2.16　钢材矫正后的允许偏差

项目		允许偏差
钢板的局部平面度	$t \leqslant 6$ mm	3.0 mm
	$6 < t \leqslant 14$ mm	1.5 mm
	$t > 14$ mm	1.0 mm
型钢弯曲矢高		$l/1000$ 且不大于 5.0 mm
角钢肢的垂直度		$b/100$,双肢栓接角钢的角度不得大于 $90°$
槽钢翼缘对腹板的垂直度		$b/80$
工字钢、H 型钢翼缘对腹板的垂直度		$b/100$ 且不大于 2.0

注：t—钢材厚度；l—钢材长度；b—钢材宽度。

（3）下料及预加工。

①下料。

板材采用半自动等离子切割机下料，型钢采用砂轮切割机下料，下料尺寸应考虑焊接收缩余量，下料时应将坡口一并切出。下料时需按图纸编号在每个构件上做标记，标记应用记号笔或者石蜡笔书写，应书写清楚，易于辨认。

零件边缘应光洁，无氧化物，无缺棱等现象，切割表面不允许有崩坑，塌角半径 $R \leqslant 0.5$ mm。

型钢下料端部切口应整齐，倾斜度不大于 1%，毛刺飞边应打磨光滑。

②预加工。

由于钢围堰外形尺寸较大，大部分构件需要接长，为保证结构的焊接质量，水平环板、壁板等应按要求开 V 形坡口。坡口尺寸应符合图 2.14 的要求。

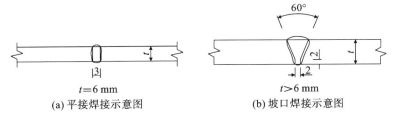

(a) 平接焊示意图　　(b) 坡口焊示意图

图 2.14　坡口尺寸

（4）侧板加工胎架制作。

侧板最宽为 5.65 m，最长为 5.6 m，因此需要加工安装 4 个 6 m×6 m 的侧板加工胎架。侧板加工胎架由角钢和钢面板组成。用水准仪将基础角钢顶部调成水平后再铺上钢板,为围堰侧板加工提供平台,以保证侧板加工的平整度。

(5) 单面侧板制作。

壁体的内、外壁板由若干张钢板组成,需预先拼制。拼板在平台上进行,先拼端接缝,后拼纵接缝,拼好后进行双面焊接。焊缝质量须达到《钢结构工程施工质量验收标准》(GB 50205—2020)中规定的二级焊缝标准。具体制作流程如下。

①放样定位。在板单元加工平台上铺设已下料的壁板钢板,并以钢吊箱纵横基线为基准,用石蜡笔和直尺画出壁板上竖向加劲角钢的位置线。

②焊接横向加劲角钢。将下料的横向加劲角钢根据位置线逐一摆放在壁板钢板上,然后组焊横向角钢并修整焊接变形,形成独立的壁板单元。

③焊接竖向加劲角钢。将下料并修整完毕后的竖向角钢按设计间距安装在横向角钢之间,通过点焊临时固定,全部安装完毕后通过拉线进行位置调整,调整就位后,将竖向角钢与面板、横向角钢焊接,使单侧壁板焊接成型。

焊接采用对称、跳焊的方式,以减小焊接变形,焊接后适当修正,以保证壁板的平整度。焊接后应采用靠尺进行检查,必要时可进行局部修正,合格后清磨、标号、存放。

(6) 独立单元对拼组焊及存储。

当同单元的前后两面侧板加工完毕后,可进行独立单元的对拼组焊。

先将一面侧板在加工平台上平放就位。用门式起重机将另一面侧板反扣至斜撑上方,四周通过千斤顶、手拉葫芦、型钢进行支撑,临时固定好侧板后,依据设计图纸,焊接好斜撑角钢,确认无误后对连接处进行满焊。

为保证焊接质量,减少仰焊数量,在平焊及立焊完成后由吊机起吊块单元再加焊。焊接优先采用 CO_2(二氧化碳)气体保护焊。

块单元采用门式起重机起吊装卸,单块最大质量为 8 t。平板车运输块段至 2# 钢筋加工场外侧水泥坪内。

(7) 钢吊箱侧板及构件运输。

钢吊箱单元块在桥北段全部采用平板车转运,在桥南段视情况采用平板车转运或平板车和运输船转运。

钢吊箱构件加工完成后,按拼装的先后顺序,先由平板车从 2# 钢筋加工场运至现场,采用 90 t 履带式起重机和 50 t 汽车起重机将构件从平板车或者运输船吊运至现场进行安装。

钢构件运输时底部要进行支垫,单层堆放,大块运输要采用手拉葫芦固定,车船要平稳行驶,并派专人进行跟踪,防止运输途中出现意外。壁体块加工与运输时为水平状态,拼装时通过汽车起重机和履带式起重机配合转为竖直状态。

（8）钢结构焊接要求。

①焊接工艺。

围堰侧板加工制作焊接材料选用实心焊丝，焊接方式选择 CO_2 气体保护焊，并采用手工电弧焊进行型材定位。

②焊接材料。

CO_2 气体保护焊采用 ER50-6（ϕ1.2 mm）实心焊丝，CO_2 气体纯度不小于 99.5%。Q235-B 材料之间及 Q235-B 与 Q345-B 材料之间的焊接采用 E4303 焊条，Q345-B 材料之间的焊接采用 E5015 焊条。

③焊接参数。

CO_2 气体保护焊焊接参数见表 2.17。

表 2.17　CO_2 气体保护焊焊接参数

焊缝类型	焊道	焊接电流/A	电弧电压/V	气体流量/(L/min)
立对接	打底	150～160	21～23	15～20
	填充	155～165	22～24	15～20
	盖面	150～160	22～23	15～20
平对接	打底	170～180	24～26	15～20
	填充	180～200	25～27	15～20
	盖面	210～220	27～28	15～20
横对接	打底	170～180	23～24	15～20
	填充	180～200	25～26	15～20
	盖面	160～170	23～24	15～20

手工电弧焊焊接参数见表 2.18。

表 2.18　手工电弧焊焊接参数

焊缝类型	焊件厚度/mm	焊条直径/mm	焊接电流/A
平对接	5～6	3.2	100～130
	5～6	4	160～210
	≥6	4	160～210

续表

焊缝类型	焊件厚度/mm	焊条直径/mm	焊接电流/A
立对接	5~6	3.2	90~120
	≥7	3.2	90~120
	≥7	4	120~160
横对接	≥5	3.2	90~120
	≥5	4	140~160
仰对接	≥5	3.2	90~120
	≥5	4	140~160

手工角焊缝焊接参数见表 2.19。

表 2.19　手工角焊缝焊接参数

焊缝类别	焊脚高度/mm	焊条直径/mm	焊接电流/A
平角焊	≥5	4	160~200
	≥5	5	220~280
立角焊	≥5	3.2	90~120
	≥5	4	120~160
仰角焊	≥5	4	120~160

④焊接工艺试验。

钢吊箱制作前选择典型焊缝进行焊接试验,具体要求见表 2.20。

表 2.20　焊接工艺试验要求

焊缝类型	焊接要求
型钢对接焊缝	①按二级焊缝控制; ②从坡口形式、坡口大小、焊接顺序、预设反变形和焊接收缩量等方面控制焊接变形; ③施焊前在对接焊缝背面贴陶质衬垫,采用 CO_2 气体保护焊焊接,单面焊接双面成型

续表

焊缝类型	焊接要求
壁板对接焊缝	①按二级焊缝控制； ②将对接焊缝尽量预留在骨架位置，施焊前在型钢骨架上点焊固定，不能预留在骨架位置时，施焊前采用码板固定，铺设衬垫进行焊接； ③采用线能量较小的 CO_2 气体保护焊焊接
纵横肋与壁板角焊缝	①按三级焊缝控制； ②采用线能量较小的 CO_2 气体保护焊同时施焊纵肋两侧角焊缝，保证纵肋垂直度； ③两侧焊缝的焊接方向保持一致，减小焊接变形
其他普通角焊缝	①按三级焊缝控制； ②采用线能量较小的 CO_2 气体保护焊焊接

⑤焊接施工控制要点。

a. 钢吊箱壁板与环板、加劲肋采用焊脚尺寸 $h_f=6$ mm 的连续角焊缝；加劲肋与环板、横撑与环板均采用焊脚尺寸 $h_f=8$ mm 的连续角焊缝。

b. 焊丝表面要干燥，无锈蚀、油渍，焊条要干燥，药皮涂药均匀无脱落，焊芯无锈蚀。碱性焊条使用前须经 300～350 ℃ 焙烤，保温 2 h。

c. 焊缝坡口形式要符合设计要求，过渡性坡口应光滑平顺，焊缝、坡口区域的铁锈氧化皮、油漆等杂物必须清除，保持清洁干燥。

d. 焊接设备工作状态完好，各种仪表刻度准确，焊机输出端线连接可靠无松动，气保焊机气路无泄漏、堵塞，气体加热器和流量计准确可靠。

e. 露天作业风力较大时，气体保护焊要有防风措施。当气瓶中的压力不超过 1.0 MPa 时，须停止施焊，更换气瓶。

f. 定位焊缝与正式焊缝具有相同的焊接工艺和焊接质量要求，焊缝厚度不小于 3 mm，长度宜不小于 40 mm，间距宜为 300～600 mm。

g. 长焊缝宜分段对称施焊，控制焊接变形；对于外壁板的对接焊缝，板缝错开时，先焊横向缝（端接缝），后焊纵向缝（边接缝）；平列对接时，先焊纵向缝，后焊横向缝；同时存在对接与角接焊缝时，先焊对接缝，后焊角接缝。

h. 所有骨架的十字焊、构件的角焊都采取逐格焊接法，遵循由中往左右、由中往前后、由下至上、由里及外的施焊程序。

　　i. 严格控制不同部位的焊接电流,不得使用同一种电流进行全位置焊接。

　　j. 施焊过程中若发现问题要立即停止施焊,并报告焊接主管技术人员,待问题解决后再继续施焊。

　　k. 不符合要求的焊缝要进行修补,修补后重新检测,直到合格为止。

5. 钢吊箱施工现场准备

（1）改装钻孔平台。

拆除钻孔平台影响钢吊箱拼装的中间部分,留下便于钢吊箱拼装的两侧部分。钻孔平台改装步骤如下。

①钻孔平台在拆除前先通过测量确认拆除范围,用氧炔焰割出分界线,将拆除区域的桥面板与贝雷片之间的锁定解除。

②桥面板锁定解除后,通过吊车将桥面板分块吊起,装车运走。

③拆除贝雷片及承重梁。

④割除平联、斜撑。

⑤用振动锤拔起钢管桩。

（2）钢护筒外周情况探测及清除。

为保证钢吊箱能顺利下放就位,应对钢护筒外周情况进行探测,以检查是否还存在妨碍钢吊箱下沉的障碍物,主要探测钢护筒外壁及钢吊箱沉放范围内的水域。

钢护筒外壁探测方法:用圆钢加工成内径较钢护筒直径大 5 cm 的钢圈,将该钢圈套入钢护筒,保持水平下放,检查钢护筒、钢管桩周围有无影响钢吊箱下沉的障碍物。沉放范围内的水域则主要由潜水工探摸。

若探测到有妨碍钢吊箱下沉的障碍物,则及时清除。

（3）主墩位置淤泥清理。

现场通过吊锤测得 9#墩、10#墩河床标高。河床淤泥在底板龙骨下放到位后安装高压水枪配合吸泥泵进行清理,通过吊锤和潜水员配合确认清理程度。10#墩每个承台预计清理 3 m 深约 600 m³ 淤泥。

6. 钢吊箱拼装

（1）钢吊箱拼装工艺流程。

钢吊箱拼装工艺流程见图 2.15。

（2）钢吊箱拼装及下放施工步骤。

钢吊箱拼装及下放施工步骤如下。

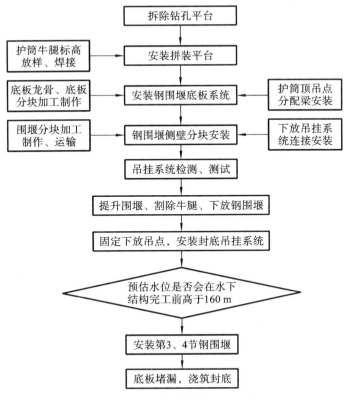

图 2.15　钢吊箱拼装工艺流程

①待钻孔桩完成后,拆除钻孔平台;低水位时,在钢护筒标高 151 m 的高度上焊接平台斜撑,搭设围堰拼装平台,拼装平台标高为 153 m(施工时,平台实际标高根据下放时的水位进行动态调整)。

②在平台上将底板龙骨焊接成型;用 2 台履带式起重机将底板龙骨吊放至围堰施工平台上;10#墩在底板龙骨上架设泥浆泵清淤;在底板龙骨上焊接钢吊箱底板和加劲肋。

③在底板上焊接侧壁临时支撑架;用履带式起重机将吊箱第 1 节侧板(5.6 m)吊装至底板上进行拼接。

④用履带式起重机将第 2 节侧板(5.3 m+4.4 m)吊装至第 1 节顶,并焊接牢固;在钢护筒顶安装下放吊点分配梁,安装下放钢绞线,调试下放系统。

⑤必须在无雨且风力小于 3 级的天气,利用吊挂系统将吊箱吊起 10 cm,并调平;拆除拼装平台;通过下放系统同步、缓慢下放钢吊箱,每下放千斤顶一个行程即调平一次;钢吊箱下放到位后,精确调平后锁定下放吊点,拆除千斤顶。

⑥安装封底吊点牛腿及吊杆;分节吊装第 3 层侧板和第 4 层侧板(该步骤根据施工水位有选择性地进行)。

(3) 钢吊箱拼装具体施工要点。

钢吊箱拼装具体施工要点如下。

① 底板拼装,支承牛腿安装。

施工平台拆除后,根据施工期间水位及围堰下放前预计水位拟定牛腿标高,即牛腿底标高高于预测水位 2 m 以上。根据标高在外侧护筒上焊接围堰拼接平台,平台斜撑采用双拼Ⅰ25b 工字钢,平台牛腿采用双拼Ⅰ32b 工字钢。

② 底板龙骨拼装及下放。

底板龙骨在栈桥平台上进行拼装,拼装好后利用 2 台履带式起重机同时起吊下放至拼装平台上。

底板龙骨拼装完成后在对应位置焊接吊挂分配梁,吊挂分配梁分为下放吊点分配梁和封底吊点分配梁。下放吊点分配梁由 H500 mm×200 mm×10 mm×16 mm 型钢双拼组成,吊点处设加劲板和锚垫板。封底吊点分配梁由单根 H500 mm×200 mm×10 mm×16 mm 型钢组成,在中间部位焊接双吊耳连接精轧螺纹钢。

底板龙骨在平台上焊接完成后,通过 2 台履带式起重机进行联合吊装,一套底板龙骨重约 20 t,吊装时应配备专职司吊员,配备对讲机。

起吊时应先将底板龙骨起吊至 10 cm 高度,待龙骨稳定,并确认 2 台履带式起重机荷载均衡后方可继续提升。

下放之前应通过测量放样用石蜡笔将底板龙骨平面位置标记在拼装平台横梁上,下放过程中以平面位置为准缓慢下放。

③ 河床清淤。

由于 10#墩河床标高高于围堰底板标高,因此在底板龙骨下放就位后,需要对河床进行清淤,将淤泥层标高降低至围堰底板以下。

清淤采用 4 台高压水枪及 4 台泥浆泵进行,在平台上架设泥浆池,收集泥浆泵抽出的淤泥,再通过横向管将抽出的河床淤泥排至围堰影响范围以外。

④ 底板面板焊接。

河床清淤完毕后,即可进行底板面板焊接安装。

底板面板由 6 mm 厚钢板和[10 槽钢加劲肋组成,焊接应采用 CO_2 气体保护焊,安装时应注意核对[10 槽钢与侧板的相对位置,防止其与侧板竖向角钢位置发生冲突,必要时可通过放线测量摆放位置。

[10 槽钢的长度应当略长于钢面板的宽度,两端应直接焊接在底板龙骨上。

加劲肋应先进行电焊,验收合格后方能进行满焊。若焊接时面板有积水,应先用氧炔焰进行烘干后再施焊。

⑤拼装围堰侧板。

在底板上测量放出侧板边界线,并用红漆标记,根据位置线预先焊接限位钢板,后续侧壁接高时,同样在下节壁体两侧焊接限位钢板。限位钢板尺寸为 300 mm(长)×120 mm(宽)×12 mm(厚),采用双面角焊缝,焊缝长为 150 mm,焊脚尺寸为 10 mm。用限位钢板来控制钢围堰下口线的平面位置,在底板地龙骨外侧焊接作业通道并在附近设置防护设施。

用履带式起重机将壁板块件吊起至安装位置,下口通过定位码板就位后,与定位码板临时焊接加以固定,上部用型钢和护筒临时焊接,通过测量仪器校正平面位置和垂直度,平面位置准确且垂直度达到要求后,将壁板与底板、壁板与壁板进行连接。采用两台 90 t 履带式起重机分别在主栈桥和支栈桥按照编号顺序交叉对称拼装,确保拼装过程受力均衡。侧板拼接完成后按照设计要求进行对应位置的内支撑安装。

侧板安装完后,将与固定好的侧板块段相邻的加劲梁用履带式起重机吊至大致位置处,人工用手拉葫芦辅助将加劲梁插入侧板内外壁的夹层,精准对接后用电焊临时固定,临时固定后再从上至下焊接内外的纵缝。

焊接好纵缝、横缝后,应将竖向加劲肋与底板或者底节侧板进行焊接,将横向加劲肋与侧面加劲梁进行焊接。

壁板应对称同步拼装,先安装侧板,再安插端口的加劲梁。

焊接围堰单元间水平拼缝时需要搭设横向焊接平台,采用悬挂式挂梯(吊篮)作为竖向焊缝施工平台,横向焊接平台由∠75 mm 角钢(间距 2 m)及跳板组成并设置护栏,施工完毕后整体割除平台。悬挂式爬梯(吊篮)根据现场实际由 30 mm×30 mm 方钢焊接而成。

⑥围堰底板预留孔安装。

准确测量钢护筒的坐标、椭圆度、倾斜度及倾斜方向,根据测量结果调整围堰底板上的预留孔,步骤如下。

a. 开孔前对每根钢护筒进行精确测量,计算确定护筒顶口标高处圆心(O_1)位置和钢围堰底板标高处对应护筒中心(O_2)位置。

b. 在钢围堰底板上测放出 O_1 和 O_2 位置,分别以 O_1 和 O_2 为圆心,以护筒半径 $R+10$ mm 为放样半径画出两个圆,两圆相切包络图为底板开孔包络线。

⑦内支撑安装。

所有侧板就位后,可进行内支撑的安装。内支撑为 $\phi630$ mm×10 mm 圆管,纵向 1 根,横向 2 根,支撑在加劲梁之间。

⑧吊箱吊挂装置安装。

a. 下放吊点安装。

钢吊箱围堰采用吊挂系统下放,围堰下放系统包括持力钢护筒、吊挂分配梁、提升千斤顶以及吊杆等部件。围堰下放前，在钢护筒顶安装吊挂分配梁、提升千斤顶，并通过下放吊杆与底板龙骨吊点连接。

b. 封底吊点安装。

封底上吊点由两组[40b槽钢组成，应安装在比底板高1 m左右的位置，安装时应注意先不要焊接精轧螺纹钢垫板，下放前将精轧螺纹钢靠近两片槽钢倒放，防止围堰下放时垫板与螺纹卡住崩坏螺纹。

7. 钢围堰下放

钢围堰下放装置主要由连续千斤顶、下放系统控制泵站、钢绞线、螺母及起吊装置组成。承重架上下、侧壁上下开孔圆心偏差不超过1 cm。

钢围堰下放采用液压提升系统，根据钢围堰重量及各吊点的荷载值，在围堰4个钢护筒处各设置1台额定提升力为150 t的千斤顶，每台千斤顶配置1组$9 \times \phi 15.2$ mm钢绞线。

下放吊具安装工序为：钢绞线下料→钢绞线编束→顶部穿过上夹持锚具→顶部穿过连续千斤顶→底部穿过上吊点分配梁→穿过底板龙骨吊点→穿过底部固定锚具→锁定底部锚具→调整钢绞线竖直度→预张拉钢绞线。

钢绞线下料的长度＝底部锚具伸出量（1 m）＋（吊点标高－钢吊箱下放后底标高）＋连续千斤顶长度（2 m）＋千斤顶顶部伸出量（1 m）。

顶部锚具在前期不需要安装夹片锚固，在穿索完成后，应对上下锚具的孔位和钢绞线的位置进行调整，不得出现钢绞线缠绕、扭转的现象。

第1节围堰（5.6 m）和第2节围堰（9.7 m）拼装完成并安装好下放系统后可开始进行围堰下放。下放前必须用测绳复测河床底标高，防止河床再次沉积淤泥侵占吊箱位置。如果河床过高，可派潜水员用水枪和吸泥泵进行二次清淤。

钢围堰较大，为确保其准确、顺利下放到位，成立钢围堰下放指挥机构，确保在钢围堰下放时各项指令及操作及时准确到位。图2.16为钢围堰下放指挥系统。

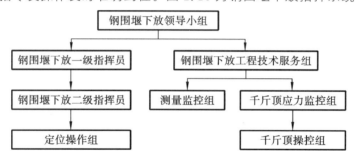

图2.16 钢围堰下放指挥系统

液压系统的工作压力均低于千斤顶、油泵和阀件的额定压力，上述设备具有一定的能力储备。在所有的油路上均设置有液压锁，在停电等意外情况发生时，可使千斤顶油缸自锁，保证钢围堰安全。

在进行正常下放时，上下夹持器分别处于打开或关闭状态，如遇特殊情况，可由人工将上下锚具组全部锁紧，保证下放结构安全。

(1) 连续千斤顶工作原理。

钢绞线千斤顶以液压油为工作介质，推动油缸做反复运动，使与活塞相连的上锚具和与缸体相连的下锚具进行荷载转换，通过钢绞线实现重物的提升和下放。

钢绞线千斤顶由一个双作用中空主油缸和两套锚组件构成，两套锚组件一个安装于主油缸上下两侧，一个安装于活塞杆顶部。当活塞伸出时，上锚具自动锁紧钢绞线，带动钢绞线穿过油缸。钢绞线自由地滑动穿过底部的夹持组件。当活塞到达行程终点开始回缩时，钢绞线被下锚具锁住，活塞可以完全回缩复位并开始下一个行程。重物下放操作时，荷载作用于上锚具，活塞在完全伸出的位置，下锚具保持打开状态。此时，钢绞线可随着活塞的回缩穿过下锚具。在行程结束时，荷载转移到下锚具上，上锚具保持打开状态，活塞再伸出后进行下一个下降行程。

钢绞线千斤顶的锚具具有逆向运动自锁性，使提升过程十分安全，并且构件可在提升过程中于任意位置长期可靠锁定。

每台钢绞线千斤顶上安装压力传感器、行程传感器。传感器是一种检测装置，能感受到被测量的信息，将感受到的信息按一定规律变换成电信号或其他形式的信息并输出，以满足信息的传输、处理、存储、显示、记录和控制等要求。传感器的应用使控制系统可以轻松获取千斤顶油缸行程以及锚具的关闭情况。根据千斤顶的当前状态，主控计算机按照控制要求（例如手动、自动、远程、就地）可决定千斤顶的下一步动作。

(2) 围堰下放前设备准备。

对提升系统进行调试，以确定每台千斤顶的工作状态良好，并检测每台千斤顶伸缩行程是否一致。在开始下放前先根据各千斤顶在围堰平衡下放时的荷载进行逐一预拉。所有的千斤顶按照计算的荷载值完成预拉后，锁紧下夹持器，将主顶活塞向下缩回到统一的高度位置，作为整个系统的下放起点。

千斤顶检查完毕后，将围堰与护筒的连接割除，然后将围堰提起 3~5 cm，检查围堰上的锚固点及千斤顶夹持器的锚固和围堰结构是否正常。检查无误后可以割除拼装平台牛腿。

(3) 牛腿割除、底板封口。

围堰抬起后，工人可通过交通船或者吊篮下到牛腿斜撑底部位置，将牛腿斜撑与钢护筒连接割断，并在牛腿最外侧割出一个吊耳，用吊车吊钩钩住牛腿。

从底板与钢护筒之间预留的孔位将牛腿根部割断,并吊走牛腿。牛腿全部割除后,用钢板将底部孔位封住。

(4) 下放前排查清理封底区域。

钢围堰在下放前应派潜水员摸查封底混凝土区域的钢护筒,确认封底混凝土区域钢护筒无淤泥、水草等杂物,如有则用钢丝刷刷洗该区域。

(5) 钢围堰下放步骤。

操纵千斤顶回油,使钢围堰平稳下落,直至千斤顶行程走完,千斤顶自动锁定钢绞线;松开上锚具,顶升千斤顶(此时下锚具已锁定钢绞线,钢围堰不随之上升),顶升到位后,将下锚具松开;重复之前的操作,直至钢围堰下放到设计标高;将所有悬挂吊杆锁定,拆除下放装置。

钢围堰沉至设计高程后,平面位置应准确,否则应将千斤顶安放在四角的四个护筒外壁与吊箱侧板之间调整吊箱平面位置,待满足要求后,在四角的四个护筒与吊箱侧板之间用定位器焊接定位。

第1、2节钢围堰一次性下放到设计标高,下放过程中用一台抽水机向围堰内部注水,让围堰壁板内部的水位与外部水位一致。

(6) 下放过程中纠偏。

受千斤顶行程误差、钢护筒的垂直度、水流压力等诸多因素影响,相关人员需要在下放过程中对围堰的四角高程进行多次调整,防止因围堰偏斜而导致围堰导向架卡住护筒。

当围堰位于栈桥平台面以上时,可通过水准仪进行测量调整。

围堰底部入水后,可通过观察在围堰四角位置粘贴的标高带被水面淹没的标高来判断围堰的水平度。

围堰侧面标高带还可以起到判断围堰是否接近设计标高的作用。

(7) 下放后调整围堰姿态。

根据围堰侧面标高带观测到围堰接近设计标高后,需通过全站仪测量围堰四角高程和平面位置,并根据测量结果调整围堰姿态。

四角高程可通过千斤顶的收放调整。

平面位置通过安装横向手动千斤顶进行微调。

(8) 锁定钢围堰。

钢围堰在平面位置调整到位后,用型钢在导向架位置将围堰与钢护筒焊接做临时固定。

① 锁定钢绞线。

临时固定好后,先锁定下放钢绞线。将工作锚片安装在上锚片之中,确认安装紧密后,松开连续千斤顶,并将连续千斤顶吊离吊点分配梁。用砂轮机割除多余钢绞线,上锚具顶端应保证有 1 m 以上的伸出量。

②锁定封底吊点。

将封底吊点上的 $\phi 32$ mm 精轧螺纹钢套上锚垫板、拧上固定螺栓,平均分配每根吊杆的拉力。

8. 第 3、4 节围堰加高

在围堰固定好后,视水位情况可选择在封底完成后或者封底之前拼装第 3、4 节围堰。

围堰拼装工艺同侧板安装工艺。

9. 底板堵漏

底板用沙袋来堵漏,在后场用细沙填满长条状沙袋,沙袋运至现场后,用吊篮将沙袋抛入围堰靠近钢护筒的位置。

潜水员下水将沙袋填塞在底板面板与钢护筒之间的缝隙之中。

潜水员封堵好缝隙后,应用脚将沙袋踩紧实,并再次排查封堵是否密实,要求封堵后缝隙不大于 2 cm。

10. 钢围堰封底

钢围堰下放就位并固定堵漏后需灌注水下封底混凝土,封底混凝土有防止渗漏、抵抗浮力在围堰底板形成的弯曲应力和作为承台的承重模板等作用。主墩封底混凝土为 C25 水下混凝土,封底混凝土底标高为 144.6 m,顶标高为 146.8 m,厚度为 2.2 m,一次性浇筑。水下封底混凝土施工厚度为 2.4 m,待抽水后清理浮浆,并凿除 20 cm 混凝土以调平封底表面,抗浮验算采用 2.2 m 厚计算。

(1) 封底前准备工作。

①平衡水头。

打开围堰连通管,确保封底时围堰内部与外界水头平衡。

②封底平台搭设。

为保证封底混凝土施工人员作业方便,需搭设覆盖整个围堰的操作平台。

主梁采用 H340 mm×250 mm 型钢,间距 150 cm,两侧与钢围堰焊接,次梁采用 I12 工字钢,间距 150 cm,以满足导管下放要求,铺设 200 cm×20 cm×5 cm 木跳板作为人员操作通道。在钢围堰外侧安装防护栏杆。

③料斗与导管准备。

准备一个 3 m³ 料斗和直径 300 mm 的导管,导管投入使用前应做水密性试验,试验方案与桩基础混凝土灌注导管水密性试验方案相同。

导管在工作平台上预先分段拼装,吊放时再逐渐接长,下放时保持轴线顺直。导管底口下沉到底板后提升到距离底板 15 cm 左右,再固定在工作平台上。

④设备准备。

封底混凝土施工设备主要有:1 台 50 t 汽车起重机,1 台 37 m 汽车泵,4 台 10 m³ 混凝土搅拌车。导管首封时,利用吊车转移料斗,汽车泵臂长 37 m,分区布料。

(2) 首封混凝土浇筑。

封底混凝土采用剪球法施工,在导管内放置泡沫隔水塞,小料斗底部用盖板封堵住导管口,小料斗由吊车主钩吊挂,盖板通过钢丝绳悬挂于吊车副钩。利用汽车泵向料斗注入混凝土,料满后提升副钩将封堵盖板拉出,泵车继续灌满料斗。

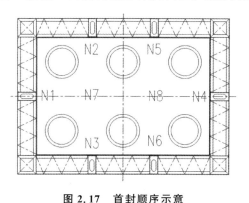

图 2.17　首封顺序示意

注:图中 6 处"◎"为钢护筒位置。

灌注过程中及时测量导管周围混凝土面标高,计算导管埋深。首封混凝土灌注后,导管埋深在 0.6~0.9 m。

单点浇筑至设计标高后利用吊车转移料斗至下一个浇筑点,根据实测结果重新调整导管底口高度,距混凝土面 30 cm 左右,若导管底口已被埋入,也要将导管底口提至距混凝土面 30 cm,才能进行首封。

从吊箱一侧向另一侧逐根导管进行首封,具体首封顺序为 N1→N2→N3→N4→N5→N6→N7→N8,如图 2.17 所示。

(3) 混凝土顶面高度测量。

每根导管首封结束后及时测量导管埋深、混凝土流动范围和相应测点处的混凝土面标高,重点检测护筒周边、吊箱周边、导管作用半径相交处,做好详细记录,以测点为控制点绘制混凝土高度断面图。

(4) 封底混凝土灌注。

因封底混凝土厚 2.4 m,为保证导管有一定埋深,混凝土灌注顺利时,原则上不便提升导管,即使遇到下料困难需要提管的情况,每次提升高度也都严格控制在 20~30 cm。

灌注过程中,根据灌注量,每隔一定时间测一次标高,用以指导导管下料,使混凝土均匀上升。

混凝土浇筑临近结束时,全面测出混凝土面标高,根据测量结果,对混凝土面标高偏低的测点附近的导管增加灌注量,直至所测结果满足要求。

(5) 封底混凝土终浇。

封底混凝土顶面高程差控制在 0～10 cm,根据实测混凝土面标高确定该点是否终浇。对标高偏低的测点,增加附近导管浇筑量或在该处重新下放导管补料,力求封底混凝土顶面平整。终浇前上提导管适当减小埋深,尽量排空导管内的混凝土。当测点混凝土标高均满足要求后,终止混凝土浇筑,上拔导管,冲洗堆放。

灌注后期宜适当增加混凝土坍落度,使混凝土形成较平坦的顶面,封底混凝土在围堰抽水后凿除混凝土顶面松散层约 20 cm,以保证封底顶面的平整度。

11. 钢护筒清淤及割除

(1) 钢护筒清淤。

封底混凝土浇筑完毕后可进行钢护筒清淤工作,现场实测 20 m 深的钢护筒,桩基础施工后留在护筒内的淤泥厚度通常为 15～17 m。清淤作业是将淤泥冲出护筒,为割除护筒做准备。

普通的泥浆泵扬程通常为 12 m 左右,因此清淤需要分两次进行。工序为:首节钢护筒清淤→割除首节钢护筒→第二节钢护筒清淤→割除第二节钢护筒。

在钢护筒顶上分别架设高压水枪和泥浆泵,用高压水枪冲散护筒内泥浆的同时将泥浆用泥浆泵抽离钢护筒,以此将钢护筒内淤泥用清水置换出来。

(2) 割除钢护筒。

①割除钢绞线及吊挂分配梁。

钢护筒清淤完毕后,或者封底混凝土达到终凝以后,即可割除钢绞线及吊挂分配梁。

清淤前需要先用氧割法将固定好的下放钢绞线割除,割除时工人蹲在吊挂分配梁上,并将安全带扣在钢护筒的挂钩上,手持氧割枪先整体加热钢绞线束,待钢绞线受热应力松弛后,再割断全部钢绞线。

钢绞线割除过程中,作业面底部和四周均不得站人。

将吊挂分配梁从护筒上割除并吊离护筒顶。

②割除首节钢护筒。

钢护筒分节割除需要遵循两个原则,一是单节钢护筒重量不得大于吊车的额定起吊重量;二是首节钢护筒起割点应高于封底吊点牛腿上方 50 cm,在封底混凝土强度达到设计强度前,保证不影响封底吊点的承载力。

钢护筒割除工艺流程为:钢护筒放水→吊车连接钢护筒→割断钢护筒→吊离钢护筒。

具体的施工要点如下。

a. 用氧炔焰在封底吊点牛腿上方 50 cm 位置割出一个孔,将护筒内的积水放出。

b. 用卸扣和钢丝绳连接吊车主钩和钢护筒,连接好后确保吊索竖直,用吊车施加 10 kN 左右的力,防止钢护筒切断时倾覆或漂移。

c. 从内部用氧炔焰环形切割钢护筒,切割时应注意操作人员身体全部位于切割面以上,防止切断后护筒漂移夹伤操作人员。

d. 用履带式起重机将切割后的钢护筒吊离,吊车提升和转体应缓慢平稳,如遇到大风,应立即停止,直至护筒姿态稳定后进行作业。护筒转移至平台后,配合汽车起重机,将护筒放倒,并用平板车运离现场。

③第二节钢护筒清淤及割除。

第二节钢护筒清淤在首节钢护筒割除后进行,第二节钢护筒割除应在清淤完毕并完成钢围堰抽水之后进行。

第二节钢护筒割除前应先拆卸封底吊点精轧螺纹钢。其他工艺同首节钢护筒割除工艺。

12. 围堰抽水

当围堰封底混凝土强度达到设计强度的 90% 以后可以开始抽除围堰内的水。抽水前潜水员下水将连通器的止水塞塞紧。

在围堰内布置一个潜水泵,接通后从围堰内部往外进行抽水,抽水过程中应对围堰侧板和内支撑进行形变观测,如有不稳定、较大的变形应立即停止,处理后方能继续抽水。

13. 破桩头

围堰内抽水至封底混凝土标高后即可进行第二节钢护筒的割除和破桩头施工,第二节钢护筒割除工艺参考首节钢护筒割除工艺。

(1) 桩头钢护筒割除。

围堰抽水完毕后,测量放出钢护筒割除标高(比设计桩头标高高 10 cm),并沿桩基础钢护筒喷红漆进行标记。

用氧炔焰沿红漆环形切割钢护筒,再沿着护筒中心线从护筒顶竖直切割至环形切割面。

切割完钢护筒后,用吊车将钢护筒剥离桩头,用平板车将拆下的护筒转运至后场。

连接好护筒后,准备用吊车剥离钢护筒前,应疏散围堰内部作业人员,防止护筒弹跳伤人。

(2) 桩头除泥。

由于水下桩特性,桩头浮浆层较厚,现场破桩头过程中,最厚的浮浆层达 4 m,该浮浆层强度较低,无法通过钢丝绳起吊,可用轻型风炮或者人工铁镐破除。

(3) 桩头凿除。

清理好桩头和桩头附近的淤泥后,测量放出切割桩头的位置,并用红漆喷出切割位置。用仪器测出桩基础钢筋位置和保护层厚度,采用切割机绕桩头环向一周切割,环切时严禁损伤到桩基础主筋。

在切割线以上用风镐剥离混凝土,凿出一条 V 形槽,露出桩顶钢筋。再用风镐从槽口往上破除保护层混凝土,使钢筋与混凝土彻底脱离,剥离时由外向内、从上至下进行,保证逐根剥离钢筋。待钢筋剥离出混凝土后,将钢筋向外侧稍微压弯,以利于后续吊离桩头。

在桩顶切割线上方 5~10 cm 处,沿桩四周均匀布置 15~20 个孔位,孔位设置应避开钢筋。用凿岩机打孔,孔深为 15~20 cm。在每个孔塞入钢楔,用风镐顶进钢楔,直至整个桩身断裂。

(4) 过长桩头处理。

部分桩头浮浆强度高,人工无法清理,应采用两次断桩的工艺,将桩头混凝土分两次凿断吊出。

首次断桩时,因为断桩位置没有桩基础主筋,只有桩基础吊筋与声测管,因此,切断过程中应找到吊筋和声测管并将其割断。

由于首次断桩位置通常为 1.5 m 左右,因此需要搭设脚手架,为风镐操作手提供工作平台。

(5) 桩头吊离。

在已断开的桩头中部用风钻钻出吊装孔,插入钢筋,用起重设备将已断离的桩头吊出。在吊桩头前应确保桩头已完全断离,吊车应垂直起降。

若起吊遇到阻碍,应松开吊钩,检查桩头并排除阻碍,严禁用吊车强行拉扯和左右晃动。主筋弯折角度不得大于 30°。

人工用小功率风镐或者电锤将桩顶修平并清理干净。混凝土残渣用 60 型小挖机配合人工进行清理,并用料斗将废渣吊离钢围堰,用自卸车运至指定弃渣场弃置。

桩顶标高不得低于设计值。桩头吊离后及时将桩头钢筋按设计和规范要求调整到相应位置,弯曲钢筋采用钢筋扳手人工调直,严禁使用氧割机高温加热调直。

(6) 内支撑转换。

为保证承台及立柱的施工空间,需要将纵横双向的内支撑转换为斜口内支撑。斜口内支撑由 $\phi 630$ mm×10 mm 钢管与 4 拼 H500 mm×200 mm×10 mm×16 mm 型钢组成。

斜切管的下料应当用薄铁皮制作模板,根据通过 AutoCAD 转换正弦函数输出的曲线制作的模板数据如图 2.18 所示。

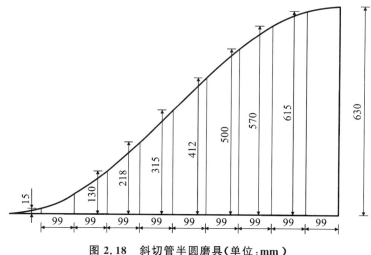

图 2.18　斜切管半圆磨具(单位:mm)

不得直接在管身拉 45°线切割,这会导致斜切管口无法与分配梁充分贴合。

支撑转换时,可先拆除在外界水位线以上的内支撑,后安装斜撑。而水位线以下的应当先安装斜撑,后拆除直撑。

2.3.2.5　围堰施工总结

平口资水大桥深水承台钢吊箱围堰从 2020 年 10 月开始设计,至 2021 年 6 月 15 日完成所有水下结构施工,从毫无经验到圆满完成施工任务,过程中遇到不少问题,其中有解决了的,也有未得到有效解决的,现从设计、施工方面综合总结如下。

1. 围堰设计总结

(1)围堰总体设计。

①围堰高度设定。

平口资水大桥 9#、10# 墩承台底高于河床面,因此 9#、10# 墩左右幅一共 4 个承台采用有底钢吊箱围堰施工。同时,钢吊箱在枯水期下放,水位在 150 m 左右,将第 1 节与第 2 节钢吊箱同步下放至设计标高,此时钢吊箱顶标高为 160 m。双壁钢吊箱同时作为承台混凝土浇筑时的侧面模板。

为防止水位高于往年水位,原围堰是按水位 166.68 m 设计的,但考虑到成本和施工工期,先施工 5.6 m 和 9.7 m 的两节,再根据现场进度和实时水位判断要不要增加,做到有备无患。

后续施工过程中,因为计划落实到位,且水位虽然比往年要高,但并未超限,所以第3节和第4节围堰并未施工,每个围堰节约钢材52.3 t,总计节约418.4 t钢材。

②围堰形式设定。

由于围堰是按166.68 m水位设计的,因此设计为双壁钢围堰,且内置加劲梁作为围堰加强结构,设计保守,用钢量较大。

平口资水大桥为分离式桥台,左右两幅承台不是平行设置的,净间距为4~5 m。如果将2个承台包裹在一个围堰之中,预计每两个围堰能节约40 t左右钢材,但缺点是每个主墩的围堰都要单独出设计图和验算书,且不同承台之间的构件不能混用,带来的附加成本过高。如果左右幅两个承台为平行走向,可考虑两个承台共用一个围堰。

(2) 围堰设计细节。

①加劲梁的设计导致侧板易变形。

平口资水大桥双壁钢围堰设计有6根10 mm厚钢板加工成的加劲梁,为围堰侧板提供支撑。从设计角度看,该加劲梁优化了围堰的受力路径,强化了侧板和内支撑接触的部位,有效地减少了围堰侧板的应力集中。该加劲梁施工难度高,且施工质量难以控制。

由于要对接60 cm宽的加劲梁,因此两边侧板都要预留30 cm不安装加劲肋。没有加劲肋支撑的6 mm厚面板在焊接过程中极易产生变形。

同时因为缺乏加劲肋的支撑,在吊装过程中,单薄的面板受到碰撞极易产生变形,需要通过加热矫正,对围堰的结构造成不良的影响。

加劲梁的设计在施工过程中遇到了很多困难,且对施工进度和施工质量造成了一定的影响,可以考虑取消设置单独加劲梁,将梁体一分为二接入两侧侧板端头。

该设计能在保证加劲梁抵抗弯矩的同时,简化加工、安装流程。

②限位器的设计。

原设计导向架较为复杂,加工困难,在下放过程中,由于钢护筒的倾斜,导向架弧形钢板上下缘容易卡住护筒,从而导致下放困难。同时固定长度的导向架会因为钢护筒倾斜方向不同而无法下放或者失效。

实际施工过程中,若因导向架卡住护筒无法下放,可割除部分导向架后继续下放。根据现场遇到的困难,可将导向架改成滚轮式,项目部同时申请实用新型专利:液压调节滚动式围堰下放导向架。将导向架与护筒的接触面改为滚轮式,并可以通过液压千斤顶调节导向架的长度,以适配下放过程中护筒不同程度的倾斜。

③抗剪板设计。

抗剪板通常用于封底混凝土的补强,作用是防止封底混凝土因施工问题导致握裹力比计算值低。可在水位可控、可预测的情况下,在低水位抽水后焊接抗剪板,以抵抗高水位的浮力。

抗剪板可以使用型钢或者加工成十字形的钢板制作,高度高于封底面 30 cm,通过连接钢护筒和底板龙骨将浮力从龙骨传导至钢护筒。

8#墩受河床地形限制,封底混凝土设计了极限的 80 cm 厚度,为加强结构受力强度,在每个护筒周围增加了 2 组抗剪板。

封底混凝土灌注时,由于 80 cm 厚封底混凝土施工困难,一并浇筑了 20 cm 调平层。部分混凝土盖住了抗剪板顶,封底积水也导致抗剪板无法完成焊接。但不能凿除抗剪板顶的封底混凝土,因为这样极易引发封底漏水的事故。

如果河床条件好,通过加厚封底混凝土已能够满足围堰抗浮需求,则不需要再额外增加抗剪板。

(3)围堰受力验算。

钢吊箱采用 MIDAS(迈达斯,一种有关结构设计的有限元分析软件)建模进行受力验算,由于吊箱结构复杂,为减轻建模工作量,可建立 1/4 围堰模型,切割边界的约束方向设置为与位移方向垂直即可。

围堰按设计图纸进行建模,由于围堰整体为焊接连接,因此所有单元都是刚性连接,不需要单独设置边界条件。

①计算条件。

围堰拟定封底混凝土厚度为 2.2 m。现场根据施工实际情况多封底 0.2 m 以用于找平,为防止封底混凝土不平整导致误差,封底受力计算厚度为 2.0 m。钢护筒直径为 2.40 m,钢护筒与封底混凝土的黏结力按 $N_{max}=15$ t/m² 考虑。

验算依据有《钢结构设计标准》(GB 50017—2017)、《公路桥涵施工技术规范》(JTG/T 3650—2020)、《公路钢筋混凝土及预应力混凝土桥涵设计规范》(JTG 3362—2018)、《钢围堰工程技术标准》(GB/T 51295—2018)。

设计荷载有结构自重(G_1)、封底混凝土自重(G_2)、承台自重(G_3)、水浮力($F_浮$)、静水压力(F_1)、流水压力(F_2)。

②验算工况。

根据施工的基本过程,双壁钢吊箱围堰验算工况如表 2.21 所示。

表 2.21 双壁钢吊箱围堰验算工况 单位:m

施工工况	荷载组合	结构验算内容
围堰整体下放	G_1+F_2	整体强度及刚度
围堰封底混凝土施工	G_1+G_2(浮重)$+F_2$	整体强度及刚度

续表

施工工况	荷载组合	结构验算内容
围堰抽水计算	$G_1+G_2+F_{浮}+F_1+F_2+f$	封底混凝土强度及刚度;封底混凝土与钢护筒之间的黏结力;侧板的强度及刚度;内支撑的强度及刚度
首层承台浇筑	$G_1+G_2+G_3+F_{浮}+F_1+F_2+f$	封底混凝土强度及刚度;封底混凝土与钢护筒之间的黏结力;侧板的强度及刚度;内支撑的强度及刚度

注:f—封底与钢护筒之间的握裹力;其余符号意义同前。

③验算结果。

经验算,在抽水工况下,面板及加劲梁受力均为最大,面板最大应力为 77.0 MPa,加劲梁最大应力为 180.2 MPa。

2. 围堰施工总结

(1)围堰加工及安装过程中质量控制措施。

①钢吊箱焊接质量控制措施。

a. 对接焊缝要达到二级焊缝标准;角焊缝要达到三级焊缝标准;不允许有气孔、裂纹、未熔合、未填满弧坑和焊瘤等缺陷;焊缝不渗水。

b. 焊接人员必须持证并考核合格后上岗,使用性能良好的焊机和质量合格的焊材,按设计要求焊接,必要时采取防风等措施,确保焊接环境和质量满足要求。

c. 按要求对焊缝质量进行检测,不合格部位要返修处理并再检测。

d. 板单元制作时,先小块组装竖向加劲角钢,再在胎架上拼装焊接;竖向加劲角钢和水平加劲环板与壁板采用交错间断焊接方式。

e. 采用线能量小的 CO_2 气体保护焊对称施焊,减少能量输入,控制焊接变形。

②钢吊箱结构尺寸控制措施。

a. 采取合理的分块制作方案,便于节段的制造。

b. 保证单件下料尺寸,校正单件平面度和直线度,从源头控制精度。

c. 所有板单元全部在专用胎架上组装,采用钢板尺、水准仪、全站仪等测量仪器辅助测量,有效保证组拼精度。

d. 通过工艺试验,选用合理的板单元组拼焊接方法,在胎架上焊接,保证结构尺寸。

(2)焊缝检查。

围堰加工及安装涉及大量焊接工作,因此焊接质量检查是钢围堰施工过程中的重中之重。

①焊接缺陷。

咬边：由于焊接参数选择不当或者操作方法不正确，焊趾的母材部位产生沟槽或者凹陷。

焊缝表面气孔：焊接时，熔池中的气泡在凝固时没有移除而形成空穴，这就是气孔。

未熔合：熔焊时，焊道与母材之间以及焊道与焊道之间未完全熔化结合的部分；点焊时，母材与母材之间没有完全熔化结合的部分。

未焊透：焊接时接头根部没有完全熔透的现象。

裂纹：在焊接应力和其他致脆因素的共同作用下，焊接接头中局部的金属原子结合力遭到破坏而形成的新的焊缝，一般而言，有缺口尖锐和长宽比大等特性。

未焊满：这种情况一般是由于填充的金属不足，在焊缝表面形成连续或断续的沟槽。

焊瘤：在焊接过程中，熔化的金属流淌到焊缝之外没有熔化的母材上，导致形成金属瘤。

烧穿：在焊接过程中，熔化的金属从坡口背面流出，形成穿孔的缺陷。

②侧板加工焊缝检查。

侧板在后场加工时主要检查钢面板之间的平焊缝、角钢与角钢之间的角焊缝、角钢与面板之间的角焊缝。

由于 6 mm 厚钢面板焊接易产生变形，因此焊接时应先进行点焊，再进行加密焊接。角钢与面板之间的焊缝应当按 10 cm 长度进行错位满焊。

③现场安装焊缝检查。

侧板安装时，在室外焊接，涉及水上作业、高空作业和封闭环境作业等恶劣环境，因此需要加强对焊工的交底和焊缝的检查。

侧板安装时，需要进行检查的焊缝有：横焊缝、纵焊缝、横向角钢与加劲肋之间的焊缝、纵向角钢连接焊缝。每层侧板安装后应当进行阶段验收，验收通过方能进行下一层侧板的安装。

纵向、横向角钢连接焊缝位于侧板内部，是最容易漏焊的部位，应重点检查。

（3）围堰下放总结。

首个围堰下放时，因经验不足，选择了穿心千斤顶＋人工松紧锚具的方案进行钢绞线下放，遇到了多种困难，最终因钢绞线与锚具卡死无法继续下放，临时更换为采用连续千斤顶进行下放的方案。

①穿心千斤顶＋人工松紧锚具方案。

穿心千斤顶＋人工松紧锚具方案的下放流程为：抬升千斤顶 15 cm→紧固上锚具→

抬升千斤顶 5 cm→拆卸下锚具→千斤顶回缩 15 cm→紧固下锚具→千斤顶回缩 5 cm→拆卸上锚具。按此流程循环，直至下放完成。

需注意：每个下放行程，上下两个锚具需要各拆装一次，拆装过程中全凭人工操作，一次下放行程不超过 15 cm，根据现场反馈，较为熟练的工人操作一个循环需要 15 min，即 1 h 能下放 60 cm，下放完 15 m 的行程至少需要 25 h。而实际操作中因为 4 个千斤顶同步问题、锚具损耗问题，平均 1 h 只能进行 3 个循环，甚至只能进行 2 个循环。

锚具的拆装对于工人体能和锚具强度都有极高的要求，尤其是下锚具，位于工字钢内部，敲击和拆卸锚具的操作空间小。

同时，由于人工误差，锚具松紧不一，下放过程中各钢绞线受力不均，多次循环下来，部分钢绞线松弛，拉力集中在 2～3 根钢绞线上，且难以调整。

9#墩左幅围堰由于出现多组钢绞线受力不均的情况，且多次调整仍未平衡受力，项目部叫停该方案。

由于钢绞线受力不均，有一根钢绞线被夹片卡死在锚具上，人工锤击、电镐冲击均无法撬动锚具。经验算，割断该根钢绞线仍能满足受力要求，因此，用小型电磨机将该根钢绞线磨断。实践证明，穿心千斤顶＋人工松紧锚具方案效率低下、同步性差、可控性差，不适用于钢围堰下放。

②连续千斤顶下放。

连续千斤顶的锚盘通过油泵控制锚具的松放，具有自锚和可旋转的特性，对钢绞线扭转有一定的适应性。但是如果安装时，钢绞线扭转角度过大，超出连续千斤顶的允许角度，会导致千斤顶锚盘上控制夹具松紧的油管卡断，无法控制锚具的松放。

9#墩左幅吊箱钢绞线在安装过程中扭转过大，导致千斤顶锚盘旋转过度，将间距控制油管卡断，维修配件需要厂家发货，在配件到场前只能通过人工撬动锚盘控制锚具的松放，对工期造成了一定的影响。

因此，在钢绞线穿束过程中，应当尤其重视钢绞线穿束的顺序和安装的平顺度，否则会对下放工序造成严重影响。

③下放过程围堰底板与护筒卡死。

下放前确认护筒是否偏位及复测其倾斜度，可提前预留好开孔位置，防止下放过程中护筒卡死。但如果底部护筒对接时出现错台或使用了帮焊片，都会导致护筒被卡死，无法继续下放。此时需要潜水员下水摸排卡死位置，通过画图判断哪里需要割除，再派潜水员下水割除部分底板。

10#墩左幅围堰在下放过程中就遇到护筒卡死现象，潜水员摸查的卡死位置如图 2.19 所示。

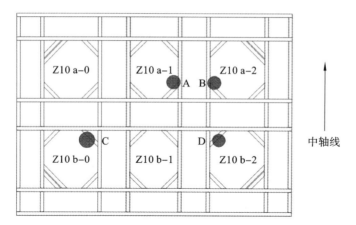

图 2.19　10#墩左幅底板卡护筒位置

由图 2.19 可判断出，Z10 a-1、Z10 a-2 和 Z10 b-0、Z10 b-2 的护筒是向两个护筒之间倾斜的，最后潜水员用水下焊枪将 B、D 两处卡住的底板割除一部分后围堰得以下放。

(4) 围堰封底混凝土浇筑总结。

① 封底混凝土浇筑方式。

平口资水大桥原方案中封底混凝土浇筑方式为设置多根导管，再通过移动一个 15 m^3 的大型料斗进行多次剪球。该方案设施繁多，操作困难，灵活性差，因此实际施工时采用单料斗进行封底混凝土灌注，抽水后观察封底混凝土表面，基本没有明显的缺陷。

剪球过程中，应保证导管底口距离底板面板或者已浇筑的混凝土表面 20～30 cm。首封混凝土浇筑后，应派潜水员下去摸查混凝土扩展情况，当混凝土扩展至整个围堰后潜水员停止水下作业，防止搅动已成型的混凝土面。

② 混凝土厚度。

受河床条件所限，8#墩围堰封底混凝土厚度设计为 80 cm。但实际浇筑过程中，80 cm 的封底混凝土在围堰底部扩展极为困难，高低起伏现象非常严重，不得不将后续 20 cm 的调平垫层一起灌注。同时为防止封底混凝土过薄抗形变能力差，在底部增加了一层 $\phi 16$ mm 钢筋组成的钢筋网片。

即便如此，浇筑好的封底混凝土表面高差仍然接近 20 cm。在今后吊箱设计中，尽量不要设计厚度低于 1.5 m 的封底混凝土。

③ 封底混凝土表面处理。

正常浇筑的封底混凝土表面平整度较好，且浮浆厚度不会超过 2 cm，抽水后封底混凝土表面人工用铁铲清除浮浆即可，切忌用风镐、冲击钻凿除凸起部分。直接对封底混凝土使用冲击设备会造成握裹部位的扰动,导致护筒边缘处漏水,甚至失去握裹力使围堰上浮。

江苏万成机械制造有限公司施工过的围堰有过先例,其为了将抗剪板顶部凿出,用风镐凿碎封底混凝土,导致护筒漏水,最终只能抬高承台,在封底位置做引流槽将水引入围堰侧板内抽走,才得以继续浇筑承台混凝土。

（5）围堰抽水总结。

抽水工况作为围堰施工过程中的最不利工况,围堰侧板、混凝土与钢护筒的握裹面均需要承担最大的荷载,因此,在该施工阶段需要加强对围堰姿态和变形的观测,有异常变形和位移应立即撤离人员,开洞放水以减轻围堰荷载。

①双壁钢吊箱围堰侧板内水位控制。

双壁钢吊箱围堰内部抽水后,外界水位高的时候需要通过封底混凝土握裹力和围堰自身重量抵抗围堰浮力,水位低的时候需要通过握裹力抵抗围堰自身重力,由于混凝土握裹力受诸多因素影响,不一定能达到理论的 150 kN/m^2,因此应尽可能地调控围堰侧板内水位,以此降低实际产生的握裹力。

②封底积水的清理。

潜水泵无法抽干封底表面 10 cm 左右的水,在封底表面开槽引水又存在扰动封底混凝土的风险。这一层积水对承台施工造成了极大的困扰,亦不符合施工技术规范对混凝土施工前清理积水的要求。在以后封底施工中,可以考虑在封底高度预埋一个封闭的铁盒,在抽水之后切开铁盒将其作为集水坑使用。

（6）破桩头总结。

围堰内桩头具有所处空间狭窄、桩头较粗、浮浆厚度大等特点,破桩头施工难度高、危险系数大。桩头起吊作业等需要重点监控。

由于平口资水大桥水中桩基础桩头距离护筒顶约 20 m,巨大的水压使桩头浮浆厚度通常在 2 m 以上,最厚可达 4 m。围堰内空间狭窄,不能调用大型设备破桩头,只能人工用风镐凿除。

部分桩头浮浆强度约为 2.0 MPa,强度不足以支撑开洞起吊,在断桩过程中发生过混凝土掉块的情况,因此在断桩或者凿除浮浆时,桩头周围不能站人。

2.3.3　承台施工

平口资水大桥主墩承台高为 3.2 m,长为 12.6 m,宽为 8.5 m,混凝土方量为 342.72 m^3,一次浇筑,承台为大体积混凝土,要采取控温措施,确保施工质量。承台以围堰侧壁为模板进行混凝土施工。

2.3.3.1 承台施工工艺流程

承台施工工艺流程如图 2.20 所示。

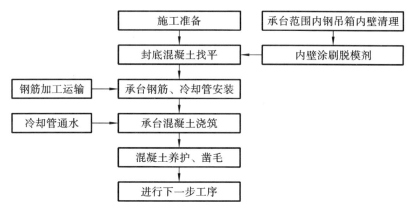

图 2.20 承台施工工艺流程

2.3.3.2 承台施工工艺

1. 承台施工准备

(1) 垫层浇筑。

承台施工前,先进行垫层浇筑,以调平封底混凝土面。垫层混凝土等级为 C25,用吊车配合料斗进行浇筑,人工找平。

(2) 涂刷脱模剂。

用钢丝刷清理承台范围的侧板后,用羊毛辊涂刷脱模剂。

2. 承台钢筋设计

承台主体结构钢筋分为 $\phi 28$ mm、$\phi 20$ mm、$\phi 12$ mm 共 3 种类型,全部为 HRB400 级钢筋,$\phi 28$ mm 为顶、底板主筋,$\phi 20$ mm 为架立钢筋,$\phi 12$ mm 为侧面、承台底部的分布钢筋。钢筋净保护层厚度:侧面为 9 cm,正面为 7 cm。

承台底部设置 2 层主筋网,顶部设置 2 层主筋网。

3. 承台钢筋加工安装

承台钢筋在钢筋加工场内下料,按设计要求对原材料、机械连接头、焊接头进行取样送检,检测合格后方可加工使用。

承台钢筋主要为两端弯钩的直条钢筋,按设计图使用机械设备进行下料、弯曲、套丝。

直径大于等于 20 mm 的钢筋采用镦粗直螺纹机械接头等强加长,接头错开布置,同一截面接头数量不超过全部主筋数量的50%,直径小于20 mm 的钢筋按设计要求采用不小于35D(D为钢筋直径)的搭接长度绑扎搭接,两接头距离不小于1.3倍搭接长度。

(1) 钢筋接头加工。

见第2.3.1.5节中有关钢筋接头加工的内容。

(2) 钢筋骨架加工。

钢筋骨架加工采用数控钢筋弯曲机,数控钢筋弯曲机由自动钢筋切断机和钢筋弯曲中心组成。

在电脑上输入下料钢筋的长度参数,将原材料按一定数量放入送料带后,启动自动钢筋切断机切断钢筋,为防止出错,应先试切一根,检查合格后,再成批切断。

切断好的钢筋送入钢筋弯曲中心,根据图纸在电脑上设置弯曲参数,在进行成批钢筋弯曲操作前,各类型的弯曲钢筋都要试弯,检查其弯曲形状、尺寸是否符合图纸要求,并核对钢筋的弯曲数据、设置的参数是否合适。调整完成后才能成批生产。

(3) 劲性骨架加工。

承台钢筋安装时需要提前预埋墩身的劲性骨架,劲性骨架用∠100 mm×100 mm×10 mm 角钢做竖向及横向骨架,用∠75 mm×75 mm×7 mm 角钢做斜撑,角钢之间用10 mm 厚钢板进行焊接连接,焊缝为8 mm 角焊缝。预先在工厂加工成若干个单元,通过平板车转运至现场进行整体吊装。

(4) 钢筋安装。

在封底混凝土顶面分段测放出承台底层主筋位置并做好标记,安装第一层 ϕ12 mm 分布钢筋网,该钢筋网在桩头处截断。

根据测放的位置线摆放主筋,用石蜡笔在定位主筋上标记其他主筋位置线,安装第一层主钢筋网和侧面水平分布钢筋网,主钢筋网间通过点焊固定,支垫保护层垫块,桩顶位置用钢筋支垫。

在外侧面钢筋表面安装混凝土垫块,垫块强度不低于承台混凝土强度,呈梅花形布置,每平方米不少于4个,与钢筋绑扎牢固防止脱落。绑扎垫块的扎丝丝头向承台内部弯折,不得伸入混凝土保护层内。

对于绑扎搭接的钢筋,在搭接位置用扎丝加密绑扎牢固;对于机械连接的钢筋,用扭力扳手拧紧接头,使两根钢筋头部顶紧,套筒两头外露丝扣不超过1个完整丝头,为保证旋入套筒内的丝头顶紧,可在丝头上做标记线。

(5) 冷却水管安装。

主墩承台属于大体积混凝土,承台内要布设冷却水管进行循环水冷却降温。

①冷却水管采用 ϕ50 mm×2.5 mm 规格的钢管,弯头采用定制弯头,水管间通过套管机械连接。

②冷却水管布置要避免与承台水平钢筋重叠,可适当移动冷却水管,保证与水平钢筋有 5 cm 的间距。

③每隔 2 m 设置一道冷却水管支撑,支撑采用 ϕ20 mm 钢筋,支撑两端焊接在架立钢筋上,水管与支撑钢筋用铁丝绑扎固定。

④水管接头位置要安装止水带,安装完成后要进行通水检查,要做到管道通畅,接头不漏水、不阻水。

⑤冷却水管的进出水口集中布置、统一管理、标识清晰,水管由离心泵供水。承台养护完成后,冷却水管要压浆封闭,冷却水管压浆要求同预应力管道压浆。

(6)墩柱钢筋预埋。

墩身的 1#、2#、3#、3′#、4#、4#d 钢筋和劲性骨架预埋在承台内,若墩柱钢筋与承台钢筋发生干扰,可适当调整承台钢筋的位置,一定要确保墩柱预埋钢筋定位准确。

在承台顶面钢筋上测放出预埋钢筋的外轮廓线,根据轮廓线安装钢筋定位框,定位框四角安装竖向预埋筋并与承台钢筋网焊接固定,确保定位框不偏位。在定位框内根据劲性骨架设计图纸测放出预埋位置,安装劲性骨架并将其与承台钢筋焊接牢固。

在定位框上画出预埋钢筋位置,将预埋钢筋摆放到位并将其与劲性骨架和承台钢筋点焊固定,承台顶面钢筋以下的预埋钢筋同样安装定位框固定。为保证下墩柱钢筋预埋质量,可在劲性骨架上安装角钢卡槽,卡槽根据预埋钢筋尺寸和间距制作,通过卡槽精确定位并固定预埋钢筋。

墩柱竖向钢筋为 ϕ32 mm 螺纹钢,外伸部分的丝头要拧紧套筒,用丝头保护套做好保护。墩柱外层为双肢主筋,内外并排放置,不得在同一位置设置钢筋接头。

4. 承台混凝土浇筑

(1)承台混凝土质量要求。

承台大体积混凝土配合比要根据实际施工时所用原材料的性能进行交叉配合比试验,确定最佳施工配合比。

①承台混凝土等级为 C30。

②选用低水化热型的水泥,并掺入适量掺合料。

③选用优质缓凝高效减水剂,在保证混凝土性能符合设计要求的同时,可减少水泥和水的用量。

④选用级配良好、低热膨胀系数、低吸水率的粗集料。

⑤在满足泵送施工要求的前提下,坍落度不宜过大,这有利于减少混凝土用水量。

(2)混凝土供应。

承台混凝土由二工区的2台HZS120型搅拌机供应,配5台10 m³输送车通过便道和栈桥运至现场,配1台37 m汽车泵布料,有效浇筑能力约90 m³/h。

若出现混凝土供应不足或突发状况,三工区的1台HZS90型搅拌机可作为备用搅拌机,通过便道和栈桥运至现场。

(3)混凝土施工准备。

①抽干积水。

将承台垫层的积水用水泵抽出,如果外侧水位高度允许,将侧板内的水位抽至垫层标高以下50 cm,并在垫层位置用氧割法切出一个缺口,放干围堰底部积水。

②标记承台顶标高。

浇筑前,在承台竖向钢筋、钢吊箱四周壁体上用红色喷漆标记出承台混凝土浇筑高度,标记务必清晰、准确、易辨识,其为控制混凝土浇筑标高的重要依据。

③承台顶侧板开孔。

在位于承台顶标高位置的侧板上用氧割法割出一个20 cm见方的小孔,待混凝土浇筑至承台顶时,可利用该小孔排出浮浆,清理承台面时可将废水从此孔冲入侧板内。

(4)承台混凝土浇筑。

承台混凝土采用分层浇筑方法。混凝土从一个方向(中间)向另一个方向(两端)推进,严格控制分层厚度,加强拐角部位混凝土的振捣。为提高保护层范围内的混凝土质量,布料时单边推进,首先保证钢吊箱侧壁的布料。图2.21为承台混凝土浇筑步骤示意图。

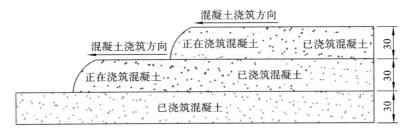

图2.21 承台混凝土浇筑步骤示意图(单位:cm)

①每层浇筑厚度按30 cm控制,振捣间距按50 cm控制,上层混凝土振捣时将振动棒插入下层混凝土内5~10 cm。每一处振捣快插慢拔,振捣至该处混凝土不再下沉,气

泡不再冒出,表面出现浮浆为止。保护层范围内采用小直径(50 mm)振动棒振捣。

②混凝土浇筑期间,安排专人检查预埋钢筋和预埋件的稳固情况,发现偏位及时将其复位并重新固定。

③在顶部混凝土初凝前,对其顶面 30 cm 高度范围内的混凝土进行二次振捣,完成后进行多次收面、抹平,防止混凝土表面出现收缩裂缝。

④承台混凝土的浇筑时间不宜过长,要在下层混凝土初凝前完成上层混凝土的浇筑。在浇筑过程中,安排专人观测钢吊箱位置和漏浆情况,发现问题及时处理。

(5)承台混凝土收面。

承台混凝土在浇筑至顶面时,围堰底部的积水、混凝土水泥浆会被已浇筑的混凝土推挤到顶面。

浮浆堆积在承台混凝土顶面,会导致混凝土收面困难、面层浮浆强度低等质量病害。

混凝土收面的顺序应以侧板开孔位置为起点、墩柱预埋钢筋位置为终点,向一个方向旋转,最后将浮浆从开孔位置赶入侧板内壁排走。

承台混凝土收面顺序示意图如图 2.22 所示。

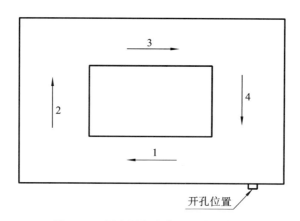

图 2.22 承台混凝土收面顺序示意图

注:数字表示收面顺序。

(6)大体积混凝土的温度控制。

大体积混凝土的浇筑、养护和温度控制要符合下列规定。

①施工前根据原材料、配合比、环境条件等因素,进行温度控制设计和温度控制监测设计,并在浇筑后按设计要求对混凝土内部和表面的温度实施监测和控制。

②大体积混凝土内部最高温度不得大于 75 ℃,内表温差不得大于 25 ℃。

③大体积混凝土的浇筑要在气温较低时进行,但混凝土的入模温度应不低于 5 ℃,不高于 28 ℃。

④大体积混凝土的温度控制宜按照"内降外保"的原则,对混凝土内部采取设置冷却水管通循环水,对混凝土外部采取覆盖保温装置等措施。

⑤混凝土内部通水降温时,进出口水的温差宜不超过 10 ℃,且水温与内部混凝土的温差宜不超过 20 ℃,降温速率宜不超过 2 ℃/d。

⑥在寒冷天气或气温骤降天气浇筑的混凝土,除应对其外部加强保温外,宜适当延长养护时间。

(7) 覆膜养护。

雨天施工的承台在收面后应进行覆膜养护。

2.3.3.3 承台施工总结

深水承台施工重难点主要集中在积水和浮浆的处理方面。平口资水大桥施工的首个深水承台,即 9#墩左幅承台,未提前准备浮浆的处理措施,在收面时最后一车料泵送后,浮浆和积水返到承台混凝土面上,工人无法对积水覆盖的混凝土面进行收面。最后 9#墩左幅承台顶形成一个明显的凸起,需要后期进行凿除。

首个承台浇筑后,项目部召开总结会,讨论出如下解决方案。

方案一:承台施工前将侧板内壁水位抽至封底以下 50 cm,并在积水位置开孔,排除积水后再封堵排水口。

方案二:在位于承台顶部标高处的侧板上开孔,在最后阶段将积水和浮浆从孔洞中排走。

经现场实践发现,受底部垫层平整度影响,方案一并不能完全将积水排除,施工过程中仍有大量的积水和浮浆被混凝土推挤至上层。

最终采用方案二将积水和浮浆赶往顶部开孔排放。实际操作过程中,积水被集中到洞口时,应放缓混凝土放料速度,人工用铲、木板将水从泄水孔推走。承台顶面混凝土平整度、强度都得到了较好的保证。

2.3.4 薄壁空心墩施工

2.3.4.1 薄壁空心墩施工工艺流程

薄壁空心墩施工工艺流程如图 2.23 所示。

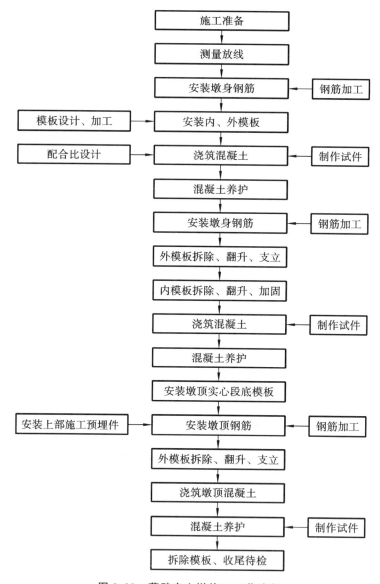

图 2.23 薄壁空心墩施工工艺流程

2.3.4.2 模板配置及设计

平口资水大桥薄壁空心墩施工采用翻模施工工艺,墩身外部尺寸均为 6.5 m× 3.6 m,模板采用整体钢模板,6 个主墩一共配置 6 套模板。

1. 普通段模板设计

翻模是由钢模板组合而成的大块模板。翻模主要由内外模板、围带、拉杆、操作平台等构成。根据该桥实际情况,因墩身较高,综合考虑了节段施工时间、机具长度、钢筋配料数量、混凝土施工缝数量等,将翻模设计为 4 节,每节高 1.5 m,总高 6 m,内模板加工成 2 节,每节高 2.25 m,外模板设置有固定节,内模板无固定节。

外模板采用整体钢模板,内模板采用定型钢模板。由于墩身高,模板倒用次数多,钢模板面板使用 6 mm 厚钢模板制作,模板设[10 槽钢竖肋及双拼[20 槽钢后架,竖肋和后架皆组焊而成,模板间采用 M20(强度等级为 8.8 级)高强螺栓连接,模板拉杆采用 ϕ25 mm 精轧螺纹拉杆对拉。

2. 实心段模板设计

本工程主墩中部有 0.6 m 实心段,顶部 2.0 m 范围为实心段。在进行实心段混凝土施工时,在墩身内部对称预埋孔洞,插上 16 Mn 钢棒(直径 10 cm),钢棒长 80 cm。底模板采用定型钢模板,包含倒角,模板内双拼[10 槽钢做支撑,底部用[10 槽钢做分配梁。

3. 操作平台设计

操作平台作为施工平台,承受施工人员、物料等荷载,主操作平台框架采用桁架梁结构,上部满铺 5 cm 厚脚手板。由于混凝土施工过程中侧向受力较大,为确保主操作平台的刚度,选用∠80 mm×80 mm×8 mm 和∠63 mm×63 mm×6 mm 角钢加工制作 100 cm×100 cm 复式桁架梁作为工作平台。为便于施工,用三角撑将平台外侧加宽 50 cm。

4. 安全爬梯设计

薄壁空心墩在栈桥范围内施工时,用套箱配套的安全爬梯,当薄壁空心墩工作面高于栈桥时,将围堰顶的安全爬梯拆除后在栈桥平台之间搭设贝雷片,将安全爬梯安装在贝雷片上,通过人行通道上下爬梯和空心墩施工平台。

安全爬梯参数:安全爬梯每节高 2 m,宽 2 m,长 3 m,每节质量 272 kg。

2.3.4.3 薄壁空心墩施工工艺

1. 劲性骨架的制作和安装

劲性骨架的制作:见第 2.3.3.2 节中有关劲性骨架加工的内容。

两阶段设计图纸的劲性骨架通常不能直接加工供现场使用,需要充分考虑钢筋保护层厚度、安装的便捷性并进行重新设计,否则会出现钢筋与骨架冲突的问题,导致无法顺利安装。

2. 模板工程

（1）模板的安装。

模板的固定和调整通过拉杆和两层模板之间的连接螺栓实现。模板吊装到位后用对拉螺杆固定，对拉螺杆用 PVC(polyvinyl chloride，聚氯乙烯)管做套管便于重复利用和进行成品保护，在 PVC 套管两端安装 PVC 喇叭口，将喇叭口与内外模板顶紧，防止漏浆；首节模板通过在承台上预埋钢筋进行校正，从第 2 节开始，模板通过吊车或者手拉葫芦拉住下面用于支承模板的肋进行调整，首节模板定位准确后，每加一节模板均用垂球控制其垂直度，然后用全站仪与水准仪复核模板的四角坐标及高程；为便于混凝土浇筑完成后拆除首节外侧模板，在首节模板安装前，用砂浆在模板四周浇筑一个约 10 cm 宽、3～5 cm 高的平台，水泥砂浆顶面在同一个水平面内，以保证模板底部不漏浆，在拆模前，凿除水泥砂浆，使模板有足够的空间自由下落、拆除。模板安装好后，对模板的位置、倾斜度、顶部标高、钢筋保护层厚度等进行全面检查，经监理工程师认可后，再浇筑混凝土。

（2）模板的拆除。

本节段的模板拆除必须在上一节段混凝土达到足够强度并再次收紧其模板拉杆后进行。

每次拆模时，先用不少于 2 台的 5 t 手拉葫芦将模板提住，并设置保险绳后才能按设计的模板拆除顺序依次将各块模板的螺栓、拉杆拆除，再将模板吊点从手拉葫芦转移到塔式起重机上。

在每次拆模前应将施工操作和安全平台上的杂物清理干净。必要时，拆模后应立即进行墩身表面的修饰。

拆模后，应先将模板表面清理干净，再在其表面均匀涂抹脱模剂，防止其生锈，以便下次使用。为保证墩身混凝土表面光泽及颜色一致，施工中采用同一品牌的脱模剂。

拆模时应小心谨慎，严禁大力敲打模板或用撬棍插入模板与混凝土之间来剥离模板，以免损伤混凝土和模板。

（3）模板的翻升。

第 1 节薄壁墩底部实体段采用正常的翻模施工工艺，混凝土一次浇筑成型。在第 2 节施工时，模板支立于前面第 1 节模板顶上，后面每一节模板分别支立于前一节模板上，测量定位后一次性浇筑混凝土。混凝土达到拆模强度后拆除模板（模板分 4 块拆除，长边、短边各 2 块）。

在安装钢筋后，可以开始拆除下面一节外模板。外模板与施工平台为一个整体，施工平台不单独拆除，人员上下采用简易式吊篮，吊篮挂在上一节模板上，拆模时用手拉葫芦将下面一节模板与上面一节模板上下挂紧,同时另设两条钢丝绳拴在上、下节模板之间。拆除左右和上面的连接螺栓,然后通过两个设在模板上的简易脱模器使下节模板脱落。脱模后放松手拉葫芦,将拆下的模板用钢丝绳挂在塔式起重机上,循环使用以上方法,利用塔式起重机将模板提升至安装节,安排工人对模板表面进行去污、涂油、清洁。提升过程中应有专人监视,防止模板与周边固定物碰撞。

3. 混凝土施工

(1) 混凝土的搅拌、运输。

混凝土在拌和站集中拌和,施工时用混凝土搅拌运输车运送混凝土,混凝土垂直浇筑用泵车。

经实践发现,泵车浇筑是不太适合薄壁空心墩施工的。其优点是下料位置好控制、泵送速度快、浇筑人工成本低。但泵送混凝土需要较大的坍落度,而薄壁空心墩模板因需要经常微调平面位置和四角高程,模板节段之间需要垫放调节块,密封困难,导致混凝土漏浆严重。

建议在空心墩完成施工前安装好塔式起重机,用塔式起重机辅助混凝土浇筑。

(2) 混凝土的浇筑及养护。

混凝土浇筑前应检查模板的标高、尺寸、位置、强度、刚度、牢固性、平整度、内侧的光洁度等内容是否满足要求,是否有缝隙和孔洞,模板接缝是否严密,脱模剂是否涂抹均匀,模板中的垃圾是否清理干净,钢筋及预埋件的数量、型号、规格、摆放位置、保护层厚度等是否满足要求,并做好隐蔽工程验收记录。

在浇筑混凝土时,用泵车送料,插入式振捣器振捣。每次浇筑混凝土的高度为2~2.5 m,以防止混凝土离析。每层混凝土浇筑厚度按30 cm控制,用振动棒在距钢模板10 cm处进行先周边后中间的振捣。当混凝土浇筑至墩身顶部时,将多余的水泥去除并在初凝前进行复振,以消除混凝土墩柱顶面附近的裂缝。当第1节段模板安装后,及时浇筑混凝土,混凝土浇筑完成后要及时养护。混凝土试块抗压强度达到3 MPa以上时(需要1~2 d),清除混凝土表面浮浆并凿毛,然后按工艺流程进行第2节段施工。当第2节段混凝土抗压强度达到3 MPa、第1节段混凝土抗压强度达到10 MPa以上时,凿毛清理第2节段混凝土表面,准备第3节段墩身施工。

混凝土浇筑要按一定的顺序和方向分层进行,采用插入式振捣器振捣。混凝土每层铺设厚度不可太厚,一般分层厚度为振捣器作用部分长度的1.25倍,每层灌注厚度不大于30 cm。应沿浇筑方向,采用斜向振捣法,振动棒与水平面倾角约30°。棒头朝前进方向,插棒间距以50 cm为宜,防止漏振。应依自动滑动的混凝土坡面循序进行,不得进行跳跃式振捣。有倾斜面时,应从低处开始,逐层扩展升高,并保持水平分层。在折角处,应作为一层处理。插入式振捣器应快插慢拔,插点应均匀,逐点移动,按顺序进行,不得遗漏,做到振捣密实。移动间距不大于振动棒作用半径的 1.5 倍。振捣上一层时应插入下层 5 cm,以清除两层间的接缝。插入式振捣器的捣头,不得接触模板,靠近模板振动时要保持 5~10 cm 的间距。当振捣折角处不可避免靠近模板时,可用胶皮包裹捣头,严禁用钢筋振捣。施工中注意预埋的各种钢筋及铁件。

每次振捣的时间要严格掌握。插入式振捣器一般只要 15~30 s。混凝土应振捣到浆体停止下沉,无明显气泡上升,表面平坦泛浆,呈现薄层水泥浆的状态为止,然后慢提振捣器。振捣时间不宜过长,否则会产生离析现象。

混凝土养护采用无色塑料薄膜包裹,滴桶养护的方法,但必须保证有足够的水分,以及塑料膜无破损、不透气。

在高墩泵送时,经常发生泵管堵塞现象,如果处理不当极易引起质量事故。为了防止事故的发生,一般在做高墩混凝土浇筑方案时,需要有防止堵管的措施:选择合适的砂率,做好配合比设计,提高混凝土的可泵性;加强对混凝土拌和质量的控制,确保混凝土质量稳定;加强对操作人员的培训,防止误操作而引起泵管堵塞;在炎热的夏天,还要有专门的降温措施,防止高温引起堵管。

施工缝处理措施主要有:浇筑完的墩身混凝土在达到强度要求之后,墩顶面要充分凿毛,以露出混凝土新鲜骨料为准,并用水冲洗干净,使混凝土面清洁,保证节段连接处能有效地结合。可采用风镐凿毛或人工凿毛,确认凿毛达到要求后,再进行下一节段混凝土的施工。

(3)墩顶封闭。

当模板翻至墩顶封闭段底模板设计起点高程时,暂停施工。安装封闭段底模板,拼缝要严密,刷脱模剂后绑扎钢筋。安装外模板,安装围带、模板固定架,搭设外侧施工平台和安装防护栏杆,挂好安全网,灌注墩顶封闭段混凝土,养护至规定强度。

施工至墩顶后,墩顶仍保留 2 个节段模板。墩身混凝土强度大于 10 MPa 时,拆除模板。拆除时按先底节段再顶节段的顺序进行。每节段模板的拆除,按安全网、防护栏杆、脚手架、平台和模板固定架、围带、连接螺栓、钢拉杆、钢模板的顺序进行。

4. 墩身预埋件

薄壁空心墩是刚构桥梁承上启下的部位,不仅在结构上作为支撑上部结构的承重部件,还需要为上部结构施工提供平台、锚固点,因此在墩身施工前应对墩身预埋件进行详细规划,在墩身施工过程中安装好,以免后续被动。预埋件通常如下。

(1)爬梯附着件、泵送管附着件。

爬梯附着件每 5 m 一道,为安全爬梯附着提供焊接点。泵送管附着件为后期混凝土泵送管支架提供安装点,距离较近的分离式桥体可共用一根泵送管。

(2) 0#块托架预埋件。

0#块托架预埋件通常位于最后两节墩身上,预埋件体积较大,应提前根据墩身尺寸做好规划。

(3) 0#块竖向预应力钢筋。

0#块竖向预应力钢筋分为悬浇段竖向预应力钢筋和墩梁固结竖向预应力钢筋两种。墩梁固结竖向预应力钢筋需要预埋在主墩墩顶,分布在0#块腹板和横隔板处,并且在锚固端和张拉端分别布置3层 $\phi 12$ mm 锚下钢筋网。

5. 立柱施工过程中遇到的问题

(1) 模板漏浆。

薄壁空心墩外观问题主要是由混凝土漏浆引起的,漏浆导致了新浇混凝土外观蜂窝、麻面以及旧混凝土外观被水泥浆污染。

模板漏浆有如下原因。

①模板竖缝在合模前未清理干净,密封胶条未贴好、未贴密实;模板横缝因多次通过垫钢筋调整标高,密封性极差。

模板接缝处理措施:模板在拆卸后必须用角磨机将平截面的残胶、水泥浆清理干净;密封胶宽度必须在2 cm以上,且两面模板均需要贴;贴密封胶之前必须保证模板对接面的清洁,保证双面胶粘贴牢固;涉及标高调整的模板,横缝必须严格灌注密封胶,保证密封效果的同时严禁侵入混凝土范围;加强测量控制,杜绝因测量失误导致不必要的模板调整。

②模板对拉孔未进行密封处理,拉杆孔漏浆严重;因内外模板孔位不对称,未安装对拉杆,导致抱箍不严密,混凝土浆液从抱箍模板内部流淌,严重损坏新旧混凝土的外观。

拉杆处理措施:拉杆与模板孔处用锥体螺母或者螺母+垫片的组合封堵;下倒角均用定型钢模板施工,不得使用木模板,防止出现内外模板不同步的现象;所有模板必须安装对拉杆,不得因拉杆孔位置不对称将对拉杆焊接在主筋上,若必须更改模板,则将模板拆卸后改孔,改孔后必须用砂轮机将孔位打磨光滑、干净。

(2) 浇筑界面不统一。

由于墩身内横隔板的存在,混凝土浇筑过程中内模板及外模板会产生一定偏差,从而导致内外模板上翻时会有一段调整段。该段浇筑时内模板低于外模板,混凝土浇筑面低于外模板,空出部分的外模板在二次浇筑时无法涂刷脱模剂及清理干净,导致新旧混凝土交界面漏浆、蜂窝、麻面严重。为避免该现象,应该提前根据横隔板位置规划模板长度。

(3) 浇筑及养护时对柱体的污染。

浇筑时会有水泥浆液从模板流出,顺立柱向下流,对旧混凝土造成二次污染,必须要求工人在混凝土浇筑过程中及时用水冲洗下漏的浆液。

后期养护所用的水如果未处理干净,同样会对已成型的混凝土面造成严重污染,导致混凝土面发黄、发黑。

2.4 上部结构施工工艺及总结

2.4.1 0#块施工

2.4.1.1 施工工艺流程

0#块施工工艺流程如图 2.24 所示。

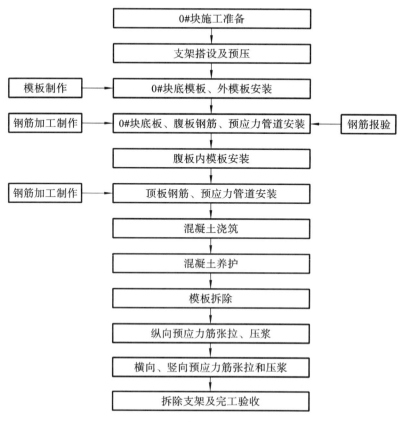

图 2.24 0#块施工工艺流程

2.4.1.2 临时结构设计

平口资水大桥主墩 0# 块均采用墩顶托架施工法,托架系统用型钢制作,由安装于墩身上的三角托架承重,三角托架上拼装纵向、横向分配梁及操作平台,箱内顶板用脚手架支撑。混凝土一次浇筑成型,方量为 194.9 m³。

1. 总体设计

墩身施工时在墩身预埋管道及预埋盒,混凝土强度达到设计要求后用 ϕ32 mm 精轧螺纹钢对拉固定板,将三角托架通过螺栓与对拉杆进行固定。三角托架承载施工期间翼板和墩身外部梁段主体及模板的重力,支架的设计和施工必须保证其具有足够的刚度和强度。

0# 块为单箱单室,由墩向跨中截面逐渐变小,0# 块单侧悬臂长度为 3.15 m,单侧悬臂荷载约为 1500 kN,混凝土浇筑时,混凝土荷载及施工荷载首先传递给调坡支架,再传给三角托架,最后由预埋件传给墩身混凝土。

正面三角托架斜撑采用双拼 I36b 工字钢;托架上横向分配梁采用双拼 I45b 工字钢和三拼 I45b 工字钢,通过卸落块与三角托架相连接;调坡支架采用 [14b 槽钢;侧模板支架采用 [10 槽钢;模板横肋采用 [10 槽钢;模板采用 6 mm 厚钢模板;内模板支架采用 ϕ50 mm 钢管脚手架。

2. 预埋件设计

预埋件分为上层和下层,上层在每个托架顶部预埋 4 根 ϕ40 mm 钢管,共 3 组,下层在对应位置对称预埋 2 根 ϕ40 mm 钢管。

原设计预埋件由 2 cm 厚 A3 钢板及 ∠75 mm×75 mm×5 mm 角钢加工焊接而成。但在实践过程中发现,角钢占据位置太大,难以穿过密集的立柱主筋,因此现场通过验算后调整为 ϕ25 mm 弯钩螺纹钢筋。

3. 三角托架设计

正面三角托架主斜撑采用双拼 [32b 槽钢,中间横杆采用双拼 I36b 工字钢,侧面横杆采用双拼 [36b 槽钢,通过对拉精轧螺纹钢固定在墩身上。三角托架高 3.04 m,悬臂长 4.0 m。主墩前后两侧各设置 3 组。托架构件采用焊接以及销接连接,焊缝宽度不小于 10 mm。

横杆端部设置螺栓板,通过螺栓与 4 根 ϕ32 mm 精轧螺纹钢对拉杆固定,底部预埋件通过螺栓与 2 根 ϕ32 mm 精轧螺纹钢对拉杆固定。

4. 卸落块设计

为方便在 0# 块施工后拆除支架,在三角托架与主横梁之间设置卸落块作为连接构件。卸落块由楔形侧板、上下顶板和横向螺栓构成。

卸落块用钢板加工而成,中间用 $\phi 32$ mm 精轧螺纹钢对拉,卸落块通过楔形块的斜面将竖向荷载转换成对精轧螺纹钢的横向拉力,因此通过精轧螺纹钢的极限拉力和楔形块的倾斜角度可反算出卸落块最大承载力。

根据《预应力混凝土用螺纹钢筋》(GB/T 20065—2016),PSB830 $\phi 32$ mm 精轧螺纹钢屈服强度为 830 MPa,公称截面面积为 804 mm^2,有效截面系数为 0.95。因此精轧螺纹钢最大拉力 $T = 830 \times 10^{-3} \times 804 \times 0.95 \approx 634.0 (\mathrm{kN})$。

以横向楔形块为分析对象,其受力分析图如图 2.25 所示。

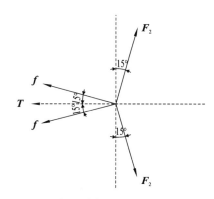

图 2.25　卸落块横向楔形块受力分析图

注:T—精轧螺纹钢拉力;f—钢板之间的摩擦力;F_2—钢板之间的压力。

由图 2.25 可得力平衡公式,见式(2.13)。

$$T + 2f\cos 15° = 2F_2 \sin 15° \tag{2.13}$$

以竖向楔形块为分析对象,其受力分析图如图 2.26 所示。

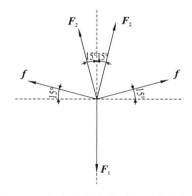

图 2.26　卸落块竖向楔形块受力分析图

注:F_1—卸落块承重;其余符号意义同前。

由图 2.26 可得力平衡公式,见式(2.14)。

$$2F_2\cos15° + 2f\sin15° = F_1 \tag{2.14}$$

钢板与钢板之间的摩擦系数 $\mu=0.15$,可得式(2.15)。

$$f = 0.15 \times F_2 \tag{2.15}$$

综合式(2.13)~式(2.15)可得出 $F_1=8.82\ T$,T 取最大值 634.0 kN,则可知 $F_1=5592$ kN。

不考虑钢结构自身承重强度,单个卸落块最大承重约为 559.2 t,满足其作为卸落块的功能要求。

5. 调坡支架设计

调坡支架上下纵梁、竖撑及斜撑均采用[14b 槽钢,横向连接采用[14b 槽钢,直接承受悬臂模板及钢筋混凝土重量,并调整悬臂底部坡度。调坡支架放置在悬臂横向分配梁上,用限位器与分配梁进行限位。

6. 模板设计

翼板模板采用支架、模板一体式设计,分段长 2 m,支架采用[10 槽钢焊接,横肋采用-80 mm×8 mm 钢板,纵肋采用[10 槽钢,连接孔尺寸为 ϕ18 mm×26 mm,模板面板采用 6 mm 厚钢板。

底板模板、侧面腹板模板、顶板模板均采用 6 mm 厚钢板和-80 mm×8 mm 纵横肋+[8 槽钢加劲肋组合,正面腹板模板和人孔模板采用 20 mm 厚竹胶板和 50 mm×50 mm 方木加工。

顶板模板支架采用 ϕ50 mm 钢管支架,纵横布置。

7. 人行爬梯及施工平台设计

人行爬梯采用墩身施工时建造的笼梯加高,施工平台分上、下两层,上层施工平台在翼板模板边缘高度绕一周设置,下层施工平台在托架分配梁上绕一周设置,施工平台和护栏用∠75 mm×75 mm×5 mm 角钢焊接,人行通道宽 1 m,护栏高 1.2 m,底部设置 20 cm 高的铁皮踢脚板,护栏满挂防护网,底部铺设方木和竹胶板,施工平台仅供施工作业人员通行,不得堆放物料。施工平台应分别与笼梯用人行通道连接,人行通道左右侧要设置相同规格的护栏。

安全爬梯与墩身应每 5 m 设置一道 ϕ25 mm 螺纹钢连接,一端焊接在墩身预埋板上,另一端用扣件连接在安全爬梯上。爬梯上下出口处应明确标记允许同时上下的最大人数为 7 人。

2.4.1.3 0#块施工工艺

1. 托架预拼装及测量放样

托架加工完成后,须进行预拼,按照要求验收合格后,方可安装。

在墩身施工时,应根据实测高程及底板高程计算预埋件埋置高度和平面位置,在预埋筋位置不可切断主筋,如与主筋位置冲突,可适当调整预埋筋角度,预埋筋与主筋焊接连接,确保浇筑混凝土时不跑偏,墩身混凝土浇筑完成后,拆除模板,将预埋钢板表面的混凝土浆液、残渣清理干净。

2. 托架安装

托架吊装前先将三角托架进行预拼装,吊起后先将牛腿插入预埋盒内部,同时将牛腿螺栓孔与横梁螺栓孔套入预埋精轧螺纹钢内,安装时应对称安装同组三角托架。

固定螺栓先进行预紧,待三角托架就位后再对精轧螺纹钢进行张拉,张拉力控制在 100 kN,张拉到位并持荷 3 min,将双螺母拧至紧贴垫板后放松千斤顶。

三角托架安装完毕后测量人员需复测标高、复核位置,若安装偏移过大则需要重新调整,数据合格后根据标高将砂箱立柱高度调整好后安装在三角托架对应位置。

横向悬挑分配梁安装:横向分配梁用吊车吊装,水平放置于砂箱立柱上,横向分配梁与砂箱立柱顶部支撑采取接触焊接方式,焊缝高度要求为 10 mm,纵向分配梁位于主墩两侧,每侧由 2 根双拼[32 槽钢组成。

安装调坡支架:调坡支架在施工平台上进行预拼装,整体吊装至横向分配梁上,调坡支架与分配梁之间用限位器固定,间距 1.5 m。

托架安装应注意以下事项。

(1)托架系统所用的原材料在使用前应由质检部门进行质量检查。有伤残的不能使用,歪扭的须调正,驳接口须保证驳接截面大于原材料截面。

(2)0#块由于集中荷载大,支顶较高,托架安装须认真。

(3)注意控制支架的水平度,斜撑的焊缝要饱满。

(4)托架的搭设应保证高处作业施工人员在施工平台上有足够的工作半径。平台应牢固铺设 2 cm 厚的竹胶板,并采取防滑措施,施工人员严禁倚靠在栏杆上。

(5)安全网的挂设应按照要求进行。平网应在横梁、支架搭设完毕后进行水平铺设;立网应在支架搭设完毕后围绕工作平台进行挂设。

(6)在夜间进行施工时,应保证有足够的照明,在爬梯及运输过道处均设置固定的照明设施。

(7)若遇雷雨天气及六级以上大风,应停止高处作业。

3. 托架预压

（1）预压装置设计。

托架采用钢绞线反拉预压，底部钢绞线以双壁钢围堰为锚固点。

（2）预压操作。

①加载方式。

加压荷载为考虑 1.1 倍系数后的荷载组合值（已考虑混凝土自重、模板重、人员机具及施工荷载等），加载按总加载量的 40%、60%、100%、120% 分四级进行，每级加载完成后持荷 1 h，并观测支架变形情况，待加载全部到位后，连续观察 12 h，直至沉降量稳定在 2 mm 之内，加载过程应均匀缓慢、有序地进行，避免托架因受力不均和突然受力而出现失稳状态，待消除托架非弹性变形量及压缩稳定后测出弹性变形量，即完成托架预压施工。

②加载顺序。

加载顺序为从外向内、两侧托架对称进行。

若每一级加载无法使当层满载，则在下一级加载时先将当层补充完后，再进行下一层加载；以此类推，直至最终加载完成。

③观测方法。

在加载前先观测 1 次并以此时的标高为起始观测值，以后每加载完一批观测 1 次，全部加载完成后每 2 h 观测 1 次，一直观察到 2 次沉降观测误差不大于 1 mm 为止，根据观测值绘制出支架时间-下沉量关系曲线。按精密水准测量作业要求，加载前观测 1 次，加载完成后每天观测 4 次，直至支架稳定 24 h 以后方可卸载，卸载完成后观测 1 次。根据所得数据计算出支架的弹性及非弹性变形值。

测量人员在专用表格上标注原始标高 H_0、第一级加载完成标高 H_1、第二级加载完成标高 H_2，第三级加载完成标高 H_3、第四级加载完成标高 H_4，加载完成持荷 12 h 后标高 H_5 及卸载完成后标高 H_6，根据现场拆机的数据进行计算、分析、整理、修正，得出系统变形量。

根据各观测点的标高值，计算出各观测点的变形如下。

非弹性变形 $\delta_1 = H_0 - H_6$，试压后，可认为支架的非弹性变形已经消除。

弹性变形 $\delta_2 = H_6 - H_5$，根据弹性变形值，调坡支架应设置相应的预拱度值，以使支架变形后梁体线形满足设计要求。

另外根据 H_1、H_2、H_3、H_4 的差值，可以大体看出持续荷载对支架变形的影响程度。

预压过程中进行精确水准测量，可测出梁段荷载作用下支架产生的弹性变形值，将此值与施工控制中提出的受其他因素影响而需要设置的预拱度叠加，算出施工时采用的预拱度，按计算值设置底面模板标高。

④卸载顺序。

加载完成后,在确认支架已经稳定并完成各项数据观测后,即可卸载。卸载时要两侧对称卸载。卸载顺序:先加载的后卸载,分级分批完成卸载。每批卸载完成需要再观测支架1次,并绘制出支架荷载-回弹值关系曲线。

根据加载和卸载变化曲线,对比分析支架弹性变形量和非弹性变形量。卸载完成后调整模板标高,消除非弹性变形,预留弹性变形上拱度。

根据计算书,三角托架在最大荷载作用下最大挠度为1.9 mm,因此预压托架的弹性变形应不超过该值,如超出该值应对托架进行加固,并重新验算论证。

4. 模板安装

0#块箱梁模板在安装过程中需与梁体结构钢筋、预应力钢筋安装等工序交叉作业。

(1) 模板安装顺序。

安装顺序为:安装调坡支架→安装底模板→安装外侧模板→安装内侧模板→安装内顶板底模板→安装端头模板。

①安装调坡支架。

调坡支架分两块在平台上拼装后吊装至三角托架上,调坡支架的尾部与墩顶用[10a槽钢焊接,防止在混凝土压力的作用下向外平移。

②安装底模板。

墩顶底模板采用6 mm厚钢模板,平铺在调坡支架上,安装时注意底模板安装精度应符合设计要求,钢模板拼缝均用密封胶条镶补,以保证阳角线条的线形。安装标高需按照预压测出的弹性变形来设置预拱度。

③安装外侧模板。

底模板安装完成后即可安装外侧模板,外侧模板采用定型钢模板与翼缘板模板一体的模板,在托架翼缘板纵桥向用I32b工字钢支撑外侧模板。

外侧模板是由6 mm厚钢模板和[10槽钢组成的整体式定型钢模板,先在场地上将单块模板和对应的桁片拼装成小块整体,再吊装到托架上安装。

④安装内侧模板。

内侧模板需要在底板钢筋、腹板钢筋和预应力管道安装并报验后进行安装,内侧模板采用木模板加工。

内外模板之间用$\phi 20$ mm精轧钢作拉杆加固,间距100 cm,PVC套管可循环利用。悬臂端侧模板可直接前移至1#块组成挂篮侧模板。

⑤安装内顶板底模板。

内顶板底模板用挂篮的内模板和木模板组合,模板通过钢管支撑架及钢凳支于底板上。箱内搭设 ϕ50 mm×3 mm 钢管支架,横桥向间距为 90 cm、顺桥向间距为 60 cm,用 50 mm×80 mm 木条支撑。

⑥安装端头模板。

端头模板是由钢板按图纸钢筋间距和波纹管位置制作的,既起到模板的作用,又可定位钢筋和波纹管模板,安装完成后需用 ϕ50 mm×3 mm 钢管对模板进行支撑。

(2) 模板制作要求。

①模板制作时,应先在制作平台上放样定位,焊制型钢骨架,经复测调整,满足规定要求后,再焊接面板。

②模板拼缝应平整无间隙,模板制作时的允许偏差:对于板面局部不平(用 200 mm 长平尺检查),外模板为±1.0 mm,内模板为±2.0 mm。

③模板制作完毕后,内、外模板需要单独进行组拼,经质检部门检查验收后,方可交付使用。

模板、支架制作质量标准如表 2.22 所示。

表 2.22 模板、支架制作质量标准

项目			允许偏差/mm
木模板的制作	模板的长度和宽度		±5
	不刨光模板和相邻两板表面高低差		3
	刨光模板和相邻两板表面高低差		1
	平板模板表面最大的局部不平	刨光模板	3
		不刨光模板	5
	拼合板中模板间的缝隙宽度		2
	支架尺寸		±5
	榫槽嵌接紧密度		2
钢模板的制作	外形尺寸	长和宽	−1,0
		肋高	±5
	面板端偏斜		0.5
	连接配件(螺栓、卡子等)的孔眼位置	孔中心与板面的间距	±0.3
		板端中心与板端的间距	−0.5,0
		沿板长、宽方向的孔	±0.6
	板面局部不平		1
	板面和板侧挠度		±1

(3) 模板安装技术要求。

①底模板安装:底模板安装时应根据底模板支架预压配重时所测得的刚性预留量(或设计值)进行高程预留,支垫楔块应稳妥可靠。

②0#块梁体底模板的纵坡通过楔形调节块来调到预定的标高位置。

③模板每次安装前,铲平、清洗模板表面浮泥杂质并阴干后,用抛光机打磨、修边,涂上脱模剂待用。模板拼接处,应先用油灰刮平,再以胶布护面。

④所有模板的螺栓及对拉螺杆均须采用双螺帽,螺帽必须上紧上满,模板顶撑杆也要顶紧顶牢,以防混凝土灌注时模板移动。

5. 钢筋加工及安装

钢筋加工及安装为常规工艺,此处不再赘述。

6. 预应力管道安装

0#块预应力体系包含纵向预应力、横向预应力和竖向预应力,其中竖向预应力管道及钢绞线应预埋在主墩墩顶位置。

纵向预应力筋含有顶板预应力筋和腹板预应力筋,规格为 15~19 ϕ^s15.2 mm 钢绞线,波纹管均采用内径 ϕ100 mm 的波纹管。横向预应力钢绞线采用 3-ϕ^s15.2 mm,管道为内径 72 mm×23 mm 的塑料波纹管。竖向预应力钢绞线采用 3-ϕ^s15.2 mm,管道为 ϕ60 mm×2.5 mm 成孔直缝钢管。

(1) 纵向预应力系统。

0#块纵向预应力束分为腹板悬浇束和顶板悬浇束,腹板悬浇束为 F1~F8,顶板悬浇束为 T1~T12。

波纹管每隔 60 cm 设置一组定位筋,弯曲处加密至 30 cm 一组,顶板、底板竖弯处及腹板平弯处每隔 30 cm 设置一组防崩钢筋,该区段防崩钢筋可兼作定位钢筋,必须保证管道定位准确。防崩钢筋和定位钢筋均由 ϕ12 mm 钢筋加工而成。

(2) 横向预应力系统。

横向预应力系统由 3-ϕ^s15.2 mm 预应力钢绞线和内径 72 mm×23 mm 的塑料波纹管组成,张拉端锚具采用 BM15-3 扁形锚具,固定端锚具采用 BM15-3 P 扁形锚具。横向预应力钢筋在施工前应套入波纹管并固定好锚固端,待混凝土强度达到 90% 以上后进行单端张拉。

横向预应力张拉端需要预留槽口位置,当翼板厚度为 20 cm 的时候槽口上下通长,宽为 30 cm。

(3) 竖向预应力系统。

竖向预应力系统由 3-ϕ^s15.2 mm 预应力钢绞线和 ϕ60 mm×2.5 mm 成孔直缝钢管组成,张拉端锚具采用 M15-3 圆形锚具,固定端锚具采用 M15-3 P 圆形锚具。

0#块竖向预应力钢筋分为悬浇段竖向预应力钢筋和墩梁固结竖向预应力钢筋两种。

悬浇段竖向预应力钢筋分两排布置在现浇段腹板处,距离腹板外壁 15 cm,纵向间距 50 cm,下部锚固端距离腹板底面 10.5 cm,上部为张拉端。

(4) 预应力系统安装施工质量控制。

①预应力管道备料。

波纹管在搬运时应用非金属绳捆扎或用专用框架转载,不得抛摔或在地上拖拉。波纹管在存放时应远离热源及可能遭受各种腐蚀性气体、介质影响的地方,存放时间宜不超过 6 个月,在室外存放时不得直接堆放于地面,应支垫并遮盖。

所有的预应力管均应在工地根据实际长度截取。波纹管使用前应进行严格的检查,检查是否存在破损及咬口是否紧密,若存在无法修复的损伤,应坚决废弃不用。安装波纹管前要去掉端头的毛刺、卷边、折角,并认真检查,确保平顺。

②预应力管道安装。

预应力管道必须按设计给定的坐标准确定位,纵向预应力短束波纹管安装时一定要防止水平和竖直急转弯,严禁人踩和挤压。

预应力管道接头处不得漏浆,浇筑混凝土后应及时通孔清孔,发现堵塞应及时处理。竖向预应力管道下端要密封,防止漏浆,上端应封闭,防止水和杂物进入管道。波纹管接头长度取 30 cm,两端各分一半,其中一端留作下次衔接的一端,应将该端的 2/3 部分即约 10 cm 放入本次浇筑的混凝土中,另外 1/3 露出本次浇筑的混凝土外,这样做的目的是即使外露部分被损坏,还有里面的接头可以利用。波纹管接头要用热缩胶带缠绕以免在此漏浆。

锚垫板安放时,板面与孔道保持垂直,压浆嘴向上,波纹管穿入锚垫板内部,且从锚垫板口部以海绵封堵孔道端口,外包裹胶带,避免漏浆堵孔。

锚垫板应与螺旋筋、波纹管中轴线垂直,螺旋筋与锚垫板预先焊好,并与端模板固牢,防止锚垫板在混凝土振捣过程中产生偏斜。当管道与普通钢筋位置产生干扰时,可适当调整普通钢筋位置以保证预应力管道位置准确,但严禁截断。

③预应力管道施工注意事项。

所有的预应力管道必须设置橡胶内衬管后才能进行混凝土浇筑,橡胶内衬管的直径比波纹管内径小 3~5 mm,放入波纹管后应长出 50 cm 左右,在混凝土初凝时将橡胶内衬管拔出 20 cm 左右,在终凝后及时将橡胶内衬管拔出、洗净。

电气焊作业在管道附近进行时,要在波纹管上覆盖湿麻袋或薄铁皮等,以免损伤波纹管。

施工中要注意避免铁件等尖锐物与波纹管接触,保护好管道。混凝土施工前仔细检查管道,在施工时应尽量避免振动棒触及波纹管,对混凝土深处的波纹板(如腹板波纹管、锯齿板处波纹管)要精心施工,仔细保护,要保证这些部位的波纹管不会出现问题。预应力管道的安装允许偏差见表 2.23。

表 2.23 预应力管道的安装允许偏差

项目		允许偏差/mm
管道坐标	梁长方向	30
	梁高方向	10
管道间距	同排	10
	上下层	10

7. 混凝土施工

(1)混凝土材料准备。

单个 0#块需要用 195 m³ C50 混凝土,混凝土由 2#和 3#拌和站供应,为防止机械故障、停电等意外导致某个拌和站停产,每个拌和站应准备至少 220 m³ C50 混凝土所需原材料,按配合比计算,每个拌和站材料数量如表 2.24 所示。

表 2.24 每个拌和站材料数量

材料	单位	数量
52.5 级水泥	t	102
砂	t	155
10~20 mm 碎石	t	175
5~10 mm 碎石	t	75
水	t	24
减水剂	kg	103

所需材料应在开盘前一天进行盘点,确认数量充足,并不得与其他结构混凝土混用。

(2)混凝土施工设备准备。

混凝土拌和站有 2#拌和站的 HZS120 型搅拌机组和 3#拌和站的 JS1500 型搅拌机

组。出料以 2#拌和站为主,0#块施工当天,为保证材料与其他部位混凝土材料不混用,该拌和站只负责出 C50 混凝土。

拌和站在出料前一天应进行检修,确保机械状态良好,并备好易损件,缩短故障排除时间。

0#块施工现场所需设备清单如表 2.25 所示。

表 2.25 0#块施工现场所需设备清单

设备名称	规格	数量	作用	备注
汽车起重机	25 t	1 台	转移料斗等设备	备用
天泵	SY5330 THB	2 台	浇筑混凝土	1 台备用,确保收到通知后 1 h 内能赶到现场
平板车	10 m	1 台	转运料斗、工具等物资	
混凝土运输车	10 m³	4 台	混凝土运输	
振动棒	ZN50	6 台	混凝土振捣	
发电机	45 kW	1 台	防止停电期间无法使用振动棒	备用
塔式起重机	QTZ63	1 台	转运施工材料、设备	
探照灯	100 W	2 台	照明	
头灯	10 W	8 台	照明	

所有现场施工设备均应在混凝土施工前 1 天进行检修试运行,以排查故障,重要设备如天泵、振动棒等,需要准备好备用措施。

(3) 混凝土施工人员准备。

0#块施工时间为 8～15 h,因此需要预备好夜班换班人员,以免发生人员疲劳导致的安全事故。混凝土施工所需人员如表 2.26 所示。

表 2.26 混凝土施工所需人员

岗位	位置	人数/人
混凝土振捣工人	0#块	6
混凝土卸料工人	栈桥平台	1
混凝土卸料工人	0#块	1
混凝土班组组长	栈桥平台	1

续表

岗位	位置	人数/人
中队施工技术员	栈桥平台	1
中队管理人员	栈桥平台	1
拌和机操作员	拌和站	2
拌和站配合工	拌和站	2
拌和站试验员	拌和站	2
现场试验员	栈桥平台	2

(4) 混凝土浇筑施工。

0#块混凝土浇筑一次性进行,梁体混凝土强度为C50。混凝土浇筑前先检查原材料储备情况及检验情况,对砂石料的含水量进行检测,确定施工配合比,由试验室下发配料单给拌和站。拌和物要搅拌均匀,颜色一致,不得有离析和泌水现象,对混凝土的坍落度、含气量、出机温度、入仓温度进行检测,并按要求制作同条件养护试件、张拉试件。

混凝土浇筑顺序如下:先浇筑底板再浇筑横隔板然后浇筑腹板;纵桥向先两端再中间,左右腹板对称浇筑。0#块在混凝土施工前应提前准备8个混凝土注入口,将混凝土注入口处的钢筋撬开,插入一根长2 m、内径160 mm以上的镀锌钢管作为混凝土导流管,混凝土浇筑完毕后拔出来。

每个0#块混凝土注入口一共8个,浇筑顺序如图2.27所示。

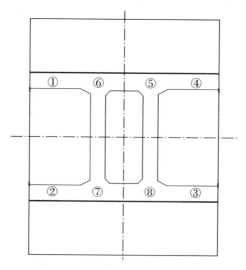

图2.27　0#块混凝土浇筑顺序

注:数字表示浇筑顺序。

每车混凝土平均约 10 m³，1 台泵车泵完 1 车混凝土约 12 min，因此现场应以每个点泵送时间控制混凝土卸入量。在不同浇筑阶段，混凝土浇筑方案如下。

①底板浇筑阶段。

0#块底板混凝土约 68 m³，考虑到卸落点处混凝土会堆高，因此底板混凝土应控制在 75 m³ 左右。8 个点，每个点卸料约 9.375 m³，每个点卸料时间控制在 6 min 左右。

底板浇筑高度需要保证混凝土最低面高于底板倒角处 30 cm，在底板浇筑高度达到后，需要停料 1 h 左右，待底板料偏干后方能继续浇筑后续混凝土。

在底板料浇筑过程中，应派 4 名工人分别在大桩号和小桩号的箱梁底板位置用振动棒赶料，保证底板混凝土分布均匀、振捣密实。

②腹板、横隔板浇筑阶段。

腹板、横隔板浇筑阶段，混凝土浇筑高度约 3.5 m，所需混凝土方量约为 81 m³，每浇筑 1 m 高度约需 23 m³ 混凝土，因此布料原则为 2 车一个循环，注入点顺序同底板混凝土。振动棒需要进行深度标记，以便工人控制振捣深度，防止漏振或过振。

当混凝土浇筑高度离顶板高度为 2 m 左右时，将混凝土导流管抽出，从孔内直接卸料。

③顶板浇筑阶段。

顶板浇筑需要约 46 m³ 混凝土，浇筑顺序纵向为先两端后中间，横向为先左右后中间。

(5) 混凝土施工注意事项。

箱梁混凝土必须连续浇筑，不得中断，上层混凝土浇筑必须在下层混凝土初凝之前完成。应重视锚垫板、波纹管下方混凝土的浇筑质量，确保振捣密实。混凝土浇筑过程中应安排专人检查支架及模板变形情况。

混凝土采用插入式振捣器振捣，布点均匀，混凝土振捣时严禁振动棒触及波纹管，以免波纹管出现变形，影响张拉，混凝土捣固程度以现场观察其表面气泡已停止排出、混凝土不再下沉并且其表面出现水泥浆为准，每一处振完后应徐徐提出振动棒。振动棒移动间距应不超过振动棒作用半径的 1.5 倍，并与侧模板保持 5~10 cm 的距离，振捣时插入下层混凝土 5~10 cm。混凝土浇筑时设置 1 名指挥员，6 名振捣工，指挥员负责控制卸料位置和引导泵车位置，6 名振捣工分区振捣，明确责任。

由于 0#块结构复杂，钢筋及预应力管道密集，尤其是底板部位的钢筋更是十分密集，混凝土振捣要充分、周密，不得漏振，以免出现孔洞。同时，不得碰撞管道及预埋件，以防管道漏浆堵塞和预埋件产生位移。个别部位配备捣固铲、捣固锤辅助振捣。

(6) 混凝土养护。

混凝土初凝后及时进行养护,顶板和底板覆盖土工布并洒水养护。腹板及隔板带模洒水降温养护。在混凝土达到终凝后即可进行拆模的准备工作,具体拆模时间以对混凝土构件外观没有破坏为宜,承重模板(如顶板底模板)须待混凝土强度达到设计强度时方可拆除,以免拆模过早造成顶板开裂。

0#块混凝土养护要有专人负责,保持混凝土表面始终处于湿润状态,混凝土养护时间不小于 14 d。

8. 预应力张拉、压浆

0#块的预应力体系包括纵向预应力体系、横向预应力体系及竖向预应力体系,张拉以应力控制为主、伸长量控制为辅。张拉顺序为先张拉纵向顶板及腹板钢束,再张拉横向钢束,最后张拉竖向钢束。纵向钢束对称张拉,横向及竖向钢束在梁顶单端张拉。

混凝土强度达到设计强度的 90% 以上后,方可进行纵向钢束张拉工作。竖向钢束应尽早张拉,不得拖延,竖向钢束必须在挂篮移动前张拉,靠近施工接头的最后一排竖向预应力筋待 1#块浇筑完毕后再同 1#块的竖向预应力钢筋一起张拉。

预应力钢绞线采用张拉吨位合适的千斤顶张拉,千斤顶与油压表使用前必须进行校核标定,确定油压表读数与张拉力的关系曲线。

纵向钢束张拉采用 2 台 500 t 穿心千斤顶,竖向及横向钢束张拉采用 1 台 25 t 单索张拉千斤顶。

(1) 张拉工序。

张拉工序流程图如图 2.28 所示。

张拉施工要点如下。

锚具、夹片的安装工艺:锚具安装时,锚板的中心、管道的中心和喇叭管中心三者应同心。特别是在最初建立油压时应及时调中,调中方法:①在锚垫板上用螺栓拧上临时定位环;②在锚垫板上加工定位槽。若喇叭管预埋板的端面有较大的偏斜,应使用钢楔片衬垫,使锚板与钢束轴线保持垂直。夹片安装时要均匀推入,同一个夹片之间的端面应保持齐平,外露长度一致。锚板与千斤顶之间应装上配套的限位板,限制工作锚夹片的伸出长度,以保证锚固时夹片均匀一致,且与预计的回缩量相符。张拉完成后,夹片应稍有外露,但外露长度不宜过长,过长易折断。

张拉应按设计钢束编号从小至大进行,合龙段纵向钢束、横向钢束及竖向钢束均采用单端张拉的方式,钢束应以渐进、均匀的速度张拉。

(2) 张拉操作。

①开启主控计算机,显示器显示登录页面,在页面中输入各项基本参数与任务,然后

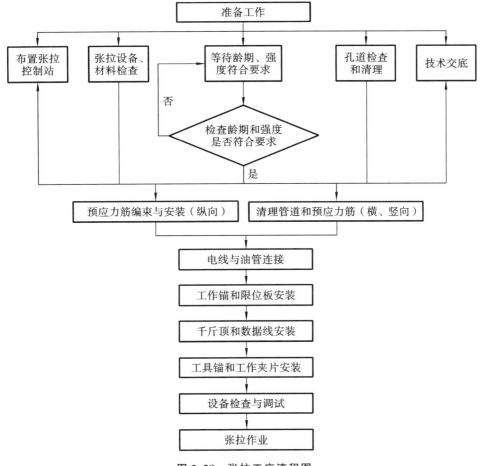

图 2.28 张拉工序流程图

构建梁型数据库,明确桥梁类型、钢绞线编号与数量。在必要的情况下,可直接导入桥梁各项信息,便于后续张拉。以梁型与梁段编号为依据确定钢绞线设计伸长值与张拉力。输入梁型、梁段编号等数据,新增张拉任务,根据需张拉桥梁的具体编号,明确所有相关数据。创建张拉千斤顶数据库,由系统对千斤顶和张拉泵站进行组配,将千斤顶标定及张拉参数都输入控制器,以顺利完成张拉过程。

②对安装于梁板两端的所有千斤顶进行检查核对,确定编号是否正确,并检查确定锚件是否与梁体垂直紧贴和同心同轴。

③点击"张拉任务"按钮,显示出相应界面,现场的操作人员与监理人员对该界面进行拍照存储,然后点击"开始"按钮,对待张拉钢绞线进行张拉。点击"开始"按钮后,界面将显示出对话框,用于用户确认各项参数,确认无误后点击"确认"按钮,方可正式开始张拉。

④张拉开始后,应密切关注主控计算机显示的压力值和位移值。如果通信状态灯变成红色,则表明开始对张拉数据进行接收;如果通信状态灯变成黄色,则表明通信停止;而如果通信状态灯变成绿色,则表明开始对张拉数据进行发送。张拉时还应密切关注千斤顶具体状况,当发生紧急情况时,应立即按下"停止"按钮。

⑤待张拉力保持稳定之后,即可锚固。张拉锚固时与锚固完成后,注意不能进行敲击和产生过大的振动。将锚具锚固后,其夹片的顶面必须达到平齐,且错位不超过 2 mm,外露长度不超过 4 mm。在锚固完成且经检查确认无误后,切割多余钢绞线,此时为避免损伤锚具,应使用砂轮切割机切割。在切割完成以后,钢绞线实际外露长度应达到 30 mm 以上。

⑥一孔钢绞线张拉完成后,系统自动对各项数据进行保存,此时主控计算机会显示此钢绞线已张拉完成,并提供返回与关闭的操作按钮。准备开始下一次张拉时,应对锚具等再次进行检查。

⑦将整片梁上各孔的钢绞线都张拉好以后,方可关闭主控计算机。张拉系统中的所有设备都应妥善保管,加强防水防腐蚀。

⑧为方便卸锚,工具锚板孔和夹片锥面应均匀涂抹石蜡油(退锚剂)。拆卸工具锚时,若夹片不易脱离锚板孔,应锤击锚板震落夹片,绝不可敲击夹片。

⑨张拉时,如果锚头处出现滑丝、断丝或锚具损坏等情况,应立即停止操作进行检查,并详细记录。当滑丝、断丝数量超过规定的允许值时,应抽换钢丝。

(3) 张拉力控制。

钢绞线张拉采用控制应力法,钢绞线控制应力 $\sigma_{con} = 0.75 f_{pk}$($f_{pk}$ 为钢绞线的标准强度)$= 1395$ MPa。张拉时应以伸长值进行校核。实际伸长值与理论伸长值的偏差应控制在 ±6% 以内,否则应暂停张拉,待查明原因并采取措施予以调整后,方可继续张拉。

横向预应力张拉引伸量为 7.93 cm,单束钢束张拉控制力为 581.7 kN;竖向预应力单束钢束张拉控制力为 581.7 kN;纵向预应力 T1 钢束张拉控制力为 3684.2 kN,单端引伸量为 3.6 cm。

张拉过程中应分级张拉,张拉程序为:0 → 初应力($15\% \sigma_{con}$) → $30\% \sigma_{con}$ → σ_{con}(持荷 5 min 后锚固)。

(4) 预应力管道压浆。

孔道压浆前应在工地试验室对压浆材料加水进行试配,各种材料的称重(均以质量计算)应精确到 ±1%。经试配的浆液在各项性能指标全部满足表 2.27 的要求后方可用于正式压浆。

表 2.27　经试配的浆液的各项性能指标

项目		性能指标
水胶比/(%)		0.26～0.28
凝结时间/h	初凝	≥5
	终凝	≤24
流动度(黏度)(25℃)/(Pa·s)	初始流动度	10～17
	30 min 流动度	10～20
	60 min 流动度	10～25
泌水率	24 h 自由泌水率	0
	3 h 钢丝间泌水率	0
压力泌水率/(%)	0.22 MPa(孔道垂直高度不大于1.8 m 时)	≤2.0
	0.36 MPa(孔道垂直高度不大于1.8 m 时)	
自由膨胀率/(%)	3 h	0～2
	24 h	0～3
充盈度		合格

预应力管道压浆其余操作与常规压浆相同。

9. 托架的拆除

(1) 模板和支架的拆除时间由结构物的特点、模板部位和混凝土所达到的强度来决定。

①在混凝土抗压强度达到 2.5 MPa 时,方可拆除侧模板。拆除模板时应保证混凝土表面及棱角不受损。

②钢筋混凝土结构的支架在混凝土强度能承受其自重及其他可能的叠加荷载时方可松顶模板。此时混凝土强度应达到设计强度的 85%。在张拉完毕后再拆除整个支架。混凝土强度达到设计强度的 85% 所需的时间必须通过试验确定。

③支架在使用完成后,应尽快拆除,拆除之前应确认结构已经不需要支架支撑。

(2) 拆除前对支架进行安全检查,确认不存在安全隐患。如果存在影响支架安全的隐患,应先对支架进行修整和加固,以保证支架在拆除过程中不发生危险。

(3) 在拆除支架前,应先清除支架上的垃圾、杂物,清除时严禁从高空向下抛掷,大块的装入容器内由起重设备向下运送,小块的集中到容器内向下运送。

(4) 在拆除支架前,应先明确拆除范围、数量、时间及拆除顺序和方法,垂直运输设备的数量,指挥联络的方法和用语;施工现场划分出明确的警戒区域,派专人进行警戒;坠落范围内设置明显的"禁止入内"标志,保证拆支架时无其他人员入内。

(5) 拆除支架时严格遵循拆除顺序,禁止在垂直方向上下同时作业,应由上而下,后搭的先拆,先搭的后拆,同一部位的拆除顺序是:防护栏杆→模板→模板调节块→分配梁→牛腿支架。

(6) 拆下的支架材料运至地面后,及时进行清理,将合格的、整修后才可以使用的和应该报废的加以区分,分类、分规格堆放。

(7) 拆除时如果遇到大风、大雨、大雾天气应停止作业,封闭现场,禁止任何人员入内。

(8) 进行拆除作业的人员要系好安全带,穿软底的防滑鞋,扎紧裤腿,防止钩挂。

(9) 拆除支架过程中不允许换人,如果必须换人,应对新换入的人员进行安全技术交底后再允许其进入拆除现场。严禁用猛烈敲打和拧扭等粗暴的方法拆除。

(10) 模板和支架拆除后,应将表面灰浆、污垢清除干净,并应维修整理,分类存放,防止变形开裂,以提高模板和支架的周转率。拆除各分配梁和支架,进行 1# 梁段悬臂挂篮拼装、浇筑施工。

2.4.1.4　0#块施工中问题的总结

1. 混凝土供应问题

首个 0# 块,即 9# 墩左幅 0# 块在浇筑过程中,一车料在拌和时因水闸故障而过稀,由于处于晚饭期间,前后场均未仔细检查混合料状态,该车离析料被泵送至 0# 块后,导致泵车堵管,备用泵车在堵管后 3.5 h 才到现场。由于等待时间过长,部分混合料因状态不佳而报废。

由于等待时间过长,混凝土结合面产生了较为明显的分层砂线及砂浆集中层。

解决方案如下。

(1) 前后场管理人员加强对混凝土状态的监管,做到对每车料进行重点监控,不得松懈。

(2) 避免以后再出现此类情况,浇筑 0# 块时拌和站后场配 2 名试验员,安排 1 台机器专门制备 C50 混凝土,一名试验员监管每车 C50 混凝土的状态,另一名试验员监管其他混凝土的状态,以保证每车混凝土的质量。前场安排 2 名试验人员,对运到现场的每车混凝土进行监管,对状态不好的混凝土进行调整,并及时反映给后场拌和站,以便对生产做出调整。

(3)对于施工所需设备,做好充分准备,提前联系好备用天泵,若 1 台天泵出问题,备用天泵应能在 1 h 内赶到现场。现场备好发电机,以应对意外停电情况。拌和站及混凝土运输车提前做好检修,并配备常用易损件,防止因故障而长时间无法出料。

2. 混凝土布料及振捣问题

混凝土施工由混凝土泵车供料,大部分时间是在承台中心位置卸料,未按照方案中要求的分层、均匀布料方式实施,尤其是在 0#块腹板底部振捣期间,工人由于光线问题无法看见振捣部位,凭感觉振捣,振捣效率低,振捣不到位。

拆模时发现腹板底部出现大量漏振导致的蜂窝现象。

解决方案如下。

(1)均匀布料,通过泵车布料时间控制布料厚度和均匀程度,严禁在同一个位置长时间卸料,严格控制分层厚度,加强根部、倒角和人孔部位的混凝土振捣。

(2)尽量将 0#块浇筑时间安排在光线明亮的白天,夜间施工时加强模板内部照明,混凝土振捣工人必须佩戴头灯。

(3)为方便混凝土浇筑与振捣,箱室腹板处预留施工用观察窗,待混凝土浇筑接近预留口时再进行封堵。

2.4.2 标准节段挂篮施工

2.4.2.1 施工工艺流程

标准节段挂篮施工工艺流程如图 2.29 所示。

2.4.2.2 挂篮设计

1. 挂篮结构总体设计

平口资水大桥主桥连续刚构施工共投入 6 套挂篮,均为菱形挂篮,挂篮总宽 14 m、长 9 m,单端挂篮质量为 44.18 t,最轻梁段为 5#块,质量为 88.5 t,符合《公路桥涵施工技术规范》(JTG/T 3650—2020)中挂篮与悬浇段混凝土的质量比宜不大于 0.5 的要求。挂篮设计依据最高梁段 5.03 m、最重梁段 110 t 进行设计计算,作业及行走时按 6 级风荷载加载,浇筑混凝土及空载行走时的抗倾覆系数 $K > 2$。

挂篮由主桁架、底模平台及吊挂系统、内外模吊挂系统、挂篮行走系统、锚固系统、挂

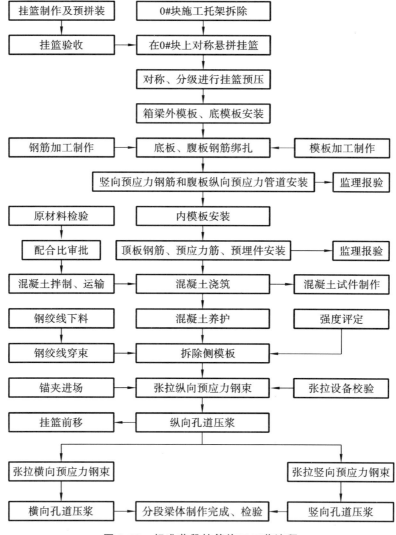

图 2.29 标准节段挂篮施工工艺流程

篮模板及限位系统等组成。

（1）主桁架：挂篮分两片主桁架，通过连接系连接成为整体；主桁架由上下弦杆、斜撑杆组成；主桁架各杆件与连接系之间均采用销接方式连接。

（2）底模平台及吊挂系统：由前下横梁、后下横梁、底模纵梁及底模、前后吊挂系统（含垫梁、扁担梁、吊带、千斤顶）、防护围栏系统组成。

（3）内外模吊挂系统：包括内外导梁、吊环、吊带、销座等。

（4）挂篮行走系统：包括走道梁、反扣轮、内外导梁及行走吊环。

（5）锚固系统：其作用是在挂篮悬浇混凝土的过程中，在主桁架尾部提供下压力，以平衡挂篮前方的倾覆力矩，包括锚固梁及竖向锚固预应力筋。

(6) 挂篮模板及限位系统：外模板采用钢模板，内侧模板采用木模板，内顶模板采用钢模板，内外模板之间设置对拉钢筋，按侧模板夹底模板形式布置，外侧模板与支撑架焊接为整体。

平口资水大桥分离式钢构左右幅中心距从 7♯墩的 19.4 m 均匀变化为 11♯墩的 15.5 m，结构物净空尺寸为 3.0～6.9 m，挂篮伸出翼板外沿最远为 0.75 m，因此全线钢构均满足挂篮交叉施工所需的空间条件。施工顺序为先左幅后右幅，左幅悬臂浇筑比右幅提前 1～2 个节块。

2. 挂篮模板设计

挂篮外模板采用 0♯块模板，内模板和加劲肋规格与外模板相同，悬浇段最长块总长 4 m，内模板长度设置为 4.5 m，分块尺寸为 3 m×1.5 m。内模板从顶部到底部设置铰链，方便脱模。

3. 人行爬梯及施工平台设计

人行爬梯及施工平台设计同第 2.4.1.2 节第 7 大点的内容。

当挂篮施工范围在航道范围内时，应增加防落网，防止物品掉落至航道范围内。

4. 主要施工设备选型

平口资水大桥主桥上部结构起重机械采用塔式起重机（主墩）为主、汽车起重机为辅的组合，因上部结构施工高度较高，施工长度较长（45 m），为减少材料的吊装倒运，在 8♯墩右幅承台、10♯墩左幅承台位置各设置一台臂长为 56 m 的 QTZ63 型塔式起重机，在 9♯墩右幅承台上设置一台臂长 56 m 的 QTZ80 型塔式起重机，用于吊装施工，同时用 50 t 汽车起重机辅助施工。

2.4.2.3 挂篮加工安装

挂篮由专业的生产厂家加工，包括材料下料、栓孔加工、拼装焊接等工序。加工成半成品运至现场，由现场工人进行安装。

1. 挂篮加工

挂篮各零部件由厂家成套提供，运至现场进行组拼。组拼以销接、栓接为主，部分连接为现场焊接。

挂篮各零部件的加工应符合《钢结构工程施工质量验收标准》(GB 50205—2020)的规定。对于重要的受力部件，如前后下横梁、前上横梁、主桁弦杆、竖杆、后拉杆、前斜撑杆、吊耳、销轴等均需进行超声波探伤检查，探伤检验等级为Ⅱ级，符合规范方可使用，如有对接焊缝,应进行全截面探伤检查,确保结构受力安全。

各加工件所有孔眼均采用钻孔,不得现场冲孔,孔壁及销轴光洁度应严格按设计要求执行,各销轴及孔径加工允许误差为±0.25 mm,端孔边距的允许误差为±0.5 mm。

运至现场的挂篮由厂家提供检验报告和合格证书,现场进行外观质量检查,对变形、焊缝存在明显外观缺陷、结构尺寸存在问题的部件,坚决予以退货。

各构件加工完毕后,主桁及连接系和底模平台在厂内试拼。试拼合格后,进行防腐处理,并予以编号。构件在运输、堆放时应谨防损坏和变形。

除外滑梁行走吊杆为锰钢吊带外,后锚杆及轨道锚固筋均采用40 Cr螺杆。除轨道锚固筋需采用连接器接长外,其余吊杆和锚固筋均采用整根钢筋,不设连接器。

2. 挂篮构件质量控制

(1) 焊接检查。

①外观检查:焊缝及热影响区不得有夹渣、裂缝和未焊透等缺陷,焊瘤要平顺。

②超声检查:按《液压缸活塞和活塞杆窄断面动密封沟槽尺寸系列和公差》(GB 2880—1981)及《焊缝无损检测 超声检测 技术、检测等级和评定》(GB/T 11345—2023)中有关要求抽查10%的焊缝长度,Ⅰ级为合格。

③焊缝高度检查:按《气焊、焊条电弧焊、气体保护焊和高能束焊的推荐坡口》(GB/T 985.1—2008)标准检查焊缝高度。

(2) 质量控制标准。

挂篮加工质量控制标准见表2.28。

表2.28 挂篮加工质量控制标准

序号	检查项目	允许偏差/检查标准	序号	检查项目	允许偏差/检查标准
1	滑道中心距	±5 mm	9	挂篮中心偏差	5 mm
2	滑道接头错台	−5 mm,2 mm	10	螺栓型号及紧固	正确、紧固
3	支座相对高差	5 mm	11	吊挂系统安装	正确、紧固
4	弦杆高差	±5 mm	12	电气系统	安全、正确
5	杆件节点中心距	±5 mm	13	油管路	正确、无渗漏
6	后锚固安装	正确牢固	14	导梁、滑锚	正确
7	后钩板	正确牢固	15	精轧螺纹钢预埋	±5%
8	挂篮纵向里程	±5 mm			

(3) 质量检验。

挂篮加工完成后,在加工场进行预拼装,工程技术部组织项目总工、生产副经理、质检部、机务部进行联合验收,挂篮预拼装验收合格后,方可运输至现场使用,未经验收的挂篮严禁现场使用。

3. 挂篮安装

挂篮安装起重设备由设置在0#块之间的塔式起重机进行起重安装。

主桁架系统在已浇筑的0#块上拼装,底模系统用悬臂型钢拼装就位,用塔式起重机配合安装;按构件编号及总装图进行拼装。拼装顺序为:行走系统→三角桁架→后锚梁→后锚杆→中横梁→后吊杆→前横梁→前吊杆→底模板→外模板→内模板。

挂篮安装施工要点如下。

(1) 轨道安装。

①轨道定位。

确定轨道中心线位置,即外侧竖向预应力筋断面位置。

在箱梁施工过程中,按定位预埋精轧螺纹钢和预留$\phi 75$ mm PVC管道,PVC管道为轨道锚固筋和导梁吊筋提供穿孔位置。

浇筑0#块并张拉完毕后可进行挂篮系统的安装。

注意事项:精轧螺纹钢预埋垂直度不低于5%。

②轨道拼装锚固。

用轨枕调平左右轨道的标高后,安装行走轨道组件,行走轨道由1.5 m长散件用M20螺栓连接而成,轨枕间距50 cm安装,靠近梁段间距20 cm安装。

轨道用预埋的精轧螺纹钢锚固在箱梁顶上,每节轨道锚点不少于2处。安装后应复核标高及平面位置。

注意事项:精轧螺纹钢垫片贴合紧密,双螺栓拧紧,精轧螺纹钢连接件拧到位;轨道连接螺栓无缺漏;轨枕底部垫平无空隙;轨道安装平整无错缝;左右轨道水平误差小于2 mm。

(2) 桁架安装。

①主桁架拼装。

在平整的场地上拼装好菱形架和门架,所有的构件均用销子及螺栓连接,严禁焊接,拼装好须进行验收后方可继续安装。

锰钢销子在连接好后应将限位销插到位。

注意事项:锰钢销轴插到位,锁定扣均插入并折弯;连接件不得使用焊接方式连接。

②中门架拼装。

中门架采用M20螺栓连接,连接好后应用扭力扳手检查螺栓的紧固度。

注意事项：螺栓均拧紧达到额定力矩。

③桁架吊装。

将拼装好的菱形架进行整体吊装，吊装就位后穿入连接销子连接前后支腿。

吊装完成后用手拉葫芦或者型钢支架进行临时固定，防止倾覆。单片菱形架质量约为 5.6 t，注意提前核对吊车的起吊范围和安全系数。

(3) 主桁架锚固安装。

①后锚安装。

桁架临时固定后即可安装后锚点的锚固梁，锚固梁为 3 组，其中一组设置扁担梁和千斤顶，千斤顶用以对桁架施加紧固力，紧固到位后方可将其他精轧螺纹钢螺母拧到位。

确认好锚固梁的紧固程度后，方可进行中门架的安装。

注意事项：精轧螺纹钢垫片贴合紧密，双螺栓拧紧，精轧螺纹钢连接件拧到位；轨道连接螺栓无缺漏；后锚用 PVC 材料进行保护；扁担梁居中。

②中门架连接。

前后共 4 组桁架固定好后即可吊装组装好的 15 m 中门架，每边挂篮安装 2 组中门架，分别焊接在两片桁架竖杆的前后面，底部支撑在下节点箱的顶部，为竖向支撑提供着力点。

注意事项：中门架与竖杆的焊缝应饱满、满足一级焊缝要求；中门架底部要与下节点箱靠紧；中门架安装要水平。

(4) 上横梁安装。

①上横梁安全通道加工。

上横梁在栈桥平台上拼装好后，应先进行人行通道的安装，注意人行通道应该预留出吊带安装的孔位。

②上横梁吊装。

吊装前上横梁并固定在上节点箱上，安装人行通道后对扁担梁进行粗定位。

注意事项：上横梁安装前两片桁架应垂直；两个上节点箱应水平，高差不得大于 5 mm；上横梁安装应居中；上横梁安装应水平，左右端点水平高差不得大于 5 mm。

(5) 导梁安装。

安装好滚轮吊架、穿好钢吊带后，将内外导梁穿入模板横梁底部。

固定好后将模板拆卸至内外导梁上。

注意事项：导梁固定框安装牢固；前吊带固定销插到位，保险销插到位并折弯；导梁安装水平，并与箱梁中轴线平行；内外导梁型钢规格不一样，应安装正确。

(6) 下横梁安装。

安装前后下横梁的吊带,安装后下横梁在梁底板上的锚固筋,通过底托梁将横梁与吊带和锚固筋固定。

注意事项:各杆件相对位置应符合要求;吊带底托应在平台上提前定位并用钢筋临时固定后起吊;底托扣环不得有裂纹;下横梁安装应水平;锚固筋露出长度在 10 cm 以上。

(7) 安装底纵梁及底面板。

底横梁安装好后,由外向内对称安装底纵梁,再依次安装好底板面板,底纵梁与底横梁焊接连接。

注意事项:底纵梁间距应符合图纸要求;底纵梁与底横梁焊缝应饱满、无虚焊、无漏焊;底板拼接应严密且贴泡沫双面胶进行防水密封;底板面板固定螺栓应安装到位。

(8) 模板前移。

以导梁前段为支点,用手拉葫芦将卸载后的模板往前牵拉(0♯块内模板可直接吊装就位)。模板就位后在模板尾部再安装一组滚轮吊架。

注意事项:不得用塔式起重机或者吊车牵拉模板;手拉葫芦不得松脱和断裂;手拉葫芦固定环应牢固可靠;模板与箱梁混凝土应完全断开;与模板焊接的人行通道应断开;管道、线路应清理干净。

(9) 调整标高。

前吊点通过调整吊带顶部扁担梁的高度,后吊点通过调整精轧螺纹钢的长度来调整模板标高,确认无误后方可固定。

注意事项:千斤顶工作状态应正常;钢丝绳应完好,无断丝等损伤。

4. 挂篮调节

挂篮安装完成后,对挂篮进行调整,具体如下。

为消除在浇筑混凝土过程中锚杆受力变形对挠度的影响,主桁后锚杆在浇筑混凝土前应预紧,用 30 t 千斤顶进行预紧,预紧力为 100 kN。

调整外侧模板和底模板平面位置、高程及外侧模板斜率,收紧吊杆,后端吊杆张拉后,将外侧模板最下端与底板连接的拉杆收紧,注意两侧对称同步,然后绑扎钢筋。在确定立模板标高时,要根据静载试验所得的数据预留挂篮的弹性变形。

锰钢吊带不得施焊、碰火,以免发生意外。由于每个节段底板坡度不同,若前、后吊点间水平距离发生微小变化,现场应根据实际情况适当调整前上横梁的顺桥向位置,保证前、后吊带的垂直度,使锰钢吊带仅承受拉力。

混凝土灌注时,前后吊杆处下横梁与底板混凝土面间用钢板抄垫,抄垫厚度为底模板厚度,用千斤顶预拉中、后吊杆,预拉力为 200 kN,以防止各阶段混凝土浇筑时由于吊杆变形出现错台,其余吊杆收紧即可。

锰钢吊带两端锚固处应设置保险栓。

精轧螺纹钢筋应贴上标签,明确型号、直径,避免混淆。

5. 挂篮预压

平口资水大桥挂篮采用沙袋预压方案,在安装完挂篮、底模板及侧模板后用沙袋进行堆载预压。

(1) 预压目的。

① 检验挂篮在各种工况下的受力情况以及机具设备的运行情况,确保系统在施工过程中绝对安全和正常运行。

② 了解挂篮的弹性变形和非弹性变形的程度及大小,以更加准确地掌握挂篮的刚度、强度等力学性能指标,便于指导挂篮的立模板标高,为施工监控提供可靠的参照数据,确保主梁施工线形、标高满足设计和规范要求。

③ 消除挂篮主桁、吊带及底篮的非弹性变形;测出挂篮前端在各个块段荷载作用下的竖向位移。

④ 收集以下资料,为后续挂篮施工提供数据参考:挂篮系统在不同工况下各主要构件的变形值;各构件和连接接头的安全性;锚固系统变位情况和安全性;箱梁的变形情况;挂篮的承载能力和安全保障系统的可靠性。

(2) 预压荷载。

根据设计及规范要求,预压重量不少于箱梁恒荷载的 1.2 倍,同时挂篮预压试验应能基本模拟混凝土浇筑过程中的受力状态。

按照最不利荷载工况,悬臂浇筑施工最大荷载为 6#梁段,混凝土用量为 44.5 m³,梁段最大质量为 113.5 t,模板质量为 20 t,故采用 6#梁段参数进行挂篮预压试验。为方便、快捷、安全地完成挂篮预压试验,利用成捆钢筋作为预压荷载。根据设计和规范要求,预压重量为箱梁荷载的 1.2 倍,约 1362 kN。

(3) 预压方案。

预压荷载的作用范围为底部纵梁位置,在 0#块上拼装好挂篮、底模板和侧模板且检查无误后即可进行预压,沙袋采用 1 m×1 m×1 m 规格的吨袋装满沙后用塔式起重机吊装至指定位置,每个吨袋装满沙后质量为 1.5 t,根据 1362 kN 的预压荷载,大概需要使用 91 个吨袋。

预压加载时应清场,20 m 范围内除操作人员外不得有人在场地内,操作人员面向桁架的方向应架设一块胶合板以免被飞溅的零件伤害。

(4)预压流程。

①加载方式。

加压荷载为考虑 1.2 倍系数后的荷载组合值(已考虑混凝土自重、模板重、人员机具及施工荷载等),加载按总加载量的 40%、60%、80%、100% 分四级进行,每级加载完成后持荷 1 h,并观测支架变形情况,待加载全部到位后,连续观察 24 h,直至沉降量稳定在 2 mm 之内,加载过程应均匀、缓慢、有序进行,避免托架因受力不均和突然受力而出现失稳状态,待消除托架非弹性变形量及压缩稳定后测出弹性变形量,即完成挂篮预压施工。

②加载顺序。

加载顺序为从外向内、两挂篮对称进行。

若每一级加载时当层无法满载,则在下一级加载时先使当层满载,再进行下一层加载;以此类推,直至最终加载完成。

③观测方法。

同第 2.4.1.3 节第 3 大点中的"(2)预压操作。"中的"③观测方法。"的内容。

④卸载顺序。

加载完成后,在确认挂篮已经稳定并完成各项数据观测后,即可卸载。卸载时要两侧对称卸载。卸载顺序:先加载的后卸载,分级、分批卸载。每批卸载完成需再观察支架一次,并绘制出挂篮荷载-回弹值关系曲线。

根据加载和卸载变化曲线,对比分析支架弹性变形量和非弹性变形量。卸载完成后调整模板标高消除非弹性变形,预留弹性变形上拱度。

6. 挂篮行走

挂篮施工完一节梁段后,挂篮即可前移施工下一节梁段。

(1)挂篮行走程序。

①挂篮行走前,在已浇好箱梁块段的箱梁两侧腹板顶面位置测量放样出行走轨道中心线,用钢楔块找平行走轨道中心线,两侧行走轨道中心线高差不得超过 5 mm。

②挂篮行走前,检查桁架与轨道的反扣是否牢固,以及轨道与箱梁顶板的锚固是否稳定。

③拆除模板拉杆,下放底篮及外模板,下放内滑梁及内模板,使底篮及内外模板下降 30 cm 左右。

④利用轨道锚固扁担梁将轨道锚固,拆除挂篮后锚系统,后锚小车将挂篮锚固于行走轨道上。行走时通过反复拆装轨道锚固扁担梁前行。

⑤将手拉葫芦的一点挂在主梁后锚小车附近,另一点挂在箱梁前方的预埋 U 形筋

上，利用手拉葫芦使挂篮及外侧模板行走至下一点位。

⑥挂篮行走时，每片主桁用一个 10 t 手拉葫芦挂住作为保险装置，边前移边松手拉葫芦。

⑦外侧模板安放于底篮纵梁（或者外滑梁）上并通过手拉葫芦与挂篮形成整体，与挂篮一起向前移动，同时采用手拉葫芦协助进行。

⑧用千斤顶牵引前支座，使挂篮桁架、底模板、外模板一起向前移动，注意 T 构两侧要对称、同步前移，以免在梁顶产生不平衡弯矩。

⑨挂篮前移即将到位时，调整挂篮的轴线位置，挂篮到位后，调整挂篮的标高。

⑩装设挂篮后锚系统、滑梁系统、底篮及模板系统等，将挂篮锚固。

⑪调整外模板的轴线位置及标高，调整好后可立钢筋及相关预埋件。

（2）挂篮前移检查。

挂篮前移前，必须由工程技术部牵头，机材部与安全生产监督管理部同时参与，对挂篮情况进行验收，验收完毕后方能进行前移操作。挂篮前移检查表见表 2.29。

表 2.29　挂篮前移检查表

序号	检查项目	检查内容
1	作业人员	作业人员安全防护用品是否佩戴齐全，是否有专人统一协调指挥
		底篮上是否站人
2	准备情况	纵向、竖向预应力筋是否张拉压浆并封锚
		桥面障碍物是否清理完成
		千斤顶及手拉葫芦性能是否良好
3	模板	底篮是否放松
		侧模板和混凝土面是否完全脱离
4	后锚系统	主桁后锚系统是否放松 2 cm 且未解除
		后锚轮是否与轨道解除良好，受力稳固
5	牵引系统	移动轨道手拉葫芦挂点是否正常
		千斤顶是否稳定，前支腿顶起高度是否符合要求
		垫座平面位置、高程是否正确，垫座是否与前面有虚位
		前支腿移动范围内轨道面是否涂抹黄油
		轨道前端移挡板是否紧固牢靠
		解除后锚，检查轨道后锚除主桁移动范围外是否锁紧
		主桁牵引系统是否平顺、牢靠

续表

序号	检查项目	检查内容
6	过程检查	移篮过程中是否有专人检查移机同步,左右前后偏差不得大于 10 cm(在轨道上每 5 cm 设一道标记)
		检查各悬吊轮是否正常运行
		中门架与主桁架连接处状态是否正常
7	锚固后检查	移动到位后是否及时安装后锚固梁
		各吊点是否受力均匀
		周边护栏、通道是否完好
		底梁锚固螺纹钢是否牢固

2.4.2.4 悬臂钢筋及预应力筋安装

悬臂钢筋及预应力筋安装工艺与 0#块相同。

2.4.2.5 混凝土浇筑及养护

1. 混凝土浇筑

挂篮悬臂浇筑法施工时,必须解决好施工组织、浇筑顺序、坍落度控制、振捣及孔道保护等一系列问题才能保证浇筑质量及上下工序的顺利完成。箱梁混凝土等级为 C50,由试验室按《普通混凝土配合比设计规程》(JGJ 55—2011)试验出符合要求的配合比经批复后采用。混凝土拌和站严格按配合比制备混凝土,由混凝土罐车运输至施工场地泵送施工。因波纹管和钢筋较密集,应严格按照规范要求进行混凝土振捣,并防止损坏管道。

挂篮混凝土浇筑要求平衡对称施工,必要时采取措施保证挂篮的安全,最大不平衡重量为 1/4 个箱梁混凝土重量。

为了防止新旧混凝土结合面出现裂缝,混凝土浇筑方向由悬臂端向支点进行。混凝土分层浇筑,每层厚度宜为 30~40 cm,应连续浇筑完毕。

浇筑人员共分 2 个班组,每个班组设 1 名指挥员,3 名振捣工,4 名普工(负责拆卸泵管)。分区振捣,实行挂牌制,明确责任。

其余浇筑施工注意事项可参考第 2.4.1.3 节第 7 大点中的"(5)混凝土施工注意事项。"的相关内容。

振捣腹板时,要从腹板预留"天窗",其他人员从"天窗"观察混凝土是否振实。"天窗"设在内模板和内侧钢筋网片上,每 2 m 左右设一个,灌注至"天窗"前将"天窗"封闭。

振捣时要先选好点,尽量布点均匀,并保证波纹管和压浆管不受损伤,锯齿板等钢筋密集处要加强振捣。为便于观察振捣效果,必要时使用手电筒或安全电灯等照明工具,观察混凝土表面振捣效果。

2. 拆模及混凝土的养护

待混凝土强度达到 2.5 MPa 以上后可拆除箱梁内侧模板,外侧模板待顶板混凝土强度达到设计强度的 80% 以上时可拆除,拆模时注意避免碰伤混凝土边角及模板。施工缝处理:混凝土分两次进行浇筑,必须确保施工缝的处理符合要求(水平缝必须平齐,可采用在施工平面外侧焊接角钢的方式,角钢由测量人员放样后设置并抄平,混凝土浇筑完成后及时拆除),从而确保箱梁外观质量。待混凝土强度达到 2.5 MPa 后人工进行凿毛处理,或混凝土强度达到 10 MPa 以上后用风动机对块段结合面进行凿毛处理。在下一箱梁段混凝土浇筑前,在块段结合面洒水使其保持充分湿润,防止新旧混凝土结合面衔接质量不良。

在完成混凝土浇筑以后,及时安排人员检查纵向预应力管道是否畅通(必须确保其畅通),并及时安排人员进行养护,养护时间为该阶段施工期间及下阶段挂篮移动之前;养护由专人专职负责,并要求有养护记录。对于经常受到日照作用的箱梁外侧,一方面根据实际情况适当缩短洒水养护的间隔时间,确保混凝土表面的湿润度,另一方面在箱梁两侧翼板下 0.5 m 左右设置喷水管,在养护期始终喷水养护,为便于操作,养护管出口可引至箱梁顶板上。

由于箱梁较高,不利于已浇筑混凝土的散热,而且箱内通风效果差,因此在箱内顶板四周设置高压洒水管,在混凝土完成初凝以后即派专人进行洒水养护,同时在箱内设置大功率的风扇加速空气流通,以加强箱内通风效果,从而确保混凝土内外侧强度同期增长,避免混凝土由于温差效应而出现温度裂缝。此外,还需要进行温度跟踪监测,必要时在人洞口设置风扇。

冬季养护措施:悬臂浇筑混凝土采取蓄热法养护。

对于浇筑完成的混凝土结构物,在拆模时,应尽量选择在白天的高温时段,拆模后立即采取保温措施,为保证蓄热养护的效果,混凝土保温包裹材料采用聚乙烯多孔保温材料(保温被)或土工布。拆模时,混凝土表面温度和自然温度差不能超过 15℃。

对混凝土结构物采取保温措施时需注意以下要点。

(1) 混凝土结构物顶部要覆盖保温被保温,并固定好防止其掉落。

(2) 混凝土结构物侧面及周身应捆绑、覆盖保温效果较好的保温被。

(3) 应定期检查保温被的覆盖情况,对破损、吹翻等情况及时进行修复。

2.4.2.6 挂篮及模板的拆除

挂篮分三个系统进行拆除:底模板及下横梁系统、侧模板及外导梁系统、主桁及上横梁系统。

待节段浇筑完毕后,边跨处挂篮拆除主桁及上横梁系统、底模板及下横梁系统,侧模板及外导梁系统用于边跨合龙段,中跨处两侧挂篮主桁及上横梁系统均拆除,侧模板及外导梁系统、底模板及下横梁系统拆除一半,另外一半用于中跨合龙段施工,待合龙段施工完毕后拆除。

现浇梁考虑施工场地和交通安全,7#墩—8#墩和10#墩—11#墩边跨挂篮利用50 t汽车起重机在施工平台上拆除,侧模板及外导梁系统先不拆,待边跨合龙后再拆除;边跨挂篮退至1#块后拆除(除侧模板及外导梁系统不退,其余全退),侧模板及外导梁系统移至边跨合龙段施工;8#墩—9#墩和9#墩—10#墩中跨挂篮桁架退至1#块,利用塔式起重机拆除,外模板倒用情况可根据实际施工进度进行调整。

1. 挂篮拆除前准备

(1) 在挂篮拆除前,确保已完成梁体纵向预应力张拉、孔道压浆及封锚施工,梁体强度达到施工强度。

(2) 挂篮内模板已拆除,侧模板及底模板已脱离梁体。

(3) 挂篮前上横梁、后吊梁最外侧吊点连接牢固,同时每个吊点使用手拉葫芦做保险,以确保安全。

(4) 水库河道交通疏导工作已完成。

2. 拆除步骤

拆除步骤如下:底托系统拆除→外模板、外导梁及吊带拆除→主桁架后退拆除→梁面清理。

(1) 底托系统拆除。

安装4台5 t卷扬机并固定,将钢丝绳固定于前下横梁和后下横梁的4个吊点。解除与底模板平台连接的所有吊带,使底模板平台的重量完全由4台卷扬机均匀承受,最后通过卷扬机将底模板平台整体匀速降至水面位置,用运输驳船将其运至岸边。

卷扬机及滑轮组均通过预埋在墩身的 $\phi 25$ mm 螺纹钢筋进行固定,安装时必须检查所有的固定措施是否牢靠,安装后先进行预紧调试,调直钢丝绳、摆正滑轮组,确认无误后方可开始拆卸底模板。

底模板+纵横梁的总质量为12.5 t,由此可以得出每根悬吊端钢丝绳需要承担的拉力为 31.25 kN。由于采用单滑轮组,因此每个滑轮组的钢丝绳和卷扬机受力为

15.6 kN，安全系数取 8，通过查验手册可知选取 6×37 $\phi26$ mm 钢丝绳即可。滑轮直径应不小于 $20\ d$（d 为钢丝直径），即 520 mm。

(2) 外模板、外导梁及吊带拆除。

先将外模板与梁体临时锁定，再将外导梁的吊带全部解除。安装 2 台 5 t 卷扬机并固定，将钢丝绳固定于外导梁上的 2 个吊点，通过卷扬机将外模板及外导梁匀速降至运输驳船。

用塔式起重机将已经拆除悬吊物的吊带一根根从挂篮上吊放至栈桥平台或者驳船。

(3) 主桁架后退拆除。

将主桁架及轨道退回至 0#块，此时挂篮全部进入 6 t 塔式起重机起重能力范围，将主桁架菱形块逐步拆除。主桁架拆除前须对所有杆件喷漆编号，以方便挂篮的后续使用和辨别，主桁架须拆装成单个杆件，按照尺寸分堆摆放在桥面靠近塔式起重机的位置，并用方木等材料分层垫放，以方便材料装车。吊带、吊杆等易折材料要妥善保管，以免被压弯、折断，销轴要分类装箱，并在箱体外附上相应的材料明细清单，做好防水措施。所有挂篮杆件不得随意切割、损坏。

①前上横梁拆除。

前上横梁拆除时采用"八"字绳吊装，拆除连接螺栓，然后用塔式起重机将各部件吊装到地面整理后装车运回仓库保存。

②平联槽钢拆除。

平联槽钢拆除方法与前上横梁一致。

③横联拆除。

横联拆除前应对每片主桁架双面拉设风缆，防止横梁拆除后桁架片失稳，风缆可设置在防撞栏预埋钢筋上以及桥面预埋件上。桁架片采用"八"字绳吊装，拆除连接螺栓，吊装到地面整理后装车运回仓库保存。

④主桁架拆除。

每两片桁架之间的横联拆除后应先拆除无横联的主桁架，按照从左到右的顺序逐片拆除。拆除时采用"八"字绳吊装，分别吊住上压杆和后拉杆靠上部位置，稍稍预紧钢丝绳，先拆除风缆和后锚，再将主桁架与反扣连接销拆除，将主桁架平稳放置在桥面，并解体成单根杆件运回仓库。

⑤轨道拆除。

先拆除轨道锚固杆，然后逐根拆除轨道间连接螺栓，将轨道逐根吊至地面。

⑥挂篮销轴拆除。

将挂篮销轴分类收集装箱运回仓库。

(4) 梁面清理。

将钢枕等细小部件装箱吊至地面,拆除完毕后检查有无遗漏,做好清理工作,并割除预留精轧螺纹钢,用同等级混凝土填塞预留孔洞。

3. 拆除注意事项

挂篮拆除时要保证单个 T 构的平衡,前后两端应对称拆除。

下放底模板平台时,4 台卷扬机一定要匀速操作,要有专人指挥卷扬机操作人员,发现不均匀下降时应立即刹车,及时调整。

下放底模板平台时,要同步匀速,防止模板部件发生扭曲或弯折。

挂篮移动前,需对吊挂系统进行全面检查,挂篮行走时,速度不宜太快,且应尽量确保一同滑行的各部件同步,两端挂篮前移速度必须保持一致,防止挂篮倾覆。

高空作业应将所需工具装在工具袋内,传递工具不得抛掷,不得将工具放在平台和木料上,更不得插在腰带上,且必须佩戴安全帽及安全带。

用机械吊起物件前,应先检查机械设备和绳索的安全性及可靠性,起吊后下面不得站人和有人通行,物件下放,距地面 1 m 时,作业人员方可靠近操作。

吊装前,吊点要正确牢固,起吊时,应拴好溜绳,并听从信号指挥,不得超载。

拆除挂篮过程中,在主梁上另外设置 2 个支点,充分保证挂篮自身的平衡。

挂篮拆除前必须认真检查前后上下横梁焊接及固定情况,检查挂篮锚固系统是否牢靠,在拆除前后上横梁时应认真检查横梁上有无松散杂物及小型工具,防止发生坠落事故。

避免交叉作业,船只进入时,要求上方无其他作业,挂篮下放前清理桥面下方临时堆放的材料,避免起锚艇上作业人员被高空落物砸伤。下放过程中,专人沿塔式起重机上下观察底篮水平情况,及时做出调整。

2.4.3 边跨现浇段施工

边跨现浇段为 13♯块,一端架设在过渡墩盖梁上,一端与合龙段连接,结构为变截面箱梁,底部预留直径 1 m 的检修孔。纵向钢束为边跨顶板合龙束和边跨底板合龙束。

总体参数如下。

箱梁混凝土参数:等级 C50,13♯块方量为 110.6 m³,质量为 282.2 t。

13♯块钢筋质量:19.4 t。

预应力系统:竖向为 19/16-ϕ15.2 mm 钢绞线,横向及纵向为 3-ϕ15.2 mm 钢绞线。

顶板宽度:12.5 m。

底板宽度:6.5 m。

翼板宽度:3 m。

箱梁块高度:2.7 m。

13#块(边跨现浇段)长度:9.84 m。

2.4.3.1 施工工艺流程

边跨现浇段施工工艺流程如图2.30所示。

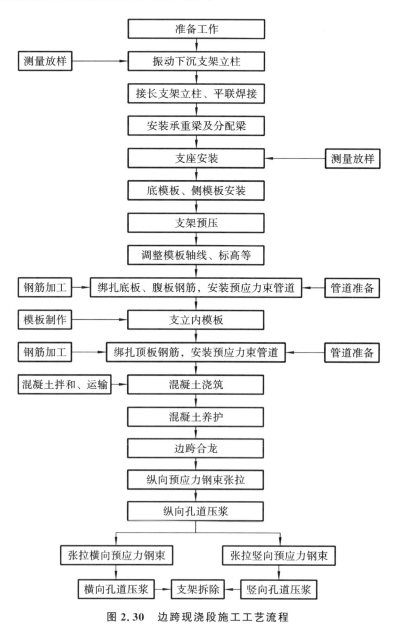

图2.30 边跨现浇段施工工艺流程

2.4.3.2 临时结构设计

1. 现浇段施工平台设计

7#墩与11#墩桩基础和立柱施工平台需要进行改造才能施工现浇段,7#墩与11#墩桩基础施工平台需要拆除的范围分别如图2.31和图2.32所示。

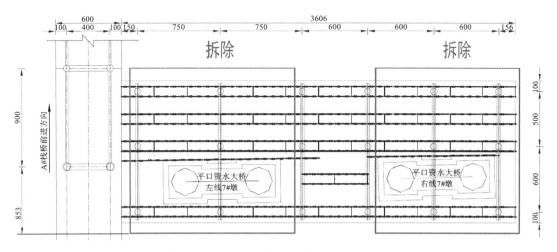

图 2.31 7#墩桩基础施工平台(单位:mm)

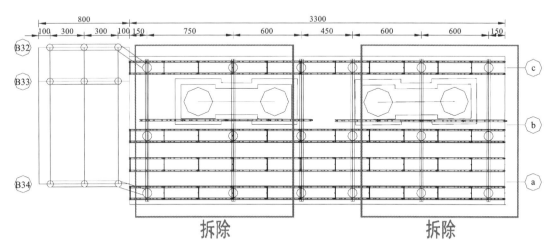

图 2.32 11#墩桩基础施工平台(单位:mm)

边跨现浇段施工平台搭设在边跨现浇段靠跨中部位,宽8 m,为钢管桩加贝雷片的形式。

2. 现浇段支架设计

平口资水大桥边跨现浇段支架均采用 $\phi 820 \text{ mm} \times 10 \text{ mm}$ 钢管桩作为桩基础及立

柱,单幅设计顺桥向搭设3排、横桥向搭设2排。根据水库水位,7#墩可采用混凝土基础或者振动沉桩基础,11#墩均采用振动沉桩基础。为保证钢管桩的稳定性,要求使用DZ150以上功率的振动锤进行沉桩施工。要求最终贯入度不大于2 mm/min。

钢管桩顶横桥向设置双拼I45 b工字钢主梁,主承重梁通过卸落块与支架立柱连接,贝雷片主梁放置在承重梁上,安装限位器限制主梁活动范围。

主梁上以50 cm间距设置[16 a槽钢作为横向分配梁。横向分配梁上铺设底板模板。侧模板和内模板均采用厂家定制的定型钢模板,内模板通过支架管架设在底板上。

现浇段支架在每层平联对应的水平位置设置一道32 mm精轧螺纹钢组成的横向连接,连接杆用锰钢销子连接,以保证支架的稳定性,为此需要在立柱墩身上设置5层预埋M24D20爬锥,在墩身混凝土浇筑时预埋到对应位置,底座钢板采用20 mm厚钢板加工,通过螺栓孔与爬锥连接。

3. 边跨现浇段模板设计

现浇段模板采用20 mm厚竹胶板和10 cm×10 cm方木组合,支撑采用ϕ48 mm×3.5 mm圆钢管。

4. 人行爬梯及施工平台设计

人行爬梯采用与主墩相同的笼梯设置在左右两幅边跨现浇段中间,在支架立柱间用I45a工字钢作为平台安装。

2.4.3.3 边跨现浇段施工工艺

1. 施工平台及支架施工

边跨现浇段施工平台及支架施工工艺与栈桥相同。

2. 支架预压

边跨现浇段采用沙袋预压。

(1) 预压荷载。

根据设计及规范要求,预压重量不少于箱梁恒荷载的1.1倍,同时边跨现浇段支架预压应基本模拟混凝土浇筑过程中的受力状态。

(2) 加载及观测方案。

边跨现浇段支架的预压加载及观测方案与挂篮相同。

3. 钢筋加工及安装

钢筋的加工及安装工艺同0#块。

4. 支座安装

边跨现浇段的支座需要在底模板安装的同时进行安装。

(1) 支座型号。

边跨现浇段靠盖梁段设置 2 个支座,靠线路中轴线侧为单向活动型盆式橡胶支座 JPZ9(Ⅰ)3.5 DX,靠线路外侧为双向活动型盆式橡胶支座 JPZ9(Ⅰ)3.5 SX。支座高度均为 115 mm。

施工过程中必须保证支座上、下面的水平,预埋钢板安装时必须保持平整,支座垫石顶面的四角高差不得超过 2 mm。

预埋钢板表面需做喷漆或镀锌处理,套筒和锚杆表面需做发黑(蓝)或镀锌处理,螺纹孔安装前涂抹黄油。

预埋钢板与上套筒须焊接,并去除焊渣,锚固螺栓采用 10.9 级[参考《六角头螺栓 全螺纹》(GB/T 5783—2016)]高强度螺栓并做达克罗处理。

(2) 支座安装。

支座进场前应在工厂完成组装、调平和对中工作。

清除支座垫石预留孔中的杂物,垫石表面应平整、光滑。

确保支座垫石中心位置及标高符合设计要求,然后在垫石顶面涂抹一层 5 mm 厚的环氧树脂砂浆,涂抹后再安装支座。

仔细检查支座位置及标高后,用无收缩高强度环氧树脂砂浆由压浆嘴压浆,砂浆应灌满并从顶面漫出以确保压浆密实。

待灌浆达到设计强度后,拧紧锚固螺栓,完成支座本体安装。

安装预埋钢板至支座顶面,校核无误后,拧紧连接预埋钢板和支座的锚固螺栓,检查支座临时连接装置是否牢固。

架立主梁模板,绑扎钢筋,清洁预埋钢板的上表面,再进行主梁浇筑作业,梁体混凝土强度达到设计要求后拆除支座临时连接装置。

5. 边跨现浇段混凝土施工

边跨现浇段全断面一次浇筑,底板设置反压模板,防止底板混凝土超厚。

边跨现浇段施工时,必须解决好施工组织、浇筑顺序、坍落度控制、振捣及孔道保护等一系列问题才能保证浇筑质量及上下工序的顺利完成。具体可参考第 2.4.2.5 节第 1 大点中的内容。

边跨现浇段混凝土施工注意事项可参考第 2.4.1.3 节第 7 大点中的"(4)混凝土浇筑施工。"的内容。

6. 预应力张拉

边跨现浇段浇筑完成后张拉竖向及横向预应力,纵向预应力待合龙段完成后穿索张拉。

7. 支架的拆除

模板和支架的拆除时间由结构物的特点、模板部位和混凝土所达到的强度来决定,具体如下。

(1) 在混凝土抗压强度达到 2.5 MPa 时,方可拆除侧模板。模板拆除时应能保证混凝土表面及棱角不受损。

(2) 钢筋混凝土结构的支架在混凝土强度能承受其自重及其他可能的叠加荷载时方可松顶模板。此时混凝土强度应达到设计强度的 85%。在张拉完毕后再拆除整个支架。混凝土强度达到设计强度的 85% 所需的时间必须通过试验确定。

(3) 支架在边跨合龙完成且所有预应力钢束完成张拉压浆工作后方可拆除,拆除之前应确认结构已经不需要支架支撑。应先拆除支架的附属结构,再卸落砂箱,最后拆除底模板和支架。

其余注意事项可参考第 2.4.1.3 节第 9 大点的内容。

2.4.4 合龙段施工

平口资水大桥跨径为 56 m+2×90 m+56 m,单幅有 2 个中跨合龙段、2 个边跨合龙段,边跨和中跨合龙段均为 11#块,长度为 2 m,混凝土体积为 18.8 m³,梁段质量为 48 t。

合龙段箱梁采用纵向、横向、竖向三向预应力体系。

2.4.4.1 模板就位及安装

1. 边跨模板设置

边跨合龙 11#块完成张拉后,挂篮及外模板不动,拆除内导梁和内模板后用脚手架和木模板安装外模板。底模板用 10 cm×10 cm 方木和 18 mm 厚竹胶板制作而成。

边跨模板设置施工要点如下。

(1) 压浆封锚后割除 11#块挂篮前挡护栏、人行道。

(2) 拆除内导梁、内模板及内导梁吊带。

(3) 用水袋(23 t)及沙袋调整配重,将水袋盛满后,用沙袋等重物将 11#块标高差调整至 15 mm 以内,在一天中气温最低的时段连接好劲性骨架。

(4)焊接固定加劲梁。

(5)翼板范围用I16工字钢铺设纵梁,间距为50 cm,一侧固定在边跨现浇段分配梁上,一侧固定在挂篮前下横梁上,作为翼板脚手架支垫。

(6)底板范围纵向间隔铺设[10槽钢和方木分别作为承重及固定模板的纵梁。

(7)底模板采用18 mm厚竹胶板钉在底部方木上加以固定,底梁吊带用模板加工而成的盒子包裹住,方便后期拆除。

(8)连接预应力管道后绑扎底板及腹板钢筋。

(9)内模板采用18 mm厚竹胶板和脚手架安装,脚手架底部立在底板[10槽钢上,顶部支撑方木肋板,内模板脚手架间距60 cm布置。

(10)安装顶板钢筋。

待合龙条件具备后浇筑混凝土,钢绞线在合龙之后安装。边跨合龙段浇筑时边浇筑边卸载水袋。

待混凝土强度达到设计要求后,张拉合龙段预应力钢束。中跨合龙后边跨挂篮及配重方可拆除。边跨合龙段张拉完成后可拆除边跨现浇段支架。

2. 中跨合龙段准备

待边跨合龙段张拉后,测量出中跨合龙段标高,将水袋盛满后,用沙袋等重物将11#块标高差调整至15 mm以内。在一天中气温最低的时段连接好劲性骨架。

中跨合龙前将挂篮前移,使前下横梁移至对面11#块梁底,锁定前下横梁后再锁定后下横梁。

中跨合龙段准备工作施工要点如下。

(1)边跨合龙并张拉完成后,将边跨挂篮拆除。

(2)中跨11#段压浆封锚后,拆除内导梁、内模板及内导梁吊带。

(3)中跨挂篮同时前移2 m。

(4)挂篮前后下横梁用精轧螺纹钢固定在箱梁底板及翼板上,调平底模板,并控制底模板标高,使其比底板底部低12 cm。

(5)外导梁外端用精轧螺纹钢固定在边跨11#块上。

(6)在钢模板上铺设10 cm×10 cm方木和18 mm厚木模板作为底模板。

(7)连接预应力管道,绑扎底腹板钢筋。

(8)内模板采用18 mm厚竹胶板和脚手架安装,脚手架底部立在底板[10槽钢上,顶部支撑方木肋板,内模板脚手架间距60 cm布置。

(9)安装顶板钢筋。

2.4.4.2 设置平衡重

调整合龙段两端梁体高差及轴线偏差,高差采用压重调整,对梁体高的一端采用压重,使两端高差不大于 10 mm。压重采用水箱或沙袋,以利于卸载,保证浇筑混凝土过程中,合龙口始终处于稳定状态。合龙口单侧压重重量为 1/2 合龙段重量。拆除挂篮及压重施工过程中要随时注意对称进行,保持梁体悬臂荷载平衡,以防出现安全事故。

现场采用水袋与沙袋进行配重,在浇筑合龙段混凝土的同时进行卸载,要求浇筑速度与卸载速度同步。

2.4.4.3 钢筋及预应力管道安装

普通钢筋在地面集中加工成型,运至合龙段绑扎安装,由于边跨和中跨合龙段均设置有刚性支撑,故钢筋绑扎时需考虑预留劲性骨架安装位置,等劲性骨架锁定后补充绑扎。底板预应力钢束管道安装前,试穿所有底板预应力钢束,发现问题及时处理。合龙段混凝土浇筑前现穿钢绞线,浇筑过程中移动钢绞线,以保证合龙段混凝土浇筑后预应力钢束管道的畅通。

2.4.4.4 劲性骨架安装

在边跨、中跨现浇合龙段施工过程中,因混凝土自重、温度变化、施工荷载的作用,悬臂梁端产生位移,影响合龙段混凝土悬臂梁端的连接,易产生裂纹,施工中通常采用内外劲性骨架将合龙口锁定,同时在浇筑混凝土时在合龙口处等载压重,保持合龙口两梁端无相对位移,从而在浇筑混凝土时保证合龙段混凝土与悬臂梁端之间不产生裂纹。待外刚性支撑与预埋件焊接完成后,调节内刚性支撑,使其紧顶箱梁两悬臂端。

内刚性支撑安装完成后,选择一天内气温最低的时段对 11#块和 13#块的内刚性支撑进行临时锁定。加厚块钢筋与梁或齿板内钢筋相碰时,应做调整,但预埋件轴线不能移动,并保证齿板的斜向角度不变。合龙段施工完成,混凝土达到设计强度时方可拆除劲性骨架。

2.4.4.5 劲性骨架顶推

中跨合龙混凝土浇筑前,劲性骨架的一端与预埋钢板焊接牢固,另一端与千斤顶连接,共顶推 1350 kN 的力,达到设计要求后将劲性骨架活动端与预埋钢板焊接牢固,拆除千斤顶。图 2.33 为顶推设施示意图。

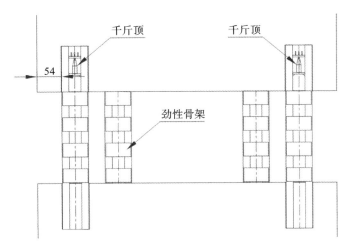

图 2.33　顶推设施示意图(单位:cm)

2.4.4.6　混凝土浇筑施工

合龙段混凝土宜采用收缩补偿混凝土。应先做好混凝土配合比试验,严格控制用水量,以减少混凝土收缩的影响,使混凝土在较短的时间内达到设计强度,以尽早张拉预应力筋。

合龙段混凝土浇筑时应选择在一天中气温最低的时段,浇筑在 4 h 内完成,混凝土浇筑前一天对梁表面、箱内进行洒水,以保湿和降温。收听天气预报,若 5~7 d 内有气温骤降的情况,不进行合龙段混凝土浇筑。两端的混凝土连接面要充分凿毛、湿润,并冲洗干净。边跨合龙段和中跨合龙段混凝土利用地泵泵送,入模混凝土坍落度不大于 20 cm。混凝土浇筑后派专人进行喷水养护,合龙段及两悬臂端 1 m 范围必须覆盖塑料薄膜及土工布保湿养护,养护时间不少于 7 d,派专人进行混凝土测温记录。

合龙段混凝土浇筑过程中,按新浇筑混凝土的重量分级卸去平衡重,保证平衡施工。合龙段混凝土选择在一天中气温较低时浇筑,可保证合龙段新浇筑混凝土处于气温上升的环境中,在受压的状态下达到终凝,以防混凝土开裂。同时混凝土浇筑时混凝土下料口要尽量避开波纹管位置,并在合龙段每根纵向波纹管顶埋设三通排气孔,以防合龙段发生堵管,影响压浆质量。

2.4.4.7　预应力钢束张拉

合龙段预应力钢束张拉前,采取覆盖箱梁悬臂并洒水降温的措施来减小箱梁悬臂的温差。底板预应力钢束管道安装时要采取措施保证管道畅通,待合龙段混凝土达到设计规定强度和相应龄期后,按照设计要求的张拉吨位及顺序进行张拉。合龙段施工完毕后，进行管道压浆。

合龙段混凝土强度达到设计要求后，放松外侧模板及内侧模板，解除边墩纵向活动支座锁定，然后按顺序进行其他预应力钢束的张拉，张拉完成后方可拆除底模板。

应先进行边跨合龙段预应力钢束张拉，再进行中跨合龙段预应力钢束张拉。

第 3 章

隧道工程施工技术总结

官新高速公路第 11 合同段隧道工程的项目简介、沿线自然地理环境和主要技术指标同第 1 章相关内容。

本标段共计 8.1 km,其中隧道 5302 m/3 座,单线 10604 m,隧道占比高达 65.5%。隧道结构概况见第 1 章的表 1.3。

接下来主要从洞口及洞身开挖,支护与衬砌,仰拱、面层与预埋件施工,防排水与通风 4 个方面对隧道工程施工技术进行总结。

3.1 洞口及洞身开挖

3.1.1 隧道洞口施工总结

1. 隧道洞口施工流程

隧道洞口施工流程见图 3.1。

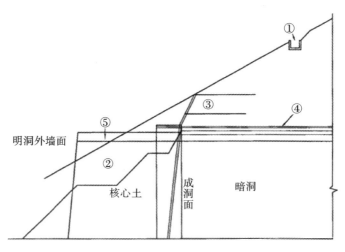

图 3.1 隧道洞口施工流程

注:①—施作洞顶截水沟;②—洞口段开挖(成洞面要求保留核心土);③—洞口段边坡支护(由上至下边开挖边防护);④—套拱施工与长管棚施工;⑤—明洞施工与明洞回填。

2. 隧道洞口施工工艺

1)施作洞顶截水沟。

(1)准备工作。

①截水沟施工前清除洞口不稳定的地表土及山坡危石。

②准备挖槽工具。为确保施工质量,砌筑用原材料(水泥、石料)由项目部统一采购,

严禁施工班组自行购买。由于截水沟处于山坡上,混凝土运输困难,施工班组需要自备砂浆搅拌机、计量仪器及小型砂浆运输设备。

③施工前应平整场地,底部垫铁板,合理安排材料堆放及设备摆放场地。

(2)开挖基槽。

①基槽开挖前,由工区测量班组放出基床位置,施工班组先依据基床位置用挖掘机挖出大致尺寸,再人工开凿出欠挖的部分。截水沟要与路基水沟接顺。

②若不具备挖掘机开挖条件,则由工人用风镐凿出基槽。

③若基底软弱,需换填或报告上级。

(3)混凝土浇筑及养护。

混凝土现场搅拌,强度等级为 C15,现场拌和时根据试验室测定的砂的含水率来确定配合比;施工班组严禁自行更改配合比;施工过程中配合比无法满足施工要求时,必须联系试验员;砌筑用砂浆应随拌随用,搅拌时间宜不小于 120 s,砂浆应具有良好的和易性,若拌制过程中发生离析、泌水现象,砌筑前应重新拌和,已凝结的砂浆禁止使用。

截水沟采用挤浆法分层、分段砌筑,砌筑完成后抛入片石,片石直径为 15~20 cm,需清除片石上的杂物并洒水湿润片石,片石与片石中间要预留出 15 cm 以上的空隙,便于灌入混凝土,抛入的片石总体积控制在 25% 以内。每一层混凝土的厚度不得超过 20 cm;采用插入式振捣器振捣混凝土时,插入式振捣器的移动间距宜不大于振捣器作用半径的 1.5 倍,且插入下层混凝土内的深度宜为 50~100 mm,与侧模板应保持 50~100 mm 的距离。严禁使用灌浆法施工;纵向伸缩缝每 5 m 设置一道,后灌入沥青填料。

浇筑完毕应及时覆盖,并经常洒水使其保持湿润,常温下养护不得少于 7 d。

(4)截水沟墙身背后回填。

截水沟迎水面不得高于原地面,截水沟墙身背后回填应密实,且不易被水淘空。

2)洞口段开挖。

①洞口开挖和进洞施工应尽量避开雨季和融雪期,如果在雨季和融雪期,需要先完成洞顶截水沟施工。

②复核洞口的地形和地质条件,若与设计出入较大,需报告给上级。如桐树山隧道出口边坡稳定性极差,联系了设计院进行变更(增加抗滑桩防护边坡)。

③复核洞口施工所需的红线范围、原地面标高和明暗分界位置的合理性,确定洞口开挖工程量。

④采用人工配合机械开挖,需要爆破时,采用弱爆破减少对边仰坡及围岩的扰动。

⑤洞口开挖之前,先由测量队测放出开挖边线,分层自上而下开挖,不得掏底开挖或上下重叠开挖,每层开挖高度不超过 2 m,每层开挖完毕之后及时检查边坡位置和坡度是

否满足设计要求,若不满足设计要求,需要再次修整,保证边坡质量符合要求。

⑥应及时进行边仰坡防护,做到开挖一级防护一级。

⑦在边坡设监控测量点,及时监测边仰坡的变形状态。

⑧开挖正洞前方时,需留核心土和套拱施工平台。

3)洞口段边坡支护。

①边坡开挖后,须对坡面进行修整,保持坡面的平整度。

②及时挂网喷射混凝土,以防止边坡失稳、垮塌。根据设计要求,在坡面上搭设施工脚手架,以方便钻孔和安装锚杆。

③钻孔深度为 3.9 m,锚杆外露 10 cm,孔径须大于锚杆直径 5 mm,孔垂直于坡面。钻孔完毕之后清除孔内泥土,验收合格后开始安装锚杆。

④锚杆安装前,先注入 10%~20% 孔深的砂浆,装入锚杆,若锚杆装入后砂浆还未填满,则采用引流的方式将砂浆注入孔内,保证孔内砂浆的饱满度。

⑤锚杆安装完毕之后挂设钢筋网片,钢筋网片与锚杆焊接牢固,与坡面保持 2~3 cm 的距离。钢筋网片挂设完毕之后,须经现场技术人员验收合格,报请监理工程师检查后,方可喷射混凝土。

⑥混凝土分两层喷护,每层约 5 cm,混凝土必须保证表面平整,内部密实、无孔洞。

4)套拱施工与长管棚施工。

(1) 套拱施工。

①准备工作。

由测量队进行测量放样,放样内容包括桩号、隧洞中心线、拱顶中心线、高程和设计轮廓线等,偏差控制在规范要求范围内。套拱在洞口衬砌外轮廓线以外施作,以确保明洞衬砌厚度符合要求且套拱紧贴掌子面。

拱架需加工 2 套。第一套作为套拱模板内支撑,加工 4 榀,型号为 I18,间距 60 cm;第二套是套拱内的设计拱架。考虑到套拱的沉降量和测量误差,这两套拱架的上半部分尺寸均需增加 10 cm。

考虑到成本,模板一般使用 5 cm 厚方木,但有些业主会要求使用钢模板。钢模板需要提前定制。

②基础开挖、验收和浇筑。

套拱基础挖至设计标高时,需要对地基承载力进行检测,地基承载力检测合格后再对底部浇筑混凝土。

③支架搭设。

安装内模板钢支撑后,在套拱底部与核心土之间设置竖向支撑,以增加刚度和承载力。铺设底模板时,要保持线形圆顺,接缝严密。

④拱架及导向管安装。

套拱底模板安装完成后,安装套拱内工字钢和孔口管。

固定孔口管:孔口管按照测量放样结果安装,确保位置和角度准确,用 $\phi 25$ mm 钢筋将其固定在钢架上,作为管棚导向管,导向管环向间距为 40 cm,仰角为 $7°\sim 10°$,以免后续施工的长管棚侵入正洞开挖轮廓线。导向管的两个端口需用胶带包裹,防止混凝土流入管内。

管孔复测:钻机就位前,先对孔口管进行复测,确保其位置和角度准确,从而确保管棚位置准确。

⑤侧模板、背模板安装及加固。

侧模板安装时,用模板将导向墙夹紧,这样既可以防止混凝土堵塞管口,又可以起到控制导向墙长度的作用。背模板支撑采用 $\phi 22$ mm 钢筋,环向间距为 80 cm,设 $\phi 22$ mm 拉筋与底模板支撑连接牢固,背模板安装时预留混凝土浇筑窗口。模板安装之后用斜撑钢管加固,防止混凝土浇筑过程中出现跑模的现象。套拱模板安装完成,检查合格后,再浇筑混凝土。

⑥混凝土浇筑及养护。

导向墙采用 C25 混凝土浇筑。浇筑时,先两边后中间,对称向拱顶浇筑。混凝土采用插入式振捣器振捣,振捣过程中,注意观察模板,底部不能浇筑过快,以免跑模,若发现异常,应立即停止浇筑。浇筑完毕之后将混凝土表面收拾平整。

⑦拆模及养护。

混凝土浇筑后表面覆盖草垫或土工布洒水养护,养护期不少于 7 d。混凝土强度达到 5 MPa 之后方可拆除侧模板和顶模板,达到设计强度的 85% 之后方可拆除底模板。拆模之后如有蜂窝麻面现象,应及时处理。

(2) 长管棚施工。

①准备工作。

准备钻机、注浆机、钢管、水泥浆液等。

②钻孔。

a. 潜孔钻机就位,管棚钻机位置合适,停放在稳固的地基上;对孔位进行编号。

b. 施工前通过导向墙控制孔位、立轴方向及打设角度,经检查合格后才能开钻,钻孔孔径以 130 mm 为宜,施钻过程中随时记录围岩情况。钻进过程中,控制钻杆偏斜度,若发现偏斜,应立即纠正,以确保成孔质量。钻孔完成后,应先用高压风吹孔,清除孔内渣土,再用棉布堵上孔眼,以免掉进杂物。检查钻孔、打管质量时,画出草图,逐孔、逐根检查并认真记录。

③送管。

钻孔完毕及清孔后,及时顶进钢管,遵循"打好一根,送进一根"的原则,防止塌孔。钢管按设计要求加工制作,现场安装。钢管接长采用丝扣连接,安装时同一断面内的接头应错开,错开距离不少于1 m。安装前,先用油漆笔对钻孔进行编号,奇数孔安装钢花管,偶数孔安装普通钢管。为使钢管接头错开,奇数孔的第一节钢管用3 m长钢管,偶数孔的第一节钢管用6 m长钢管。

④管口注浆孔加工。

管口注浆孔及排气孔采用30 cm长 ϕ20 mm镀锌钢管加工而成,插入管棚并与堵头钢板(堵头钢板上先加工2个与镀锌钢管内径相同的圆孔)焊接,排气孔设置于钢管内侧上方,注浆孔设置于钢管内侧下方。

⑤注浆。

注浆前先向孔口管周围岩面喷射10 cm厚止浆墙,防止跑浆。注浆材料采用水泥浆液,水泥浆液水灰比为1∶1,注浆压力为0.5~2.0 MPa。现场调试好注浆机,检查管路是否畅通,并做压水试验,记录好用水量、压力、流量等参数。

单根钢花管的注浆量 Q 按式(3.1)估算。

$$Q = \pi R_k^2 L \xi \eta \tag{3.1}$$

式中:R_k——浆液扩散半径,$R_k=0.6 L_0$(L_0——注浆钢管的环向间距);

L——钢花管长度;

ξ——注浆饱满系数,取0.85;

η——围岩空隙率,各种地层条件下围岩空隙率参考值为砂土40%,黏土20%,断层破碎带5%,此处建议取30%。

注浆时注浆压力应逐步升高,达到设计终压后继续注浆10 min以上,并记录好每孔进浆量、注浆持续时间等数据。注浆结束后用M30砂浆填充导向钢管,以增强管棚强度。

5)明洞施工与明洞回填。

(1)明洞施工。

①仰拱施工。

a.准备工作。

准备栈桥、钢筋、模板、防水材料、混凝土垫块、电焊机、调直机、弯曲机、切断机、对焊机等。

b. 测量放样。

根据测量放样结果，确定仰拱施工的高度和厚度，便于钢筋定位。仰拱顶面与电力电缆沟底面齐平。

c. 仰拱开挖。

根据测量放样结果，开挖至设计标高，人工清扫浮渣后，做地基承载力检测，若地基承载力与设计承载力有较大出入，及时反馈给上级。

d. 钢筋制作及安装。

主筋在钢筋加工场制作，运输到施工现场安装。钢筋安装前，先清理仰拱表面杂物、黄土等，再用高压风吹净。仰拱与二次衬砌之间的主筋采用单面焊接方式连接，搭接长度不小于 22 cm，相邻两根钢筋之间连接点错开不小于 90 cm，且同一区段钢筋接头截面面积不得超过受力钢筋总面积的 50%。相邻的两根外露钢筋外露长度分别为 40 cm 和 130 cm，前、后层钢筋接头也要错开。钢筋制作时，根据不同的角度和长度，将钢筋预弯后焊接。纵向水平筋为 $\phi 12$ mm 钢筋，与主筋和勾筋用钢丝绑扎，绑扎间距不超过 40 cm。绑扎点呈梅花形布置，水平筋线形顺直，在堵头模板端头预留 30～40 cm，折弯后固定在堵头模板边上，待堵头模板拆除后将钢筋起出，便于下一板钢筋的连接。

e. 止水带安装。

在仰拱端模板中线及顶面安装中埋式橡胶止水带，止水带采用 $\phi 10$ mm 钢筋固定卡；止水带接头应采用热焊方式连接，不得叠接，接缝平整、牢固，不得有裂口和脱胶现象；中埋式橡胶止水带应与变形缝中心线重合，止水带不得打孔；混凝土浇筑前，应校正止水带位置，保持其位置准确、平直。

f. 立仰拱模板。

仰拱模板采用定型钢模板拼装，模板表面用打磨机打磨干净并均匀涂刷脱模剂，接缝处粘贴双面胶以防止漏浆，立模板前，将初期支护表面焊渣、垃圾等杂物清理干净。模板采用拉撑结合的方式进行加固，施工过程中严密监视模板情况，防止出现跑模现象。

g. 浇筑仰拱混凝土。

仰拱采用 C30 混凝土浇筑，坍落度控制在 120～140 mm，先浇筑中间，再对称浇筑两边。混凝土采用插入式振捣器振捣，振捣点间距不超过 50 cm，采取快插慢拔的振捣方式，每个点的振捣时间为 20～30 s，必须振捣到该部位混凝土停止下沉，不再冒出气泡，表面呈现平坦、泛浆为止，严禁过振或漏振。在振捣边模板时，振动棒与模板保持 50～100 mm 的距离，避免触碰模板产生流沙现象。混凝土的浇筑应连续进行，若因故必须间断，间断时间应少于前层混凝土的初凝时间或能重塑的时间。混凝土的运输、浇筑及间歇的全部时间不得超过 180 min，否则必须按要求预留施工缝。

h. 拆模及养护。

混凝土强度达到 2.5 MPa 以上(一般需要 36 h 及以上)方可拆模,混凝土浇筑后 12 h 内用土工布覆盖并洒水养护,养护时间不得少于 7 d。仰拱模板拆除后统一堆码,严禁乱堆乱放。

② 仰拱填充施工。

仰拱养护期间搭设栈桥施工掌子面及其他作业面。仰拱施工完毕强度达到要求后方可开始填充施工,仰拱采用 C15 混凝土填充,仰拱填充面横坡为 2%,纵坡与路面纵坡一致。仰拱填充混凝土分层浇筑,每层浇筑厚度不超过 50 cm,所用模板、混凝土及养护要求与仰拱相同。

③ 二次衬砌施工。

a. 钢筋加工。

(a) 钢筋必须按照技术部门所放大样及下料图加工,加工前对钢筋进行除锈、调直处理;钢筋的弯制和末端的弯钩符合设计要求和规范要求;所有受拉光面钢筋作 180° 的半圆弯钩,弯钩的内径不得小于 2.5 d(d 为钢筋直径,下同),平直段不小于 3 d。

(b) 中间弯制时,圆弧处的圆弧内半径大于 15 d。

(c) 钢筋焊接前,必须根据施工条件进行试焊,合格后方可正式施焊;搭接电弧焊时,接头双面焊接的长度不小于 5 d,单面焊缝的长度不小于 10 d;钢筋搭接焊焊缝高度 $h \geqslant 0.3\ d$ 并不得小于 4 mm,焊缝宽度 $b \geqslant 0.7\ d$ 并不得小于 8 mm。相邻主筋搭接位置应错开,错开距离不小于 1.0 m。受力钢筋焊接接头或绑扎接头错开距离不得小于 1.5 m。

b. 钢筋安装。

仰拱混凝土施工时对预留的衬砌钢筋进行定位;仰拱混凝土施工完成后,及时调整预留的衬砌钢筋间距和保护层厚度,确保衬砌钢筋的间距和保护层厚度符合要求。

(a) 主筋定位:主筋定位前,根据仰拱预留的钢筋起点,实测前后两根环向主筋的断面位置,放线并在防水板上标出拱顶中心位置和标高。

(b) 台车定位后,根据拱顶中心标高调整衬砌钢筋支架。计算前后两根钢筋中点标高和拱顶中心点高差,根据钢筋起点位置、拱顶中心点位置和计算好的高差,利用钢筋支架安设弯制好的环向主筋。

(c) 在前后两根钢筋间拉线并在支架上固定模具,以第一根钢筋的位置为起点,用模具上的卡槽控制环向钢筋的标高及间距,模具可用铝合金制作也可用钢筋制作。

(d) 钢筋绑扎完成后,内外层钢筋统一绑扎高强度砂浆垫块。为防止钢筋安装台车行走之后,衬砌钢筋下沉变形,可在衬砌钢筋拱腰位置安设支撑钢筋。支撑钢筋采用 ϕ20 mm 钢筋弯成直角,一端焊接在外侧与衬砌主筋相连,另一端顶压在防水板上,使防水板与初期支护密贴。为防止防水板破损,支撑钢筋与防水板接触端用土工布包裹。

c. 模板施工。

二次衬砌施工采用 9 m 全液压自动行走的整体衬砌台车。台车拼装后的调试工作对二次衬砌混凝土外观质量十分重要,要求如下。

(a)二次衬砌台车现场拼装完成后,必须在轨道上往返行走 3～5 次后,再次紧固螺栓,并对部分连接部位加强焊接以提高其整体性。

(b)检查台车模板尺寸是否准确,其两端的结构尺寸相对偏差不大于 3 mm,否则需进行整修。衬砌前用抛光机对钢模板表面进行彻底打磨,清除锈斑,涂油防锈。

(c)台车定位:将台车移至预定位置,用水准仪调整台车高度和中心偏移量,确保隧道衬砌的净空断面符合要求;用全站仪和吊锤对台车的衬砌中心进行测量复核。

(d)挡头模板采用 20 cm×5 cm×80 cm 木板环向布置,衬砌台车端头环向焊接 ϕ5 cm 的钢管,环向钢管距衬砌台车端头 15 cm,木板与钢管之间用三角木楔卡死,起到加固模板的作用。模板外侧用钢管或工字钢支撑,防止浇筑时跑模。

(e)混凝土浇筑过程中,应设置专人负责经常检查、调整模板的形状及位置;对支架加强检查、维护;模板如有变形走样,立即停止混凝土浇筑。

(f)移动拱架模板时,应使模板完全脱离混凝土表面。移动式拱架所用轨道不得出现下沉现象。

(g)每施作衬砌 500～600 m,台车需全面校验一次,校验可在隧道加宽带进行。

d. 混凝土施工。

隧道二次衬砌采用 C30 防水混凝土现浇,厚度为 60 cm,抗渗等级不低于 S8 级。

(a)采用自动计量混凝土拌和站集中生产混凝土,混凝土配合比及原材料应提前检测和报批。混凝土坍落度控制在 14～18 cm,并掺加高效减水剂,确保混凝土质量。混凝土用混凝土搅拌运输车运输,用混凝土输送泵泵送。

(b)混凝土的浇筑:水平分层、左右对称浇筑混凝土,输送管管口至浇筑面垂直距离控制在 1.5 m 以内,以防混凝土离析。当混凝土浇至作业窗下 50 cm 时,刮净窗口附近的凝浆,窗口与面板接缝处粘贴海绵止浆条,避免漏浆。

(c)采用插入式振捣器振捣,平均每个窗口的振捣时间为 5 min,振捣至混凝土不再下沉、表面无气泡、开始泛浆为止。振捣时既要防止漏振,以免混凝土不密实;又要防止过振,以免混凝土表面出现砂纹。特别是内模板反弧部分应确保捣固充分,避免出现气孔,不得让振动棒触碰防水板和预埋件。采用顶模中心封顶器接输送管的方式,按从里向外的顺序逐渐封顶。挡头模板上观察孔有浆溢出即表明封顶完成。

(d)施工二次衬砌边墙部位时,混凝土坍落度应控制在 160 mm 左右;施工二次衬砌拱部时，混凝土坍落度控制在 180 mm 左右。整个施工过程中，混凝土和易性好、黏聚性好，混凝土质量稳定，混凝土浇筑连续，施工顺利。若现场检查发现混凝土存在和易性差或其他问题，施工队应及时通知现场技术员和试验室，不合格的混凝土坚决不能使用。

(e)拆模：混凝土试件现场试压达到规范规定强度时，方可拆模，一般养护时间不得少于 12 h，且强度不得低于 8 MPa。拆模时要谨慎，以免发生缺棱掉角现象。

(f)养护：衬砌浇筑 10~20 h 后即开始养护，采用洒水养护法，养护时间不少于 7 d，并应保证混凝土表面潮湿，若洞内湿度和回弹量较大，养护期可缩短为 3 d。

e. 注意事项。

(a)施工前必须仔细检查衬砌台车定位情况，然后装设挡头模板和止水带，并自检防水系统设置情况。混凝土自下而上、先墙后拱、对称浇筑。若发现模板漏浆或变形，应立即处理，严重时，必须停止混凝土施工，处理完毕后方可继续浇筑。

(b)混凝土通过模板上预留的孔口浇筑，自由倾落高度宜不超过 1.5 m，当超过时，采用滑槽、串筒等器具辅助浇筑。

(c)初期支护变形未稳定就施工的二次衬砌，拆模时的混凝土强度必须达到设计强度的 100%；初期支护变形趋于稳定后施工的二次衬砌，拆模时的混凝土强度必须达到 8.0 MPa，并及时洒水养护。

(d)拱顶混凝土施工时，混凝土泵送软管从模板台车的进料窗口(从最低一级窗口逐渐上移)处注入混凝土。当混凝土浇筑面接近顶部时，在堵头的最上端预留排气孔。随着浇筑继续进行，当发现有水(实为混凝土表层的泌水、稀浆)自排气孔中流出时，即说明仓内已完全充满了混凝土，可停止浇筑混凝土，并将挡板的圆孔堵死。

(e)灌注混凝土时，应经常观察模板、支架、钢筋、预埋件和预留孔洞的情况，当发现有变形、移位时，应立即停止浇筑，并应在已浇筑的混凝土凝结前修整完好。

(2)明洞回填。

①明洞衬砌完成后立即施作防水层，并进行回填、铺砌和排水施工。拱背回填时应对称进行、分层夯实，每层回填土厚度不大于 0.3 m，两侧回填土面高差不大于 0.5 m。

②明洞拱墙部位外侧应铺设防水层，回填土石坡面应铺设隔水层，以免圬工结构受流水侵蚀及冻融作用。拱部外侧防水层由 M10 水泥砂浆保护层、防水板、土工布、砖砌保护层等依次铺设而成。采用墙底开挖方式时，明洞边墙外侧防水层与拱部防水层相同；采用墙顶开挖方式时，明洞边墙外侧防水层由防水板、土工布埋设而成。

③明洞结构在土石回填后，回填层表面应铺设隔水层，隔水层可以选用黏土隔水层和复合防水层等，在黏土取材困难或地表有绿化(复耕)需要时，应选用复合防水层，以最

大限度地减小工程对环境的影响。黏土隔水层与边坡的搭接应良好,接缝材料的延伸性应良好,以形成弹性连接,防止不均匀沉降导致的拉剪破坏。

3. 竹削式洞门端头模板加工

竹削式洞门美观、大方,但放样困难。现场工人一般先在衬砌台车上目测出大概尺寸,再不断修改,虽然也能安装模板,但尺寸不是很标准,也费时、费模板。建议用数学方法解决此问题,通过实地考察绘制竹削式洞门的端面投影图并计算相关数据,再以此加工端头模板。

3.1.2 隧道光面爆破施工总结

1. 光面爆破的介绍

(1) 光面爆破的基本概念。

光面爆破亦称密眼小炮爆破。合理选择各种参数、严格控制装药量、科学布置各种眼孔、按照一定的顺序起爆及利用岩石抗拉强度远远低于其抗压强度的特性,可以有效地组织爆破应力。在实际作业中,隧道光面爆破并不那么理想,往往把不需要破坏的部位破坏了,而要破坏的部位却保留了,产生了超、欠挖现象。产生超、欠挖现象的主要原因有以下4个方面。

①岩石具有脆性,岩石结构不均匀,如节理、层理、裂隙、断层、各种软硬夹层。

②岩石种类、软硬程度、破碎程度、岩矿物质、排列方向不同。

③钻孔距离、钻孔深度、最小抵抗线、钻孔角度不同。

④装药密度、装药数量不同,炸药破坏力的大小、方向不易控制。

前两方面原因是客观存在的,不能改变;对于后两方面原因,则可以采取相应的技术措施,控制钻孔距离、钻孔深度、最小抵抗线、钻孔角度、装药密度、装药数量,以及炸药破坏力的大小、方向,以减少超、欠挖现象,这就是光面爆破要做的工作。

(2) 光面爆破的优点。

光面爆破的适用范围很广,其优点如下。

①隧道周边轮廓成形规整、光滑,接近于设计轮廓线的要求。隧道受力性能好,应力分布均匀,围岩稳定,承载力强。

②对隧道围岩的炮震扰动范围明显减小,相应的炮震裂缝少,可有效减少应力集中引起的塌方;减少落石和危险断面,减少事故,避免人员伤亡;改善作业环境,增加施工的安全性,并能减少放炮后的排险时间,提高施工速度。在石质不良地段,光面爆破的效益更为显著。

③光面爆破成形圆顺,一般只需喷射 5～10 cm 厚的混凝土进行支护,既节约了材料,又降低了工程造价。

a. 按经验装药量计算,光面爆破可比普通爆破节省 15% 左右的炸药。

b. 光面爆破后不留或很少留残孔,眼孔利用率较普通爆破高 10% 左右。

c. 光面爆破超、欠挖量减少,可减少出碴量 15% 左右,减少幅员修理工作量和扒碴、运碴时间,节省劳动力,减少器材消耗,同时可大大降低劳动强度。例如,以 19 km 隧道统计,若超挖 10 cm,就相当于多挖 1 km 同断面隧道。

d. 光面爆破效果较好的隧道,可减少 10% 左右的块石回填量和 8% 左右的混凝土超灌量。光面爆破与喷锚支护相结合比普通爆破与混凝土被覆相结合,平均每平方米可节约 35% 的资金。

④抗震性能好。隧道周边轮廓成形规整,没有缺口,减少了应力集中,适用于新奥法开挖。

(3) 有效组织应力。

光面爆破的实质是利用岩石抗拉强度远低于其抗压强度的特性,有效组织幅员面上的爆破应力。

我们可观察人工劈裂岩石试件试验(图 3.2)。取两个 30 cm×30 cm×70 cm 的花岗岩试件,在中间分别打上孔。在试件中间凿开 1.7 cm×3.5 cm 上大下小的长方楔形孔,孔深 2.5 cm 左右。把长方形钢楔插入长方楔形孔内,用锤锤击钢楔,试件会沿长方楔形孔长边方向的延长线(虚线)逐渐开裂,最后试件会被规则地劈成两半。现场破大块石头也是用此方法。

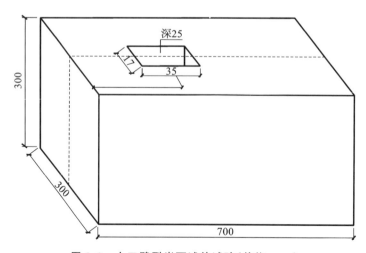

图 3.2 人工劈裂岩石试件试验(单位:mm)

若在试件中间凿开一个尺寸为 2.5 cm×2.5 cm×2.5 cm 的方形孔,把方形钢楔插入方形孔内,然后用锤锤击钢楔,试件会开裂成不规则的石榴花状。

采用上述方法做爆破劈裂试验,正方形孔和长方形孔都很难开凿。可利用打圆孔装扁药卷和圆药卷的办法作对比试验:在 40 cm×40 cm×30 cm 的试件上,打出直径为 3.5 cm 的圆孔,孔深为 12 cm,然后在孔内装上 3.3 cm×13 cm 的扁药卷,扁药卷两边不耦合部分用特制的水泥砂浆块耦合,爆破后试块被劈成完整的两半;而与上述同样尺寸的试块和药孔,若孔内装的是圆药卷且圆药卷的重量与扁药卷相同,爆破后试块的开裂就没有任何规律。

从上述情况看,光面爆破能规整地爆掉轮廓线以内的岩石,并使轮廓线以外形成光面,就是利用了合理选择各种参数对爆破应力进行组织这一重要原理。

(4)不耦合系数。

不耦合系数是指炮孔直径和炸药直径的比值,在装满炸药时最小,等于 1。炮孔越粗,不耦合系数越大。因此,不耦合系数对光面爆破的影响很大。

作用在炮孔内壁上的最大切向应力 $\sigma_{\theta max}$ 是随着不耦合系数的增加而呈指数地减少的,当不耦合系数增大至 2.5 时,在较长的时间内,压力几乎呈定值地作用在内壁上。不耦合系数越大,装药孔附近产生的裂缝就越少,不耦合系数一般取 1.5～2.5。所以,适当增大爆破孔的不耦合系数对实现光面爆破极为重要。

如图 3.3 所示为作用在炮孔内壁上的最大切向拉应力 $\sigma_{\theta max}$ 和不耦合系数的关系。作用在炮孔内壁上的切向拉应力 σ_θ 随时间变化曲线见图 3.4 和图 3.5。

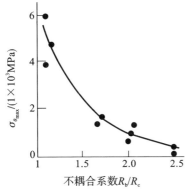

图 3.3 作用在炮孔内壁上的最大切向拉应力 $\sigma_{\theta max}$ 和不耦合系数的关系

注:R_b—炮孔直径;R_c—药包直径。

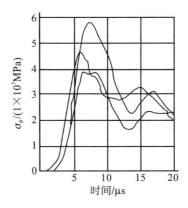

图 3.4 作用在炮孔内壁上的切向拉应力 σ_θ 随时间变化曲线(不耦合系数为 1.1)

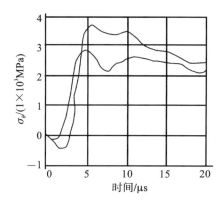

图 3.5 作用在炮孔内壁上的切向拉应力 σ_θ 随时间变化曲线(不耦合系数为 2.5)

(5)空孔。

空孔也叫作导向孔,不需装炸药。空孔一般设置在装药孔附近。爆炸应力波会在空孔方向形成较长的裂缝。对光面爆破原理的研究已经表明,在装药孔附近设空孔进行爆破时,与爆源距离相等的点,处于爆源与空孔连线方向上的点比处于其他方向上的点的最大拉应力值大。在时间上,发生在空孔方向的裂缝要比发生在其他方向的裂缝早,伸展得也最长。因此,可以认为发生在空孔方向的裂缝对其他方向裂缝的生成具有抑制作用。

①空孔对裂缝的抑制作用的影响因素。

空孔对裂缝的抑制作用与装药孔的距离和角度有关系。试验证明,随着孔间距的加大,空孔对裂缝的控制效果逐步减弱。如果空孔与装药孔中心的连线所成角度为 140°以下,在这一角度内就不会生成裂缝。

②光面爆破的现场试验。

按照如图 3.6 所示的两种条件,爆破试验共进行了 6 次。图 3.6(a)是连续装药的普通爆破,用 28 mm 的钻头打出 3.5 m 长的炮孔,每孔装入硝酸甘油炸药 1.5 kg,装药长度大致为 3 m。图 3.6(b)为有空孔、不耦合装药的光面爆破,用 35 mm 的钻头打出 3.5 m 长的炮孔,空孔直径为 28 mm,每孔装填硝酸甘油炸药 0.9 kg,装药长度为 3 m。采用毫秒电雷管起爆。

这次所做的有空孔、不耦合装药的光面爆破试验,其所生成的壁面与设计轮廓面相比,最大凹凸值为 7 cm 左右,效果比一般光面爆破好。

(6)受力机理。

先分析一个炮孔的爆破现象。当一个单独的装药炮孔在介质中爆破时,爆生气体和压缩应力波是向炮孔周围均匀分布的。如果周围介质完全相同,应力的释放也将是均匀

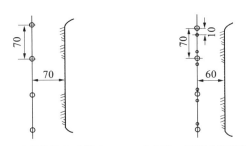

(a) 连续装药的普通爆破　(b) 有空孔、不耦合装药的光面爆破

图 3.6　爆破试验（单位：cm）

的,不带任何偏向的,所生成的炮震裂缝将呈放射状分布。如果周围的介质有差异,应力的释放将集中在较弱的方向上,并释放出去,这一现象就是所谓的"光面爆破效应"。根据这一原理,取两个相邻的孔进行研究。当炸药同时起爆时,爆生气体同样应该向炮孔周围均匀作用。两个相邻的孔在这里可以看成互为导向（无论哪个孔先爆,或同时起爆,效果都一样）。从这个意义上讲,应力就不可能向周围均匀分布,而是向空孔的方向集中,也就是向被削弱了的介质的方向集中。在孔距适当时,即可在两炮孔之间的连线上形成贯穿的裂缝。

2. 机具设备与劳动力组织

（1）机具设备。

机械设备配置数量根据开挖断面大小、围岩级别确定。需要的设备如下：凿岩台车、YT28型气腿式凿岩机、空压机、高压风管、ZLC50B侧卸式装载机、反铲挖掘机。

（2）劳动力组织。

根据工作内容,需配备2组钻孔爆破及出碴班组,负责钻孔、装药爆破、通风排烟、洞内排水、装碴等工作。

3. 技术要求

隧道开挖应根据工程地质条件、开挖断面、开挖方法、掘进循环进尺、钻眼机具和爆炸材料等进行钻爆设计。钻爆设计应根据爆破效果调整爆破参数。

钻爆设计的内容包括炮眼（掏槽眼、辅助眼、周边眼）的布置、数量、深度和角度,爆破器材、装药量和装药结构,起爆方法和爆破顺序,钻眼机具和钻眼要求等。

钻爆设计文件包括炮眼的布置图、周边眼装药结构图、钻爆参数表、主要技术经济指标分析文件及必要的说明文件。

4. 施工工艺流程

图 3.7 为施工工艺流程图。

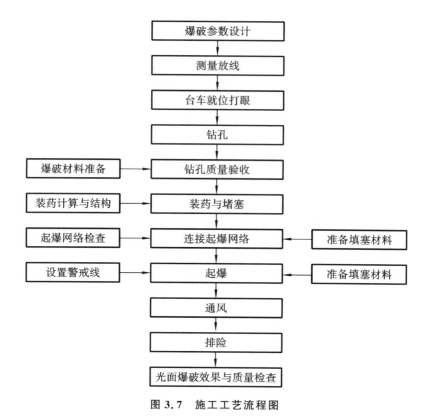

图 3.7 施工工艺流程图

5. 爆破参数的选择

爆破参数应通过试验确定。当无试验条件时,爆破参数可参照表 3.1 和表 3.2 选用。

表 3.1 光面爆破参数

岩石类别	周边眼间距 E/cm	周边眼抵抗线 W/cm	相对距离 E/W	装药集中度 q/(kg/m)
极硬岩	50~60	55~75	0.8~0.85	0.25~0.30
硬岩	40~50	50~60	0.8~0.85	0.15~0.25
软岩	35~45	45~60	0.75~0.8	0.07~0.12

表 3.2 预裂爆破参数

岩石类别	周边眼间距 E/cm	至内排崩落眼距离/cm	装药集中度 q/(kg/m)
极硬岩	40~50	40	0.3~0.4

续表

岩石类别	周边眼间距 E/cm	至内排崩落眼距离/cm	装药集中度 q/(kg/m)
硬岩	40~50	40	0.2~0.25
软岩	35~40	35	0.07~0.12

表 3.1 和表 3.2 中所列参数适用于炮眼深度为 1.0~4.0 m,炮眼直径为 40~50 mm,药卷直径为 20~25 mm 的情况。当断面较小,围岩软弱、破碎,或者对曲线、折线开挖成形要求较高时,周边眼间距 E 应取较小值。周边眼抵抗线 W 值在一般情况下均应大于周边眼间距 E 值。软岩在取较小 E 值时,W 值应适当增大。E/W:软岩取小值;硬岩及断面小时取大值。表 3.1 和表 3.2 中所列装药集中度 q 为选用 2 号岩石硝铵炸药时的取值,选用其他类型炸药时,应修正。

爆破参数直接影响着爆破效果,只有合理选取,才能达到既不严重破坏围岩,又在周边眼间形成贯通裂缝,把光面层整齐地切割下来的目的。爆破参数主要为不耦合系数、炮眼间距、炮眼密集系数、起爆时差、炮孔装药量。

(1) 不耦合系数。

不耦合系数选取的原则是使作用在孔壁上的压力低于岩石的抗压强度而高于岩石的抗拉强度。一般情况下,光面爆破采用的不耦合系数为 1.5~2.5。由于岩石的极限抗拉强度一般仅为岩石极限抗压强度的 1/40~1/10,因此,随着不耦合系数的增大,爆轰波经空气压缩传递作用时间延长,炮孔周壁上的切向最大应力急剧下降,这种空气间隙起到降低爆轰波强度的缓冲作用,而不易产生孔壁破碎现象。现场选用 $\phi 42$ mm 钻头,2 号岩石乳化炸药,规格为 $\phi 32$ mm、300 g,不耦合系数取 1.3125。

(2) 炮眼间距。

光面爆破的实质是使炮眼之间产生贯通裂缝,沿着设计开挖轮廓线形成规整的断裂面。因此,炮眼间距对形成贯通裂缝有着非常重要的作用。合适的炮眼间距以两炮眼在连线上叠加的切向应力大于岩石的抗拉强度为原则。炮眼间距主要取决于围岩岩性、节理裂隙发育程度、炸药性质、不耦合系数和光面爆破层厚度。一般情况下,若围岩坚硬完整,则抗拉强度相对较低,炮眼间距相对较大;反之,则相对较小。只有当炮眼间距比抵抗线小一些或等于抵抗线时,才能得到较好的光面爆破效果。

(3) 炮眼密集系数。

炮眼间距与最小抵抗线的比值,称为炮眼密集系数 f。如果 f 值较大,炮眼间距过大,两炮眼就会各自形成单独的爆破漏斗,就会在两炮眼之间留下岩石残根,形成欠挖。

如果 f 值较小，装药距离过近，大部分能量用于抛掷岩石，就会在两炮眼之间形成超挖。只有当 f 为 0.8～1.0 时，两炮眼爆破后合成一个爆破漏斗，底部平坦，才能够获得较好的光面爆破效果。

(4) 起爆时差。

两个炮眼之间如何形成贯穿裂缝，是光面爆破技术中最关键的问题，因为贯穿裂缝就是隧道轮廓线的一部分，它决定了隧道的形态。

炮眼同时起爆时，贯穿裂缝平整。同时起爆时，炮眼间的贯穿裂缝形成得较早，一旦裂缝形成，周围岩体内的应力就会下降，从而抑制其他方向裂缝的形成和扩展，爆破形成的壁面就较平整。若炮眼起爆时差超过 0.1 s，两个炮眼就如同单独起爆一样，炮眼周围将产生较多的裂缝，并形成凹凸不平的壁面。实际操作证明，起爆时差小于 10 ms 的光面爆破效果最好。

(5) 炮孔装药量。

炮孔装药量取决于要求爆破的岩石的体积、爆破类型等。为减少爆震裂隙，减少静压的破坏作用，周边眼的药量必须控制，尽可能减小装药密度。这是因为药量越大，产生的破碎范围也越大，不仅使爆生气体的压力增大，而且爆轰波与爆生气体压力的作用时间也延长。在能将岩石炸落的前提下，药量愈少愈好。因此，在进行光面爆破时，必须多打炮眼少装药，将岩石炸落。

6. 操作要点

(1) 放样布眼。

钻眼前，测量人员用经纬仪和水准仪，准确定出隧道中心线和拱顶面高程；用红油漆画出开挖轮廓线，并标出炮眼位置，其误差不得超过 5 cm；测量放线的同时，要对上次爆破断面进行检查，及时调整爆破参数，以达到最佳爆破效果。Ⅲ类围岩技术参数如下：开挖循环进尺为 3.5 m；开挖断面面积为 68.9 m^2；爆破方量为 241.15 m^3；周边孔不耦合系数为 1.3125。Ⅲ类围岩钻孔及装药参数见表 3.3。

表 3.3 Ⅲ类围岩钻孔及装药参数

孔名	钻孔参数		装药参数			雷管段数
	孔深/cm	孔数/个	药卷直径/mm	装药长度/cm	总装药量/kg	
掏槽孔	380	16	32	290	38.4	1 段
辅助孔	350	44	32	290	66	3、5、7、9 段

续表

孔名	钻孔参数		装药参数			雷管段数
	孔深/cm	孔数/个	药卷直径/mm	装药长度/cm	总装药量/kg	
周边孔	350	36	32	290	27	11 段
底板孔	350	11	32	290	27	9、11、13 段
合计	—	107	—	—	158.4	—

注：①Ⅲ类围岩采用长台阶法开挖。

②采用 $\phi 32\,mm \times 300\,mm(300\,g)$ 2 号岩石乳化炸药，不耦合间断装药。

③单孔装药量：1 段 7～8 条，2.1～2.4 kg；3 段 6～7 条，1.8～2.1 kg；5 段 5 条，1.5 kg；7、9 段 4 条，1.2 kg；11 段 2.5 条，0.75 kg；13 段 8～9 条，2.4～2.7 kg。

④爆破参数在施工过程中根据现场试验进行优化调整。

(2) 钻孔。

钻孔是光面爆破作业的重要步骤。光面爆破掘进的速度、质量取决于钻孔的速度和质量。因此，必须加强对钻孔技术的研究和探索。机械化程度的发展和光面爆破技术的提高，对光面爆破眼孔的质量、深度和速度都提出了新的要求。为了快速、优质、高效、低耗、安全地进行光面爆破，除了严密组织光面爆破的每一道工序，重要的是促使钻机手熟悉钻机的性能、构造和熟练掌握钻机的操作方法，并且根据选出的孔位和各光面爆破孔参数准确地实施钻孔作业（台车作业手也如此要求）。

①钻孔步骤。

整个光面爆破钻孔过程可分为准备、定位、开口、穿进、拔杆、移位六步。

a. 准备。

开工前的准备工作要做到"四查"，即：查钻机、支架是否正常；查风水管路各连接部位是否牢固；查钻头、钻杆、铁丝、钳子、扳手、水针、油壶等是否带齐；查消耗较多的器材是否有充足的储备。只有这样才能避免在作业中停工待料。

b. 定位。

在选定眼孔后，作业班长应将钻机范围定下来，并明确穿孔的先后次序。

c. 开口。

选好开口位置，刨掉浮石，根据断面的方向确定支架的角度，使钻杆与开口处断面垂直；当开出 3～5 cm 时，再调整钻孔，与设计规定的角度保持一致。在操作时，先供水，后开风，加大推力，减少转动，一般先开半风门，用力前推防止滑动，钻进一段后再开全风门，逐渐地加大支架推力，停机时应先关水门后关风门，避免水冲入机体而影响效率。

d. 穿进。

穿进过程中应充分发挥支架的作用,以加快速度,减轻体力劳动。操作时,支架应尽量放大角度加强推力,同时将支架顶得稍高一些(钻杆约在眼孔的上边沿),然后下压机尾使钻杆在中心位置,这样可以加大推力,达到穿孔快的目的。为了使光面爆破孔钻得又快又好,作业人员要掌握以下要领:一条线——钎子、风钻和钻架必须在同一垂直面上(从后面看就是一条线),这样可以保证钻机在进气的时候,风钻不会左右歪倒,钻架也容易扶得住;中心转——在整个过程中,必须掌握好进气量,使钻架不忽上忽下,使钎杆在炮眼中心位置旋转;靠边站——一人操纵一台钻机,人要站在风钻的侧后方,使风钻贴在身旁,以便用身体力量来稳住风钻,不使风钻左右摇晃。

e. 拔杆。

在整体性好的岩石中可停风拔杆,在破碎的岩石中因孔内阻力大,钻机应带风转动拔杆,若钻杆被夹得很紧,可另换钻杆打新孔,由副手用其他办法拔钻杆。

f. 移位。

移位前须将所移位置提前整理好,正副手统一动作,一次移成。

②正确掌握支架的轴向推力和角度。

钻机支架轴向推力是影响钻眼速度的重要因素。推力过小,钻眼速度就慢;推力过大,由于钻头和眼底顶得太紧而阻碍了钎子的旋转,钻眼速度也会慢。轴推力应根据岩石的强度、风钻的转动和冲击情况确定。轴推力靠改变钻机支架角度和气缸内的风压来调节。如果钎子转动正常,但钻机反冲击力大(风钻往后坐),进眼很慢,就需要把钻机支架和风钻间的角度加大或把气缸风压加大,增加轴推力;如果风钻转动速度慢或不转,或在软岩中总夹钎子,就需要把钻机支架和风钻间的角度减小或把风钻拉住一点,以减小轴推力。一般情况下,对硬岩要有 800~900 N 的推力,对软岩要有 600~700 N 的推力。钻机和支架间的角度,根据实际使用经验,在硬岩中一般为 130°~140°(钻机支架与坑道成 40°~50°角),在软岩中一般为 120°~130°(钻机支架与坑道成 50°~60°角),打底眼时不受这个角度范围的限制,可根据情况选定。

③作业中的"七快""四勤""四不钻"。

钻孔作业要做到"七快",即拉风水管快、安钻快、开钻快、换钻钎快、移动支架快、交换位置快、排除故障快;"四勤",即保养钻机勤、支架勤,维修风水管勤,检查钻孔质量勤,检查险情勤;"四不钻",即不钻残孔、不钻石缝、不钻软夹层、不钻破碎带。这样可以有效地提高钻孔速度和质量。

④钻孔要求。

掏槽眼:深度、角度应满足设计要求,眼口间距误差和眼底间距误差不得大于 5 cm。

辅助眼：深度、角度应满足设计要求，眼口排距、行距误差均不大于 10 cm。

周边眼：开眼位置在设计断面轮廓线上，误差不得大于 5 cm；炮眼可以按 3%～5% 的斜率外插，眼底不得超出开挖断面轮廓线 10 cm，最大不得超过 15 cm。内圈眼至周边眼的排距误差不得大于 5 cm；内圈眼与周边眼应采用相同的斜率。当开挖面凹凸较大时，应按实际情况调整炮眼深度（相应调整装药量），力求所有炮眼（除掏槽眼外）眼底在同一平面上。钻眼完毕后，按炮眼布置图进行检查并做好记录，有不符合要求的炮眼应重钻，检查合格后，方可装药爆破。

（3）炮眼布置要求。

①先布置掏槽眼，在岩石层理明显时，掏槽眼应尽量垂直于岩石层理，掏槽眼应比其他眼加深 20 cm。

②周边眼严格按设计开挖轮廓线布置，在硬岩层中，周边眼的眼口在设计开挖轮廓线上，眼底不得超出设计开挖轮廓线 10 cm；在软岩中，周边眼的眼口不得超过设计开挖轮廓线 8 cm，眼底落在设计开挖轮廓线上。

③辅助眼根据上稀下密、中部均匀分布的原则布置。

（4）孔口堵塞长度 L_0。

$L_0 = (0.2 \sim 0.5)W$（W 为最小抵抗线），一般堵塞长度浅眼不超过 20 cm，深眼不超过 30 cm。

（5）清孔装药。

装药前用小直径高压风管将炮眼内石屑吹净，装药需分片、分组按炮眼设计图确定的装药量自上而下进行，雷管要"对号入座"，不得混装。所有炮孔均用炮泥堵塞，堵塞长度周边眼不小于 20 cm，其他眼不小于 35 cm。周边眼采用小药卷配导爆索，以增加不耦合系数和爆破时的缓冲作用，炮孔装药均采用反向装药结构。

（6）连接起爆网络。

起爆网络采用复式网络，以保证起爆的可靠性和准确性。导爆管采用四通管连接，不能打结和拉伸，各类炮眼雷管连接段数相同。引爆雷管应用绝缘胶布包扎在离一根导爆管自由端 15 cm 处，聚能穴背向传爆方向，网络连好后要有专人负责检查后再起爆。

（7）爆破施工控制要点。

①采用光面爆破技术和控制爆破技术，严格控制装药量，以减小对围岩的扰动，控制超、欠挖，控制石碴粒径，以利于挖掘装载机装碴。

②隧道开挖每个循环都进行施工测量，控制开挖断面，在掌子面上用红油漆画出隧道开挖轮廓线及炮眼位置，误差不超过 5 cm，并采用激光准直仪控制开挖方向。

③钻眼按设计方案进行。钻眼时掘进眼与隧道轴线保持平行,除底眼外,其他炮眼口比眼底低 5 cm,以便钻孔时的岩粉自然流出,周边眼外插角控制在 4°以内。掏槽眼严禁相交,眼底比其他炮眼深 20 cm。

④装药前炮眼用高压风吹干净,检查炮眼数量。装药时,派专人分好段别,按爆破设计顺序装药,装药作业分组、分片进行,定人定位,确保装药作业有序进行,防止雷管段混乱,以免影响爆破效果。每眼装药后用炮泥堵塞。

⑤起爆采用复式网络、非电起爆系统,连接时,每组控制在 12 根以内;连接雷管使用相同的段别,且使用低段别的雷管。雷管连接好后有专人检查,检查雷管的连接质量及是否有漏连的雷管,检查无误后起爆。

⑥开挖过程中注意观察围岩的变化情况及爆破效果,及时调整钻爆设计参数。

⑦控制隧道的超、欠挖,保证隧道开挖轮廓圆顺。及时排除隧道内的积水,以免积水浸泡围岩。

(8) 爆破优化及调整。

光面爆破参数选定后,光面爆破效果可能达不到最佳,会出现进尺不足和超、欠挖现象,需要对光面爆破参数进行调整。

①当爆破进尺不理想时,看掌子面各部位残留的炮根,如掏槽眼炮根较浅而周围辅助眼炮根较深,则增加辅助眼排数,减小其抵抗线;如果掌子面较平整,则要加密掏槽眼,再不理想就要采取两级或三级掏槽方式,直至达到设计进尺为止。

②出现欠挖时,需要减小周边孔距、光面爆破层厚度,增加炮孔的数目和炸药填装量;出现超挖时,需要加大周边孔距、光面爆破层厚度,减少炮孔的数目和炸药填装量。经过 2~3 个钻爆循环作业参数的调整,光面爆破就可以达到理想效果。

③隧道光面爆破一般拱部炮眼炮痕率较高,而边墙炮痕率相对低,一般下部台阶起爆顺序不是自上而下逐层起爆,应该从中间逐渐向外起爆。如果是全幅爆破,中部还要设掏槽眼。

7. 质量控制及检验

(1) 钻孔质量标准。

钻孔要做到"准、直、平、齐"。

①准:按周边孔参数要求,孔位要选准。当布孔的孔位受岩石层理、节理或其他因素影响时,孔位可上下稍移动,不能左右移动,压顶拱弧线上的孔位可左右稍移动,不能上下移动。

②直:侧墙孔孔口要开在同一条垂线上,孔底也要落在同一条垂线上。要先打好上方标准孔,插上炮杆,吊上垂球,然后在垂线上依次钻孔。为保证连续作业,各个炮孔可

由下而上先开眼 3～5 cm,确保孔口在同一条垂线上。

③平:各炮眼相互平行(孔口至孔底的距离相等),侧墙平行于中心线。

④齐:各孔底要落在同一个平面上,只有爆出的断面整齐才便于下一循环的作业。

(2)钻孔质量保证措施。

①由爆破设计技术员统一指挥协调行动,认真实行定人、定位、定机、定质、定量的"五定"岗位责任制。

②分区按顺序钻孔,避免相互干扰、碰撞、拥挤。

③固定钻孔班组,以便熟练掌握相关技术,了解规律,提高钻孔的速度和准确性。

(3)炮眼装药质量标准。

①炮眼装药前应清理干净。

②采用低密度、低炸速、低猛度炸药。

③周边眼采用间隔装药方式,其他眼采用集中装药方式。

④采用毫秒雷管分段起爆。

(4)爆破标准。

①开挖断面不得欠挖。

②炮眼利用率在 95% 以上,光面爆破的半壁炮眼留痕率在 70% 以上。

③相邻两循环炮眼衔接台阶长度不大于 150 mm。

④爆破岩面最大块度不大于 300 mm。

(5)质量控制措施。

①测量放线。

众所周知,隧道轮廓测量画线的精度直接影响隧道开挖效果,特别是周边眼的精度,直接影响超挖值。要解决这一问题,首先要克服过去施工中存在的"宁超勿欠"思想,严格按设计轮廓放样,钻孔前准确地将中心线引至作业面,并用支距法定出掏槽孔、周边孔和紧靠周边的内圈眼孔位置,并做出明显的标记。每次测量放线时,对上次爆破断面进行检查,并及时调整爆破参数,以达到最佳的爆破效果。

②钻孔作业。

a.钻正顶孔。在拱顶距作业面 1 m 处悬挂一根临时中心线,以保证炮孔沿坑道中心线钻进,然后,在此孔内插入炮棍作为确定其他炮孔方向的标准。

b.预量钻杆长度,做好记号,保证各孔孔底落在一个面上,周边孔的深度不得超过扩大孔的深度。

(6)钻孔中易发生的问题及处理方法。

钻孔中易发生的问题很多,条件不同,出现的问题也有所不同,主要有以下几种。

①断钻杆。主要原因是操作不慎,操作不熟练,材料质量差等。所以,应集中精力,使钻机不产生剧烈的左右摆动和上下跳跃,坚持三点一线的原则,换姿势或换人时应减小风压或在停风后进行,选用钻杆时要注意检查质量。

②夹钻杆。观音坡隧道经常出现卡钻杆的现象。主要原因是孔打弯了,钻头合金钢破碎,打成了三角眼及钻机缺油。因此,钻机供水不要断线,及时将岩粉排出。当发现岩粉变成黑色或钻机停滞时,应检查钻头,若断刃应更换。若发现三角眼,应立即调整回转弹簧。每1~2 h加油一次,使机身温度处于40~70℃。

③钻机喷水。主要原因是储气包中存的水沿管路进入钻机,关风不关水或供水量过大,使水复冲机体、水针破裂等。因此,要经常将储气包中存的水从排水阀中排出;在操作上要做到关风必关水,细心选择水针,有损坏的及时更换。

④穿孔慢。主要原因是钻杆尾部长度不合适,钻头结合不牢,钻机缺乏润滑油及钻头磨钝等。因此,在选择钻杆尾部规格时,要确保其符合所选择钻机的要求,钻头、钻杆的结合应牢固,及时加注润滑油和更换钻头。

(7)提高光面爆破平整度。

①利用偏斜角控制错台。

从理论上讲,周边孔应布置在设计的毛洞幅员线上。但因受凿岩机操作的限制,必须向外或向上偏斜一定角度。偏斜角度可根据孔的深度加以调整,使孔底落在设计开挖轮廓线外10 cm以内。偏斜角应尽量减小,一般为3°~5°。周边孔光面爆破后的实际轮廓线呈平缓的阶梯状。

②利用长钻杆控制错台。

为了减小周边孔的倾斜角度,控制错台,无论是浅孔还是深孔,都应尽量用长钻杆钻孔,并且使钻机紧贴岩壁,尽量缩小周边孔与开挖线的距离。

③利用特制钻机控制错台。

在施工中,有些单位为了控制错台,曾与生产风动钻机的厂家联合研制生产了一种特制的光面爆破钻机,使用效果理想,可将开挖面的超挖由正常的10 cm左右降低到5 cm左右。这种光面爆破钻机的主要改动是将钻机顶部的消声罩改在机体下面;将右边的风管接头、水管接头和注油管改在左边;向上翻动的操纵阀改为向下翻动。这样,钻机可最大限度地贴紧岩壁钻拱顶和右侧墙的周边孔。利用正常钻机(左侧可紧贴岩壁)打左侧墙的周边孔。这样可以有效控制错台,光面爆破幅员面的平整度大大提高。

④采用红线导爆索。

为了改善光面爆破效果,采用红线导爆索。导爆索是一种以猛炸药(11.0 g/m的黑索金)为药芯,用来传递爆轰波的索状火工品。因黑索金为白色,故导爆索为"红皮白心"的"火娃娃"。导爆索按照用途和使用环境,可分为普通导爆索、震源导爆索、煤矿许用导爆索、切割索和低能导爆索等。光面爆破所用的导爆索通常为普通导爆索。

a. 导爆索和导爆管的区别。

(a)药芯不同。导爆管内壁涂敷91%的黑索金或奥克托今,外加9%的铝粉(提升爆热),而导爆索为100%的黑索金。

(b)爆速不同。导爆管传递爆轰波的波速约为2000 m/s。导爆管内起初为不稳定爆轰波,300 ms后成长为稳定爆轰波。而导爆管传递爆轰波的速度为6000 m/s,相当于连续的雷管,可以直接起爆炸药。

(c)激发方式不同。导爆管采用发爆器起爆,而导爆索需要强有力的起爆冲能,一般为雷管或炮头等。

(d)聚能穴方向不同。起爆导爆索的雷管聚能穴必须正对传爆方向,而起爆导爆管的聚能穴与传爆方向相反。

(e)连接网络不同。在隧道中最为常用的导爆管网络是簇联网络,而导爆索一般采用搭接的方式。

b. 导爆索爆破网络。

导爆索的爆破网络主要为搭接,即将主干索和支索捆扎。在光面爆破施工时,通常采用"分段并联"的方式连接导爆索。导爆索连接方式见图3.8。

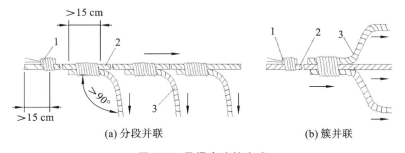

图 3.8　导爆索连接方式

注:1—雷管;2—主干索;3—支索。

图3.8中,主干索为环绕整个隧道轮廓线的导爆索,称为"主干索";支索为深入炮孔内,负责连接炸药的导爆索,通过细线或胶带与主索绑扎在一起。导爆索连接应注意以下几点。

(a)雷管聚能穴方向与导爆索传爆方向一致,这点与导爆管相反。如果连接错误,将不能可靠起爆,出现瞎炮,后患无穷。

(b)雷管与导爆索端头距离应在 15 cm 以上。

(c)支线导爆索与主线导爆索的夹角不得超过 90°,以免爆轰中断。

8. 安全要求和措施

(1)现场安全措施及爆破物品管理。

①在编制实施性施工组织设计时,应有爆破设计及安全技术措施。各项爆破技术参数应取较高的安全系数。

②不同厂家生产的不同品种的电雷管不得混合使用。

③易燃易爆物品(如临时储油罐、炸药、雷管)应远离居住区和主要作业现场存放,并符合有关安全规程;场区内和库房内必须备有消防器材。

④工作面装药时,人员要撤到安全地点,画出警戒线,严禁一切人员通过,放炮时,必须先发出信号。

⑤放炮完毕待炮烟吹散后,安全员、爆破员必须检查放炮地点的瓦斯、顶板、支架、瞎炮、残炮、通风等情况,确定无危险后,才能解除警戒。

⑥爆炸物品应做到随用随取,对每次爆破所用器材数量进行登记,剩余爆炸物品及时归还并做好记录。

⑦隧道爆破作业应至少在 15 d 前向监理工程师提交爆破计划,在监理工程师和当地公安部门批准之后方可进行。

⑧对爆破器材的运输、储藏和使用应严格按国家有关爆破物品使用管理规定执行。

⑨爆破后最少经过 15 min 的通风排烟,才准检查人员进入工作面。

(2)爆破掘进作业的安全工作。

对于掘进作业,应根据石质情况制订出塌方、落石、地下涌水等抢救方案,规定防险信号、人员撤离路线、避险地点和准备技术处置使用的器材等。凡进洞人员都必须戴安全帽,禁止在洞内坐、卧、睡觉、打闹和烤火。隧道作业应有良好的照明设备,转弯处和直线部分每隔 10~15 m 应设有一盏照明灯,作业面上应有足够的照明灯具。

钻孔安全作业应做到以下几点。

①应根据作业面大小,风钻多少,明确划分作业区域,规定作业手的位置。

②作业前必须检查风钻、水管、气管是否完好和作业台架是否稳固;作业中应正确使用钻机、支架,防止钻杆折断和气管脱落伤人。

③做到四不打:无照明不打、险情未排除不打、残孔位置不打、无水不打。

（3）装药的安全工作。

①用炮棍量取孔深，以便掌握装药和填塞长度。

②装药时，应用炮棍将药卷轻轻推至孔底，用力压实。装药密度应一致，不应有松紧不匀的现象，过紧会出现瞎炮，过松会降低炸药的爆力；用硝铵炸药时，其密度应为 0.95～1.05。

③装入带雷管的药卷时，应一手拿导爆管、导爆索或脚线，一手用炮棍慢慢推入，并将导爆管、导爆索或脚线固定在炮孔的上方或一侧，再轻轻将药卷压实，不准用力冲击，装药完毕可进行填塞（反向装药也可不填塞）。

④炮孔内有渗水时，药包外可加塑料防水套或涂上沥青、黄油等，再装入炮孔；渗水量大时，在确保安全的前提下，也可采用胶质炸药或水胶炸药，但要特别注意点火管的防水。

⑤填塞方法要合理。填塞是普通装药时保证炸药最大限度产生爆破能，改善爆破效果的措施，填塞方法有以下两种。

a. 泥土填塞：通常用 1∶3 或 1∶2 的砂和黏土混合制成 5～10 cm 长的泥团（含水不要太多，能勉强捏成团即可）填塞。填塞时，开始应轻轻压实，不要用力过猛，待填塞 10～15 cm 后，再用力捣实。填塞长度一般应不大于炮孔长度的 1/3。

b. 水炮泥填塞：用塑料薄膜、乳胶或其他不透水的柔性材料做成柱状水袋，灌满水后，填塞在炮孔中。水炮泥不仅能改善爆破效果，而且能降低炮烟浓度，减少浮尘和有害气体，改善劳动条件。

（4）爆破作业安全距离要求。

在隧道内与爆破点相隔两个 90°弯时，距爆破点应不小于 50 m；与爆破点相隔一个 90°弯时，距爆破点应不小于 100 m；直线坑道距爆破点应不小于 200 m；在通常情况下，点火人员点火后应迅速撤出坑道。

（5）通风、降尘。

①经常对作业人员进行防尘和防瓦斯常识教育，提高作业人员执行通风降尘规定的自觉性，切实预防硅肺病。

②通风机安设要适当，风管接头要严密、布置合理、固定牢靠，尽量做到平、顺、直，以减少通风阻力，消除死角，防止有害气体在洞内滞留或循环。风管要紧跟作业面，保证作业面空气新鲜和畅通。

③爆破后，通风不少于 15 min，烟未排除不准进入作业面。

④作业人员必须戴防尘口罩。装（扒）碴前必须喷洒水，把粉尘降到最小浓度或符合

⑤在任何时候都不准打干眼。

（6）瞎炮的处理。

①瞎炮的概念与判断。

瞎炮又称盲炮、哑炮和拒爆，它是指炮眼中的起爆药包经点火或通电后，雷管与炸药全未起爆或雷管爆了而炸药未爆的现象。如果雷管与部分炸药爆了，但孔底尚有未爆药包，则称为半爆或残炮。爆破后必须经过 15 min 以上的通风、排烟，恢复充足的照明后，检查人员才能进入工作面检查。检查内容为：有无瞎炮及可疑现象、有无残余炸药及雷管、顶部及两侧有无松动岩石、附近支护有无损坏和变形。

②瞎炮的处理方法。

瞎炮是掘进中经常发生的一种爆破事故，必须采取措施竭力避免。这种事故一旦发生，应严格遵照安保规程进行仔细分析，找清原因，采取有效方法予以处理，否则不得在工作面进行其他工序的工作。处理瞎炮时，禁止用压缩空气吹出炮泥、炸药和雷管；禁止从瞎炮的炮眼中拔出雷管。瞎炮或残炮的产生原因、处理方法与预防措施见表 3.4。

表 3.4 瞎炮或残炮的产生原因、处理方法与预防措施

现象	产生原因	处理方法	预防措施
眼底剩药	①炸药受潮； ②有岩粉相隔，影响传爆； ③受孔道效应影响，传爆中断	①用水冲洗出炸药； ②取出炸药包	①有水或潮湿炮眼采取防水措施； ②装药前，吹扫干净炮眼； ③采取措施减少孔道效应的影响
雷管爆了，而炸药全未爆	①炸药变质或变潮； ②雷管起爆力不足或半爆； ③雷管与药包脱离	①掏出炮泥，重新装入起爆药包起爆； ②用水冲洗炮泥和炸药，重新装药起爆	①严格检验炸药与雷管，保证质量合格； ②有水或潮湿炮眼采取防水措施； ③雷管与起爆药包应绑紧

续表

现象	产生原因	处理方法	预防措施
雷管与炸药全未爆	(1)火雷管起爆： ①导火索与火雷管质量不合格； ②火雷管加工质量不合格，如导火索切得不整齐、雷管与导火索脱离； ③装药时导火索受潮； ④点火遗漏。 (2)电雷管起爆： ①电雷管质量不合格； ②电爆网络不符合准爆条件	①仔细掏出炮泥，重新装入起爆药包起爆； ②装入聚能药包进行殉爆起爆； ③重新连线起爆； ④距瞎炮至少0.3m处另钻平行炮眼装药起爆	(1)火雷管起爆： ①严格检验起爆材料，保证质量合格； ②保证火雷管加工质量合格； ③装药时将导火索靠向眼壁，禁止用炮棍猛冲； ④点火时沉着认真，避免遗漏。 (2)电雷管起爆： ①严格检验起爆材料，保证质量合格； ②保证电爆网络符合准爆条件； ③连线时认真仔细
非电爆破雷管拒爆	①卡口环固定不合格； ②导爆管两头药粉脱落； ③导爆管管壁破裂	距瞎炮至少0.3m处另钻平行炮眼装药起爆	①卡口环固定不能过紧或过松，过松容易被喷掉，过紧不容易传火； ②制炮时，应及时将剪下的导爆管一端封口，另一端采取防止药粉脱落的措施； ③不使用管壁破裂的导爆管

③瞎炮处理注意事项。

a. 发现瞎炮或怀疑有瞎炮时，应立即向上报告并及时处理。每次处理瞎炮必须由处理者认真填写登记卡片。

b. 处理瞎炮时，无关人员不准在场，应在危险区边界设警戒标志，危险区内禁止进行其他作业。

c. 瞎炮处理后,应仔细检查爆堆,将残余的爆破器材收集起来,未判明爆堆有无残留的爆破器材前,应采取预防措施。

(7) 除碴安全要点。

①装碴机装碴时要准、稳,防止石碴溅出伤人;进出速度不要过快,防止挤伤人员。

②运输车辆应有灵活稳妥的刹车设备。用人力推斗车运输时,速度不得超过 1.5 m/s,下坡时严禁用人力推斗车,可通过设置坡道减速装置或使用制动系统等措施来控制速度;斗车之间应根据坡度保持一定的距离(一般不小于 30 m)。各种车辆装载物不得超宽,过弯道或交叉路时要发出信号。

③栈桥要平坦,能承担车辆荷载,搭接部位地基应坚实。出碴车通过栈桥时,下面不得有人施工。

④作业面、交叉口等重要地段,要设专人负责车辆调度,设置明显的信号标志。刹车设备和轮胎等应经常检修,使之处于良好状态。

⑤在弃碴场倒碴时,要设专人指挥车辆,并检查倒碴处的边坡是否稳定。

(8) 险石的排除。

爆破通风后,首先应派有经验的安全员对隧道由外向里、由上到下地进行检查,以排除险石,仔细查看作业面上有无瞎炮,如有瞎炮,应派专人将其清除后再除碴。对危险地段和区域,应设立标志,必要时派专人观察和维护秩序。

①排险杆排险法:利用钢撬棍或约 2 cm 的空心钢管,将作业面拱顶、侧墙等部位的险石排掉,是最常用、最简便易行的方法。

②钻机排险法:在大中型坑道掘进中,可选直径约 2 cm 的钢管,一端与钻头焊接,另一端与钻杆尾部焊接(若钻杆长度为 3 m 左右,可直接使用钻杆),排险时,将排险杆装在钻机上,开动钻机,很容易将险石排掉。

③小爆破排险法:对于用人力或钻机很难排掉的险石,可利用石缝中夹药或钻孔装药,放小炮的方法将其排掉。

9. 环保及文明施工

隧道施工均采用钻爆法开挖,爆破振动、冲击波以及设备噪声对现场施工人员都会有损害,同时会使工作效率降低,影响安全生产。

(1) 加强工作面的通风,降低有害气体浓度。采用大功率的通风设备进行压入式通风,将新鲜空气由软风管送至工作面。

(2) 掌子面放炮后由专人喷洒水雾进行除尘,以减少空气中的悬浮颗粒。

(3) 在掌子面 50 m 范围内派专人每 2 h 向洞壁洒水,一方面除尘,另一方面降低岩面温度,在洞内空压站处设降温循环水池,并及时用高压水补充,降低空压机产生的热量。

（4）采用毫秒雷管微差爆破技术实现光面爆破，根据不同的地质构造及围岩级别采用不同的爆破参数，使爆破振动降到最低。在爆破时，施工人员撤离到安全的地方，免受爆破冲击，达到保护的目的。

（5）在满足施工需要的情况下，应尽量选择噪声小、振动小的施工机械，通风机、空压机、凿岩机的操作人员应佩戴防声耳塞和耳罩进行个人防护，防止噪声损害施工人员的听力，以免降低工作效率，影响安全生产。

3.1.3 注浆工程施工总结

1. 作业准备

（1）注浆材料。

能在一定条件下转变成固体物质的液体，一般都可以当作注浆材料。

①注浆材料分类。

a. 按成分分类。

注浆材料按成分可分为粒状注浆材料和化学注浆材料两大类。

粒状注浆材料属于悬浊液型，主要有水泥浆、水泥-水玻璃双液浆、超细水泥浆、超细水泥-水玻璃双液浆、黏土浆、水泥黏土浆、TGRM 浆、HSC（high strength concrete，高强混凝土）浆等。该类注浆材料具有来源广、成本低、配浆简单、注浆操作工艺方便等优点。

化学注浆材料属于溶液型，主要有水玻璃类、丙烯酰胺类、聚氨酯类、丙烯酸盐类、木质素类、环氧树脂类等。该类注浆材料具有黏度低、易于注入细小的裂隙或孔隙中、可注性强等优点，但由于成本高、对环境有污染、操作工艺较复杂，因此使用受到一定的限制。

b. 按注浆工艺分类。

注浆材料按注浆工艺可分为单液浆和双液浆两类。

单液浆主要有水泥浆、超细水泥浆、改性水玻璃浆、TGRM 浆等。

双液浆主要有水泥-水玻璃双液浆、超细水泥-水玻璃双液浆等。

c. 按使用范围分类。

注浆材料按使用范围可分为普通浆液和特种浆液。

普通浆液主要有水泥浆、水泥-水玻璃双液浆等。

特种浆液主要有超细水泥浆、超细水泥-水玻璃双液浆、TGRM 浆等。由于特种浆液价格较贵，其使用范围受到限制。目前，特种浆液主要用于粉细破碎层、高压富水地层的注浆加固和堵水工程中。

②注浆材料性能指标。

注浆材料有密度、pH 值、黏度、凝胶时间、抗压强度、抗折强度、结石率、膨胀率、渗透性等多项性能指标参数,其中,渗透性、凝胶时间、抗压强度是三个重要的性能指标。地下工程注浆前,对注浆材料进行选择时,应通过必要的室内试验或现场试验对这三个性能指标进行确认,否则难以达到理想的注浆效果。其次,黏度和结石率也是注浆材料的两个重要性能指标。

③注浆材料选用原则。

地下工程注浆施工时,注浆材料主要采用普通水泥单液浆(简称 C 浆,C 即 cement,代表水泥)、普通水泥-水玻璃双液浆(简称 C-S 浆,S 即 silicate,代表水玻璃)、超细水泥单液浆(简称 MC 浆)、超细水泥-水玻璃双液浆(简称 MC-S 浆)、TGRM 浆(简称 T 浆)、HSC 浆。注浆材料应按以下原则选用。

a. 配合比参数选取原则。

根据以往施工经验,为确保注浆效果,一般按照宜浓不宜稀的原则配制浆液。常用注浆材料配合比参数见表 3.5。

表 3.5 常用注浆材料配合比参数

浆液名称	配合比参数		
	水灰比	体积比	水玻璃浓度/°Bé
普通水泥单液浆	0.6∶1～1∶1	—	—
超细水泥单液浆	0.6∶1～1∶1	—	—
普通水泥-水玻璃双液浆	0.6∶1～1∶1	1∶1～1∶0.3	30～35
超细水泥-水玻璃双液浆	0.6∶1～1∶1	1∶1～1∶0.3	30～35
TGRM 浆或 HSC 浆	0.8∶1～1∶1	—	—

选择注浆材料配合比时原则上应考虑地下水的稀释影响,当地下水丰富时,水灰比取低值,当地下水不丰富时,水灰比取高值。

b. 综合体系动态调整原则。

目前,很难有一种注浆材料能完全达到理想注浆材料的要求,因此,在复杂地质条件下,应采用综合注浆材料选择体系,一般按照由粗到细、由单液到双液、由高浓度到低浓度三个准则进行动态调整。

(2)注浆机械。

注浆机械包括钻机、注浆泵、搅拌机以及配套的混合器、高压胶管、压力表和钻孔台架。为了顺利地完成注浆施工,机械设备必须选型合适、配套合理,且数量充足。

①钻机。

钻机是注浆的成孔设备。钻机必须能牢固地固定，使钻孔不会因出现较大的偏差而影响精度。钻机应根据工程所要求的孔深、孔径等参数来选择。

②注浆泵。

注浆泵应有足够的排浆量，泵压应为最大注浆压力的 1.2～1.5 倍，以保证注浆施工的安全、顺利进行。注浆泵在注浆过程中应能随时调节流量、压力，而且供浆要均匀稳定，以保证注浆质量。

③搅拌机。

目前国内注浆工程中常用的搅拌机是立式叶片轮搅拌机。搅拌机容积为 300 L，主轴转速为 40～60 r/min，直径为 ϕ700 mm×800 mm，电机功率为 1.5 kW，重量约为 145 kg，搅拌能力为 10～15 m^3/h。为保证注浆的连续性，现场应采用两台搅拌机进行搅拌。

④混合器。

混合器是双液浆注浆施工时采用的一种专用设备，在进行双液浆注浆时必须采用混合器。混合时，浆液发生一系列的物理、化学反应，因此，对混合器的技术要求如下。

a. 混合器混合腔设计应合理，要保证两种液体混合均匀，从而确保浆液在预定的时间内凝胶。

b. 两种浆液的注浆压力不同时，保证不会串流，以保证浆液不会在管路内凝胶。

c. 要有足够的过流断面，并能够承受最大的注浆压力。

混合器有孔口球阀混合器、叶片式和半球式混合器、方盒式球阀混合器多种类型，又可分 T 型混合器和 Y 型混合器。目前地下工程注浆施工常用 T 型混合器。现场可采用圆钢加工制作 T 型混合器。

⑤高压胶管。

工程中常采用直径为 ϕ25 mm、耐压值为 16 MPa 的高压胶管。

⑥压力表。

压力表的压力测量范围与高压胶管承压范围一致，目前常用的压力表是 YK-1 型 QZ16 抗震压力表。

⑦钻孔台架。

为保证钻孔作业顺利进行，加快现场钻孔速度，确保掌子面作业的高效性，现场应设计可移动钻孔台架或搭建多层钻孔平台。钻孔设备可放置并固定在可移动钻孔台架上。当钻孔时，将可移动钻孔台架移动到工作面，钻孔结束后，移走钻孔台架。

2. 注浆设计

(1) 注浆设计参数。

注浆设计参数主要包括止浆墙厚度、帷幕厚度、注浆段落长度、浆液扩散半径、终孔间距、总注浆量。

①止浆墙厚度。

当注浆压力小于 2 MPa 时,止浆墙厚度为 1 m;当注浆压力为 2~5 MPa 时,止浆墙厚度为 1.5~2.0 m;当注浆压力为 5~7.5 MPa 时,止浆墙厚度为 2.5~3.0 m。

②帷幕厚度。

帷幕厚度(环向注浆加固范围)对注浆质量、施工安全有较大影响。在注浆加固和堵水设计时,对注浆加固范围的选取,应综合考虑地质条件和水压力数值,并考虑注浆效果,同时,也应考虑注浆成本和注浆工期要求。

a. 方案一。

地质条件:(a)可溶岩与非可溶岩接触带、断层破碎带及向斜、背斜核部,施工中可能发生严重突水涌泥地段;(b)物探异常地段,超前地质探孔单孔涌水量不小于 40 m³/h;(c)实测水压力 $P_水 \geqslant 2$ MPa。

帷幕厚度选取:全断面超前帷幕注浆,注浆加固范围为开挖工作面及开挖轮廓线外正洞 8 m,平导 5 m。

b. 方案二。

地质条件:1 MPa$\leqslant P_水 <$2 MPa,其余地质条件同方案一。

帷幕厚度选取:全断面超前帷幕注浆,注浆加固范围为开挖工作面及开挖轮廓线外正洞 5 m,平导 3 m。

③注浆段落长度。

注浆段落长度是指注浆加固的纵向范围。注浆段落长度与地质条件、钻机能力、注浆工艺有关。如果地质条件差,注浆效果会受到一定的影响,因此,注浆段落长度应适当缩短。如果现场采用的钻机能力较差,钻孔距离变长,岩粉不易排出,钻机工作效率降低,钻孔倾角增大,也会影响注浆效果,因此,注浆段落长度应适当缩短。大量的注浆工程实践表明,注浆存在"楔形效应",即越向前浆液越难扩散,注浆效果越差,因此,注浆段落长度宜取合理的范围。

注浆段落长度一般宜选择 20~30 m,现场施工过程中,以保证钻孔机械设备的工作效率为依据。

在注浆施工中,应遵从"注浆一段、开挖一段、余留一段,段段推进、稳扎稳打"的施工理念。注浆加固完成后,为确保掌子面的稳定,以及下一循环的止浆,应留出一段作为下一循环注浆时的止浆岩盘。

④浆液扩散半径。

现场施工时,浆液扩散半径常取经验值,一般在中细破碎层、粉质黏性土中取 0.5~

0.8 m;中粗砂、砂卵石层中取 0.8～1.2 m;断层破碎带取 1.5～2 m。

在合理的扩散能力范围内,扩散半径取值越大,钻孔数量越少,但无效注浆量会越大,因此,扩散半径取值应综合考虑钻孔费用和浆液费用。

⑤终孔间距。

a. 单排(圈)孔布置。

当采取单排(圈)孔注浆设计时,注浆孔间距按式(3.2)计算。

$$a = 1.5R \tag{3.2}$$

式中:a——注浆孔布孔间距,m;

R——扩散半径,m。

b. 多排(圈)孔布置。

当单排(圈)孔不能满足注浆加固厚度要求时,应按两排(圈)孔及两排(圈)孔以上进行注浆设计。

对于多排(圈)孔注浆设计,不允许出现孔与孔之间搭接不紧密的"窗口"(也称"注浆盲区")。多排(圈)孔的最佳搭接为等边三角形或梅花形布置。

⑥总注浆量。

总注浆量按地层空隙率(裂隙度)、地层空隙或裂隙充填率、浆液损失率等进行计算,见式(3.3)。

$$Q_{总} = Vn\alpha(1+\beta) \tag{3.3}$$

式中:$Q_{总}$——总注浆量,m³;

V——注浆加固体体积,m³;

n——地层空隙率(裂隙度),裂隙带取 2%～5%,断层破碎带取 10%～20%,破碎层及充填型溶洞和岩溶发育带取 30%～40%;

α——地层空隙或裂隙充填率,取 70%～80%;

β——浆液损失率,裂隙带和断层破碎带取 5%～20%,破碎层及充填型溶洞和岩溶发育带取 10%～20%。

(2)注浆设计原则。

合理的注浆设计能有效减少钻孔数量、改善注浆效果、方便现场施工。因此,在布设注浆孔时,应遵循以下几个原则。

①均匀布孔原则。

图 3.9 为均匀布孔示意图。

②两圈孔原则。

隧道内进行超前帷幕注浆设计时,在隧道开挖轮廓线外应布设两圈或两圈以上的注浆孔。

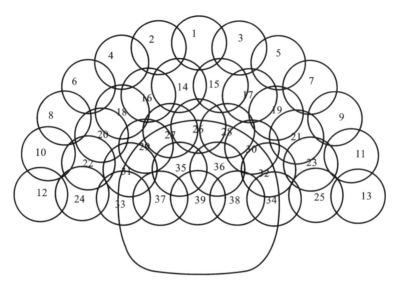

图 3.9 均匀布孔示意图

注:图中数字表示各注浆孔的序号。

③三排孔原则。

基坑工程截水帷幕设计时,由于帷幕设计厚度较薄,一般为 1.5 m 左右,因此,为确保帷幕质量,宜采取三排孔以上的注浆设计。

④方便施工原则。

注浆孔的设计必须满足方便现场注浆钻孔的要求。

3. 注浆工艺

注浆工艺主要包括注浆施工中所选择的注浆方式、注浆顺序、注浆参数和注浆结束标准四个方面的内容。

(1) 注浆方式。

注浆方式是指在注浆施工过程中所采取的注入方式,目前,地下工程施工中使用最多的注浆方式有全孔一次性注浆、后退式分段注浆、前进式分段注浆。

①全孔一次性注浆。

全孔一次性注浆方式是指按设计将注浆钻孔一次钻完,在钻孔内安设注浆管或孔口管,然后直接将注浆管路与注浆管(或孔口管)连接进行注浆施工。超前小导管注浆、径向注浆和大管棚注浆一般都采取全孔一次性注浆方式进行钻孔注浆施工。

超前小导管注浆和大管棚注浆采取有管注浆,为保证注浆管安设顺利,往往将注浆管前端加工成圆锥状并采取电焊方式封死。在注浆管上间隔一定的距离呈梅花形钻设溢浆孔,一般间隔距离为 20~50 cm,溢浆孔直径为 4~12 mm,溢浆孔面积以注浆管过浆面积的 1~1.2 倍为宜,浆液通过注浆管上钻设的溢浆孔注入地层。注浆管管尾用丝扣连接。

径向注浆可采取有管注浆或孔口管注浆。

②后退式分段注浆。

后退式分段注浆是指按设计将注浆钻孔钻完,在钻孔内放入袖阀式注浆管,然后将止浆塞及其配套装置放入注浆管,首先对底部的一个注浆分段进行注浆施工,第一个分段注浆完成后,后退一个分段进行第二个分段的注浆施工,以此类推,直到将整个注浆段注浆完成。

③前进式分段注浆。

前进式分段注浆是指在经超前探测确定隧道前方涌水量较大或发育有较大规模不良地质时,采取的一种钻、注交替作业的注浆方式,即在施工中,实施钻一段、注一段,再钻一段、再注一段的钻、注交替方式进行钻孔注浆施工。每次钻孔注浆分段长度为 3~5 m。前进式分段注浆可采用水囊式止浆塞或孔口管法兰盘进行止浆。

(2) 注浆顺序。

注浆顺序对注浆效果有着极其重要的影响,因此,在注浆施工中,应充分掌握分析工程地质条件、水文地质条件后,确定施工中所采取的注浆顺序。

选择注浆顺序的原则:在外部达到"围、堵、截",在内部达到"填、压、挤"。注浆顺序合理才能获得更好的注浆效果。因此,注浆施工应重视八个原则,即分区注浆原则、跳孔注浆原则、由下游到上游原则、由下到上原则、由外到内原则、约束发散原则、定量与定压相结合原则、多孔少注原则。同时,在注浆施工时,并不是每一个原则在单项工程中都能用到,应根据工程特点选 3~5 种原则进行应用,这对改善注浆效果十分有利。

(3) 注浆参数。

注浆参数对注浆施工进度和质量都有重要影响,在注浆施工时,应不断对注浆参数进行调整,以满足现场注浆的需要。

①浆液凝胶时间。

浆液凝胶时间不但影响着浆液的扩散范围,还影响着浆液的堵水性能。在注浆施工时,单液浆的凝胶时间原则上宜不超过 8 h,否则难以控制浆液的扩散范围。对于双液浆,浆液的凝胶时间与地层的涌水量、现场注浆操作人员对工艺掌握的熟练程度有关。一般情况下,双液浆凝胶时间宜控制在 0.5~3 min。当地层中涌水量较大、现场操作人员对工艺熟练时,双液浆凝胶时间取小值,否则取大值。

②单孔单段注浆量。

在注浆施工时,对于以加固地层为主要目的的注浆,往往以定量注浆为主要原则,对于以堵水和加固地层为目的的注浆,先序孔往往也以定量注浆为原则,因此,对注浆量的计算必须合理。单孔单段注浆量 $Q_单$ 采用式(3.4)进行计算。

$$Q_单 = \pi R^2 H n \alpha (1+\beta) \tag{3.4}$$

式中:$Q_单$——单孔单段注浆量,m^3;

  R——浆液扩散半径,m;

  H——注浆分段长度,m;

  n——地层空隙率(裂隙度);

  α——地层空隙或裂隙充填率;

  β——浆液损失率。

③注浆分段长度。

注浆分段长度也称注浆步距,它是指分段注浆时,每一个注浆段的长度。在注浆施工时,地层越复杂,注浆分段长度应越短,否则将严重影响注浆效果。大量工程实践证明,对破碎层、粉质黏性土地层进行后退式分段注浆时,注浆分段长度宜取 0.4~0.6 m。对断层破碎带、充填型溶洞地层进行前进式分段注浆时,注浆分段长度宜取 3~5 m。

④注浆终压。

注浆压力是浆液在地层空隙或裂隙中扩散、填充、压实脱水的动能。终压反映出地层经注浆后的密实程度。对于注浆终压的选取,若取值太小,则浆液就不能充满地层空隙或裂隙,扩散的范围也会受到限制,达不到注浆堵水的目的,注浆质量就很差;注浆压力大一些,可以提高浆液结石体强度和不透水性,减少地层渗水量,同时增大浆液扩散范围,因此,原则上可以在保证注浆质量的前提下尽可能采用较大的注浆压力,从而增加注浆孔布设间距,减少注浆孔数量,加快注浆速度,缩短注浆工期。但是,注浆压力过高,则易导致地层裂隙扩大,岩层产生位移,浆液也会扩散到不必要的区域,造成浆液浪费。因此,在注浆施工中一定要选取一个合理的注浆终压。

a. 对于以堵水为主要目的的注浆,注浆终压 $P_终$ 按式(3.5)计算。

$$P_终 = P_水 + (2 \sim 4) \tag{3.5}$$

式中:$P_终$——注浆终压,MPa;

  $P_水$——现场实测静水压力,MPa。

b. 对于以加固为主要目的的注浆,$P_水$ 取 0 MPa,即注浆终压 $P_终$ 为 2~4 MPa。

c. 对于浅埋工程注浆施工,注浆终压 $P_终$ 按式(3.6)计算。

$$P_终 = 0.001 K \gamma H \tag{3.6}$$

式中:$P_终$——注浆终压,MPa;

K——系数,根据经验取值;

γ——覆盖地层的容重,kN/m^3;

H——覆盖层厚度,m。

⑤注浆速度。

根据注浆施工经验,建议采取如下注浆速度进行注浆施工。

a. 对于粉质黏性土,注浆速度宜取 20~40 L/min。

b. 对于砂砾石层等孔隙较大的地层,注浆速度宜取 40~60 L/min。

c. 对于断层破碎带,注浆速度宜取 60~120 L/min。

(4) 注浆结束标准。

①单孔或单孔单段注浆结束标准。

单孔或单孔单段注浆结束标准制定如下。

a. 当定量注浆时,达到设计注浆量或注浆终压达到设计终压,注浆速度小于 5 L/min。

b. 当定量-定压相结合注浆时,前序孔注浆量应达到设计的单孔单段注浆量的 1.2~1.5 倍,后序孔注浆终压应达到设计终压,注浆速度小于 5 L/min。

②全段注浆结束标准。

a. 所有注浆孔均符合单孔或单孔单段注浆结束标准。

b. 注浆孔无漏注现象。

c. 对注浆效果进行检查评定,注浆效果达到设计标准。

4. 注浆施工中常出现的问题

在注浆施工过程中,注浆管路堵塞、跑浆、串浆、注浆压力长时间不上升是常出现的问题,这些问题不仅影响施工进度,也影响施工人员的情绪,因此,在注浆施工过程中应尽量避免这些问题。

①注浆管路堵塞原因分析及处理对策。

注浆管路堵塞原因分析及处理对策见表 3.6。

表 3.6 注浆管路堵塞原因分析及处理对策

原因分类	原因分析	处理对策
材料问题	注浆原材料过期变质	对原材料进行试验,禁止使用过期变质的原材料
	水泥浓度过高	采用高水灰比的浆液
	浆液凝胶时间过短	调整浆液配合比,采用凝胶时间较长的浆液配合比

续表

原因分类	原因分析	处理对策
操作问题	浆液中进入了包装袋或其他杂物	①在配浆桶口设置滤网过滤杂物；②每个工班清洗一次配浆桶，清除配浆桶中已固结的浆液
	混合浆液管路过长	缩短混合浆液管路，混合浆液管路不宜超过5 m
	水泥浆吸浆管和水玻璃吸浆管放错	在水泥浆吸浆管和水玻璃吸浆管上设置标记（通常在水泥浆吸浆管上绑上红布条）
	注浆泵缸体中发生堵塞	及时清洗注浆泵缸体，要求每周清洗一次注浆泵缸体
	水泥浆管路中发生沉积	在注浆过程中经常采用铁锤敲击水泥浆管路及混合浆液管路
工艺问题	注双液浆时未使用混合器	在注双液浆时，必须使用混合器，不允许使用三通
地质问题	地层吸不进浆	①选择合适的注浆终压；②采用高压力注浆泵；③调整注浆材料，特别是地层吸浆量小时，应注水泥浆，不应继续注双液浆

②跑浆原因分析及处理对策。

跑浆原因分析及处理对策见表3.7。

表 3.7 跑浆原因分析及处理对策

原因分类	原因分析	处理对策
工艺问题	未施作止浆墙	注浆前应施作止浆墙，防止掌子面出现跑浆现象
	未对后部进行径向注浆加固处理，使浆液后返	注浆前应对后部进行径向注浆，防止浆液后返
操作问题	止浆墙施工质量有问题	①提高止浆墙施作质量；②出现跑浆时，可采用双液浆，调整浆液凝胶时间，并采取间歇注浆措施，迅速对接触缝进行堵塞
	后部径向注浆效果差	提高后部径向注浆质量

③串浆原因分析及处理对策。

串浆原因分析及处理对策见表3.8。

表 3.8　串浆原因分析及处理对策

原因分析	处理对策
单孔注浆量过大	定量注浆,必要时对多个注浆孔同时注浆
注浆压力过大、注浆速度过快	调整注浆参数
钻孔间距过小	①加大钻孔间距;②径向注浆和基底钢管桩注浆采用袖阀管

④注浆压力长时间不上升原因分析及处理对策。

注浆压力长时间不上升原因分析及处理对策见表 3.9。

表 3.9　注浆压力长时间不上升原因分析及处理对策

原因分类	原因分析	处理对策
材料问题	浆液浓度过低	调整浆液配合比
材料问题	注浆材料不合适	将单液浆调整为双液浆,缩短浆液凝胶时间
工艺问题	未设计注浆材料使用体系	健全注浆材料使用体系,及时调整材料
工艺问题	注浆方式不合理	①间歇注浆;②分序注浆

5. 注浆技术资料

①现场钻孔注浆记录。

a. 现场钻孔记录对进一步判断、分析地质十分重要,因此,现场应采用记流水账的方式认真记录。

b. 现场注浆记录对施工工作效率分析、注浆效果检查评定、注浆技术资料归档都有着重要的作用,因此,现场应认真记录注浆施工流水账。记录内容包括注浆时间、凝胶时间、注浆压力、注浆量、注浆过程中的机械故障等。

②技术资料归档。

注浆施工归档的技术资料包括:地质超前预测预报成果文件、注浆设计文件、注浆施工组织设计文件、注浆施工记录表、注浆效果检查评定表,以及相关的会议纪要和录像摄影资料。

a. 对于超前帷幕注浆地段,还应填写掌子面地质素描记录表、全断面超前预注浆钻孔检查表(分表)、全断面超前预注浆钻孔检查汇总表、全断面超前预注浆注浆检查表(分表)、全断面超前预注浆注浆检查汇总表。

b.对于径向注浆地段,还应填写掌子面地质素描记录表、径向注浆钻孔汇总表、径向注浆注浆汇总表。

c.对于基底注浆地段,还应填写基底注浆汇总表、注浆效果检查评定表。

6. 质量控制及检验

(1) 注浆效果评价方法。

对注浆效果进行合理的评价是保证安全施工、确保注浆质量的关键。根据研究,目前采用的注浆效果评价方法可划分为五大类,如图3.10所示。

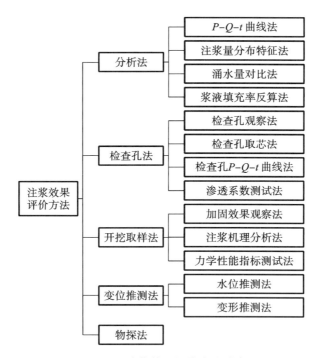

图3.10 注浆效果评价方法分类

下文对图3.10中的部分方法进行详细说明。

①分析法。

a. P-Q-t 曲线法。

P-Q-t 曲线法是通过对注浆施工中所记录的注浆压力 P、注浆量 Q、注浆时间 t 进行 P-t、Q-t 曲线绘制,根据地质特征、注浆机理、设备性能、注浆参数等对 P-Q-t 曲线进行分析,从而对注浆效果进行评价。对于一般注浆工程,不必钻孔取芯,基本都可以采用 P-

Q-t 曲线法对注浆效果进行合理的评价。

b. 注浆量分布特征法。

注浆量分布特征法分注浆量分布时间效应法和注浆量分布空间效应法两种。注浆量分布特征法简单易行,不必采集过多的注浆信息,只需要统计和分析注浆施工过程中注浆量这一个参数就可以达到对注浆效果进行合理评价的目的。

c. 涌水量对比法。

涌水量对比法是通过对注浆过程中各钻孔涌水量变化规律进行对比,或对注浆前后涌水量进行对比,从而对注浆效果进行评价。

②检查孔法。

检查孔法是对注浆要求较高的工程所采用的一种方法,该方法也是目前认为最可靠的方法。检查孔法是在注浆结束后,根据注浆量分布特征,以及注浆过程中所揭示的工程地质及水文地质特点,并结合对注浆 P-Q-t 曲线的分析结果,在可能存在的注浆薄弱部位(一般在注浆量少的孔、涌水量大的孔、终孔交会处)设置检查孔,通过对检查孔进行观察、取芯、注浆试验、渗透系数测定,从而对注浆效果进行评价。

一般来说,检查孔数量宜为钻孔数量的 3%～5%,且不少于 3 个,在高压富水地层注浆工程中,检查孔数量宜为钻孔数量的 5%～10%。注浆要求越高,检查孔数量应越多。检查孔原则上不得利用原注浆钻孔。检查孔钻设深度以小于超前钻孔 1 m,不钻穿设计的注浆圈为宜。

③开挖取样法。

开挖取样法是在隧道开挖过程中,通过观察注浆加固效果、对注浆机理进行分析、测试固结体力学指标,从而对注浆效果进行有效评价,同时,开挖取样法也为下一阶段注浆设计与施工提供重要的价值。开挖取样法分为加固效果观察法、注浆机理分析法和力学性能指标测试法三种。

④物探法。

目前,采用物探法评价注浆效果的不多,技术也不太成熟,但物探法应用于注浆效果检查可以宏观地评价注浆效果,同时对帷幕注浆的纵向连续性检测(目前尚无可靠的方法)有着较大的研究空间。

(2) 隧道工程注浆效果检查评价方法的选择。

表 3.10 为隧道工程注浆效果检查评价方法选择表。

表 3.10 隧道工程注浆效果检查评价方法选择表

注浆方式	分析法				检查孔法				开挖取样法			变位推测法		物探法
	P-Q-t曲线法	注浆量分布特征法	涌水量对比法	浆液填充率反算法	检查孔观察法	检查孔取芯法	检查孔P-Q-t曲线法	渗透系数测试法	加固效果观察法	注浆机理分析法	力学性能指标测试法	水位推测法	变形推测法	
超前预注浆	必测	选测	必测		必测	必测	选测	选测	必测	必测	必测		必测	
径向注浆	必测	选测	必测											
基底加固	必测	选测		必测	必测	必测	选测	必测						
回填注浆	必测	选测												
管棚注浆	必测												必测	
渗漏水治理	必测	选测	必测											
变形处理	必测												必测	
塌方处理	必测	选测		选测	必测	必测	选测		必测	必测	必测			
滑坡整治	必测			选测									必测	

（3）注浆效果评价标准。

注浆效果评价标准见表 3.11。

表 3.11　注浆效果评价标准

评价方法		评价标准
分析法	P-Q-t 曲线法	注浆施工中 P-t 曲线呈上升趋势，Q-t 曲线呈下降趋势，注浆结束时，注浆压力达到设计终压（常取 1～4 MPa），注浆速度达到设计速度（常取 5～10 L/min）
	注浆量分布特征法	①注浆量分布时间效应直方图应呈下降趋势，结束时，后序注浆孔应基本达到吸不进浆的状态；②注浆量空间效应图表现特征为周边注浆孔注浆量大于中部注浆孔注浆量，后序孔注浆量小于前序孔注浆量
	涌水量对比法	①随着注浆的进行，钻孔涌水量不断减少；②注浆后开挖过程中涌水速度不大于 10 m³/h，注浆堵水率应达到 80% 以上
	浆液填充率反算法	当地层中含水率不高时，浆液填充率应达到 70% 以上；当地层富含水时，浆液填充率应达到 80% 以上
检查孔法	检查孔观察法	注浆后，检查孔应完整，不得有涌砂、涌泥现象，流水速度小于 0.1 L/(m·min)。检查孔放置 1 h 后，也不得发生上述现象，否则，应进行补孔注浆或重新设计
	检查孔取芯法	检查孔取芯率应达到 70% 以上，岩芯强度应达到 0.2 MPa 以上
	检查孔 P-Q-t 曲线法	检查孔 P-Q-t 曲线形态应比正常注浆时陡，注浆 5～10 min 后，P、Q 值均应达到设计值，否则，应进行补孔注浆或重新设计
	渗透系数测试法	对于截水帷幕，地层的渗透系数应小于 10^{-5} cm/s，否则，应进行补孔注浆或重新设计
开挖取样法	加固效果观察法	开挖面浆液填充饱满，能自稳，掌子面无水
	注浆机理分析法	注浆加固方式达到预期的设计目的
	力学性能指标测试法	注浆固结体抗压强度应达到 0.2 MPa 以上，注浆后地层含水率应低于 30%
变位推测法	水位推测法	在注浆结束后工程开挖过程中，帷幕注浆圈外水位应保持不变
	变形推测法	注浆过程中，被保护体应保持为限量隆起变形；注浆后施工过程中，被保护体应处于缓慢下沉变形阶段，总变形量应满足设计沉降允许要求，否则应进行补充注浆
物探法		应进一步研究，确定技术指标

(4) 质量控制措施。

①应严格按照设计参数进行钻孔。钻孔孔位及角度偏差应符合相关规范规定,若现场钻孔孔位因客观条件限制不能满足设计要求,应进行移位并计算确定参数,必要时应进行补孔。

②注浆材料应满足设计要求,严禁使用过期结块的水泥,必要时进行检验。

③注浆过程中,要根据不同情况选择合适的浆液和浆液配合比。

④浆液配合比应符合设计要求,配浆时最大误差:水泥、水玻璃、水为±5%,外加剂为±1%。

⑤浆液应搅拌均匀,一般水泥浆、超细水泥浆搅拌时间为 3~5 min,但不得超过 30 min。未搅拌均匀或沉淀的浆液严禁使用。

⑥注浆过程中发生串浆时,可采取两孔同时注浆措施。若隧道周边有泄水洞,应对泄水洞进行埋管限排或封堵,并对排水管及泄水洞进行观察,若跑浆可采取缩短凝胶时间、间歇注浆等措施。

⑦注浆过程中,时刻注意泵压和流量的变化,若吸浆量很大或压力突然下降,注浆压力长时间不上升,应查明原因。若工作面漏浆,可采取封堵措施;若跑浆可调换浆液,调整浆液配合比,缩短浆液凝胶时间,进行大泵量、低压力注浆,必要时采取间歇注浆方法,以达到控域注浆的目的。

⑧若注浆过程中压力突然升高,应及时查找原因并进行处理,若确实是由浆液凝胶时间过短造成的,则应关停水玻璃泵,只注水泥浆,待泵压恢复正常后再注双液浆。

⑨一台泵发生故障时,应立即换上备用泵继续注浆。

⑩注双液浆时,必须使用带单向阀的浆液混合器,严禁用其他东西代替,以免造成管路及注浆泵的堵塞。

⑪注浆过程中,应保持注浆管路畅通,以免因管路堵塞而影响对注浆结束的判断。

⑫注双液浆时,要经常注意浆液的吸入比例,测试浆液凝胶时间,确保浆液强度和注浆效果。

⑬双液浆注浆结束后或注浆确实需要停较长的时间时,则先关停水玻璃泵,后关停水泥浆泵,并用清水清洗管路,以防堵管。

⑭严格按照前进式(后退式)注浆设计的段长进行分段注浆,不得任意延长分段长度,必要时可重复注浆,以确保注浆质量。

⑮注浆过程中要做好注浆记录,记录每孔的钻孔情况、注浆压力、浆液流量、注浆量,以及注浆过程中发生的事故等,为注浆效果评价提供依据。

⑯严格进行注浆效果评价,符合要求时才能结束注浆作业。当未达到注浆结束标准

时,应进行补孔注浆。

7. 安全要求和措施

(1) 注浆期间掌子面后部至少埋设 2 个测量断面,严格按隧道施工规范加强测量,并加强对掌子面周围初期支护和衬砌的观察。

(2) 注浆管路及连接件必须使用耐高压装置,当压力上升时,要防止管路连接部位爆裂伤人。

(3) 孔口管、止浆塞要安装固结牢固,施工期间严禁人员站在其冲出方向前方,以防止孔口管、止浆塞冲出伤人。

(4) 注意机械的使用、保养、维修,注意用电安全,经常进行检查,杜绝漏电,并派专人操作和维修,非机电修理人员不得随意拆卸设备。

(5) 钻孔过程中时刻观察前方地层变化情况,当遇到高压水粉细破碎层砂时应做好防范措施,必要时在孔口安装防突装置,以防高压水及钻杆冲出伤人。

(6) 台阶上施工时应设防护围栏,防止人员从高空坠落。

(7) 需要高空作业时,应搭设稳固安全的脚手架和施工平台,防止发生机翻人伤事故。

(8) 若遇大的涌水涌砂灾害,应及时撤出人员和设备。

(9) 注浆后隧道开挖应按"三快一抢"(快挖、快支、快封闭和抢时间)的原则进行,确保隧道施工安全。施工中准备好抢险材料,做好抢险准备工作,当开挖施工中出现流水、流沙时应立即进行封堵作业,以防施工中大量涌水形成危害,对涌出的泥沙应及时进行清理。

3.1.4 掌子面塌方处理总结

1. 情况概述

桐树山隧道右洞 K58+065～K58+070 段原来是按围岩等级 S3b 进行设计的,采用两台阶法开挖施工,地质描述揭示该段 3 倍洞径内的围岩为微风化板岩夹变质砂岩,岩质硬～较硬,岩体较完整,呈薄～中厚层状结构,地下水较丰富,隧道开挖时以线状或淋雨状为主。

2021 年 12 月 16 日,上台阶 K58+065 里程处开挖时出现破碎层,造成右侧拱腰位置超挖,初期支护施工时,用喷射混凝土将其填满,在此后的施工中严格按照设计要求控制进尺和施作超前支护。随着开挖施工的推进,破碎层厚度越来越厚,厚度约为 3.6 m,其中拱架以上约 2.6 m,拱架以下约 1.0 m,宽度约 8 m。为了防止破碎层继续垮塌,施工时在超前小导管上方铺设钢筋网片进行初喷,但拱脚开挖施工时的振动使拱顶破碎层继续垮塌，超前小导管被压弯变形，存在较大的安全隐患。随即施工单位将情况向设计代表汇报，并连同业主、监理人员对现场进行勘察，认为破碎层厚度变化较小，破碎层以上土层具有一定的稳定性，可采取先施作初期支护，在初期支护与土层之间的孔洞预留注浆管，后期用泵送混凝土将其填实的方法施工。

2021年12月18日22时35分，作业人员准备对K58+068～K58+070段初期支护进行喷射混凝土施工时，发现掌子面拱顶有异常响动便立即撤离，随后拱顶的几块大的孤石塌落，造成掌子面前方2榀拱架坍塌损坏，3榀拱架变形开裂，未造成人员伤亡和设备损失。

2. 原因分析

对拱顶围岩情况判断不够准确，破碎层垮塌后无法对拱顶进行处理，孤石在重力作用下发生滑移、坍塌，拱架承受不了孤石冲击力作用而坍塌。

3. 塌方处理措施

根据现场实际情况，初步决定采用先封闭掌子面，再对拱顶孔洞进行回填，最后按正常程序开挖施工的方案。

（1）封闭掌子面。

掌子面前方是垮塌的拱架，采用C25喷射混凝土将掌子面封闭，厚度为20 cm，可减少已开挖围岩的水分蒸发，减小再次塌方的可能性。

目前还不能保证隧道掌子面的稳定，为了防止处理过程中掌子面再次塌方，故用隧道碎碴或土石对掌子面进行反压回填，顶部无法回填的地方堆码沙袋，为已施工的拱架提供支撑力，同时也防止掌子面向外垮塌造成更大面积的塌方。

（2）拱顶回填。

在初期支护施工时，拱顶每隔2～3 m埋设ϕ108 mm钢管作为注浆孔，掌子面封闭之后，拱顶孔洞采用C30泵送混凝土回填。施工前，先检查注浆孔伸入初期支护的长度，管口距离孔洞顶面应不超过40 cm；拱架底部用20 cm型钢制作的斜撑将每个连接点支撑住，提高拱架整体抗压强度。由于拱顶孔洞较大，回填方量也较大，一次性浇筑可能超出拱架承受能力，故分成两次浇筑。第一次回填至拱架顶部60～80 cm，第二次回填剩余部分，预计本段回填总方量约为320 m³。浇筑过程中，应有专人值班，浇筑速度宜不超过20 m³/h，回填施工的整个过程每0.5 h对拱顶沉降和周边收敛情况进行监测，若发现异常，立即停止施工。

（3）塌方段土石清理。

拱顶回填完毕之后，待混凝土强度达到设计强度的80%以上之后，开始清理塌方段反压回填沙袋及土石。土石清理速度不宜过快,应分段、分块清理,清理过程中有专人值班,若发现初期支护异常应立即停止作业,查明原因后方可继续施工。

(4) 更换损坏的拱架。

塌方段土石清理完毕之后,由前向后逐榀拆除损坏的拱架,塌方处侵入初期支护界限的混凝土用破碎锤凿除。新的初期支护按照围岩等级 S5b 进行设计,超前支护形式改为双层小导管支护。拱架按"拆除一榀,安装一榀,支护一榀"的原则进行更换。

(5) 塌方段监控测量。

前期监控测量频率为每班 1 次,待变形基本稳定后可改为每天 1 次,并及时向设计代表汇报监控测量数据。

4. 下阶段开挖支护

该段围岩等级调整为 S5b,超前支护形式更改为双层小导管支护,其中小导管纵向间距改为 2.4 m;掌子面开挖之前,先按要求施作超前小导管,超前小导管用 $\phi 42$ mm× 3.5 mm 钢管制作,注入 1∶1 水泥浆将周围破碎层固结,在小导管的保护下开始掌子面开挖作业。

5. 塌方处理总结

(1) 当施工过程中发现连续掉块时,首要任务是判明塌腔构造、走向,及时装碴反压回填,挡住碎碴不断滑落。

(2) 贯彻新奥法的核心思想,保护、激发围岩自承能力,从而利用围岩自承能力,使围岩形成三轴应力状态,实现内压效果,从而达到支护目的。假如存在孔洞,容易产生应力集中,自稳性较差,隧道的轮廓模仿蛋的外形,所以初期支护喷射混凝土背后不能留孔洞,仰拱和仰拱填充不能一起浇筑,就是要保证共同受力。如果拱顶存在较大的孔洞,在围岩的内力和爆破扰动作用下,拱顶会再次掉块,掉块的过程产生加速度,拱架要承受成倍的荷载,并会导致拱架连续塌落,所以拱顶孔洞必须及时回填。

(3) 严格遵循"先预报、预加固、严治水、短开挖、少扰动、强支护、早成环、快封闭、勤测量"的施工原则。

(4) 塌方后拱架往往在接头处弯折,所以,要加强拱架的接头连接,焊缝要饱满,接头处设加劲肋;处理塌方时,必要时在施工区域增加钢支撑顶住拱顶,以确保施工人员的安全。

(5) 严格控制开挖净空、台阶长度,尽早施作二次衬砌。

(6) 加设测量点,增加测量频率,根据测量信息及时研究对策,同时做好地面下沉测量。若发现变形速率过大,应立即停止开挖。

(7) 控制开挖掘进速度,及时对已支护好的地方安排仰拱、二次衬砌施工,尽快形成封闭结构。

3.1.5 小净距隧道施工总结

1. 适用范围

小净距隧道是指并行双洞隧道间夹岩厚度较小(一般小于 1.5 倍隧道开挖断面宽度)的一种特殊隧道结构形式。本施工总结适用于**椆树山隧道进口**、**檀山冲隧道进口**。

2. 技术要求

施工方法及工序、关键工艺、测量要求等,应当根据施工过程中所得到的现场测量资料及时进行修改和调整,以确保工程安全、经济、合理。未涉及的各种施工技术要求,严格按《公路隧道施工技术规范》(JTG/T 3660—2020)执行。

现场应根据设计文件要求,编制施工组织计划,并对各工序的滞后时间、空间距离、炮眼深度、装药量等提出严格要求,经监理审查同意后方可实施。

3. 施工工艺流程及操作要点

为确保开挖过程中围岩的稳定性,减小隧道间净距小引起的围岩变形、爆破振动等不利因素的影响,满足小净距隧道中夹岩特有的加固要求,特对小净距隧道不同围岩类别段的施工工序做如下要求。

根据隧道围岩变形特点,在正常情况下,推荐在Ⅰ、Ⅱ类围岩段采用正向单侧壁导坑的开挖方法。图 3.11 为Ⅰ、Ⅱ类围岩段正向单侧壁导坑开挖工序横断面布置图。施工工序以左洞先开挖制定,当右洞先开挖时,将左、右洞施作顺序对调即可。

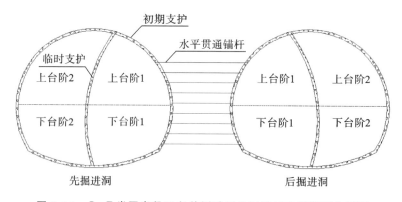

图 3.11　Ⅰ、Ⅱ类围岩段正向单侧壁导坑开挖工序横断面布置图

(1) 左洞施工。

左洞按下列开挖顺序施工：上台阶 1 超前支护→上台阶 1 开挖→上台阶 1 初期支护（含侧壁临时支护）→中夹岩上部水平贯通锚杆施工→下台阶 1 超前支护→下台阶 1 开挖→下台阶 1 初期支护（含侧壁临时支护及仰拱初期支护）→中夹岩下部水平贯通锚杆施工→上台阶 2 超前支护（含侧壁临时支护）→上台阶 2 开挖→上台阶 2 初期支护→下台阶 2 超前支护→下台阶 2 开挖→下台阶 2 初期支护（含侧壁临时支护及仰拱初期支护）→拆除侧壁临时支护→仰拱回填混凝土施工→防水层及拱墙二次衬砌施工。

(2) 右洞施工。

右洞施工工序同左洞，但水平贯通锚杆施工应为水平贯通锚杆连接施工。

(3) 工序安排注意事项。

①右洞（后掘进洞）上台阶 1 的开挖一般应落后于左洞（先掘进洞）下台阶 15～10 m。当左洞（先掘进洞）出现围岩稳定性较差、监控测量数据收敛性不好的情况时，右洞上台阶 1 施工宜滞后于左洞下台阶 2。同理，此时右洞上台阶 2 施工宜于左洞二次衬砌完成后进行。

②拆除侧壁临时支护应在下台阶 2 完成 20～30 m 后二次衬砌开始前进行，临时支撑拆除后，仰拱回填和拱墙二次衬砌应尽早施作。

③左洞二次衬砌与左洞下台阶 2 开挖面的合理距离应根据左洞下台阶 2 开挖放炮振动情况确定，暂定为 20～30 m。

④右洞二次衬砌与右洞下台阶 2 开挖面的合理距离应根据放炮冲击和振动对衬砌的影响确定，暂定为 20～30 m。

⑤在台阶施工拉开合理距离的情况下，各台阶施工均可平行进行。

⑥施工中必须严格配合爆破振动测试和围岩变形测试等科研工作的开展。

⑦中夹岩超前支护的打设角度可根据现场围岩状况和设计目的在 5°～30°范围进行调整。

⑧在Ⅱ类围岩掌子面稳定性较好、施工单位机具和施工能力许可的条件下，单侧壁导坑的上台阶 1、下台阶 1（上台阶 2、下台阶 2）可合为一步进行开挖。

⑨如果掌子面稳定性差，单侧壁导坑分为 2 个台阶不能确保掌子面稳定，则可根据现场地质条件，将单侧壁的开挖、支护分为 3 或 4 个台阶进行。

(4) 工序说明。

在Ⅰ、Ⅱ类围岩的地质条件下，采用上述开挖工序是基于以下几方面的原因。

①风化的坡、残积土在地下水不丰富的情况下，一般稳定性较好，但在有地下水的情况下，稳定性会非常差。因此，采取单侧壁导坑的开挖工序可防止因围岩变形过大而失稳。

②便于及时封闭仰拱,有利于围岩稳定。

③中夹岩处拱脚至拱腰变形量最大,刚性的侧壁临时支护对减小此范围内的变形有较大的作用。

④由于围岩类别较低,一般多采用人工或机械开挖,爆破振动相对较小。

⑤正向单侧壁导坑的开挖工序有利于及时对中夹岩进行支护,在全断面未开挖的情况下,及时取得中夹岩开挖后的变形测量结果,可为全断面开挖后存在的风险提供预报和处理时间。

(5) 特殊情况注意事项。

在特殊情况下,受地质条件、施工进度、工序转换等多种因素的综合影响,在Ⅰ、Ⅱ类围岩条件下可能采用反向单侧壁导坑开挖工序,但在施工中必须注意以下问题。

①应严格控制上台阶 2 及下台阶 2 每循环的开挖进尺。

②在初期支护完成后水平贯通锚杆必须及时施作。

③监控测量数据必须及时采集和反馈,出现不稳定现象必须及时处理。

4. 关键工艺技术要求

(1) 小净距隧道钻爆开挖要求。

小净距隧道钻爆施工质量直接关系到隧道施工的质量,因此,有必要采取措施对钻爆施工进行严格的监测和控制。

①基本要求。

《爆破安全规程》(GB 6722—2014)规定,交通隧道安全振动速度标准为 $V \leqslant 15 \text{ cm/s}$。因此,为确保开挖第二座隧道时第一座隧道衬砌的安全性,应将第一座隧道衬砌处的振动速度控制在 15 cm/s 以内。此外,对于有良好支护的Ⅱ、Ⅲ类围岩,振动速度应控制在 10 cm/s 以内;对于有良好支护的Ⅳ、Ⅴ、Ⅵ类围岩,振动速度应控制在 20 cm/s 以内。以上标准还可根据施工现场振动测试结果进一步调整。

为避免爆破振动波的叠加,必须采用微差控制爆破技术,各段起爆时间应根据振动测试确定,或按经验以大于 200 ms 为宜。

②测试方法。

a. 振动速度 V 的测定。

采用振速测试仪测定隧道周壁围岩振动速度。

b. 爆破振动持续时间的测定。

采用振动测试仪,在先行洞开挖时距起爆点 R(R 尽可能小于两隧道间最小间距与 1 倍洞径之和)处对独立的爆破振动进行记录,读取并记录从开始振动至振幅衰减到最大振幅的 1/5 所需的时间,将该时间作为该药量爆破在该处地质条件下引起的振动的持续时间。

由于主振时间随药量增加而增加,因此,测试数据应按地质条件、药量进行分类。

③计算方法。

a. 振动速度的计算。

根据振动速度的衰减规律,可采用式(3.7)对振动速度进行估算。

$$v = \frac{K\alpha Q_1}{3R} \tag{3.7}$$

式中:v——质点振动速度,cm/s;

K——与爆破场地有关的系数;

Q_1——装药量(齐发爆破时为总装药量,延发爆破时为各段最大装药量),kg;

R——从测点到爆破中心的距离,m;

α——与地质条件有关的系数。

式(3.7)中的 K 值和 α 值可按下列条件近似采用。

场地为坚硬基岩:$K=150$,$\alpha=1.70$。

场地为基岩:$K=220$,$\alpha=1.67$。

场地覆盖有浅层表土:$K=300$,$\alpha=1.60$。

b. 爆破时间间隔的计算。

根据记录的爆破振动持续时间,可按式(3.8)确定两段爆破的时间间隔 Δt。

$$\Delta t = \frac{R_i}{v_s} + T_{yi} - \frac{R_{i+1}}{v_s} = \frac{R_i - R_{i+1}}{v_s} + T_{yi} \tag{3.8}$$

式中:R_i,R_{i+1}——第 i 段和第 $i+1$ 段爆破中心距控制振动点的距离;

v_s——不同岩石中的波速值,详见表 3.12,v_s 可选 P(纵)波速和 S(横)波速进行计算,以计算所得爆破时间间隔最大为准;

T_{yi}——第 i 段爆破的振动持续时间(根据同条件下的测试数据综合确定)。

表 3.12 不同岩石中的波速 v_s

岩石名称	P 波速/(m/s)	S 波速/(m/s)	岩石名称	P 波速/(m/s)	S 波速/(m/s)
花岗岩	3960~6096	2133~3353	片麻岩	4724~5578	—
辉长石	6553	3444	冲积层	503~1981	—
玄武岩	5608	3048	黏土	1128~2409	579
纯橄榄岩	7986	4084	土壤	152~762	91~549
砂岩	2438~4267	914~3048	冰碛物	396	—
石灰岩	3048~6096	2743~3200	大理石	5791	3505

续表

岩石名称	P波速/(m/s)	S波速/(m/s)	岩石名称	P波速/(m/s)	S波速/(m/s)
页岩	1829~3962	1067~2286	石英岩	6050	—
板岩	3658~4450	2865	片岩	4542	2896

④测试、施工注意事项。

a. 先行洞的测试数据除了用于确保本隧道开挖的爆破振动符合规范,还可用于对后行洞的爆破药量进行估算。但计算和众多测试结果表明,在先行洞同一断面、同一位置处,将等量炸药在距此断面相同距离处的先行洞和后行洞的岩体中引爆,测得的振动数据有较大差异。由于先行洞已开挖,后行洞引起的爆破振动将是先行洞开挖时引起的振动的2~6倍,最大可达12倍。因此,利用先行洞开挖时测定的振动数据对后行洞的爆破参数进行设计时,应特别注意。

b. 由于同一围岩类别段的岩体中常存在局部段落或局部区域岩质相对较差的现象,为确保工程安全,应根据这些局部围岩的状况进行振动控制。

c. 根据多座隧道爆破振动测试结果,与普通爆破相比,预裂爆破、光面爆破引起的(质点)振动速度可降低10%~50%。因此,小净距隧道施工应尽量采用预裂爆破和光面爆破技术。

d. 根据已建成的小净距隧道的施工经验,对于药量较为集中的爆破,在靠近已开挖隧道一侧设置预裂爆破减振带,可有效减缓已开挖隧道壁的振动速度。采用减轻振动的掏槽方法,可较好地减小振动。

e. 根据有关规范及施工经验,光面爆破采用的参数如周边眼间距(E)、周边眼最小抵抗线(W)、相对距(E/W)和周边眼装药集中度(q)等,应采用工程类比法或根据爆破漏斗及成缝试验确定,在无条件试验时,可按表3.13选用。

表3.13 光面爆破参数

围岩状况	饱和单轴极限抗压强度 R_b/MPa	装药不耦合系数 D	周边眼间距 E/cm	周边眼最小抵抗线 W/cm	相对距 E/W	周边眼装药集中度 q/(kg/m)
硬岩	>60	1.25~1.50	55~70	70~85	0.8~1.0	0.3~0.35
中硬岩	30~60	1.50~2.00	45~60	60~75	0.8~1.0	0.2~0.30
软岩	≤30	2.00~2.50	30~50	40~60	0.5~0.8	0.07~0.15

注:①软岩隧道光面爆破的相对距宜取小值;②装药集中度按2号岩石硝铵炸药考虑,当采用其他炸药时,应进行换算,换算指标主要考虑猛度和爆力,换算系数K按$K=0.5×(2$号岩石炸药猛度/换算炸药猛度+2号岩石炸药爆力/换算炸药爆力)计算;③预裂爆破参数应在现场由爆破成缝试验获得。

(2) 中夹岩体加固技术。

小净距隧道设计、施工是从岩体力学角度考虑的,充分利用隧道围岩的自承、自稳能力,通过围岩加固措施使隧道修筑既合理又经济。而两隧道中夹岩体的加固则是整个小净距隧道施工的关键。

① 中夹岩体预加固。

中夹岩体预加固措施适用于Ⅰ、Ⅱ、Ⅲ类围岩段。

a. 为充分保障中夹岩体的完整性,在严格控制爆破的前提下,根据工程地质及水文地质条件,采用超前小导管预注浆技术对中夹岩体进行预加固。

b. 注浆材料应根据地质条件、涌水情况及注浆材料的适用性确定。同时考虑到小净距隧道中夹岩体完整稳定的重要性,一般围岩段(涌水量不大)采用稳定性、黏度、可注性、结石强度及抗渗性均较好的超细水泥单液浆;特殊地段(富含地下水)采用超细水泥-水玻璃双液浆。

单液浆及双液浆的水灰比分别为 0.8∶1~2.0∶1 及 0.8∶1~1.5∶1。当水灰比不超过 2 时,沉析率为 10% 足以满足稳定性的要求。

② 水平贯通预应力锚杆加固中夹岩体。

锚杆可采用普通砂浆锚杆、中空注浆锚杆、自进式中空注浆锚杆。在锚杆孔自稳性较好时,可采用普通砂浆锚杆。在锚杆孔自稳性差时,宜采用中空注浆锚杆或自进式中空注浆锚杆。除上述锚杆外,还可采用专用预应力注浆锚杆。

硬岩及软岩段两种专用预应力注浆锚杆的施工工艺:为更充分地利用围岩的自承能力,控制围岩的变形,更有效地保证围岩的稳定,可对小净距隧道中夹岩体施加适当的预应力,综合改良其岩体。对于破碎硬岩的中夹岩体,必须通过锚杆对围岩施加足够的预应力,以防止中夹岩因变形而失稳,从而保证隧道的稳定;对于软弱围岩,一般利用围岩变形使锚杆受拉,被动提供足够的支承力以保证围岩的稳定,但若能主动施加一定的预应力,将取得更好的效果。现介绍适用于破碎硬岩和软弱围岩的两种预应力注浆锚杆。

a. 硬岩段预应力注浆锚杆。

(a) 结构特点。

适用于硬岩的预应力注浆锚杆由预应力内锚头、张拉段(自由段)和外锚头组成,并以中空的杆体连接,各个组成部分又有相应的配件以实现其功能。

(b) 施工工艺。

预应力锚头安装:采用风钻钻孔并彻底清孔;将锚头装入锚孔,用戴好搅拌器的锚杆杆体将其推入锚孔孔底;启动装在锚杆杆体尾端的风钻,带动杆体旋转冲击(30±5)s,将锚头匀速推进至锚孔孔底;卸下风钻,装上止浆塞。预应力锚头固化前,杆体不得移位或晃动。

预应力施加:30 min 后,安装预应力专用垫板和专用锚具;采用专用工具拧紧专用锚具上的螺母达到设计所需预应力即可。

锚杆注浆:注浆工艺同普通中空注浆锚杆[见第 3.2.2 节第 3 大点的第(2)小点]。

b. 软弱段预应力注浆锚杆。

(a)结构特点。

按杆体结构区分,软弱段预应力注浆锚杆主要由内锚段 L1、张拉段 L2 和外锚段 L3 组成。

(b)施工工艺。

预应力注浆锚杆的安装:用风钻钻头钻孔并彻底清孔;在锚杆内锚段杆体的端部戴上锚头;将戴好锚头的锚杆装入锚孔,并通过锚头将其固定在锚孔中;将止浆塞装上锚杆,并将其送入锚孔孔口以内。

注浆:为获得充分的抗拔力,从而为锚杆提供足够的预应力,应采用较稠的浆液进行注浆,注浆工艺同普通中空注浆锚杆[见第 3.2.2 节第 3 大点的第(2)小点]。

预应力施加:注浆结束 24 h 后即可施加预应力;安装预应力专用垫板和专用锚具;用专用工具拧紧专用锚具上的螺母达到设计所需预应力即可。

c. 预应力锚杆对中夹岩体的加固作用。

(a)增大岩体抗拉(抗剪)强度,从而增大岩墙的极限拉压、抗剪强度。

(b)随着岩体水平方向变形的增加,锚杆对岩体的水平约束作用增强,中夹岩体的极限强度也相应增大。

(c)预设的两隧道中夹岩墙的水平预应力锚杆,在第二座隧道开挖爆破时,将预加固第二座隧道内侧边墙的岩体,减小开挖爆破对岩体的破坏及振动影响。

③极软弱岩体内中夹岩的加固措施。

隧道围岩中部分地段为破碎带及全强风化带、破碎带交会部位,构造及风化节理密集,节理面及其组合杂乱,块体间多为泥质充填。此类地段类似Ⅰ类围岩段。这些极软弱的岩体分布在小净距隧道中夹岩体中,仅靠水平贯通预应力注浆锚杆及预加固措施还不够。针对这些极软弱岩体段,在两隧道相邻侧拱部的格栅拱架或型钢拱架下设置槽钢纵向托梁,同时边墙的格栅拱架或型钢拱架加密设置(每 0.5 m 一榀),并及时喷射混凝土层,利用这种较强大的混凝土侧墙支护,提高中夹岩处隧道拱脚支承荷载,转移和减小中夹岩的应力。

④极浅埋段中夹岩辅助加固措施。

a. 中夹岩辅助加固措施适用于埋深不足 10 m 的浅埋段,目的是避免极浅埋段拱顶上方岩体出现发展到地表的拉裂区,对隧道围岩造成破坏而降低围岩自承能力。

b. 在极浅埋段,隧道开挖前预设竖向锚桩,将钢筋笼插入 ϕ150 mm 钻孔,并灌注 M20 水泥砂浆。

c. 竖向锚桩位于隧道拱顶上方,锚桩应深达拱顶开挖轮廓线外 0.5 m;竖向锚桩位于中夹岩体上方,锚桩深度应达隧道侧墙拱脚标高。

d. 中夹岩辅助加固措施,即竖向锚桩将中夹岩上方岩体连成整体,大大增加了其上方岩体的抗拉、抗剪强度,从而减少中夹岩所承受的荷载并增强了围岩自承能力。

(3) 特殊地质段的处理措施。

小净距隧道的设计思想是采用梁柱法或中壁法,保留中夹岩墙,并加固、稳定围岩和利用围岩自身的承载力,对特殊地质条件下的施工及处理措施提出了更高的要求。

特殊地质段处理措施如下。

① 当小净距隧道通过膨胀性围岩、含水未固结围岩、溶洞、松散地层时,应采用辅助方法施工,特别要保护好围岩,尽量减小对两隧道间中夹岩体的破坏,应对围岩进行预加固、超前支护或止水。

② 特殊地质段隧道施工,应以保护中夹岩体的稳定、完整为前提,并将"先治水、短开挖、弱爆破、强支护、早衬砌、勤检查、稳步前进"作为指导原则。隧道选择施工方法时,应以安全为前提,综合考虑隧道工程地质和水文地质条件,小净距隧道断面形式、尺寸、埋深,以及施工机械装备、工期和经济的可行性等因素。同时应考虑特殊地质段围岩变化时施工方法的适应性及其变更的可能性,以免造成工程失误和增加投资。

③ 特殊地质段隧道,除大面积淋水地段、流沙地段及穿过未胶结松散地层的地段,施工时应采取相应的措施,均可采用锚喷支护施工。爆破后若开挖工作面有可能坍塌,应在清除危石后及时喷射混凝土护面。若围岩自稳性很差,开挖难以成形,可沿设计开挖轮廓线进行超前支护。锚喷支护后支护能力仍不足,特别是通过观测发现中夹岩体有可能遭到破坏时,应及早装设钢支撑加强支护。

④ 当采用构件支撑作临时支护时,支撑要有足够的刚度和强度,能承受开挖后的围岩压力。围岩出现底部压力、产生沉陷现象时应加设底梁。当围岩极为松软破碎时,应先护后挖,暴露面应用支撑封闭严密,根据现场条件,结合超前支护形成联合支撑。支撑应迅速、及时,从而充分发挥支撑作用。

⑤ 对于极松散的未固结围岩和自稳性极差的围岩,当采用先护后挖法仍不能开挖成形时,宜采用压注超细水泥浆或化学浆液的方法来固结围岩,特别是中夹岩体,提高其自稳性。

⑥ 加强信息化施工。利用各种手段查明前方不良地质,避免出现塌方等工程灾害。

首先加强隧道工程地质勘察工作,及时掌握掌子面揭露段软弱岩体并推延到前方,并采用地质预报方法或仪器搞清掌子面前方软弱岩体的位置。在开挖隧道侧壁导坑后,绘出起拱面的地质平面示意图,以指导两隧道中夹岩体施工措施的选择。

5. 监控测量技术要求

(1) 一般规定。

①按新奥法设计和施工,采用复合式衬砌的小净距隧道,由于围岩自稳性和支护结构的受力比一般隧道复杂,必须将现场监控测量项目列入施工组织设计,并在施工中认真实施。

②现场监控测量应达到以下目的。

a. 监测围岩应力和变形情况,验证支护、衬砌的设计效果,保证围岩稳定和施工安全。

b. 提供判别围岩和支护系统基本稳定的依据,确定二次衬砌和仰拱的施作时间。

c. 分析处理测量数据,掌握围岩稳定性变化规律,修改支护、衬砌设计参数和施工方法,提供围岩和衬砌最终稳定的信息。

d. 对于小净距隧道,要特别注意中夹岩体(墙脚到拱腰处围岩)的变形和稳定,为中夹岩体的加固提供必要的参考数据。

e. 积累测量数据,为今后的小净距隧道设计与施工提供工程类比的资料。

(2) 测量项目的选择。

根据地质、开挖、支护方法,小净距隧道监控测量项目及重要性见表3.14,各单位可根据具体情况选用。

表3.14 小净距隧道监控测量项目及重要性

项目名称	围岩条件			
	Ⅰ、Ⅱ、Ⅲ类围岩	洞口、偏压段、浅埋段	断层、溶洞	Ⅳ、Ⅴ、Ⅵ类围岩
洞内地质与支护状态	√	√	√	√
周边位移量	√	√	√	√
拱顶沉降量	√	√	√	√
后行洞爆破振动速度	√	√	√	√
水平对拉锚杆轴力	√	√	√	√
中夹岩弹性波速	√	√	√	√
地表沉降量	○	√	△	△
围岩内部位移(洞内)	○	○	√	○

续表

项目名称	围岩条件			
	Ⅰ、Ⅱ、Ⅲ类围岩	洞口、偏压段、浅埋段	断层、溶洞	Ⅳ、Ⅴ、Ⅵ类围岩
围岩压力及初期支护与二次衬砌之间的压力	○	○	√	○
钢支撑内力	○	○	√	△
支护、衬砌内力及裂缝宽度	○	○	○	△
拱顶三点沉降量	√	√	√	△
系统锚杆轴力	√	○	○	△

注：√—必须进行的项目；○—宜进行的项目；△—必要时进行的项目。

（3）测量方法、测量工具和测量频率等。

对于表 3.14 列举的测量项目，在具体实施中的测量方法、测量工具和测量频率等见表 3.15。

表 3.15　小净距隧道现场测量项目名称及测量方法、测量工具和测量频率等

项目名称	测量方法、测量工具	布置时间及位置	测量频率			
			1～15 d	15～30 d	30～90 d	大于 90 d
洞内地质与支护状态	岩性、结构面、产状、裂隙、地下水、支护结构状况的观察与描述，使用地质罗盘、锤子、数码相机等	掌子面开挖后立即观察、记录，支护状态随时进洞观察	每次爆破后和每次进洞测量时			
周边位移量	收敛计	每 10～50 m 布置一个断面，每个断面布置 5 个测桩，测量 4～6 条测线	1～2 次/d	1 次/2d	1～2 次/周	1～3 次/月
拱顶沉降量	精密水准仪、水准尺、钢卷尺	每 10～50 m 布置一个断面	1～2 次/d	1 次/2d	1～2 次/周	1～3 次/月

续表

项目名称	测量方法、测量工具	布置时间及位置	测量频率			
			1~15 d	15~30 d	30~90 d	大于 90 d
后行洞爆破振动速度	了解后行洞在爆破施工中对先行洞的影响,使用振动波速测试仪和相应传感器、记录仪及处理软件	在先行洞同桩号断面上布控 3 个点,测水平、垂直各 6 个方向的振动波速及衰减规律,纵向每 20~30 m 布控一个断面	后行洞爆破之前安装,爆破后采集数据			
水平对拉锚杆轴力	锚杆轴力计,长度与中夹岩宽度相同,测量仪器应与锚杆锚力仪相对应	了解对拉锚杆受力状态,调整其密度和预应力,先行洞掌子面开挖后进行安装	1~2 次/d	1 次/2 d	1~2 次/周	1~3 次/月
中夹岩弹性波速	弹性波速测试仪及相应超声波发射、接收头,处理软件	每 10~50 m 布控一个断面,每个断面布设 5~6 对测孔	1~2 次/d	1 次/2 d	1~2 次/周	1~3 次/月
地表沉降量	精密水准仪、水准尺	洞口、偏压段、浅埋段每 10~20 m 布设一个断面,每个断面布设 16 个点	先行洞和后行洞开挖面距测量断面前后小于等于 2 B 时,1~2 次/d;先行洞和后行洞开挖面距测量断面前后大于 2 B 小于等于 5 B 时,1 次/2 d;先行洞和后行洞开挖面距测量断面前后大于 5 B 时,1 次/周			
围岩内部位移(洞内)	多点位移计及千分表	分 5 点布置,毛洞开挖后进行布置,其中夹岩处的 2 个多点位移计与中夹岩宽度相同	1~2 次/d	1 次/2 d	1~2 次/周	1~3 次/月

续表

项目名称	测量方法、测量工具	布置时间及位置	测量频率			
			1～15 d	15～30 d	30～90 d	大于 90 d
围岩压力及初期支护与二次衬砌之间的压力	压力盒及相配套的测量仪器	压力盒纵向布置同多点位移计，与多点位移计配合使用，每个断面布置 15～20 个。其中围岩压力测试用压力盒在毛洞开挖后立即安装，两层衬砌之间的压力盒在二次衬砌浇筑前安装	1～2 次/d	1 次/2 d	1～2 次/周	1～3 次/月
钢支撑内力	应力计或钢筋计，测量工具与之配套	应力计或钢筋计纵向布置同多点位移计，与多点位移计配合使用，每 10 榀测一榀，每个断面布置 10～14 个传感器	1～2 次/d	1 次/2 d	1～2 次/周	1～3 次/月
支护、衬砌内力及裂缝宽度	应力计和与之相配套的测量仪器	纵向每 10～50 m 布设一个断面，每个断面布置 15～21 个传感器	1～2 次/d	1 次/2 d	1～2 次/周	1～3 次/月
拱顶三点沉降量	在低等级围岩和特殊地段使用的工具有精密水准仪、塔尺、高质量钢卷尺	与周边收敛计配合使用，每个断面 3 个点，拱顶及上半断面左、右 45°角周壁点	1～2 次/d	1 次/2 d	1～2 次/周	1～3 次/月

续表

项目名称	测量方法、测量工具	布置时间及位置	测量频率			
			1～15 d	15～30 d	30～90 d	大于 90 d
系统锚杆轴力	各式锚杆轴力计及相配套的测量工具	纵向每 10～50 m 布设一个断面，每个断面布置 3～5 个轴力计	1～2 次/d	1 次/2 d	1～2 次/周	1～3 次/月

注：B—隧道毛洞开挖宽度。

(4)测量数据处理与应用。

小净距隧道周壁任意点的实测相对位移值或用回归分析推算的总相对位移值均应小于表 3.16 所列的数值。当位移速率无明显下降，而此时实测位移值已接近表 3.16 所列数值或者喷层表面出现明显裂缝时，应立即采取补强措施，并调整原支护设计参数或开挖方法。

表 3.16　隧道周边允许相对位移值　　　　　　　　　　　　单位：%

围岩类别	覆盖层厚度/m		
	<50	50～300	>300
Ⅳ	0.10～0.30	0.20～0.50	0.40～1.20
Ⅲ	0.15～0.50	0.40～1.20	0.80～2.00
Ⅱ	0.20～0.80	0.60～1.60	1.00～3.00

注：①相对位移值是指实测位移值与两测点间距离之比，或拱顶位移实测值与隧道宽度之比；②脆性围岩取表中较小值，塑性围岩取表中较大值；③Ⅰ、Ⅴ、Ⅵ类围岩可按工程类比法初步选定允许值范围；④本表所列数值可在施工过程中通过实测和资料积累作适当修正。

二次衬砌的施作应在满足下列要求时进行。

①位移速率明显收敛，围岩基本稳定。

②已产生的各项位移已达预计总位移量的 80%～90%。

③周边位移速率小于 0.1 mm/d，或拱顶下沉速率小于 0.07 mm/d。

(5)测量管理。

①隧道现场监控测量应成立专门的测量小组，每个小组由 3～5 人组成。

②现场监控测量小组对已处理的数据进行及时反馈，每月按时提交正常监控测量报告，特殊时期应尽快提交紧急监控测量报告。

③现场监控测量应按测量计划认真组织实施，并与其他施工环节紧密配合，不得中

断工作。

④各预埋测点应牢固可靠,易于识别并妥善保护,不得任意撤换和遭到破坏。

⑤竣工文件中应包括下列测量资料。

a. 现场监控测量计划。

b. 实际测点布置图。

c. 围岩和支护的位移-时间曲线图、空间关系曲线图以及测量记录汇总表。

d. 经测量变更设计和改变施工方法地段的信息反馈记录。

e. 现场监控测量阶段报告和现场监控测量总报告。

3.2 支护与衬砌

3.2.1 喷射混凝土施工总结

1. 作业准备

(1) 材料要求。

①水泥。

应优先选用硅酸盐水泥或普通硅酸盐水泥,强度不低于 32.5 MPa,尽量用新鲜的水泥,存放较长时间的水泥将会影响喷射混凝土的凝结时间。根据工程特点,必要时可采用特种水泥。

②粗、细骨料。

粗骨料应采用坚硬、耐久性好的碎石或卵石,抑或两者的混合物,严禁选用具有潜在碱活性的骨料。当使用碱性速凝剂时,不得使用含有活性二氧化硅的石料。喷射混凝土中的碎石(或卵石)最大粒径宜不大于 16 mm,喷射钢纤维混凝土中的碎石(或卵石)粒径宜不大于 10 cm,骨料级配宜采用连续级配。按重量计含泥量应不大于 1%,泥块含量应不大于 0.25%。

细骨料应采用坚硬、耐久性好的中砂或粗砂,细度模数应大于 2.5,含水率宜控制在 5%~7%。砂中小于 0.075 mm 的颗粒应不大于 20%。含泥量应不大于 3%,泥块含量应不大于 1%。

③外加剂。

所选外加剂应对混凝土的强度及围岩的黏结力基本无影响;对混凝土和钢材无腐蚀作用;对混凝土的凝结时间影响不大(除速凝剂和缓凝剂外);吸湿性差,易于保存;不污染环境,对人体无害。

④速凝剂。

喷射混凝土宜采用液体速凝剂。在使用速凝剂前,应做水泥的相容性试验及水泥净浆凝结效果试验,严格控制掺量,并要求初凝时间不大于 5 min,终凝时间不大于 10 min。

⑤水。

水质应符合工程用水的有关标准,水中应不含影响水泥正常凝结与硬化的有害杂质,一般应采用饮用水。

(2) 机具配置及劳动力安排。

为实现隧道安全、快速施工的目的,应结合隧道开挖进度,进行施工机具及劳动力的合理配置。配套的生产能力应为均衡施工能力的 1.2～1.5 倍。

湿喷机的选择应符合下列要求:机动性强,维修方便,易操作,对集料的级配和坍落度要求范围广;密封性能良好,输料连续均匀;生产率大于 5 m^3/h,允许最大粒径为 15 mm;输料距离水平方向不小于 30 m、垂直方向不小于 20 m;喷射混凝土时粉尘含量不大于 2 mg/m^3。

每班喷射手应至少配置 2 人,进行轮换及辅助施工,掌握喷头,检查喷射混凝土质量。

(3) 喷射混凝土前的准备工作。

①检查断面尺寸,欠挖部分必须剥皮处理。

②清除松动石块,冲洗受喷岩面,若受喷面积水较多必须清理。

③当岩面有渗漏水且渗漏水量大时,应采取措施将水集中引排。

④检查电缆、水管和风管是否连接无误,各运动部件是否连接牢固,旋转体内是否有木棒、铁丝、铁钉等杂物,以免开机时损坏机件。

⑤检查液体速凝剂是否足够,不够需添加;如有沉淀可人工进行搅拌,保持速凝剂材质均匀;如温度低于 0℃需采取加温措施防止冻结。速凝剂计量泵调节旋钮由试验室预先调好。

⑥主风阀打开前,系统风压(系统风压表显示值)低于 0.5 MPa 及电压在(380±19) V 范围外,均不得开机。

⑦在试运转时,轻轻按动喷射机启动按钮,检查喷射机转子的运转方向是否与转子上所标箭头方向一致(逆时针转动),若不一致则转动电控柜上的转换开关旋钮调整方向。

⑧将速凝剂吸管与水管连接,启动计量泵泵水,观察吸入管内液体流动是否正常,再打开速凝剂辅助风截止阀,检查接头是否泄漏,喷嘴混合环是否堵塞,当喷嘴喷出水时停

机。然后把速凝剂吸管插入速凝剂容器,启动计量泵,打开速凝剂辅助风阀,排出喷管内的水。

⑨向料斗内加入约半料斗拌和好的混凝土,启动振动电机,使混凝土料从筛网进入料斗。

2. 技术要求

(1)喷射混凝土采用湿喷法。

(2)施工前按设计提供的强度进行室内试验,确定施工配合比。

3. 施工工艺流程及操作要点

(1)喷射混凝土设计。

隧道初期支护喷射混凝土设计厚度为 10～35 cm,设计强度等级为 C25 或 C20。喷射混凝土配合比的设计应确保强度符合设计要求、不发生管路堵塞、能向上喷射至设计厚度。

(2)喷射混凝土施工。

隧道初期支护喷射混凝土采用湿喷工艺。喷射混凝土在洞外拌和站集中拌和,由混凝土搅拌运输车运至洞内,采用湿喷机喷射作业。在隧道开挖完成后,先喷射 4 cm 厚混凝土封闭岩面,然后打设锚杆、架立钢架、挂钢筋网,对初喷岩面进行清理后复喷至设计厚度。喷射混凝土施工工艺见图 3.12。

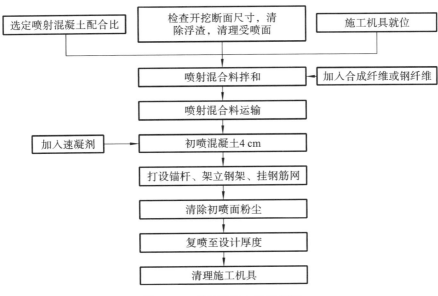

图 3.12 喷射混凝土施工工艺

①喷射前准备。

a. 喷射前应对受喷岩面进行处理。一般可用高压水冲洗受喷岩面的浮尘、岩屑,当岩面遇水容易潮解、泥化时,宜采用高压风吹净岩面。若为泥、砂质岩面,应挂设细钢筋网(网格宜不大于 20 mm×20 mm、线径宜小于 3 mm),用环向钢筋和锚钉或钢架固定,使其密贴受喷面,以提高喷射混凝土的附着力。喷射混凝土前,宜先喷一层水泥砂浆,待终凝后再喷射混凝土。

b. 设置控制喷射混凝土厚度的标志,一般采用埋设钢筋头做标志,亦可在喷射时插入长度比设计厚度大 5 cm 的铁丝,每 1~2 m 设一根,作施工控制用。

c. 检查机具设备和风、水、电等管线线路,湿喷机就位,并试运转。

选用的空压机应满足喷射机工作风压和耗风量的要求,压风进入喷射机前必须进行油水分离。

输料管应能承受 0.8 MPa 以上的压力,并应有良好的耐磨性能。

在受喷面、各种机械设备操作场所配备充足的照明及通风设备,保证作业区内具有良好的通风和照明条件,喷射混凝土时粉尘含量不得大于 2 mg/m³。

d. 喷射作业的环境温度不得低于 5℃。

e. 若遇受喷面有涌水、渗水或潮湿的岩面,喷射前应按不同情况进行处理。

对于大股涌水,宜注浆堵水后再喷射混凝土,一般情况下可顺涌水出露点打孔,压注速凝浆液(水泥-水玻璃浆液)进行封堵。

对于小股水或裂隙渗漏水,可视具体情况进行岩面注浆(布孔宜密,钻孔宜浅),或采用小导管沿隧道周边环形注浆进行封堵。

对于大面积潮湿的岩面,宜采用黏结性强的混凝土,如添加外加剂、掺合料以改善混凝土的性能。

②混凝土搅拌、运输。

湿喷混凝土搅拌采取全自动计量强制式搅拌机,施工配料应严格按配合比进行操作,速凝剂在喷射机喂料时加入。

钢纤维混凝土的搅拌工艺应确保钢纤维在拌和物中分散均匀,不产生结团,宜优先采用先干拌钢纤维、水泥、骨料后加水湿拌的方法,且干拌时间不得少于 1.5 min,或采用先投放水泥、骨料和水,在拌和过程中分散加入钢纤维的方法。搅拌时间应通过现场搅拌试验确定,并应较普通混凝土规定的搅拌时间延长 1~2 min,采用先干拌后加水的搅拌方式时,干拌时间宜不小于 1.5 min,搅拌时间宜不小于 3 min。

掺有合成纤维混凝土的搅拌时间宜为 4~5 min。搅拌完成后随机取样,若纤维已均匀分散成单丝,则混凝土可投入使用,若仍有成束纤维,则至少延长搅拌时间 30 s 才可使用。

运输采用混凝土运输罐车,随运随拌。喷射混凝土时,多台运输车应交替运料,以满足湿喷混凝土的供应。在运输过程中,要防止混凝土离析、水泥浆流失、坍落度变化以及产生初凝等现象。

③喷射作业。

a. 喷射操作程序应为:打开速凝剂辅助风→缓慢打开主风阀→启动速凝剂计量泵、主电机、振捣器→向料斗加混凝土。

b. 喷射混凝土作业应分段、分片、分层依次进行,喷射顺序应自下而上,分段长度宜不大于 6 m。喷射时先将低洼处大致喷平,再按自下而上的顺序分层、往复喷射。

喷射混凝土分段施工时,上次喷射混凝土应预留斜面,斜面宽度为 200～300 mm,斜面上需用压力水冲洗润湿后再喷射混凝土。

分片喷射要自下而上进行,并先喷钢架与壁面间的混凝土,再喷两钢架之间的混凝土。边墙喷混凝土应从墙脚开始向上喷射,使回弹的混凝土不致裹入最后喷层。

分层喷射时,后一层喷射应在前一层混凝土终凝后进行,若终凝 1 h 后再进行喷射时,应先用风、水清洗喷层表面。一次喷混凝土的厚度以喷混凝土不滑移不坠落为度,既不能因厚度太大而影响喷混凝土的黏结力和凝聚力,也不能因厚度太薄而增加回弹量。边墙一次喷射混凝土厚度应控制在 7～10 cm,拱部控制在 5～6 cm,并保持喷层厚度均匀。顶部喷射混凝土时,为避免产生坠落现象,两次间隔时间宜为 2～4 h。

c. 喷射速度要适当,以利于混凝土的压实。风压过大,喷射速度增大,回弹量增加;风压过小,喷射速度过小,压实力小,影响喷射混凝土强度。因此在开机后要注意观察风压,起始风压达到 0.5 MPa 后,才能开始操作,并根据喷嘴出料情况调整风压。一般工作风压:边墙 0.3～0.5 MPa,拱部 0.4～0.65 MPa。黄土隧道喷射混凝土时喷射机的压力一般不大于 0.2 MPa。

d. 喷射时使喷嘴与受喷面间保持适当距离,喷射角度尽可能接近 90°,以最大限度地压实和获得最小的回弹量。喷嘴与受喷面间距宜为 0.6～2.0 m;喷嘴应连续、缓慢地作横向环形移动;若受喷面被钢架、钢筋网覆盖,可将喷嘴稍加偏斜,但宜不小于 70°。如果喷嘴与受喷面的角度太小,会导致混凝土料在受喷面上滚动,形成凹凸不平的波形喷面,增加回弹量,影响喷射混凝土的质量。

④养护。

a. 喷射混凝土终凝 2 h 后,应采用养护台架进行湿润养护,养护时间不小于 14 d。

b. 黄土或其他土质隧道,以采用喷雾养护为宜,防止喷水过多软化下部土层。

c. 隧道内环境气温低于 5℃时,不得进行洒水养护。

(3) 施工控制要点。

①喷射混凝土原材料先检验合格后才能使用,速凝剂应妥善保管,防止受潮变质。严格控制拌和物的水灰比,经常检查速凝剂注入环的工作状况。喷射混凝土的坍落度宜控制在 8～13 cm,过大混凝土会流淌,过小容易出现堵管现象。喷射过程中应及时检查混凝土的回弹率和实际配合比。喷射混凝土的回弹率:侧壁应不大于 15%,拱部应不大于 25%。

②混凝土拌和料应随拌随喷,不掺速凝剂的干混合料存放时间应不大于 2 h,掺有速凝剂的干混合料存放时间应不大于 20 min。

③必须在隧道开挖后及时喷射混凝土。喷射混凝土严禁选用具有潜在碱活性的骨料。喷射混凝土时,应预埋厚度控制标志,严格控制喷射混凝土的厚度。

④喷射前应仔细检查受喷面,如有松动土块应及时处理。喷射机应布置在安全地带,并尽量靠近喷射部位,便于掌机人员与喷射手联系,随时调整工作风压。

⑤各项准备工作完成后,准备送风时必须严格遵守以下开机顺序:打开速凝剂辅助风→缓慢打开主送风阀送风→依次启动速凝剂计量泵、主电机和振捣器→向料斗加料。

⑥开始喷射前,首先打开进风管总阀门,上风路阀门开启 1/3 圈,再调整下风路到 0.5～1.0 kg/cm^2 空载风压(取决于输料管内混合料输送距离),然后喷射手开启喷头水阀,喷水预湿围岩表面。

⑦开机后,注意观察风压表显示值的变化,并根据喷嘴出料情况调整主风阀开度以控制高压风的风量和风压。风压根据混凝土和易性和喷射管长度适当调整。

⑧开始喷射时,要先送风,后给水,最后再开机送料。此时,喷射手根据受喷岩面和喷出的混凝土情况,调整加水量和风压,以喷料易黏着,料流冲击力适中,回弹量小,喷层表面湿润、平整光滑、无流淌现象为原则。

⑨作业过程中,上料速度要均匀、连续、适中,始终保持料斗内有一定的混凝土储存。及时清除振动筛上粒径大于 15 mm 的粗骨料和其他异物。

⑩喷射手要掌握好喷射距离和角度,应按顺序分段、分片、由下而上交错喷射;先喷侧墙,后喷拱部,喷射前先将受喷岩面凹处找平。

⑪喷射料束运动轨迹:环形旋转,水平移动,一圈压半圈,环形旋转直径为 0.6 m 左右,喷射第二行时,依顺序从第一行起点上方开始,行间搭接 2～3 cm。

⑫喷射时旋转速度以 2 s 左右转动一圈为宜;一次喷射厚度以在自重作用下不坍落为度,一般一次喷射厚度拱部为 3～5 cm,边墙为 10 cm。

⑬当有钢筋时,使喷嘴靠近钢筋,使喷射角度稍偏一些,使钢筋的保护层厚度达到 2 cm 以上。

⑭在喷射作业期间出现堵管时,立即停机,关闭风路,用木棒或铁锤敲击堵塞部位,振松堵塞物,然后用高压风吹出。如果输料管过长,应分段进行处理。

⑮当长时间停顿或每班工作结束时,要先停止上料,让机器继续运转,直到转子料腔中的物料全部出完为止,然后再停机。停机后,必须把输料软管中的余料吹出去,当发现没有物料从喷头喷出时,再关闭喷头水阀,最后关闭总进风管路阀门。

⑯在有水地段喷射混凝土时,在涌水点安设导管,将水集中引排,然后在导管附近施喷,进而施喷无涌水面。

⑰喷射完成后应检查喷射混凝土与岩面黏结情况,可用锤敲击检查,同时测量其平整度和检查断面,并将此断面与开挖断面对比,检查喷射混凝土厚度是否满足设计和规范要求。当有空鼓、脱壳时,应及时凿除,冲洗干净进行重喷,或采用压浆法充填。

⑱在喷射侧壁下部时,需将上半断面喷射时的回弹物清理干净,防止将回弹物卷入下部喷层中形成"蜂窝"而降低支护强度。

⑲经常检查喷射机出料弯头、输料管和管路接头,发现问题及时处理。管路堵塞时,必须先关闭主机,然后才能进行处理。

⑳喷射完成后应先关主机,再依次关闭计量泵、振动棒和风阀,然后用清水将机器、输送管路内残留物清除干净。

㉑冬期施工时,洞口喷射混凝土的作业场合应有防冻保暖措施;作业区的气温和混合料进入喷射机的温度均应不低于5℃;在结冰的岩面上不得进行喷射混凝土作业;混凝土强度达到6 MPa前,不得受冻;对液体速凝剂进行加热处理,温度应不低于10℃(最佳20℃)。

㉒混凝土应紧跟开挖工作面及时喷射,在喷射结束后4 h内不得进行下一循环的爆破作业。

(4)喷射混凝土粉尘和回弹量控制措施。

①采用复合高效减水型速凝剂,增加混凝土黏度,可大量减少粉尘和回弹量。

②加强对喷射混凝土操作人员的技能培训工作,提高其技术水平。

③严格控制喷射机工作风压,以免喷头处粉尘大量扩散。

④加强施工通风,将飘浮的粉尘迅速吹送到洞外。

⑤控制一次喷射厚度,以避免一次喷射过厚产生坠落。

⑥控制骨料粒径及砂率,使其符合规定要求。

⑦控制喷嘴与受喷面距离,喷射角度以垂直岩面为佳。

⑧含砂率对喷射混凝土的黏滞性和回弹量影响很大,一般宜采用较大的砂率(60%左右),以减少回弹量。当砂粒偏粗时,砂率可稍高些;当砂粒偏细时,则砂率宜偏低些。

4. 质量控制及检验

（1）喷射混凝土厚度控制。

喷射混凝土厚度的检查除采用埋钉法外，可在喷射混凝土 8 h 后用钢钎凿孔，若混凝土与围岩的颜色相近不易区别，可用酚酞试液涂抹孔壁，呈现红色者为混凝土。也可用地质雷达进行无损检测，要求每个作业循环查一个断面，每个断面应从拱顶起，每隔 2 m 布设一个检查点，检测结果记入喷锚支护记录。

喷射混凝土的厚度应符合下列要求：喷射混凝土平均厚度应大于设计厚度；应有 60% 及以上检查点位的喷射混凝土厚度大于设计厚度；喷射混凝土最小厚度不得小于设计厚度的 1/2，且不小于 3 cm。

（2）喷射混凝土与围岩黏结强度的检验方法。

喷射混凝土与围岩黏结强度有以下两种检验方法，施工时可根据现场条件选用其中一种方法进行检验。

①成型试验法：在模型内放置面积为 10 cm×10 cm，厚 5 cm，粗糙度近似于实际岩面的岩块，用喷射混凝土掩埋，等强后加工成 10 cm×10 cm×10 cm 的立方体并养护 28 d，用劈裂法进行试验。

②直接拉拔法：在围岩表面预先设置带有丝扣和加力板的拉杆，用 10 cm 厚的喷射混凝土将加力板埋入，试件尺寸为 30 cm×30 cm（与周围喷射混凝土分离），养护 28 d 后进行拉拔试验。

（3）回弹率测试。

回弹率的测定方法：按标准方法喷射 $0.5 \sim 1.0 \text{ m}^2$ 的混凝土，在长度 3.0 m 的墙部或拱部喷 10 cm 厚的喷层，用铺在地面上的彩条塑料布或钢板收集回弹物，称重后计算其体积与全部喷出混凝土体积的比值。

（4）喷射混凝土的强度检测。

试件采用边长 15 cm 的立方体无底试模喷射成型、大板切割方法制取，按标准方法对喷射混凝土的强度进行检测。

（5）喷射混凝土的配合比检验。

对同强度等级、同性能的喷射混凝土进行配合比检验，施工过程中，若水泥、外加剂等主要原材料的品种和规格发生变化，应重新进行配合比设计并经审批后才能使用。

（6）喷射混凝土早期（1 d）强度的检查。

每个喷射循环检查一次，通过贯入法或拔出法检测，监理单位见证检测。

（7）喷射混凝土的原材料每盘称量的检查要求。

喷射混凝土的原材料每盘称量的检查需满足如下要求：水泥的允许偏差为 ±2%；粗、

细骨料的允许偏差为±3%；水、外加剂的允许偏差为±2%；微纤维的允许偏差为±2%。

要求每工作班组抽查不少于1次，采用复称方式进行检查。

(8) 喷射混凝土表面检查。

对喷射混凝土表面及时进行检查，混凝土表面应平整、密实。用2 m直尺对平整度进行检查。表面平整度允许偏差：侧壁5 cm，拱部7 cm。混凝土表面应无裂缝、脱落、漏喷、露筋、空鼓和渗漏水，锚杆头无外露。监理单位见证检测。

(9) 喷射混凝土坍落度检查。

喷射混凝土拌和物的坍落度应符合设计配合比要求，每工作班组进行不少于1次的坍落度检查。

(10) 喷射混凝土砂、石含水率检查。

每次拌制喷射混凝土之前，应测定砂、石含水率，并根据测试结果和理论配合比调整材料用量，并将施工配合比交给混凝土工班。

(11) 施工质量检查。

建立健全质量保证体系，确保结构安全，工地设置专门的质量检查机构，配备专职的质量检查人员，建立完善的质量检查制度。严格实行质量负责制和质量终身责任制，企业法定代表人、项目负责人、各级技术人员及工班负责人对工程质量负相应的责任，层层签订质量终身责任书，做到责任落实到位。

每个工序由施工班组自检合格后报专职质检员进行检查。施工班组应形成自检记录。

施工互检：专职质检员检查合格后，通知施工队进行互检，检查合格后再由专职质检员报请监理工程师进行检查确认。

5．主要问题处理及施工方法改进

(1) 喷射混凝土时，混凝土回弹量过大。

施工方法改进：喷头与受喷面垂直，喷嘴至受喷面距离应调整为0.8 m，应不停且缓慢作横向环形喷射，不得在某一块区域停留过长时间；喷射时先送风后开机，再给料；喷射时应控制好水灰比；料斗里应有足够的存料；喷头处压力控制在0.1 MPa左右；喷头处的水压应大于气压。

(2) 喷射混凝土表面不平整。

施工方法改进：复喷或多次喷射，不断修整表面平整度；喷浆后及时铲除鼓包。

6．施工总结

施工过程中遇到了很多情况，通过采取各种措施均得到圆满解决，现对施工中遇到的情况及解决措施予以总结以供后续施工参考。

（1）提高开挖质量是保证喷射混凝土质量的关键。控制好周边眼装药量，提高光面爆破的效果，以减少喷射混凝土回弹量。

（2）含水地段应先治水。若涌水范围较小，可用弹簧管对接排水；若涌水范围较大，可用防水卷材将水汇集通过弹簧管排水。喷射混凝土时先喷干混合料，待其与涌水汇合后，再逐渐加水喷射，喷射时由远到近，逐渐向涌水点逼近。

（3）喷射机应随时保养维修，使之处于不漏气、不堵塞的良好工作状态。

（4）喷射混凝土在洞外自动计量拌和站集中拌制，并控制好速凝剂掺量。喷射机的工作气压可根据喷出料束情况适当调整；喷头处的水压应大于气压。

（5）喷射混凝土的配合比及拌和均匀性每班检查不得少于2次。喷射混凝土材料用量以质量计算，其允许误差：水泥与速凝剂为2%，砂与石料为5%。

（6）严格按技术要求喷射混凝土，经施工技术人员检查合格后，方可进行下一道工序的施工，并做好现场施工记录。

（7）施工中不定期对拌和设备进行检查，若发现问题应立即进行修整，严格按喷射混凝土配合比进行施工。

3.2.2　锚杆施工总结

隧道锚杆作为初期支护的一个组成部分，与二次衬砌一起构成了隧道永久支护体系。为规范锚杆施工工艺，控制锚杆施工质量，特对隧道锚杆施工进行总结。隧道锚杆类型主要包括药卷锚杆、中空注浆锚杆、中空组合锚杆、自进式中空注浆锚杆、涨壳式预应力中空注浆锚杆、水胀式锚杆。

1. 作业准备

（1）锚杆施工前的准备。

①检查锚杆类型、规格、质量及其性能是否与设计相符。

②根据锚杆类型、规格及围岩情况准备钻孔机具。

（2）劳动力安排。

每工班劳动力安排：空压机操作员1人，钢筋工2人，钻孔工10人，注浆操作工5人，电工1人。具体人员数量根据现场实际需要配置。

（3）机具配备。

型材切割机1台、注浆泵1台、煤电钻（或风动凿岩机）12台（备用2台）、空压机1台，不同类型锚杆需要的设备不同。

2. 技术要求

所有进场锚杆应严格按照规定检验频率抽检，针对不同锚杆的施工工艺，必须配置相应的施工设备和检测仪器。

3．锚杆类型

（1）药卷锚杆。

图 3.13 为药卷锚杆施工流程。

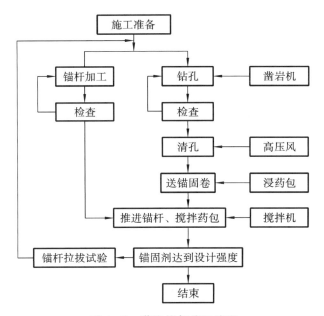

图 3.13　药卷锚杆施工流程

药卷锚杆施工操作要点如下。

①锚杆钻孔。

石质隧道锚杆采用 YT28 型风动凿岩机钻孔，黄土隧道采用 ZM12T 型煤电钻钻孔。煤电钻施工既可以解决土质隧道遇水围岩软化的问题，又可解决土质隧道施工采用常规冲击钻不易排碴、成孔困难的难题，可以提高成孔速度和安全性。

锚杆钻孔利用开挖台阶搭设简易台架施钻，按照设计间距布孔；钻孔方向尽可能垂直于结构面或初喷混凝土表面；锚杆孔直径比杆径大 15 mm，深度误差不得超过±50 mm；成孔后采用高压风清孔。

②锚杆安装和检验。

ZW 型锚固材料有普通型和早强型两种，本工程拟用早强型锚固材料。

a. ZW 型锚固材料浸水：锚固卷浸水前上端扎 3～5 个小孔(孔径 1 mm)。浸水后通过滤纸进入锚固卷中的水占据了锚固卷中的小空间，原微小空间中的空气被排出，直到小孔不冒泡即浸水结束。这时锚固卷水灰比处于理想范围(0.34～0.35)，可马上取出安装使用,浸水时间为 1~1.5 min,浸水时间过短,水泥水化不完全,影响锚固力,浸水时间过长,水泥浆易流动,影响锚固力。

b. 锚杆体的安装方法:将打好的眼孔用高压风吹净,将浸好水的锚固卷装入眼内,用炮棍将其送至眼底,将锚杆插入,其位置应尽量居中,端部外露长度为 5~15 cm。

锚杆的锚头制成 Y 字形,锚端头最大宽度与水泥包直径相等,将锚杆的锚头安放在锚固卷底部,用 TJ9 型风动搅拌机(或电钻)带动锚杆快速旋转,边旋转边徐徐推进,锚头在旋转与推进中强烈搅拌浸水后的锚固卷,使水泥浆获得良好的和易性,水泥浆若沿孔壁下滑,孔口用纸堵塞,施工过程中要求迅速,时间不要过长。

c. 锚杆抗拔检验。

为了检验锚杆安装质量,须对锚杆进行抗拔检验,进行此项工作时,注意在安装拉力计时,其作用线与锚杆方向一致,并固定牢靠。

加载匀速、缓慢,拉拔至设计吨位即停止,不做破坏试验。

(2) 中空注浆锚杆。

①中空注浆锚杆的特点。

中空注浆锚杆将锚杆和注浆管的功能合二为一。注浆时它是注浆管,注浆完成后无须将它拔出,直接将它作为锚杆使用即可。相对于传统的锚固工艺。中空注浆锚杆具有如下特点:施工方法非常简单,它将传统的先注浆后锚固工艺改为先锚固后注浆,注浆时压力可达几百牛,不但可以填满锚孔,而且在裂隙发育地区,浆液还在注浆压力的作用下渗透进裂隙,起到改良围岩结构的作用。

②中空注浆锚杆的构造。

中空注浆锚杆由锚头、全螺纹中空杆体、止浆塞、垫板、螺母构成。

③施工流程。

中空注浆锚杆施工流程如下。

a. 用 YT28 型风动凿岩机钻孔,钻孔完成后清孔。

b. 插入锚杆:将安装好锚头的中空注浆锚杆插入锚孔,锚头上的倒刺立即将锚杆挂住。

c. 锚杆尾端安装止浆塞、垫板、螺母。

d. 连接注浆机:用快速注浆接头将锚杆尾端和所选注浆机连接。注浆机选用万通 WT1601 型注浆机。

e. 注浆:启动注浆机注浆,待注浆饱满且压力达到设计值时关机。注浆压力可根据设计参数和注浆机性能确定,灰砂比参考值为:大于等于 1,水灰比参考值为 0.45~0.5。

④中空注浆锚杆技术参数。

建议采用的中空注浆锚杆型号为 RD25S12,其技术参数如下:直径为 25 mm,壁厚为 5 mm;材料强度为 500 MPa;锚固力为 50 kN/m;重量为 2.5 kg/m;螺纹方向为左旋;标准长度为 2.0 m、2.5 m、3.0 m、3.5 m。

(3) 中空组合锚杆。

中空组合锚杆是在普通中空注浆锚杆的基础上发展起来的,它充分考虑到普通中空注浆锚杆和其他类型组合锚杆的优缺点,解决了中空锚杆的排气和注浆问题,具有优良的应用效果。

①中空组合锚杆的结构。

锚头:锚头上的倒刺可将锚杆定位于钻好的孔内,并保证杆体良好居中。

螺纹钢杆体:总成中最重要的构件,在锚固和支护中起主要作用。

锚杆体:总成中最重要的构件,在锚固和支护中起主要作用。

止浆塞:在注浆过程中保持注浆压力,使浆液充分填充进围岩缝隙。

垫板:承受更大的围岩应力。

螺母:将围岩应力集中到垫板上。

连接套:将锚杆杆体和螺纹杆杆体连接起来。

②中空组合锚杆的特点。

中空组合锚杆集中了中空注浆锚杆及组合锚杆的优点,具有如下特点。

a. 彻底解决了向上注浆问题,运用范围广泛。

b. 锚杆的两部分由中空注浆锚杆体和 22 号螺纹钢精加工组成,无须现场加工螺纹,连接方便。

c. 充分利用组合部分的中空锚杆体,增大注浆通径,注浆锚固效果极好,无注浆盲区。

d. 用等材质中空锚杆体组合连接,没有强度薄弱区域,充分发挥中空注浆锚杆全长等强的特点;解决了自进(钻)式锚杆的注浆排气难题。

③施工流程。

中空组合锚杆的施工方法与普通中空注浆锚杆基本相同,具体施工流程如下。

a. 钻孔。

b. 插入锚杆:将安装好锚头、组合式连接套、排气管的中空组合锚杆体插入钻孔。

c. 安装止浆塞、垫板、螺母。

d. 连接注浆机:用快速注浆接头将锚杆尾端与注浆机连接。

e. 注浆:待排气管口有水泥砂浆渗出,即可停止注浆。

(4) 自进式中空注浆锚杆。

自进式中空注浆锚杆由中空钢管杆体、钻头、连接套筒、垫板、螺母组成。杆体外表全长具有标准螺纹,可以任意切割和用连接套筒接长。它适用于易坍孔的破碎岩层,锚固深度大,锚固力强。钻孔机械按孔深可选用手持式凿岩机或支架式凿岩机,杆体用特制钎尾套与凿岩机连接。自进式中空注浆锚杆主要用在围岩破碎不成孔地段,代替中空锚杆及砂浆锚杆作系统支护,也在支护发生变形后作加强支护之用。

①自进式中空注浆锚杆的结构。

合金钻头:用优质合金经精密工艺制作而成,具有很强的硬度和韧性,其穿透力可使锚杆钻入多类围岩。

锚杆体:总成中最重要的构件,在钻进和锚固中起主要作用。

连接套:在锚杆需要加长时起连接作用。

垫板:能承受更大的围岩应力。

螺母:能将围岩应力集中到垫板上。

②钻孔。

a.钻孔前检查锚杆是否中空,钻头水孔是否有异物堵塞,若有应清理干净,保证杆体与钻头通畅。

b.连接钻头和钻杆,连接钻机和钻杆。由于在破碎岩层中钻进,钻头的水孔易堵塞,因此在钻进过程中,应放慢钻进速度,多回转,少冲击,若在钻孔中出现水孔堵塞现象,应将钻杆后撤 50 cm,并反复扫孔,使水孔畅通,然后慢慢钻进,直至设计深度。

c.钻到设计深度后,要用水或高压风洗孔,检查钻头水孔是否畅通,确认畅通后将钻机连接套从锚杆上卸下。

d.若锚杆需要加长,用钻杆连接套连接已施作锚杆和另一根锚杆,继续钻进,直到设计深度。

e.钻孔完成后,用钢管将止浆塞通过锚杆外露端打入孔口 10 cm 左右,同时安装锚杆垫板及螺母,但此时不宜上紧。

③锚杆注浆。

a.采用专用锚杆注浆机注浆,注浆前先检查注浆机及其零件是否齐备和正常,严格按操作程序作业。

b.检查水泥的型号、砂的粒径、配合比等是否符合规定,浆液严格按设计配合比配制。

c.用水或风再次检查锚孔是否畅通,孔口返水或返风即可。迅速将锚杆和注浆管用快速注浆接头连接好。

d. 启动注浆机,整个注浆过程要连续,不得停顿。当浆液从止浆塞边缘流出或压力表上显示值达到设计值,即可停泵。若注浆过程中出现堵管现象,应及时清理锚杆、注浆管及注浆机,此时若压力表显示有压力,应先反转电机 1～2 s 卸压,再卸下各接头。

e. 当完成一根锚杆的注浆后,应迅速卸下注浆软管与锚杆的接头,清洗并安装到另一根锚杆上,继续注浆;注浆开始前或中途停止超过 30 min 时应用水或稀水泥浆润滑注浆罐及其管路,以免堵孔。

f. 注浆过程中,要及时清洗接头,以保证注浆过程的连续性,注浆完成后,应及时清洗及保养注浆机。

g. 在水泥浆体强度达 10.0 MPa 后,方可上紧螺母及垫板。

(5) 涨壳式预应力中空注浆锚杆。

① 涨壳式预应力中空注浆锚杆结构。

涨壳式预应力中空注浆锚杆由钢质涨壳锚头、中空注浆锚杆体、止浆塞、垫板、螺母组成。

② 涨壳式预应力中空注浆锚杆的特点。

安装方便,能及时施加预应力;主动张拉,预应力可达 50 kN,并可实现适当的超张拉;利用常规工具,单人即可实现张拉操作。

③ 施工流程。

a. 锚头安装及预应力施加:钻孔成形并彻底清孔;将安装有涨壳锚头的杆体直接接入成孔底部;用力预紧杆体,保证锚头顶端与孔底部紧贴并左旋锚杆体直至旋紧,再安装止浆塞、垫板、螺母;连接常规张拉工具(例如锚杆拉力),施加预应力至规定值。

b. 注浆:将注浆机推入现场,接好注浆管及电源;按设计配合比搅拌好浆液,并将其倒入注浆机;启动注浆机,浆液注入锚孔,直到锚杆尾端流出浆液且注浆压力达到设计值为止;取下快速注浆接头,对下一根锚杆进行注浆,直到所有锚杆注浆完毕;清洗设备。

(6) 水胀式锚杆。

水胀式锚杆是一种由外径大于锚孔直径的无缝钢管加工而成的小于锚孔直径的双层凹型管状杆体,它由端套、挡圈、注液端、托盘等配件组成。其施工流程为:钻孔→将杆体装上托盘,送入孔底→注液器与注液嘴连接→注入高压水(压力为 15～20 MPa)→杆体与围岩密贴→完成。

水胀式锚杆在高压水作用下,锚杆管壁随锚孔形状膨胀,产生永久变形,使其对围岩产生挤压,获得锚固力,从而起到加固作用。水胀式锚杆有三种作用:①托锚作用,在加压膨胀过程中,杆体沿轴线收缩 1～4 mm,使托盘对锚孔附近围岩产生挤压力;②对围岩的轴向变形的限制作用,该作用随着围岩变形增加而增强;③沿锚杆全长对锚孔围岩挤压产生的径向压力作用,径向压力随着水压增大而增大,当水压为 25 MPa 时,锚固力可达 20 kN/m,而且比较稳定。

4. 锚杆安装允许偏差及质量控制

(1) 锚杆安装允许偏差应符合下列规定。

①锚杆孔的孔径应符合设计要求。

②锚杆孔的深度应比锚杆长度大 10 cm。

③锚杆孔距允许偏差为±15 cm。

④锚杆插入长度不得小于设计长度的 95%。

⑤锚杆孔的方向应符合设计要求,锚杆垫板应与基面密贴。

⑥锚杆应平直、无损伤,表面无裂纹、油污、颗粒状或片状锈蚀。

(2) 质量控制。

①必须进行岗前培训,让操作者了解施作流程及标准。

②开工前必须认真进行技术交底。

③必须绘制锚杆布置图,严格控制其位置。

④严格控制砂浆的水灰比。

⑤控制注浆压力和进浆量。

5. 安全要求

(1) 施工期间,应对支护的工作状态进行定期或不定期检查。在不良地质地段,应由专人每班检查。

(2) 暂停施工时,应将支护直抵开挖面。

(3) 锚杆简易台架安置应稳妥。

(4) 作业中若风、水、输料管路堵塞或爆裂,必须依次停止风、水、料的输送。

(5) 在对锚杆支护体系的监控测量中若发现支护体系变形、开裂等险情,应采取补救措施。当险情危急时,应将人员撤出危险区。

(6) 若已设锚杆地段有较大变形或锚杆失效,立即在该地段增设加强锚杆,长度不小于原锚杆长度的 1.5 倍。

6. 锚杆注浆注意事项

(1) 注浆工人必须使用防护工具。

(2) 认真检查机具设备及线路,避免漏电伤人。

(3) 机械司机严格按操作规程作业。

(4) 注浆工人与注浆机司机必须协调好。

(5) 注浆完毕后必须先关闭阀门，再关闭注浆机。

(6) 注浆口不允许对着人。

3.2.3　钢筋网施工总结

1. 作业准备

隧道初期支护钢筋网施工前应该做好相应的准备，包括技术准备、场地准备、原材料准备、人员配备和机械配备等。

(1) 技术准备。

按照设计文件进行技术交底和加工钢筋网，钢筋网须经质检员、监理工程师检验合格方能挂设。

(2) 场地准备。

钢筋网在钢筋加工场内制作，在指定场地存放，按照要求可在岩面喷射一层混凝土后再挂设钢筋网。

(3) 原材料准备。

按照相关要求对原材料进行检验，检验合格后方能使用，加工前应除锈。

(4) 人员配备。

每循环人员配置：焊工 4 人，钢筋工 10 人，钢筋调直机操作员 1 人。

(5) 机械配备。

主要机械设备有：电焊机 4 台、钢筋调直机 1 台、钢筋切割钳 1 把。

2. 技术要求

(1) 要求中心试验室按《公路工程质量检验评定标准 第一册 土建工程》(JTG F80/1—2017)中 10.9 的内容对进场钢筋进行严格试验，满足要求后使用。

(2) 按照设计及规范要求的钢筋规格、型号及网片尺寸、网格间距加工。

(3) 钢筋焊接前要先将钢筋表面的油渍、漆污、水泥浆，以及用锤敲击能脱落的浮皮、铁锈等清除干净。

(4) 加工完毕后的钢筋网应平整，钢筋表面无削弱钢筋截面的伤痕。

3. 施工工艺及操作要点

(1) 施工工艺。

①钢筋网片加工。

钢筋网片按满足设计文件要求的钢筋进行制作，在钢筋加工场内集中加工。先用钢筋调直机把钢筋调直,再截成钢筋条,钢筋网片尺寸应根据拱架间距和网片之间的搭接长度综合考虑确定。

②成品的存放。

制作成型的钢筋网片必须轻抬轻放,避免产生变形。钢筋网片成品应远离加工场地,堆放在指定的成品堆放场地上。存放和运输过程中要避免潮湿的环境,防止产生锈蚀、污染和变形。

③挂网。

按图纸标定的位置挂设加工好的钢筋网片,钢筋网片随初喷面的起伏铺设,绑扎固定于先期施工的系统锚杆之上,再把钢筋网片焊接成网,网片搭接长度为1~2个网格。

(2) 操作要点。

①钢筋网格尺寸应符合设计要求。

②应按照以下要求铺设钢筋网。

a. 钢筋网应在初喷一层厚4 cm的混凝土后再铺设。

b. 破碎层地段应先加铺钢筋网,沿环向压紧后再喷射混凝土。

c. 钢筋网应随初喷面的起伏铺设,与受喷面的间隙一般不大于3 cm,与锚杆或其他固定装置连接牢固。

d. 开始喷射时,应减小喷头至受喷面的距离,并调整喷射角度,钢筋网表面覆盖的混凝土厚度不得小于3 cm。

e. 喷射中若有脱落的石块或混凝土块被钢筋网卡住,应及时清除后再喷射混凝土。

4. 质量控制及质量检测

(1) 主控项目。

①钢筋进场时,必须对其质量指标进行全面检查并按批抽取试件做屈服强度、抗拉强度、伸长率和冷弯试验,其质量应符合现行国家标准《钢筋混凝土用钢 第1部分:热轧光圆钢筋》(GB 1499.1—2024)、《钢筋混凝土用钢 第2部分:热轧带肋钢筋》(GB 1499.2—2024)和《低碳钢热轧圆盘条》(GB/T 701—2008)等的规定和设计要求。

检验数量:同牌号、同炉罐号、同规格、同交货状态的钢筋,每60 t为一批,不足60 t按一批计。每批抽检一次。

检验方法:检查每批质量证明文件,并按批进行抽样做屈服强度、抗拉强度、伸长率和冷弯试验。

②钢筋网所使用的钢筋的品种、规格等应符合设计要求。

检验数量:全部检查。

检验方法:观察、钢尺检查。

③钢筋网的制作应符合设计要求。

检验数量:全部检查。

检验方法:观察、尺量。

④钢筋网的安装位置应符合设计要求,并与锚杆或其他固定装置连接牢固。钢筋网表面覆盖的混凝土厚度不得小于 3 cm。

检验数量:每循环检查 5 处。

检验方法:观察,凿孔检查或仪器探测。

⑤钢筋网应在岩面喷射一层混凝土后再铺设,底层喷射混凝土的厚度不得小于 4 cm。采用双层钢筋网时,第二层钢筋网应在第一层钢筋网被混凝土覆盖及混凝土终凝后铺设。

检验数量:每循环检验一次。

检验方法:观察,检查施工记录。

(2) 一般项目。

①钢筋网的网格间距应符合设计要求,网格尺寸允许偏差为±10 mm。

检验数量:每循环检验一次,随机抽样 5 片。

检验方法:尺量。

②钢筋网搭接长度应为 1~2 个网孔,允许偏差为±50 mm。

检验数量:每循环检验一次,随机抽样 5 片。

检验方法:尺量。

③钢筋应冷拉调直后使用,钢筋表面不得有裂纹、油污、颗粒状或片状锈蚀。

检验数量:全部检验。

检验方法:观察。

5. 安全

(1) 施工人员应经培训合格后上岗。焊工应持有特种工人作业证。

(2) 焊工必须穿戴防护衣具,施工时焊工应站在木垫或其他绝缘垫上。

(3) 焊机必须接地,以保证操作人员安全,对于焊接导线及焊钳接导线处,都应有可靠的绝缘接地。

(4) 大量焊接时,焊接变压器不得超负荷,变压器升温不得超过 60℃,为此,要特别注意遵守焊机暂载率规定,以免过分发热而损坏。

(5) 钢筋的调直、切断所使用的机械设备必须指定专人操作。

(6) 钢筋网安装时,应对支护的工作状态进行检查,当发现支护变形或损坏,应立即修整加固,当险情危急时,应将人员撤出危险区。

3.2.4 格栅钢架施工总结

1. 作业准备

格栅钢架施工前应做好相应的施工准备,包括技术准备、场地准备、原材料准备、人员配备和机械配备。

(1) 技术准备。

按照设计文件对钢筋规格、钢筋数量、钢架尺寸(结合规范放大轮廓尺寸)进行技术交底和制作钢架。

(2) 场地准备。

在钢筋棚内现场设计工作台,在掌子面开挖初喷完成后立即安装钢架。

(3) 原材料准备。

格栅钢架的主筋直径宜不小于 18 mm,原材料按照相关要求检验合格后投入使用,加工前应除锈。

(4) 人员配备。

工班长 1 人、电焊工 3 人、钢筋工 4 人、普工 6 人。

(5) 机械配备。

切割机 1 台、电焊机 3 台、钻孔机 1 台。

2. 技术要求

(1) 钢架应按设计位置安设,钢架之间必须用钢筋进行纵向连接,并要保证焊接质量。钢架安设过程中,当钢架与围岩之间有较大的空隙时,沿钢架外缘每隔 2 m 用混凝土预制块楔紧。

(2) 钢架的底脚用纵向托梁和锁脚锚管等措施加强支撑。

(3) 钢架应尽可能多地与锚杆及钢筋网焊接,以增强其联合支护的效应。

(4) 喷射混凝土时,要将钢架与岩面之间的间隙喷射密实。

(5) 混凝土应分层、分段喷射完成,初喷混凝土应"早喷锚",复喷混凝土应在测量指导下进行,即"勤测量",以保证复喷适时有效。

(6) 型钢钢架应采用冷弯成型方式,钢架的焊接不得有假焊,焊缝表面不得有裂纹、焊瘤等缺陷。

(7) 每榀钢架加工完成后应放在水泥地面上试拼,周边拼装允许误差为±3 cm,平面翘曲应小于 2 cm。

(8) 钢架应在初喷混凝土后及时架设,各节钢架间用螺栓连接,连接板必须密贴。

(9)钢架安装前应清除底脚下的浮渣及杂物,钢架底脚应置于牢固的基础上。

3. 施工流程及操作要点

(1)施工流程。

格栅钢架施工流程见图3.14。

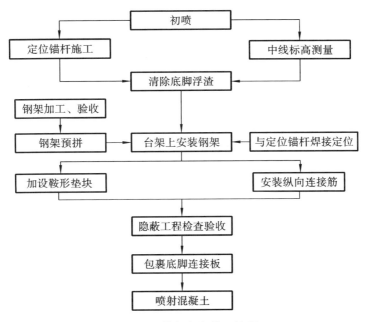

图3.14 格栅钢架施工流程

(2)操作要点。

①格栅钢架加工。

a.格栅钢架在现场设计的工作台上加工。工作台用20 mm厚的钢板制成,其上根据不同断面的钢架主筋轮廓放样成钢筋弯曲模型。钢架的焊接在胎模内进行,控制变形。

b.按设计加工好各单元格栅钢架后,组织试拼,检查钢架尺寸及轮廓是否合格。

加工允许误差:沿隧道周边轮廓误差不大于3 cm,平面翘曲应小于2 cm,接头连接要求同类之间可以互换。

c.格栅钢架各单元必须明确标准类型和单元号,并分单元堆放于地面干燥的防雨棚内。

②钢架安装。

a.钢架在掌子面开挖初喷完成后立即进行安装。

b.根据测设的位置,各节钢架在掌子面用螺栓连接,连接板应密贴。为保证各节钢架在全环封闭之前置于稳固的地基上,安装前应清除各节钢架底脚下的浮渣及杂物。同时每侧安设 2 根锁脚锚管(根据围岩状况进行调整)将其锁定,底部开挖完成后,底部初期支护及时跟进,将钢架全环封闭。

c. 为保证钢架位置安设准确,隧道开挖时在钢架的各连接处预留连接板凹槽。初喷混凝土时,在凹槽处打入木楔,为架设钢架留出连接板(和槽钢)位置。钢架按设计位置安设,在安设过程中,当钢架和初喷层之间有较大间隙时,应每隔 2 m 用混凝土预制块揳紧,钢架背后用喷射混凝土填充密实。钢架用钢管(钢筋)进行纵向连接,环向间距应符合设计要求。

d. 钢架落底接长(即对钢架底部进行接长以适应隧道开挖进度和围岩条件)在单边交错进行,每次单边接长钢架 1~2 排。在软弱地层可将落底接长部分与仰拱相连并及时喷射混凝土。接长钢架和上部钢架通过垫板用螺栓牢固准确连接。

e. 架立钢架后应尽快喷射混凝土,以使钢架与喷射混凝土共同受力。喷射混凝土作业应分层进行,先从拱脚或墙角处由下向上喷射,防止上层喷射料虚掩拱脚(墙角),造成强度不够,拱脚(墙角)失稳。

4. 质量控制及质量检测

(1) 主控项目。

①制作钢架所用型钢进场检验必须按批抽取试件作力学性能(屈服强度、抗拉强度和伸长率)、工艺性能(冷弯)试验,其质量必须符合现行国家标准《碳素结构钢》(GB/T 700—2006)、《热轧型钢》(GB/T 706—2016)等的规定和设计要求。

检验数量:同牌号、同炉罐号、同规格、同交货状态的型钢,每 60 t 为一批,不足 60 t 应按一批计。每批抽检一次。

检验方法:检查每批质量证明文件并进行相关性能试验。

②制作钢架的钢材品种和规格必须符合设计要求。

检验数量:全部检查。

检验方法:观察,钢尺检查。

③钢架的弯制应符合设计要求。钢架的结构尺寸应符合设计要求。

检验数量:全部检查。

检验方法:观察、尺量。

④钢架安装不得侵入二次衬砌断面,底部不得有浮渣,相邻钢架及各节钢架间的连接应符合设计要求。钢架底层喷射混凝土的厚度不得小于 4 cm,表面覆盖混凝土的厚度不得小于 3 cm。

检验数量:每榀检查。

检验方法:观察、测量。

⑤沿钢架外缘每隔 2 m 应用钢楔或混凝土预制块将其与初喷层顶紧,钢架与初喷层间的间隙应用喷射混凝土喷填密实。

检验数量:全部检查。

检验方法:观察。

(2)一般项目。

①钢筋等原材料应平直、无损伤,表面不得有裂纹、油污、颗粒状或片状锈蚀。

检验数量:全部检查。

检验方法:观察。

②钢架制作应符合下列规定:采用型钢弯制钢架时,分节长度应根据设计尺寸及所采用的开挖方法确定,各节长度应不大于 4 m,腹板上钻孔的位置应符合设计要求;钢架节点焊接长度应大于 4 cm,且对称焊接;钢架周边拼装尺寸允许偏差为±3 cm,平面翘曲应小于 2 cm。

检验数量:每榀钢架检查一次。

检验方法:观察、尺量。

③钢架安装允许偏差的检验应符合如下规定:间距的允许偏差为±100 mm;横向的允许偏差为±50 mm;高程的允许偏差为±50 mm;垂直度的允许偏差为±2°;保护层和表面覆盖层厚度的允许偏差为−5 mm。

检验数量:每榀钢架检查一次。

检验方法:测量、尺量。

5. 安全规程

(1)施工人员应经培训合格后上岗。焊工应持有特种工人作业证。

(2)钢筋的调直、切断所使用的机械设备必须指定专人操作。

(3)支撑构件的立柱不得置于浮渣和活动石块上。在软弱围岩地段,立柱底面应加设垫板或垫梁。

(4)钢架安装作业时,作业人员之间应协调动作,在本排钢架未安装完毕并未与相邻的钢架和锚杆连接稳妥之前,不得擅自取消临时支撑。

(5)焊接、切割及弯曲机作业时应符合相关作业规范。

(6)应对支护的工作状态进行定期或不定期检查,当发现支护变形或损坏时,应立即修整加固,当险情危急时,应将人员撤出危险区。

3.2.5 型钢钢架施工总结

1. 作业准备

型钢钢架施工前应做好相应的准备,包括技术准备、场地准备、原材料准备、人员配备和机械配备。

(1)技术准备。

按照设计文件对钢材规格、钢材数量、钢架尺寸(结合规范放大轮廓尺寸)进行技术交底和制作钢架。

(2)场地准备。

钢架在钢筋棚内的工作台上制作,在掌子面开挖初喷完成后立即进行安装。

(3)原材料准备。

钢架宜选用型钢、钢轨等制成。原材料按照相关要求检验合格后使用,原材料应清洁,无损伤及片状铁锈。

(4)人员配备。

工班长1人、电焊工3人、钢筋工4人、普工6人。

(5)机械配备。

切割机1台、型钢弯制机1台、电焊机3台、钻孔机1台。

2. 技术要求

同第3.2.4节第2大点的内容。

3. 施工流程及操作要点

(1)施工流程。

型钢钢架施工流程见图3.15。

(2)操作要点。

①型钢钢架加工。

a.加工场地用混凝土硬化,精确抹平,按设计放出加工大样。

b.钢架结合隧道开挖方法采用型钢弯制机按照隧道断面曲率分节进行弯制,弯制完成后,先在加工场地上试拼。

c.各节钢架拼装,要求尺寸准确,弧形圆顺,要求沿隧道周边轮廓误差不大于3 cm;型钢钢架平放时,平面翘曲小于2 cm。

②型钢钢架安装。

同第3.2.4节第3大点中的"(2)操作要点。"中的"②钢架安装。"的第c、d、e条内容。

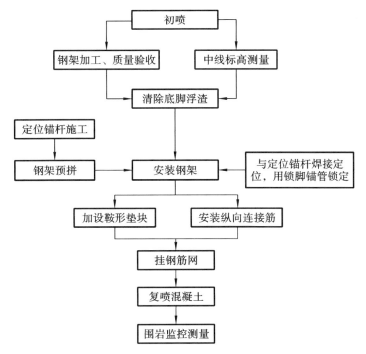

图 3.15　型钢钢架施工流程

4. 质量验收、质量控制及质量检测

(1) 质量验收。

质量验收参照《公路隧道施工技术规范》(JTG/T 3660—2020)、《公路工程质量检验评定标准 第一册 土建工程》(JTG F80/1—2017)等规范。

(2) 质量控制及质量检测。

同第 3.2.4 节第 4 大点中的内容。

5. 安全规程

同第 3.2.4 节第 5 大点中的内容。

3.2.6　超前小导管施工总结

1. 作业准备

隧道辅助施工措施超前小导管施工前应做好相应的准备,包括技术准备、场地准备、原材料准备、人员配备和机械配备。

(1) 技术准备。

按照设计及规范要求,结合实际编制方案,进行技术交底和制作,加工的半成品经质检员、监理工程师检验合格后使用。

（2）场地准备。

超前小导管在钢筋棚内加工,测量放样和钻孔完成后进行安装、注浆。

（3）原材料准备。

原材料按照相关要求检验合格后使用。

（4）人员配备。

工班长 1 人、电焊工 2 人、制作工 3 人、钻孔与打管工 6 人、电工与注浆机/拌和机司机 5 人。人员配备应根据现场情况及时调整。

（5）机械配备。

结合客运专线大断面隧道的特点,每工班施工机具配置如下:钻机 10 台、焊机 2 台、拌和机 1 台、注浆机 1 台。

2. 技术要求

超前小导管配合型钢钢架使用,应用于隧道Ⅳ、Ⅴ级围岩拱部超前注浆预支护。超前加固采用在围岩四周打设注浆小导管的方式,钢管型号、壁厚、间距、倾角、环向设置范围、纵向搭接长度及注浆要求需符合设计及规范要求。

3. 施工流程及操作要点

（1）施工流程。

超前小导管施工流程见图 3.16。

（2）操作要点。

①钢管加工。

小导管前端加工成锥形,防止浆液前冲,方便顺利插入已钻好的导管孔内。当围岩松软时,也可以将小导管直接打入围岩。小导管尾端用 $\phi 8$ mm 钢筋焊一圈加强箍,防止顶进时导管尾端变形。为了便于注浆,在小导管中部钻 $\phi 8$ mm@10 cm、梅花形布置的小孔。加工好的成品要经过严格的质量检验,以保证注浆质量。为了能与注浆协调进行,可提前安排钢管加工。

②孔口密封处理。

为防止注浆时漏浆,在小导管的尾部用麻筋缠箍成楔形,以便钢管顶进孔内后其外壁与岩壁间隙堵塞严密。钢管尾端外露足够长度,并与格栅钢架焊接在一起。钢管顶进时,注意保护管口不受损变形,以便与注浆管路连接。

③测量放样。

按设计要求,在掌子面上准确画出本循环需施设的小导管孔位。

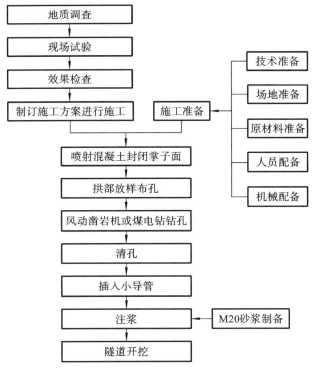

图 3.16 超前小导管施工流程

④钻孔。

导管采用风动凿岩机、煤电钻钻孔时,其孔深应适当超深;采用锤击或钻机顶入时,其顶入长度应不小于管长的 90%。一般要求孔位偏差不超过 50 mm,外插角不超过 2°,锚固长度不小于设计长度的 96%。孔径较设计导管管径大 20 mm 以上。

⑤插管。

成孔后,将小导管按设计要求插入孔中,或用风动凿岩机直接将小导管从型钢钢架上部、中部打入,外露 20 cm 支撑于开挖面后方的钢架上,钢管要与钢架焊接牢固,与钢架共同组成预支护体系。

⑥注浆。

a. 采用 KBY50/70 型注浆机压注水泥浆或水泥砂浆。注浆前先喷射 5~10 cm 厚的混凝土封闭掌子面,形成止浆盘。注浆前先冲洗管内沉积物,按由下至上的顺序进行冲洗。

b. 单孔注浆压力达到设计要求值,持续注浆 10 min 且进浆速度为开始进浆速度的 1/4 或进浆量达到设计进浆量的 80% 及以上时方可结束注浆。

c. 注浆施工中认真填写注浆记录,随时分析和改进作业,并注意观察施工支护工作面的状态。注浆参数应根据注浆试验结果及现场情况调整。

d. 注浆后注浆孔要堵塞密实。

e. 注浆参数可参照以下数据进行选择：注浆压力一般为 0.5～1.0 MPa；浆液初凝时间一般为 1～2 min；水泥一般选用 P.O 32.5 普通硅酸盐水泥；砂一般选用中细砂。

(3) 注浆技术措施。

①严格控制配合比与凝胶时间，初选配合比后，根据凝胶时间调节配合比，并测定注浆固结体的强度，选定最佳配合比。

②注浆过程中，严格控制注浆压力，注浆终压必须达到设计要求并稳压，保证浆液的渗透范围，防止出现结构变形、串浆、危及地下构筑物、地面建筑物异常等现象。当出现异常现象时，采取下列控制措施。

a. 降低注浆压力或采用间隙注浆的方式。

b. 改变注浆材料或缩短浆液凝胶时间。

c. 调整注浆方案。

d. 注浆效果检查：一方面，用进浆量来检查注浆效果；另一方面，由于注浆方法为周边单排固结注浆，检查地层固结厚度，若达不到要求，要及时调整浆液配合比，改善注浆工艺。

e. 为防止孔口漏浆，在钢花管尾端用麻绳及胶泥或喷射混凝土，封堵钻孔与钢花管的空隙。

f. 注浆管与钢花管用活接头连接，保证能快速装拆。

g. 注浆的次序由两侧对称向中间进行，自下而上逐孔注浆。

h. 拆下活接头后，快速用水泥药卷封堵钢花管口，防止未凝的浆液外流。

i. 注浆过程派专人记录，开挖时要检验注浆效果。

j. 注浆达到需要强度后方可进行开挖作业。

4. 质量控制及质量检测

(1) 主控项目。

①超前小导管所用钢管进场必须按批抽取试件做力学性能（屈服强度、抗拉强度和伸长率）、工艺性能（冷弯）试验，其质量必须符合国家有关规定及设计要求。

检验数量：同牌号、同炉罐号、同规格、同交货状态的钢管，每 60 t 为一批，不足 60 t 按一批计。施工单位每批抽检 1 次；监理单位按施工单位抽检次数的 20% 进行见证取样检测或按施工单位抽检次数的 10% 进行平行检验，至少 1 次。

检验方法：施工单位检查每批质量证明文件并进行相关性能试验；监理单位检查全部质量证明文件和试验报告，并进行见证取样检测或平行检验。

②超前小导管所用的钢管的品种和规格必须符合设计要求。

检验数量:施工单位、监理单位全部检查。

检查方法:观察、尺量。

③超前小导管与支撑结构的连接应符合设计要求。

检验数量:施工单位、监理单位全部检查。

检查方法:观察。

④超前小导管的纵向搭接长度应符合设计要求。

检验数量:施工单位、监理单位全部检查。

检查方法:观察。

⑤浆液的配合比应符合设计要求。

检验数量:施工单位、监理单位全部检查。

检验方法:施工单位进行配合比选定试验;监理单位检查配合比选定单并见证试验。

⑥超前小导管注浆压力应符合设计要求,浆液应充满钢管及其周围的空隙。

检验数量:施工单位全部检查;监理单位按施工单位检查数量的20%见证检查。

检验方法:施工单位检查施工记录的注浆量和注浆压力,观察;监理单位见证检查。

(2)一般项目。

超前小导管施工允许偏差应符合以下规定:方向角的允许偏差为0°~2°;孔口距的允许偏差为±50 mm;孔深的允许偏差为0~50mm。

检查数量:施工单位每环抽查3根。

检查方法:仪器测量、尺量。

5. 安全施工

(1)焊工、钻孔工及司机等应经文明施工、安全作业等安全技术培训后持证上岗,保证施工安全。

(2)钻眼之前一定要检查风压管和水压管是否畅通,确保正常施工和排除安全隐患。坚持湿式凿岩,严禁干钻。

(3)注浆时,要用专用的抗压注浆管,防止堵管、爆管事故的发生。

(4)注浆过程中,要戴防护眼罩,防止水泥浆液溅入眼中,若溅入眼中,应立即用清水清洗并及时送医院治疗,防止眼睛被灼伤。

(5)施工期间,尤其在注浆时,应对支护的工作状态进行检查。当发现支护变形或损坏时,应立即停止注浆,采取措施。

(6)钻孔、焊接操作应符合钻孔机及电焊、气焊作业规程。

6. 环保及文明施工

(1)施工人员经培训合格后方能上岗。

(2) 注浆原材料运输时,应防止扬尘、噪声污染,以及汽油等物质对大气的污染。

(3) 浆液配制、泵送时注意文明施工。

(4) 注浆出现异常时,需停下查找原因,防止大量浆液流失,造成环境污染。

(5) 该工序施工完成后,及时清理、整理好废料和机具。

3.2.7 二次衬砌施工总结

1. 作业准备

隧道二次衬砌施工前应做好相应的准备,包括技术准备、场地准备、原材料准备、人员配备和机械配备。

(1) 技术准备。

①按照设计文件及规范要求编制施工方案、进行技术交底,符合监控测量施工时间要求。

②仔细核对预埋件类型、数量及安装里程和安装方法,并针对不同专业类型预埋件出现相互矛盾的现象及时与设计院沟通,确保预埋件不遗漏、安装质量符合设计要求,从而为后续工程施工创造良好条件。

(2) 场地准备。

按照设计要求对防排水工程进行施工;经质检员、监理工程师检验,钢筋制作安装完成,钢筋、模板、中线、标高、厚度等符合要求后,方可浇筑混凝土。

(3) 原材料准备。

钢筋、水泥、水及外加剂等原材料按照相关要求检验合格后使用。

(4) 人员配备。

劳动力应结合工期要求、工程具体特点进行合理的配置。正常施工情况下,主要人员配置如下:台车司机2人、混凝土工6人、模板工12人、管理员2人、技术员2人、试验员2人、工程测量员4人、拌和楼司机2人、钢筋工11人、普工15人。

(5) 机械配备。

实际施工中,混凝土运输车数量应按运距及搅拌机生产能力确定,备用1台混凝土输送泵、1台发电机。机械配备如下:拌和楼1台、混凝土罐车2辆、40号振动棒5根、装载车1台、混凝土输送泵2台、发电机1台、弯筋机1台、卷扬机1台、切割机1台、电锯1台、冲击钻2台。

2. 技术要求

(1) 隧道竣工后的衬砌轮廓线严禁侵入设计轮廓线。

(2) 衬砌混凝土的强度、耐久性、耐腐蚀性、抗渗性及抗冻性必须符合设计要求。防水混凝土所使用的骨料必须是现行国家标准《建设用卵石、碎石》(GB/T 14685—2022)和《建设用砂》(GB/T 14684—2022)规定的优等品或一等品。

(3) 衬砌混凝土所用水泥宜选用硅酸盐水泥,混合材料宜为矿渣或粉煤灰;有耐硫酸盐侵蚀要求的混凝土也可选用中抗硫酸盐硅酸盐水泥或高抗硫酸盐硅酸盐水泥;不宜使用早强水泥。

衬砌混凝土所用的细骨料应选用级配合理、质地均匀坚固、吸水率低、空隙率小的洁净天然河砂,也可选用专门机组生产的人工砂,不宜使用山砂,不得使用海砂。

衬砌混凝土所用的粗骨料应选用级配合理、粒形良好、质地均匀坚固、线膨胀系数小的洁净碎石,也可采用碎卵石或卵石,不宜采用砂岩碎石。混凝土应采用二级或三级级配粗骨料,粗骨料应分级采购、分级运输、分级堆放、分级计量。

当使用的粗、细骨料更换产地或同一产地连续使用 2 年以上时,应做选料源检验,其检验内容应包括颗粒级配、坚固性、有害物质含量和碱活性。

(4) 外加剂应采用减水率高、坍落度损失小、引气适量、质量稳定、能满足混凝土耐久性能要求的产品。当将不同功能的多种外加剂复合使用时,外加剂之间以及外加剂与水泥之间应有良好的适应性。宜优先选用多功能复合外加剂。矿物掺合料应选用品质稳定的产品。外加剂在运输和存储过程中应有明显标志,严禁与水泥等其他粉状材料混淆。

(5) 衬砌混凝土必须采用强制式搅拌机搅拌,高频机械振捣,搅拌时间应不小于 3 min,振捣时间宜为 10~30 s,避免漏振、欠振、超振。掺外加剂时,应根据外加剂的技术要求确定搅拌时间。掺引气剂或引气型减水剂时,应采用高频插入式振捣器振捣。

(6) 拌制混凝土时,原材料称量应采用自动计量装置,衡器应定期检定,每次使用前应进行零点校核,保证计量准确。

(7) 混凝土应采用运输搅拌车(轮式或轨式)运送,其运输能力应与搅拌设备的搅拌能力匹配。应确保运输设备不漏浆和不吸水,装料前要清除容器内黏着的残渣,装料要适当。运输设备使用前须湿润。

(8) 混凝土衬砌应采用全断面一次成型法施工,特殊情况下可按设计要求进行分部施工。有仰拱的衬砌应先施作仰拱。

(9) 二次衬砌应在围岩和初期支护变形基本稳定后施作,特殊条件下(如松散堆积体、浅埋地段)的二次衬砌应在初期支护完成后及时施作。围岩变形过大或初期支护变形不收敛,又难以及时补强时,可提前施作二次衬砌。变形基本稳定应符合下列条件:隧道周边变形速率明显趋于缓慢;拱脚水平收敛速度小于 0.2 mm/d,拱顶下沉收敛速度小于 0.15 mm/d；施作二次衬砌前的累积位移值已达极限相对位移值的 80% 以上；初期支护表面裂隙不再继续发展。

（10）有仰拱的衬砌应先浇筑仰拱后再进行仰拱回填施工。

（11）隧底混凝土施工前应清除基底浮渣、淤泥、积水和杂物。

（12）仰拱和底板混凝土强度达到 5 MPa 后行人方可通行，达到设计强度的 100% 后车辆方可通行。

（13）混凝土运输、浇筑及间歇的全部用时应不超过混凝土的初凝时间。底层混凝土初凝后浇筑上一层混凝土时，应按施工缝处理。

（14）初期支护与二次衬砌应密贴。

（15）当工地昼夜平均气温连续 3 d 低于 5℃ 或最低气温低于 -3℃ 时，应采取冬期施工措施；当工地昼夜平均气温高于 30℃ 时，应采取夏期施工措施。

（16）模板、钢筋、混凝土的检验除应符合以上规定外，尚应符合其他有关规定。

3. 施工流程及操作要点

（1）仰拱、仰拱填充施工流程及注意事项。

①施工流程。

隧道衬砌要遵循"仰拱超前、墙拱整体衬砌"的原则，初期支护完成后，为有效地控制其变形，仰拱尽量紧跟开挖面施工，仰拱填充时用栈桥平台来解决洞内运输问题，并进行全幅一次性施工。仰拱施作完成后，利用多功能作业平台人工铺设防水板，绑扎钢筋后，采用液压整体式衬砌台车进行二次衬砌，采用拱墙一次性整体灌注施工。混凝土在拌和站集中拌和，由混凝土搅拌运输车运至洞内，由混凝土输送泵泵送入模。

施工前在隧道边墙每隔 5 m 施放测量控制点，作为仰拱开挖及混凝土施工控制点。为了不影响机械车辆通行，仰拱、仰拱填充利用栈桥平台进行施工。其施工流程见图 3.17。

②注意事项。

a. 仰拱应及时施作，与开挖面的距离不宜超过衬砌浇筑段长度的 3 倍。黄土隧道与开挖面的距离不得超过 30 m，同时仰拱一次开挖长度不宜超过 6 m。

b. 施工前必须清除隧道底部浮渣、淤泥和杂物，超挖部分应采用同级混凝土回填。

c. 仰拱混凝土应整体浇筑一次成型，填充混凝土应在仰拱混凝土终凝后浇筑，填充混凝土强度达到 5 MPa 后允许行人通过，达到设计强度的 100% 后允许车辆通行。

d. 仰拱、仰拱填充施工前须对上一循环仰拱接头混凝土进行凿毛处理，并按设计要求设置止水带。

e. 根据设计要求，施工缝处钢筋应断开，并要注意与拱墙衬砌施工缝处于同一竖直面上。

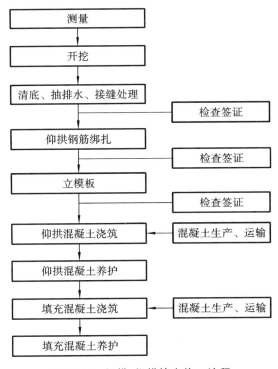

图 3.17 仰拱、仰拱填充施工流程

(2) 二次衬砌施工流程及操作要点。

①施工流程。

二次衬砌施工流程见图 3.18。

②操作要点。

a. 监控测量要求。

(a) 深埋隧道二次衬砌施作一般情况下应在围岩和初期支护变形基本稳定后进行,变形基本稳定应满足以下条件:隧道周边变形速率明显下降并趋于平缓;水平收敛速度(拱脚附近 7 d 平均值)小于 0.2 mm/d,拱顶下沉速度小于 0.15 mm/d;施作二次衬砌前的累积位移值已达到极限相对位移值的 80% 以上;初期支护表面裂隙(观察)不再继续发展。

(b) 围岩及初期支护变形过大或变形不收敛,又难以及时补强时,可提前施作二次衬砌,以改善施工阶段结构的受力状态,此时二次衬砌应予以加强。

b. 中线、标高测量。

测量工程师和隧道工程师共同进行中线、高程测量放样。

c. 安装钢筋。

(a) 钢筋接头应设置在承受应力较小处,并应分散布置。配置在同一截面内受力钢

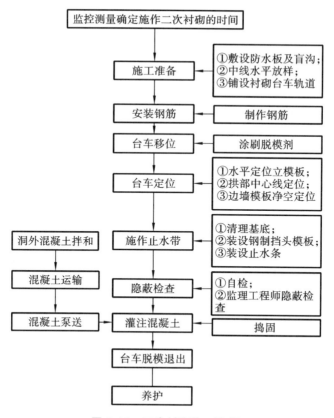

图 3.18 二次衬砌施工流程

筋接头的截面面积占受力钢筋总截面面积的百分率应符合设计要求,当设计未提出要求时,应符合下列规定:焊(连)接接头的截面面积在受弯构件的受拉区不得大于钢筋总截面面积的 50%,在轴心受拉构件的受拉区不得大于钢筋总截面面积的 25%;绑扎接头的截面面积在构件的受拉区不得大于钢筋总截面面积的 25%,在构件的受压区不得大于钢筋总截面面积的 50%;钢筋接头应避开钢筋的弯曲处,距离弯曲点的距离不得小于钢筋直径的 10 倍;在同一根钢筋上应少设接头,同一截面内,同一根钢筋上不得超过一个接头。

(b)采用电弧焊焊接,若为单面搭接焊,其搭接长度不得小于 $10d$(d 为钢筋直径),若为双面搭接焊,其搭接长度不得小于 $5d$,焊缝宽度不小于 $0.8d$ 且不小于 10 mm,焊缝高度不小于 $0.3d$ 且不小于 4 mm。

(c)钢筋加工弯制前应调直,并将表面油渍、水泥浆和浮皮铁锈等清除干净;加工后的钢筋表面不应有削弱钢筋截面的伤痕;利用冷拉方法矫正伸长率:Ⅰ级钢筋不得超过 2%,Ⅱ级钢筋不得超过 1%。

d.台车就位。

衬砌台车必须按照隧道内净空尺寸进行设计与制造,钢结构及钢模板必须具有足够的强度、刚度和稳定性。衬砌台车经施工单位会同监理单位验收合格后方可投入使用。衬砌台车长度宜为 9~12 m，应根据沉降缝、预留洞室和预埋管线位置综合确定。衬砌台车侧壁作业窗宜分层布置，层高宜不大于 1.5 m，每层宜设置 4~5 个窗口，其净空宜不小于 45 cm×45 cm。拱顶部位应预留 2~4 个注浆孔。

模板安装必须稳固牢靠，接缝严密，不得漏浆。对于Ⅰ、Ⅱ级围岩段，台车的行走轨道宜设在底板垫层(10 cm 厚的 C25 钢筋混凝土)面上；对于Ⅲ、Ⅳ级围岩段，台车的行走轨道宜铺设在填充混凝土面上。

模板表面要光滑，模板与混凝土的接触面必须清理干净并涂刷隔离剂。

根据中线和标高铺设衬砌台车轨道，要求使用标准枕木和鱼尾板；轨距与台车轮距一致，左右轨面高差小于 10 mm。启动电动机使衬砌台车就位。涂刷脱模剂。

启动衬砌台车液压系统，根据测量资料使钢模板定位，保证衬砌台车中线与隧道中线一致，拱墙模板成型后固定，测量复核无误。

e. 施作止水带。

清理基底杂物、积水和浮渣；装设钢制或木制挡头模板，按设计要求装设橡胶止水带，并自检防水系统设置情况。

自检合格后报请监理工程师进行隐蔽检查，经监理工程师签证同意后灌注混凝土。

f. 二次衬砌混凝土浇筑。

拱墙二次衬砌宜采用全断面整体钢模衬砌台车、混凝土搅拌运输车运输、混凝土输送泵泵送，振捣器捣固，挡头模板采用钢模板或木模板。混凝土浇筑要左右对称进行，防止钢模衬砌台车产生偏移。混凝土在拌和站集中拌和，混凝土拌和站设置应满足冬季施工要求。

(a) 原材料选择及其控制。

水泥的使用及保管：水泥进场必须有出厂合格证，并经检验合格后方可使用；水泥进场后要注意保管，防止受潮；各种不同品种、等级的水泥应分别堆放，堆放时要考虑到先进先用的顺序，以免储存时间过长而失效；水泥出厂超过 3 个月有效期或发现水泥有受潮结块现象时，均应经过鉴定后按情况使用。

粗骨料：粗骨料粒径应控制在 $(0.3\sim0.4)D$（D 为管径）范围内，$D=100$ mm 时最大粒径不能超过 25 mm；$D=125$ mm 时，最大粒径不能超过 30 mm；$D=150$ mm 时，最大粒径不能超过 40 mm，且应采用连续级配，针片状颗粒含量宜不大于 10%。

细骨料：细骨料宜采用中砂，通过 0.315 mm 筛孔的砂应不少于 15%。

外加剂及掺合料的作用：泵送剂可改善混凝土的和易性及抹光性，增加抗渗性，减少泌水,防止离析;粉煤灰可提高混凝土的和易性,增加抗渗性,减少泌水及离析,防止混凝土开裂,可节约水泥,利于泵送。

拌制混凝土:拌制混凝土宜使用饮用水,当使用其他水源时,质量必须符合相关标准的规定。

(b)配合比设计。

泵送混凝土配合比,除必须满足混凝土设计强度和耐久性的要求外,尚应使混凝土满足可泵性要求。混凝土的可泵性可用压力泌水试验结合施工经验进行控制。一般 10 s 的相对压力泌水率不宜超过 50%。

泵送混凝土的水胶比宜为 0.38~0.50。水胶比过小,和易性差,流动阻力大,容易引发堵塞;水胶比过大,容易产生离析,影响泵送性能。

泵送混凝土的砂率宜为 38%~45%。砂率过大,混凝土流动性差,泵送性能差,砂率过小,容易影响混凝土的黏聚性、保水性,容易脱水,造成堵塞。

采用高效减水剂时,泵送混凝土的坍落度宜控制在 150~180 mm 的范围内。

泵送混凝土的最小水泥用量(含掺合料)不宜小于 300 kg/m^3,水泥用量过小,会影响管壁润滑膜的形成及质量。

(c)混凝土搅拌。

混凝土各种原材料的质量应符合配合比设计要求,并应根据原材料情况的变化及时调整配合比。一般情况下每班抽测 2 次,雨天应随时抽测。

严格按照经批准的施工配合比准确称量混凝土原材料,其最大允许偏差应符合下列规定(按重量计):胶凝材料(水泥、矿物掺合料)为 ±1%;外加剂为 ±1%,粗细骨料为 ±2%,拌和用水为 ±1%。

混凝土原材料计量后,宜先向搅拌机投放细骨料、水泥和矿物掺合料,搅拌均匀后加水并将其搅拌成砂浆,再向搅拌机中投入粗骨料,充分搅拌后再投入外加剂并搅拌均匀。

水泥、砂、石储备要满足混凝土不间断施工的需要。

泵送混凝土搅拌的最短时间为 3.0 min。

每种配合比的泵送混凝土全部拌制完毕后,应将混凝土搅拌装置清洗干净,并排尽积水。

(d)混凝土运输。

混凝土在运输中应保持匀质性,做到不分层、不离析、不漏浆。运到浇筑点时,混凝土要满足坍落度的要求。

混凝土宜在搅拌后 60 min 内泵送完毕,且在 1/2 初凝时间内入泵,并在初凝前浇筑完毕。

混凝土搅拌运输车装料前,必须将拌筒内的积水倒净。当运至现场的混凝土发生离析现象时,应在浇筑前对混凝土进行二次搅拌,但不得再次加水。

混凝土搅拌运输车在运输途中,拌筒应保持 2~4 r/min 的慢速转动。当搅拌运输车到达浇筑现场时,应高速旋转 20~30 s 后再将混凝土拌和物喂入泵车受料斗。

混凝土搅拌运输车给混凝土泵喂料时,应符合下列要求:喂料前,中、高速旋转拌筒,使混凝土拌和均匀,若大石子夹着水泥浆先流出,说明发生沉淀,应立即停止出料,再顺转搅拌 2~3 min,方可出料;喂料时,反转卸料应配合泵送均匀进行,且应使混凝土保持在集料斗内高度标志线以上;中断喂料作业时,应使拌筒低速搅拌混凝土。

严禁让质量不符合泵送要求的混凝土入泵。

混凝土搅拌运输车喂料完毕后,应及时清洗拌筒并排尽积水。

(e)混凝土浇筑及捣固。

混凝土自模板窗口灌入,应由下向上,对称分层,倾落自由高度不超过 2.0 m。在混凝土浇筑过程中,观察模板、支架、钢筋、预埋件和预留孔洞的情况,当发现有变形、移位时,应及时采取加固措施。施工中若发现泵送混凝土坍落度不足,不得擅自加水,应当在技术人员的指导下用追加减水剂的方法解决。

混凝土浇筑应连续进行。当因故间歇时,其间歇时间应小于前层混凝土的初凝时间或能重塑的时间。当超过允许间歇时间时,按接缝处理,衬砌混凝土接缝处必须进行凿毛处理。纵、环向施工缝按照设计要求设置中埋式橡胶止水带。

混凝土浇筑分层厚度(指捣实后厚度)宜为振捣器作用部分长度的 1.25 倍,但最大摊铺厚度宜不大于 600 mm。在新浇筑完成的下层混凝土上再浇筑新混凝土时,应在下层混凝土初凝或能重塑前浇筑完成上层混凝土。

浇筑混凝土时,应填写混凝土施工记录。

采用插入式振捣器捣固,应符合下列规定:每一振点的捣固延续时间宜为 20~30 s,以混凝土不再沉落、不出现气泡、表面呈现浮浆为度,防止过振、漏振;采用插入式振捣器振捣混凝土时,振捣器的移动间距不大于振捣器作用半径的 1.5 倍,且插入下层混凝土内的深度宜为 50~100 mm,与侧模板应保持 50~100 mm 的距离,并避免碰撞钢筋、模板、预埋件等;当振捣完毕后,应竖向缓慢拔出,不得在浇筑仓内平拖。泵送下料口应及时移动,不得用插入式振捣器将下料口处堆积的拌和物平拖推向远处。

对于有预留洞、预埋件和钢筋太密的部位,应预先制订技术措施,确保顺利布料和振捣密实。在浇筑混凝土时,应经常观察。当发现混凝土有不密实等现象时,应立即采取措施予以纠正。

g. 拆模及养护。

(a)二次衬砌拆模时间应符合下列规定:在初期支护变形稳定后施工的,二次衬砌混凝土强度应达到 8.0 MPa 以上;初期支护未稳定,二次衬砌提前施作时混凝土强度应达到设计强度;特殊情况下,应根据试验及监控测量结果确定拆模时间。

(b)混凝土浇筑完毕后的 12 h 内开始对混凝土进行养护,混凝土养护的最低期限应符合表 3.17 的要求,且养护不得中断。混凝土养护期间,混凝土内部温度与表面温度之差、表面温度与环境温度之差宜不大于 20 ℃,养护用水温度与混凝土表面温度之差不得大于 15 ℃。浇水次数以能使混凝土保持湿润状态为宜。当环境气温低于 5 ℃时应不浇水。

表 3.17 混凝土养护的最低期限

混凝土类型	水胶比	洞内平均气温 T/℃	养护期限/d
胶凝材料中掺有矿物掺合料	≥0.45	$5 \leqslant T < 10$	28
		$10 \leqslant T < 20$	21
		$T \geqslant 20$	14
	<0.45	$5 \leqslant T < 10$	21
		$10 \leqslant T < 20$	14
		$T \geqslant 20$	10
胶凝材料中没有矿物掺合料	≥0.45	$5 \leqslant T < 10$	21
		$10 \leqslant T < 20$	14
		$T \geqslant 20$	10
	<0.45	$5 \leqslant T < 10$	14
		$10 \leqslant T < 20$	10
		$T \geqslant 20$	7

h. 泵送混凝土操作规程及其注意事项。

(a)混凝土泵的操作人员必须经过专门培训合格后,方可上岗操作。

(b)混凝土泵与输送管连通后,应按所用混凝土泵使用说明书的规定进行全面检查,符合要求后方能开机进行空运转。

(c)混凝土泵启动后,应先泵送适量水以湿润混凝土泵的料斗、活塞及输送管的内壁等直接与混凝土接触的部位。

(d)经泵送水检查,确认混凝土泵和输送管中无异物后,应采用下列方法中的一种润滑混凝土泵和输送管内壁:泵送水泥浆;泵送与施工混凝土相同配合比但粗骨料减少

50%的混凝土。

(e)开始泵送时,混凝土泵应处于缓慢、匀速并随时可反泵的状态。泵送速度应先慢后快,逐步加速。同时,应观察混凝土泵的压力和各系统的工作情况,待各系统运转顺利后,方可以正常速度进行泵送。

(f)泵送混凝土时,若输送管内吸入了空气,应立即反泵,将混凝土吸至料斗中重新搅拌,排出空气后再泵送。

(g)泵送混凝土时,料斗内应保持足够的混凝土。

(h)当混凝土泵因出现压力升高且不稳定、油温升高、输送管明显振动等现象而泵送困难时,不得强行泵送,应立即查明原因,并采取措施排除。可先用木槌敲击输送管弯管、锥形管等部位,并进行反泵,防止堵塞。

(i)当输送管被堵塞时,应采取下列方法排除:重复进行反泵和正泵,逐步将混凝土吸至料斗中,重新搅拌后泵送;用木槌敲击等方法,查明堵塞部位,将混凝土击松后,重复进行反泵和正泵,排除堵塞;当上述两种方法无效时,应在混凝土卸压后,拆除堵塞部位的输送管,排出混凝土堵塞物后,方可接管。重新泵送前,应先排除管内空气,再拧紧接头。

(j)泵送混凝土有计划中断时,应预先确定中断浇筑的部位,且中断时间不宜超过1 h。

(k)管道清洗:洗管前先进行反吸,以降低管内压力;洗管时,料管出口方向前方严禁站人;预先准备好排浆沟、管,不得将洗管残浆灌入已浇筑好的混凝土上。

(l)排除堵塞,重新泵送或清洗混凝土泵时,布料设备的出口应朝安全方向,以防堵塞物或废浆高速飞出伤人。

(m)管线宜直、转弯宜缓,以减少压力损失;接头严密,防止漏水漏浆,避免下斜,防止泵孔空管,浇筑时应先远后近,并符合下列要求:管道合理固定,不影响交通运输,不影响已绑扎好的钢筋,不影响模板振动;管道、弯头、配件存有备品,可随时更换。

(n)如遇混凝土泵运转不正常或混凝土供应脱节的情况,可放慢泵送速度,或每隔4~5 min 使泵正、反转 2 个冲程,防止管路中混凝土堵塞。同时启动料斗搅拌器,搅拌3~4 r,防止混凝土离析。

(o)严禁向混凝土料斗内加水。

i.其他注意事项。

(a)衬砌不得侵入隧道建筑限界,衬砌施工放样时将设计的轮廓线扩大 5 cm。

(b)混凝土浇筑前及浇筑过程中,应对模板、支架、钢筋骨架、预埋件等进行检查,发现问题应及时处理,并做好记录。

(c)混凝土振捣时应不破坏防水层。

(d)衬砌施工缝端头必须进行凿毛处理,用高压水冲洗干净。

(e)按设计要求预留沟、槽、管、线及预埋件,并同时施作附属洞室混凝土衬砌。

(f)混凝土衬砌浇筑自下而上,先墙后拱,对称浇筑。在施工过程中,若停电应立即启动备用电源,确保混凝土浇筑作业连续进行。

(g)混凝土振捣时,不得碰撞模板、钢筋和预埋件。

(h)泵送混凝土结束时,应对管道进行清洗,但不得将洗管残浆灌入已浇筑好的混凝土上。

(i)钢筋混凝土二次衬砌地段,必须用与二次衬砌混凝土相同配合比的细石混凝土或砂浆制作垫块,确保钢筋保护层的厚度,主筋保护层厚度不小于 30 mm,迎水面主筋保护层厚度不小于 50 mm。

j.泵送混凝土的质量通病及防治措施。

泵送混凝土的质量通病及防治措施见表 3.18。

表 3.18 泵送混凝土的质量通病及防治措施

质量通病	原因分析	防治措施
蜂窝麻面	①模板漏浆; ②布料不均; ③高落差下料; ④气泡; ⑤局部积水和混凝土浆堆积	①模板拼缝应严密; ②挡头模板在浇筑混凝土前应浇水湿透,钢模板拼缝处贴胶带密封; ③加强组织,充分利用窗口,均匀布料; ④死角区人工二次倒运,严禁用振捣器摊平
胀模	泵送混凝土坍落度大,模板刚度不够,支撑不牢,突出鼓肚,甚至变形爆开	①应分层、分部浇筑; ②输送管道严禁靠近支撑; ③验算侧压力,确保安全
预留孔洞塌陷变形	①泵送混凝土坍落度大; ②掺粉煤灰等的混凝土早期强度低; ③模板刚度不够,变形	①合理控制拆模时间; ②根据试验强度拆模

续表

质量通病	原因分析	防治措施
裂缝	①泵送混凝土坍落度大,水泥、水用量大,容易产生收缩裂缝; ②混凝土内部与外界温差过大	①控制混凝土入模温度和水分蒸发速度,加强养护,洒水; ②混凝土内部与外界温差控制在20℃以内
混凝土接触不良	①模板漏浆; ②管道堵塞时间太长; ③未插连接筋; ④跑模错台	①结合处模板加强支撑,确保牢固; ②夹吹塑纸或海绵条
混凝土质量波动	①现场配合比控制不好; ②表面未清理干净; ③泵送开始或结束时,砂浆积存在混凝土中影响强度	①加强混凝土各环节管理; ②坍落度波动小于2 cm; ③禁止随意加水; ④清除残存物

4. 质量控制及质量检测

(1) 模板安装允许偏差和检验方法见表3.19。

表3.19 模板安装允许偏差和检验方法

项目	允许偏差/mm	检验方法
边墙角平面位置	±15	尺量
起拱线位置	±10	尺量
拱顶高程	0,10	水准测量
模板表面平整度	5	2 m靠尺和塞尺
相邻浇筑段表面高低差	±10	尺量

(2) 钢筋加工应符合设计要求,其允许偏差和检验方法应符合表3.20的规定。

表3.20　钢筋加工允许偏差和检验方法

项目	允许偏差/mm	检验方法
受力钢筋顺长度方向的全长	±10	尺量
弯起钢筋的弯折位置	20	
箍筋内净尺寸	±3	

检验数量：施工单位按钢筋编号各抽检10%，并各不少于3件。

（3）钢筋安装及保护层厚度允许偏差和检验方法应符合表3.21的规定。

表3.21　钢筋安装及保护层厚度允许偏差和检验方法

项目	允许偏差/mm	检验方法
上排钢筋与下排钢筋间距	±5	尺量两端、中间各1处
同一排受力钢筋的水平间距	±20	
分布钢筋间距	±20	尺量连续3处
箍筋间距	±20	
钢筋保护层厚度	－5,10	尺量两端、中间各2处

检验数量：施工单位全部检查。

（4）预留孔洞和预埋件的允许偏差和检验方法应符合表3.22的规定。

表3.22　预留孔洞和预埋件的允许偏差和检验方法

项目		允许偏差/mm	检验方法
预留孔洞	中心线位置	10	尺量
	尺寸	0,10	
预埋件中心线位置		3	

检验数量：施工单位全部检查。

（5）二次衬砌质量检验。

①混凝土结构外形尺寸允许偏差和检验方法应符合表3.23的规定。

表 3.23　混凝土结构外形尺寸允许偏差和检验方法

项目	允许偏差/mm	检验方法
边墙平面位置	±10	尺量
拱部高程	0,30	水准测量
边墙、拱部表面平整度	15	2 m 靠尺检查或自动断面仪测量

检验数量：施工单位每个浇筑段检查一个断面。

②混凝土结构表面应密实平整、颜色均匀，不得有露筋、蜂窝、孔洞、疏松、麻面和缺棱掉角等缺陷。

检验数量：施工单位全部检查。

检验方法：观察。

(6) 仰拱、仰拱填充质量检验。

①仰拱顶面高程和曲率应符合设计要求，高程允许偏差为±15 mm。

检验数量：施工单位每个浇筑段检查一个断面。

检验方法：水准测量，自动断面仪测量。

②混凝土结构表面应密实平整、颜色均匀，不得有露筋、蜂窝、孔洞、疏松、麻面和缺棱掉角等缺陷。

检验数量：施工单位全部检查。

检验方法：观察。

③仰拱混凝土厚度和表面高程应符合设计要求。

检验数量：施工单位每个浇筑段检查一个断面；监理单位见证检查。

检验方法：水准测量，无损检测。

④仰拱填充表面坡度应符合设计要求，坡面应平顺、排水畅通、不积水。

检验数量：施工单位全部检查。

检验方法：观察。

5. 安全施工

(1) 施工人员特别是电工、焊工、装载机及运输车司机应经培训合格后上岗。

(2) 焊工及特种作业人员应持有特种工人作业证。焊接作业时符合电焊或气焊作业操作规程，在防水板间设置隔离防护。

(3) 钢筋的调直、切断所使用的机械设备必须指定专人操作。

(4) 作业面电线布设合理、规范，电工经常检查，防止漏电、短路事故的发生，照明电压需满足规范要求电压,非专职电气人员不得操作电气设备。

(5) 台车端头设置防护栏,工作平台满铺木板,铺设木板不许挑头。

(6) 混凝土根据监控测量信息适时浇筑,浇筑时观察员应注意观察台车模板、支撑有无变形。

(7) 装载机、混凝土搅拌机、运输车、混凝土输送泵、振捣器、切割机、发电机、电锯等作业时符合相关操作规程。

6. 环保及文明施工

(1) 施工人员特别是运输车司机、搅拌机司机及现场管理人员应经培训合格后上岗。

(2) 合理布置拌和站,尽量少占用农田,不损坏用地范围外的耕地、树木、果林、堰塘、水渠,保护自然环境。

(3) 原材料装、运做到环保,防止扬尘、噪声污染,以及汽油等物质对大气的污染。

(4) 施工现场做好卫生管理工作,生活垃圾按规定及时清理或处理。临时食堂应设置简易有效的隔油池,定期清理,防止污染。

(5) 对投料器等设防尘装置。

(6) 凡需进行混凝土、砂浆等搅拌作业的现场,必须设置沉淀池,使清洗机械和运输车的废水经沉淀后,再排入指定地点。

(7) 所有机械废油应回收利用或妥善处理,严禁随意泼倒。

(8) 混凝土浇筑完成后,及时清理好现场的废料、整理好现场的机具。

3.3 仰拱、面层与预埋件施工

3.3.1 两种非自行式仰拱栈桥施工总结

1. 液压仰拱栈桥

按照实际情况确定 9 m 标准段桁架的段数及栈桥长度,根据栈桥长度确定设计图,经结构检算合格后方可用于施工。液压仰拱栈桥实物图见图 3.19。

(1) 液压仰拱栈桥作业准备。

①技术准备。

参考国内外贝雷桥、钢桥成熟的设计技术,采用标准化的结构形式,整个栈桥分成若干段,每段 9 m 长,桥面 3.5 m 宽;为满足移动要求,在栈桥两端设置移动行走机构,并设置限位预警装置;行走时,栈桥抬起、放下由液压系统执行机构完成。移动栈桥主要由钢

图 3.19 液压仰拱栈桥实物图

桥、行走装置、液压系统、电气系统、限位装置和告警系统等组成。

② 人员配备。

劳动力应结合工期要求、工程具体特点进行合理的配置。正常施工情况下，主要人员配置如下：牵引铲车司机 2 人、管理员 2 人、技术员 2 人、拼装工 5 人、安全员 1 人、普工 5 人。

③ 机械设备。

机械设备如下：一套栈桥、16 t 汽车起重机（拼装用）、一套液压系统（支撑转向系统）、Y132M2-6 电动机、牵引铲车。

（2）施工流程与总体工序安排。

① 施工流程。

施工流程如图 3.20 所示。

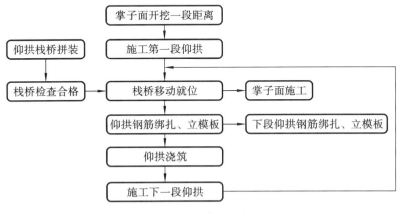

图 3.20 施工流程

② 总体工序安排。

a. 隧道开挖到一定长度即可安排进行仰拱施工，先完成首段仰拱浇筑、回填。仰拱栈桥拼装完成并通过检验后，即可将栈桥移动就位。若此时首段仰拱强度未达到 70%，栈桥后端可置于原地面上（最好是基岩或经过处理的地面）。首段仰拱强度达到70％后，可将栈桥后端置于仰拱上，栈桥下可展开第二段仰拱的施工。

b.仰拱栈桥移动就位后，即可依托栈桥在掌子面正常推进的情况下进行仰拱的施工。正常情况下，栈桥下可分为两段，按照基础处理、防水板安装、仰拱钢筋绑扎、仰拱浇筑填充进行流水施工安排。当完成栈桥下一段仰拱浇筑与填充且强度达到设计要求后，即可向前移动栈桥。如此循环推进。

c.采用台阶法开挖时，台阶一般可以按照左右两幅分别进行开挖，这样可以确保栈桥施工紧跟台阶开挖，则栈桥须在隧洞内进行侧向移动。

（3）操作要点。

①栈桥拼装。

a.拼装流程。

(a)初装时，搭建800 mm高的安装支架。

(b)拼装前端9 m标准段桁架：连接主横梁（Ⅰ28a）→连接底部拉杆→安装支撑梁（Ⅰ32a）→安装左侧导向承载装置→安装前端液压油缸→安装右侧导向承载装置→连接端部支撑→安装前端车轮组。

(c)拼装中间9 m标准段桁架：连接主横梁（Ⅰ28a）→连接底部拉杆→安装中间支撑及手链起升装置。

(d)拼装后端9 m标准段桁架：连接主横梁（Ⅰ28a）→连接底部拉杆。

(e)拼装后端3 m标准段桁架：连接主横梁（Ⅰ14a）→连接底部拉杆→安装液压站→安装后端液压油缸→连接端部支撑→安装导向板→安装后端车轮组→安装后支脚。

(f)安装液压油路→安装电气系统→安装示警装置。

(g)顶升前后液压油缸→放置前后工作支撑→收回前后液压油缸，使桁架搁在工作支撑上。

(h)安装桥面板。

(i)安装桁架顶部拉杆，以增加栈桥移动行走时的扭转刚度。

(j)一般以0.5 m/min的速度试拖动，进行行走试验，并放下工作支撑，让装满碴料的自卸汽车从栈桥上通过，进行安全检查。

b.拼装要点。

(a)桁架节间拼接时，上弦杆螺栓及下弦杆铰销连接要可靠。

(b)吊装要缓慢。

(c)安装支架可以用800 mm×800 mm长条形方木或型钢搭设，要确保安全可靠。

②栈桥纵移就位。

a.纵移流程。

(a)清理残渣：栈桥移动前，需清理桥面、桁架、前后引桥等上面的残渣。

(b)顶升油缸：操纵液压控制阀，同时顶升、锁定前后液压油缸，使前后钢支墩离地，并尽量保持桥面水平。

(c)排除障碍：清除前后引桥、钢支墩、桁架等底部所有障碍物；清除栈桥前部初期支护仰拱面上的残渣，同时在后引桥下方放置若干 $\phi 48$ mm 钢管，以减小栈桥拖动时的摩擦阻力。

(d)提升引桥：牵引铲车行驶至前引桥前部，铲斗通过钢丝绳提起前引桥前端，使之绕栈桥上的铰接节点缓慢向上。

(e)拴紧钢绳：按图 3.21 中的牵引位置 1（栈桥前端双工字钢梁底部栓接节点）、牵引位置 2（导向杆连接板前端栓接节点）拴紧钢绳。

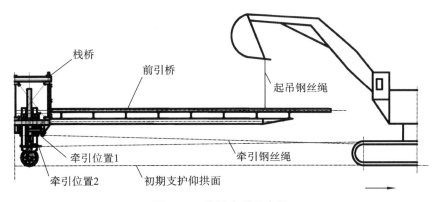

图 3.21　栈桥牵引示意图

(f)牵引行走：牵引铲车缓慢匀速（一般控制在 0.5 m/min 左右）行走。

(g)驻桥支护：当栈桥前移满足施工要求时，牵引铲车停止行走；采用制动装置使栈桥完全停止后，放下前引桥，平整引桥端部、栈桥钢支墩的支撑面，并根据需要放置垫块，以保证栈桥工作时支撑可靠。

(h)收缩油缸：操纵液压控制阀，同时收缩、锁定前后液压油缸，使前后钢支墩充分接触地面，要求保持桥面水平、支撑可靠。

(i)限位：使用限位装置进行限位，防止在使用过程中前行或者侧向移动。

(j)安全防护：重点检查栈桥接头、支撑、行走机构等重要部位状况，消除其移动过程中可能出现的安全隐患，并采取适当措施保护好电气、液压系统。

b.纵移要点。

(a)栈桥移动时，桁架顶部安装拉杆，以增加栈桥移动行走时的扭转刚度。

(b)牵引铲车启动要平稳,行走要缓慢。

(c)行走路面要相对平整,防止桥体产生过大的振动、扭曲。

(d)如果行走路面混凝土强度低,出现较多车轮碾压痕迹,应铺设一小段钢板或槽钢,通过倒换使车轮落在钢板或槽钢上行走。

③栈桥侧移就位。

a. 侧移流程。

(a)缩回前端液压油缸,在前端支撑作用下前轮抬起离地。

(b)人工将前端车轮组旋转90°。

(c)伸长前端液压油缸,使前端导向承载装置底板落入车轮组平衡梁上的两个上连接板之间并定位,此时前端支撑梁离开底部支撑平台。

(d)拉出前端底部支撑平台。

(e)侧向牵引前端车轮组平衡梁,实现侧向移位。

b. 侧移要点。

(a)侧向移位时要注意平稳缓慢。

(b)路面要相对平整,防止桥体产生过大的振动、扭曲。

(c)由于后端车轮与初凝混凝土之间摩擦力较大,为防止破坏初凝混凝土面、减少轮组磨损、降低后轮滑转(移动)阻力,建议侧向移位时使后轮落在钢板上。

(d)侧向牵引力不能过大、过猛,牵引应缓慢。

④栈桥工作要点。

a. 栈桥承载力按汽-20 或汽-30 对栈桥产生的活荷载和自重进行验算,需防止过载。

b. 栈桥前后支撑尽量放平,并与混凝土浇筑面或初期支护仰拱面接触牢固,以免载重汽车通过时,对栈桥产生较大的冲击荷载。

c. 汽车上桥时速度要慢,在桥面上的行驶速度也要慢,尽可能避免在桥面上瞬间加速或减速。

d. 如果栈桥工作时振动较大,应查明原因,采取措施,减小振动,以延长其疲劳寿命。

e. 加强日常维护和保养,包括及时清理桥面上的残渣、防护油缸推杆、润滑行走装置导向机构等。

(4)栈桥施工安全及质量检验。

①质量控制及检验。

a. 严格按照《钢结构工程施工质量验收标准》(GB 50205—2020)等规范对栈桥进行检查验收。

b. 对栈桥本身应从设计制造方面严格把关,所用材料应满足强度要求,各连接件本身强度与连接强度等应满足要求。制造完成后应对各部分进行严格检查,达到要求后方可投入使用。

c. 使用仰拱栈桥施工时,必须等待仰拱混凝土强度达到要求后方可将栈桥放置到仰拱混凝土上;移动须缓慢,避免移动对成品混凝土质量造成损坏。

②安全要求和措施。

a. 严格按照使用过程中的工况要求进行栈桥的设计制造,从设计制造阶段确保栈桥使用的安全性。制造和拼装用各种原材料质量必须符合国家相关标准规定,制造完成且进行过车负载试验后方可正式使用。

b. 用于仰拱及仰拱填充施工时的栈桥要安设牢固,结构稳定,以便车辆顺利通过,避免施工干扰。

c. 进行栈桥移动操作的人员必须经过培训并考核合格。

d. 栈桥使用期间,定期对栈桥进行监测、评估、维护,确保其在使用过程中安全可靠。

e. 现场电气设备采用"一机一闸一漏"制,线路上禁止带负荷接电,并禁止带电操作。

f. 定期按照施工设计及有关电气安全技术规程进行检查,确保栈桥施工用电安全。

g. 栈桥移动过程中,下部禁止作业。

h. 栈桥在使用过程中,施工人员必须从侧边人行道通过,避免发生交通事故。

i. 施工作业场地车辆通过栈桥时的行驶速度不得大于 5 km/h,并在栈桥上设置减速和警示标识。

j. 在栈桥两侧桁架外侧布设安全防护网,防止石碴坠落伤到下方施工操作人员。

(5)栈桥环保及文明施工。

栈桥及施工现场要注意洒水防尘,定时清理仰拱栈桥上的建筑垃圾,做好防护并尽量减少车辆通过时的尘渣对栈桥下仰拱施工人员的影响。

2. 工字钢简易仰拱栈桥

工字钢简易仰拱栈桥适用于施工节段短的仰拱施工。

(1)工字钢简易仰拱栈桥作业准备。

①技术准备。

根据现场工字钢的供应情况,选择使用 2 根 I25a 工字钢将其上下翼缘焊接为一组,栈桥每边用三组并排,顶部用 $\phi 22$ mm 螺纹钢筋连成整体,纵向间距为 10~15 cm,以提高栈桥结构的平面内、外强度和刚度。纵向两端做成 1 m 长坡道方便车辆通行,两幅栈桥横向间距根据车轮轮距布置,保证车轮压在栈桥中部。钢材长度为工字钢标准长度 12 m。净跨度取 8 m。

②人员配备。

劳动力应结合工期要求、工程具体特点进行合理的配置。正常施工情况下,主要人员配置如下:牵引铲车司机 2 人、管理员 2 人、技术员 2 人、拼装工 5 人、安全员 1 人、普工 5 人。

③机械设备。

机械设备如下:一套栈桥、16 t 汽车起重机(拼装用)、铲车(移动用)。

(2) 施工流程与总体工序安排。

①施工流程。

施工流程可参考图 3.20。

②总体工序安排。

a. 隧道开挖到一定长度即可进行仰拱施工,仰拱栈桥拼装完成并通过检验后,即可将栈桥移动就位,完成首段仰拱的浇筑、回填。此时,栈桥前后端都置于原地面上(最好是基岩或经过处理的地面)。首段仰拱强度达到 70% 后,可将栈桥后端置于仰拱上,前端置于原地面上,栈桥下可展开仰拱的施工。

b. 当工期紧张时可采用多幅栈桥分段施工。

(3) 操作要点。

①栈桥拼装。

简易仰拱栈桥在场外预制焊接成型,然后拖移到位使用;要严格按照钢筋焊接规范及图纸进行拼装焊接,焊缝饱满牢固,避免烧伤钢材。

②栈桥纵移就位。

a. 移动就位步骤。

(a)清理残渣:栈桥移动前,需清理桥面的残渣。

(b)排除障碍:清除前后引桥、钢支墩、桁架等底部所有障碍物;清除栈桥前部初期支护仰拱面上的残渣,同时在后引桥下方放置若干 $\phi 48$ mm 钢管,以减小栈桥拖动时的摩擦阻力。

(c)提升引桥:牵引铲车行驶至前引桥前部,铲斗通过钢丝绳提起引桥前端,使之绕栈桥上的铰接节点缓慢向上。

(d)拴紧钢绳:按照标记的牵引位置拴紧钢绳。

(e)牵引行走:牵引铲车缓慢匀速(一般控制在 0.5 m/min 左右)行走。

(f)安全防护:重点检查栈桥接头、支撑等重要部位状况,消除其移动过程中可能出现的安全隐患;牵引过程中要求有专门的指挥人员。

b. 纵移要点。

(a)牵引铲车启动要平稳,行走要缓慢。

(b)行走路面要相对平整,防止桥体产生过大的振动、扭曲。

(c)如果行走路面混凝土强度低,出现较多车轮碾压痕迹,应铺设一小段钢板或槽钢,通过倒换使栈桥落在钢板或槽钢上行走。

(4)栈桥工作要点。

①设计荷载按出渣车(40 t)对栈桥产生的活荷载和自重进行计算。出渣车前后轮轮距为 4.5 m,前轴分配总荷载的 1/3,后轴分配总荷载的 2/3,左右侧轮各承担 1/2 轴重。

②栈桥前后支撑尽量放平,并与混凝土浇筑面或初期支护仰拱面连接牢固,以防止载重汽车通过时,对栈桥产生较大的冲击荷载。

③汽车上桥时速度要慢,在桥面上的行驶速度也要慢,尽可能避免在桥面上瞬间加速或减速。

④如果栈桥工作时振动较大,应查明原因,采取措施,减小振动,以延长其疲劳寿命。

⑤加强日常维护和保养。

工字钢简易仰拱栈桥的施工安全及质量检验、环保及文明施工相关内容同液压仰拱栈桥。

3.3.2 隧道面层施工总结

1. 作业准备

(1)技术准备。

①按照设计文件及规范要求编制施工方案、进行技术交底,符合监控测量施工时间要求。

②复核基层(调平层)标高,对标高不满足要求的路段,向相应班组下达整改意见,对标高满足要求的路段,认真复核模板高程。试验室根据现场材料状况,开具混凝土开盘通知单给拌和站。技术人员做好技术指导,提前告知相关施工人员路面中预埋钢筋的类别及数量,做好技术检查指导工作。各项施工人员、机具设备、施工用水(电)等安排到位。

③仔细核对施工缝和胀缝的类型、数量,以及预埋件的安装位置和安装方法,确保预埋件不遗漏、安装质量符合设计要求,从而为后续工程施工创造良好的条件。

(2)原材料要求。

①水泥:水泥供应商应提供产品出厂合格证及出厂日期,并对其进行抽检。利用水泥净浆标准稠度与凝结时间测定仪做标准稠度用水量、凝结时间和安定性试验。进行碱-骨料反应试验,选择合格且无碱-骨料反应的水泥和骨料。

②碎石:现场取样,用压力试验机检验压碎值。

③砂:应质地纯净、含泥量小、品质优良。对原材料取样,做砂石筛分试验,确定其级

配,然后用烘干机和天平测其含水率、干容重等。

④水:经化验确定对水泥、混凝土无侵蚀时,方可使用。

⑤钢材:厂家提供质量保证书,经试验检测合格方可使用。

(3)人员配备。

正常施工情况下,人员配备如下:工班长1人、焊工2人、技术员1人、质检员1人、普工8人。人员配备可根据施工现场情况及时调整。

(4)机械配备。

三辊轴摊铺机2台、切缝机2台、洒水车2台、装载机1台、电焊机1把、冲击电钻4把。

2. 隧道面层施工流程

隧道面层施工流程如图3.22所示。

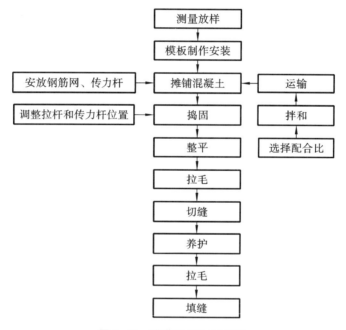

图3.22 隧道面层施工流程

3. 隧道面层施工工艺

(1)测量放样。

测量放样是水泥混凝土路面施工的一项重要工作。本工程采用两幅浇筑的方法进行施工。根据设计图纸,用全站仪每10 m放出单幅两侧边缘处高程,曲线段每5 m设一个测点,施工过程中通过拉线确定模板边缘高程,在基层用冲击钻钻孔后打入钢筋,标出模板高程。对测量放样结果必须经常进行复核,包括在浇捣混凝土过程中,做到勤测、勤核、勤纠偏。

（2）基底处理。

路面施工前将调平层表面冲洗干净但不能有积水，且排水系统良好。当调平层因断裂、挤碎、隆起、碾坏或大面积标高偏高而影响路面厚度时，先挖除修复；当调平层只是局部小面积标高偏高影响路面厚度时，予以凿除处理，确保面板厚度。

（3）模板安装。

①路面施工模板应采用具有足够强度、刚度的新槽钢，模板高度应与面板设计厚度一致，模板长度宜为 3~5 m。

②模板安装前，应按模板支立边线将基层与模板的接触带整平，然后，沿模板支立边线将模板贴立在基层顶面，对个别不平整处采取支撑措施，并用砂浆填塞；模板之间用螺栓（其他亦可，只要保证连接牢固）连接，使接头连接紧密；模板侧面每隔 1 m 应埋设一处地锚，保证在浇筑混凝土时能经受冲击和振动。

③模板应安装稳固，接头紧密平顺，不得有缝隙、前后错茬、高低错台等现象。禁止在基层上挖槽，嵌入安装模板。模板底部悬空处用砂浆封堵，模板接头和拉杆插入孔用塑料薄膜等密封，以免漏浆。模板与混凝土的接触面应涂隔离剂。

④模板安装完毕后，应对模板的平面位置、高程、横坡、相邻板高差、顶面接茬平整度等安装精确度进行全面检查。

⑤靠近施工纵缝位置的模板按照设计每隔 50 cm 打 1 个孔，孔径为 16 mm。靠近施工横缝位置的模板按照设计每隔 30 cm 打一个孔，孔径为 32 mm。模板采用 $\phi 20$ mm 的钢筋固定，用电钻在调平层上打孔固定，钢筋间距为 100 cm。

（4）混凝土拌和及运输。

①施工配合比及原材料情况。

配合比已经过监理工程师批准，普通原材料已进行常规试验，抗折剂已按要求在监理工程师的监督下送有资质的第三方检测，且经检测合格后已同意在试验段施工中使用。

②混凝土拌和。

混凝土用机械拌和。拌和站合理布置拌和机的位置和砂、石、水泥等材料的堆放地点，提高拌和机的生产效率。同时，施工工地配有备用的拌和机和发电机组。拌制混凝土的供料系统采用配有电子秤的自动计量设备，在每次开始拌和路面混凝土前，应按混凝土配合比要求，先对水泥、水及各种集料的用量进行准确调试，再输入自动计量设备。混凝土拌和时应特别注意外加剂（抗折剂）的掺入，需由专人准确添加。拌和时间根据拌和机的性能和拌和物的和易性确定为每盘 90 s。

③混凝土的运输。

本工程采用小型自动翻斗车对混凝土进行运输。混凝土在运输过程中应考虑到蒸发失水和水化失水,同时行车平稳,防止因运输的颠簸和振动而使混凝土出现离析现象,当发生明显离析时,在摊铺前应重新拌匀,切记不可另外加水。混凝土运输到施工现场后检查坍落度,当坍落度不满足要求时重新拌和。施工现场距拌和站 2.5 km,混凝土通过施工便道运输,每班次运输时间为 5 min 左右,每班次运输 4 m³。试验段表明,混凝土拌和能力和运输能力能够满足施工需要。

(5) 混凝土摊铺。

① 混凝土摊铺前,将基层表面清扫干净,并洒水湿润。

② 由专人指挥车辆均匀卸料。三辆自卸汽车进行混凝土运输,每班次运输 4 m³,虚铺厚度高出模板 2 cm。

(6) 混凝土振捣。

布料长度大于 10 m 时,开始振捣作业。采用排式振捣机连续拖行振实,匀速缓慢、连续不间断地振捣行进,作业速度控制在 2.5～3 m/min。同时使用 2 根手持振动棒,对靠近模板、钢筋位置等不易振实部位进行振捣。振捣过程中若发现跑模现象应拆除模板,铲除多余混凝土后重新加固模板,最后再振捣密实。

(7) 整平。

① 混凝土经振捣机振实后,立即用三辊轴进行提浆和整平。三辊轴滚压整平时,有专人处理轴前料位的高低情况,过高时人工铲除,轴下有间隙时,使用混凝土找补。

② 三辊轴整平后,表面采用横向通长的铝合金刮尺往返 2～3 遍刮平,使混凝土表面的平整度基本达到 $\sigma=1.2$ mm(σ 为平整度最大间隙)的要求,同时清边整缝,清除黏浆,修补缺边、掉角部位。

③ 混凝土用直尺刮平后,待其表面泌水完毕后用机器进行精平,保证路面表面平整度。

(8) 接缝施工。

① 纵缝施工。

a. 为便于水泥混凝土路面的标线画设,隧道路面纵缝设置在中心线。

b. 在面板振实过程中,应随即安装纵缝拉杆。为使拉杆安装牢固、水平、居中并与接缝垂直,应用手持振动棒边振捣边调整拉杆,使之符合要求。拉杆采用 $\phi16$ mm 螺纹钢筋,单根长度为 80 cm。拉杆设置在水泥混凝土路面层中间位置(距离混凝土顶面 12 cm)。拉杆用钢筋支架固定在调平层上。待全幅路面浇筑完成后,用切缝机切割,缝宽为 5 mm,缝深为 9 cm,用沥青玛琋脂进行填缝。

c. 横向面板连接摊铺前,若发现有跑模引起的纵向施工缝不顺直的情况,应弹线并用切割机切割顺直;对模板底部漏浆混凝土也应进行凿除清理;侧边拉杆应校正扳直,若发现拉杆松脱或漏插,应钻孔重新植入。

d. 横向面板连接摊铺时,应在纵向施工缝上半部涂满沥青,然后硬切缝并填缝。

② 横向缩缝施工。

从洞口开始,每 5 m 设置一道横向缩缝。横向缩缝的切缝深度为 50 mm,缝宽为 5 mm。

③ 横向施工缝施工。

每天摊铺结束或摊铺中断时间超过 30 min 时,应设置横向施工缝,其位置宜与胀缝或缩缝重合,横向施工缝在缩缝处采用平缝加传力杆的结构形式,在胀缝处其构造与胀缝相同。横向施工缝切缝深度为 60 mm,缝宽为 5 mm。传力杆采用直径为 32 mm 的光圆钢筋,设置间距为 30 cm,距离水泥混凝土路面顶 13 cm。

④ 胀缝施工。

从洞口开始,每 50 m 设置一道胀缝。胀缝采用前置钢筋支架法施工,应预先加工、安装和固定胀缝钢筋支架,并在使用手持振动棒振实胀缝板两侧的混凝土后继续摊铺混凝土。宜在混凝土未硬化时,剔除胀缝板上部混凝土,胀缝板应连续贯通整个路面板宽度。胀缝传力杆采用直径为 32 mm 的光圆钢筋,单根长 50 cm,其中 35 cm 需要涂防锈漆,且在涂防锈漆的一端设置长 10 cm 的塑料套,在塑料套内填充约 3 cm 长的棉纱,套在传力杆上后预留 3 cm 的空隙。传力杆设置在混凝土面层的中间位置,距离混凝土面层 13 cm。

(9) 拉毛。

路面混凝土抗压强度达到 40% 后即可开始硬刻槽,并宜在两周内完成。刻槽深度应为 2~4 mm,宽度为 3~5 mm,槽间距为 15~25 mm。硬刻槽后应随即将路面冲洗干净,并恢复路面的养护。

(10) 养护。

在混凝土表面具有一定强度后立即覆盖土工布进行保湿养护,养护时间不少于 14 d。养护期间,禁止车辆和人员在其上行走。

(11) 灌缝施工。

混凝土面板养护期满后,应及时灌缝,灌缝前应先采用切缝机清除接缝中的杂物,再使用压力水和压力空气彻底清除接缝中的尘土及其他污染物,确保缝壁及内部清洁、干燥。填缝必须饱满、均匀、厚度一致并连续贯通,填缝料不得缺失、开裂和渗水。

4. 质量控制

(1) 严格控制混凝土坍落度,通过现场试验计算出混凝土在路上的坍落度损失,从而在混凝土搅拌时就考虑到坍落度损失。

(2) 严格控制表面平整度、路面标高、混凝土振捣质量。

(3) 接缝填筑饱满密实,不污染路面。

(4) 不得出现断板、胀缝缺陷。

(5) 混凝土板表面严禁发生脱皮、印痕、裂纹和缺边掉角等病害。

5. 安全及环保要求

(1) 安全要求。

①所有施工人员必须遵守相关安全规章制度,佩戴防护用品,经安全培训合格后再上岗,否则不得进入施工现场。

②因隧道内开展工作面较多,各工序间有些影响,施工车辆在洞内均应慢速行驶,施工人员在洞内行走时均应靠右侧。

③路面施工车辆均要贴反光标志,在施工区域附近挂警示灯、警示标识,避免来往车辆碰撞剐蹭。施工人员穿反光背心。

④指挥车辆卸料人员必须准确指挥,避免车辆碰到施工人员或误入刚施工完成的混凝土路面内造成破坏。

⑤严格遵守用电规定,安全用电,非电工不得进行电方面的操作。

(2) 环保要求。

①所有施工人员必须得到有效的环保知识培训,具备基本的环保意识。

②施工时产生的垃圾要集中处理,不得乱丢乱弃。

③具备良好的通风、照明条件,各类施工产生的烟雾及粉尘要及时排出。

④严防设备漏油,被油污染的路面要及时处理。

6. 出现的问题及解决方案

出现的问题:横坡和平整度控制有待加强。

解决方案:施工时模板侧面每 2 m 埋设一处地锚,在以后的施工中地锚加密,每 1 m 埋设一处地锚;在模板与基层空隙较大处垫块加密,每 1 m 设一处垫块;采用横向通长的铝合金刮尺进行精确刮平时,往返次数增加 4~5 次;用机器进行表面精平时保证机器已调试到最佳状态,精平过程中做到细心、认真。每一工班至少应检查 2 次混合料的坍落度,保证混凝土坍落度控制在 30~60 mm,在上午 10 点和下午 3 点之间混凝土坍落度可以适当增大,以保证施工现场的坍落度控制在 30~60 mm;用薄膜卷成长条,工人对拉刮掉面层上的泌水和浮浆,再次整平压光,这样可以减少混凝土徐变引起的表面蜂窝。

3.3.3 隧道预埋件施工总结

1. 作业准备

(1) 施工组织准备。

为避免二次衬砌施工完毕后才开始施工各种预埋件造成的资源浪费、成本增加,要求随着隧道二次衬砌施工进度,及时完成各种预埋件施工,预埋件施工由二次衬砌工班负责。

(2) 劳动组织。

隧道预埋件施工由仰拱、二次衬砌施工工班负责,无须另外安排专班。施工人员中特殊作业人员为风钻工、电焊工,其余为普工。

(3) 材料要求。

①所有预埋钢构件应进行热镀锌防腐处理,镀锌量为 600 g/m²,螺纹螺栓部分为 350 g/m²。

②管道内应穿有 $\phi 3$ mm 的钢丝,并在管口外留有不短于 30 cm 的出头,管道口需要用软木塞或其他类似的替代物堵住。

(4) 机具设备。

主要设备为电焊机和风动凿岩机,其他设备根据具体施工要求添加。若完成二次衬砌后再进行预埋件施工,需配置若干切割机。

2. 施工流程

施工流程:测量放样→安装二次衬砌及预埋件钢筋→安装可挠金属管→预埋件模板安装。

3. 施工工艺

隧道开工前组织技术人员认真学习施工组织设计文件,阅读、审核施工图纸,向监控、通风、照明、供配电、消防及电力专业有关设计人员明确相关技术问题,了解各专业预埋件设计情况,编制预埋件安装统计表。

(1) 测量放样。

按照设计要求准确放出预埋件中心里程和高程。

(2) 安装预埋件钢筋和管线。

预埋钢管不应有折扁和裂缝,钢管内应无铁屑、毛刺及杂物,钢管切断口平面要与钢管轴线相垂直,并保证管口平滑,不能有毛刺和锋利的边缘,钢管焊缝应朝上。预埋管道时保证管道畅通,无堵塞。施工后,应对所有预埋管口采取封闭保护措施,以防止杂物进入管道造成堵塞。当洞室配筋与衬砌配筋矛盾时，可适当调整洞室配筋。隧道内接地钢筋之间均要可靠焊接，施工时应根据具体钢筋配筋情况，采用搭接焊或 L 形焊接，焊缝厚度不小于 4 mm。

(3) 安装预埋洞室模板。

根据设计尺寸将木模板固定于钢筋上，注意控制隧道壁内的预埋管道与隧道壁表面的净距离(宜不小于 10 cm)。

4. 预留预埋设施出现的问题

(1) 出现漏埋、错埋、移位、左右侧反向埋置、管线堵塞等。

(2) 浇筑电缆沟时，二次衬砌底部需伸到电缆槽内的管线被混凝土堵塞。

(3) 风机预埋件拉拔试验不能达到要求。

(4) 接地装置电阻过大，不能满足要求。

全线其他隧道也均存在此类问题，此类问题也是高速公路隧道预留预埋设施的共性问题。

5. 出现问题的主要原因分析

(1) 隧道土建招标文件有关隧道机电预留预埋工程的图纸不完整，工程量清单内没有给出具体的工程细目及数量，设计图纸出图不及时，图纸内最终技术指标要求不清楚。

(2) 土建工程、机电工程及其他相关工程的界面划分不清晰，工程量划分不清楚，相互配合不够密切。

(3) 随着国家高速公路的迅速发展，机电预埋工程及附属工程的种类迅速增多，土建工程施工人员的相关学习和培训不够，而且因土建工程和机电工程专业性相差较大，土建施工单位对机电预埋件工程的重视程度不够，对施工队伍进行的设计交底不足。

6. 预留预埋设施施工注意事项

(1) 项目部主动要求设计单位对隧道土建机电预留预埋工程设计进行技术交底。

(2) 技术管理人员应提高对机电预留预埋工程的重视，注意各设施的平面布置，复核其桩号、数量及尺寸，以免出现漏埋、错埋、移位等问题。对施工队伍进行技术交底，明确责任：规格及尺寸分类全隧一次交底，平面位置分段、分次进行交底。

(3) 模板采用组合木模板，做成箱形结构，为方便拆模，箱形模板可根据洞室尺寸做成内小外大的喇叭口形，且外形尺寸最好增大 3~5 cm，以防因变形而出现预留洞室尺寸不够的问题；模板制作时考虑与台车的弧形接触面，尽量使箱体模板和台车接触紧密，并封堵缝隙，防止混凝土堵塞洞室；洞室模板必须固定牢靠，以防在混凝土浇筑时发生偏斜、移位。

(4) 竖向钢管均为弯曲钢管,需在洞外用弯管机弯制成型,弯制时必须按设计尺寸准确放样,加工后仔细复核,弯制有折痕的不得使用。

(5) 通风设施悬挂支撑结构的格栅钢架内的各钢筋全部采用焊接方式连接,架立钢板采用贴条焊接方式连接;格栅钢架的基础必须坚实;吊挂风机预埋件的横向钢筋、钢板必须严格按照设计图纸施工,必要时可加强加固;在风机预埋钢板的位置,二次衬砌混凝土浇筑时应振捣密实,防止出现空隙影响预埋件的受力。

(6) 二次衬砌施工前必须对预埋件进行自检,经隧道监理工程师确认后再进行下一道工序。

7. 存在的问题及处理措施

(1) 对于预留洞室的漏埋、错埋、移位、反向埋置、堵塞等问题,必须重新凿开需要的洞室、封堵多余洞室。开凿前按图纸要求重新排查所有预留洞室,标注好洞室位置、大小和深度,然后采用手持切割机按洞室大小在二次衬砌上先切割 3~4 cm 的槽,最后用冲击钻沿槽按照洞室深度掏空混凝土。封堵多余洞室的方法:先用预制的比洞室小 1~2 cm 的同等级混凝土块填塞洞室,再用高等级砂浆填塞空隙。

(2) 对于堵塞的镀锌穿线钢管,在同位置用开凿洞室的办法开槽,取掉堵塞的钢管后,换成全新的用弯管机弯制成型的镀锌钢管,并每隔 50~100 cm 用 U 形卡固定住钢管,U 形卡可用 $\phi 8$ mm 的圆钢根据所开的混凝土槽制作,最后采用掺加环氧树脂胶剂的砂浆将槽抹平、覆盖。

(3) 对于拉拔试验达不到要求的预埋件,采用膨胀螺栓和加固钢板进行加固。加固施工图如图 3.23 所示。

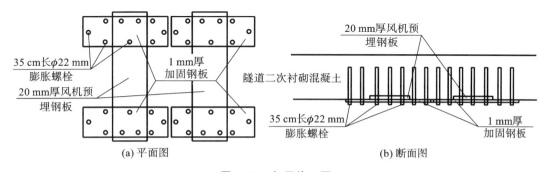

图 3.23 加固施工图

加固施工步骤如下:用氧焊在钢板上按设计的固定方案穿眼→用电钻按照氧焊穿眼的位置在混凝土上打眼→打进膨胀螺栓→用环氧树脂胶剂填塞缝隙。

(4) 处理接地装置电阻过大的办法:每 300 m 左右在电缆沟槽内的镀锌扁钢处向

下钻 50 cm 左右的深孔,采取焊接方式加设钢筋,并加强镀锌扁钢接头处的搭接和焊接。

3.4 防排水与通风

3.4.1 隧道防排水施工总结

1. 作业准备

隧道防排水施工前应做好相应的准备,包括技术准备、场地准备、原材料准备、人员配备和机械配备。

(1)技术准备。

①按照规范及设计文件要求编制施工方案,并对纵环向排水盲管、排水沟、防水层,以及止水带和止水条的规格、型号、安装工艺、操作要点、质量要求进行技术交底。

②检验防水板质量,用铅笔在防水板上画出焊接线及隧道拱顶中线,防水板按每循环设计长度截取,对称卷起备用。

③对隧道净空进行检查,对个别欠挖部位进行处理,同时准确测放出隧道拱顶中线。

(2)场地准备。

①锚喷支护完成且检查确认隧道净空、喷射混凝土基面及性能符合设计和规范要求后,进行纵环向排水盲管、排水沟、防水层的施工。

②铺设台架行走轨道,施工时采用两个作业台架,一个用于基面处理,一个用于挂防水板,基面处理先于防水板两个循环。

③基面处理。

基面处理内容如下。

a. 局部漏水采用注浆堵水或埋设排水管排水的方式。

b. 钢筋网等凸出部分,先切断后用锤铆平(使用锤子将切断后的钢筋网部分铆平,使其与基面齐平),再抹砂浆素灰;有凸出的管道时,用砂浆抹平;锚杆有凸出部位时,螺头顶预留 5 mm 切断后,用塑料帽来覆盖和保护。

c. 初期支护面要求:无空鼓、裂缝、松酥,表面应平顺,凹凸量不得超过±5 cm。

(3)原材料准备。

对防水层所用原材料按批次进行进场验收,原材料的品种、规格、性能等必须符合设计及规范要求。

(4) 人员配备。

正常施工情况下，人员配备如下：工班长 1 人、焊工 2 人、技术员 1 人、质检员 1 人、普工 8 人。人员配备可根据施工现场情况及时调整。

(5) 机械配备。

简易吊装设备 1 台、射钉枪或铁锤 4 把、简易台架 2 台、自动爬行热合机 2 台、热风枪 4 把、冲击电钻 2 把。

2. 技术要求

(1) 隧道防排水遵循"防、截、排、堵相结合，因地制宜，综合治理"的原则，达到防水可靠、经济合理、不留后患的目的。

(2) 隧道防水等级必须达到《地下工程防水技术规范》(GB 50108—2008)规定的一级防水等级，衬砌结构不允许渗水，表面无湿渍。

(3) 隧道结构防水一般由喷射混凝土、全封闭柔性卷材防水层和二次衬砌结构自防水等组成。富水隧道二次衬砌混凝土可采用防水混凝土，其抗渗等级符合设计要求；拱墙设置 PVC 塑料防水板加土工布，明洞外贴 PVC 防水卷材；施工缝设置止水条，并涂刷混凝土界面剂。

拱墙按照设计间距设置环向透水盲沟，两侧边墙外侧泄水孔标高处设纵向贯通的 HDPE(high density polyethylene，高密度聚乙烯)打孔波纹管透水盲沟各 1 道，该盲沟通过三通接头与环向透水盲沟及边墙外侧泄水孔连通。

3. 施工流程及操作要点

(1) 施工流程。

隧道防排水施工流程见图 3.24。

(2) 排水盲管施工。

①排水盲管施工流程。

排水盲管施工流程：钻孔定位→安装锚栓→捆绑盲管→盲管纵向、环向连接。

②环向排水盲管施作方法。

隧道拱墙设直径 50～80 mm 软式环向盲管，环向盲管每隔 8～10 m 设置一根，并每隔 5～10 m 在水沟外侧留泄水孔。

③纵向排水盲管施作方法。

纵向排水盲管沿纵向布设于左、右墙角水沟底，是 2 条直径为 80～100 mm 的软式透水管。纵向排水盲管安设坡度与线路坡度一致。

纵向排水盲管采用钻孔定位，定位孔间距为 30～50 cm。将膨胀螺栓打入定位孔或

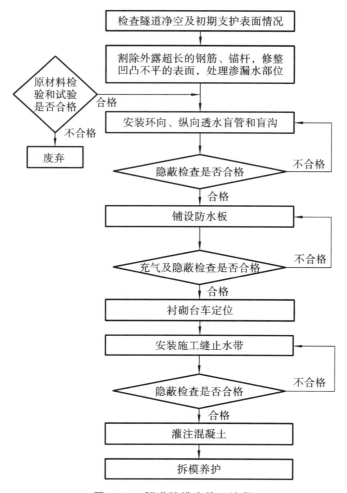

图 3.24 隧道防排水施工流程

用锚固剂将钢筋头预埋在定位孔中,固定钉安在盲管的两端。用无纺布包住盲管,用扎丝捆好,用卡子卡住盲管,然后固定在膨胀螺栓上。

④排水盲管施工控制要点。

a.纵向排水盲管安装应按设计规定画线,以使盲管位置准确、合理,画线时注意盲管尽可能走基面的低凹处和有出水点的地方。

b.盲管与支护的间距不得大于 5 cm,盲管与支护脱开的最大长度不得大于 110 cm。

c.在集中出水点沿水源方向钻孔,然后将单根集中引水盲管插入孔中,并用速凝砂浆将周围封堵,以从管中集中引出地下水。

d.盲管上的接头处用无纺布的渗水材料包裹,防止混凝土或杂物进入堵塞管道。

(3) 防水板施工。

①防水板施工采用无钉铺设工艺,其施工流程见图 3.25。

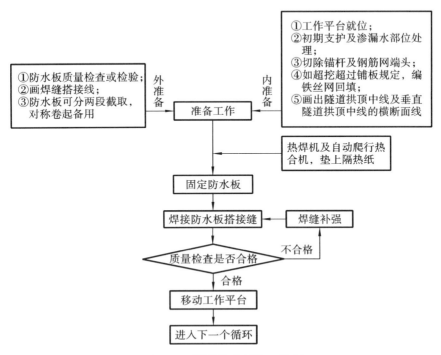

图 3.25 隧道防水板施工流程

②防水板铺设要点。

a. 防水板超前二次衬砌 10～20 m 施工,用热焊机焊接,采用专用台车铺设。

b. 铺设前进行精确放样,弹出标准线进行试铺后确定防水板一环的尺寸,尽量减少接头。

c. 复合式防水板铺设采用洞外大幅预制、洞内整卷起吊、无钉铺设工艺。从拱顶向两侧铺设,防水板铺设要有一定的松弛量。在喷射混凝土表面采用 ZIC-16 电锤 $\phi 8$ mm 钻头钻眼,塑料膨胀螺栓固定,边墙锚固点环向间距为 90 cm,纵向间距为 100 cm;拱部锚固点环向间距为 60 cm,纵向间距为 100 cm。沿隧道纵向在锚固点上绑扎铁丝,防水板用土工布带与铁丝绑紧。

d. 分离式防水板采用从下向上的顺序铺设,松紧应适度并留有余量(实铺长度与弧长的比值为 5∶4),检查时要保证防水板能全部抵到围岩。

e. 分离式防水板铺挂前,用带热塑性圆垫圈的射钉将缓冲层平整、顺直地固定在基层上,缓冲层搭接宽度为 50 mm,可用热风焊枪点焊,每幅防水板布置适当排数的垫圈,每排垫圈距防水板边缘 40 cm 左右。垫圈间距:侧壁,80 cm;顶部,40 cm。垫圈数量:侧壁，2～3 个/m²；顶部，3～4 个/m²。

f. 两幅防水板的搭接宽度应不小于 100 mm。

g. 环向铺设时，下部防水板应压住上部防水板。

h. 防水板之间的搭接缝应采用双焊缝及具有调温、调速热楔式功能的自动爬行热合机热熔焊接，细部处理或修补采用手持焊枪，单条焊缝的有效焊接宽度应不小于 10 mm，焊接严密，不得焊焦、焊穿。

i. 防水板纵向搭接与环向搭接处，除按正常工艺施工外，应再覆盖一层同类材料的防水板材，热熔焊接。

j. 三层以上塑料防水板必须是 T 形搭接形式。

k. 分段铺设的卷材的边缘部位应预留至少 60 cm 的搭接余量并且对预留部分的边缘部位进行有效的保护。

l. 绑扎或焊接钢筋时，应采取措施避免对卷材造成破坏。

m. 混凝土振捣时，振动棒不得接触防水板，以免防水板受到损伤。

n. 防水板的搭接缝焊接质量应按充气法检查，将 5 号注射针与压力表相接，用打气筒进行充气，当压力表达到 0.25 MPa 时停止充气，保持 15 min，压力下降在 10% 以内，说明焊缝合格；若压力下降过快，则说明有未焊好处。将肥皂水涂在焊缝上，有气泡的地方重新补焊，直到不漏气为止。

③防水板施工控制要点。

a. 防水板表面平顺，无褶皱、气泡、破损等现象。

b. 当基面轮廓凹凸不平时，要预留足够的松散系数，使其留有余地，并在断面变化处增加悬挂点，保证缓冲面与混凝土表面密贴。

c. 防水板用热焊机焊接，接缝为双焊缝，焊接温度应控制在 200～270℃，并保持适当的焊接速度(控制在 0.1～0.15 m/min)。焊得太快焊缝不牢固，焊得太慢焊缝易焊穿、焊焦。

d. 若有漏焊、假焊现象，应予以补焊；若有焊焦、焊穿处及外露的固定点，必须用塑料片焊接覆盖。

e. 焊接钢筋时，在其周围用石棉水泥板进行遮挡，以免溅出火花烧坏防水层；灌注二次衬砌混凝土时，输送泵管不得直接对着防水板，避免混凝土冲击防水板引起防水板土工布带滑脱，防水板下滑。

f. 所有防水材料必须采用合格厂家生产的定型产品，所有产品必须有出厂合格证和质量检验证明。

g. 详细记录各种防水材料的安放部位，做到可追溯。

h. 防水材料在使用前应做好相应的试验、检验工作，委托有相应资质的机构对防水材料进行检测。

ⅰ.施工中发现的问题及时与生产厂家或供应商联系,以求尽快解决,不合格的材料坚决不用。

(4) 止水带及止水条施工。

①止水带施工。

a.施工流程。

止水带施工流程:在挡头模板上钻钢筋孔→穿钢筋卡→放置止水带→灌注混凝土、拆挡头模板。

b.施工方法。

沿衬砌轴线每隔一定距离(不大于 0.5 m)钻一个 $\phi 12$ mm 的钢筋孔。将制成的钢筋卡由待灌混凝土侧向另一侧穿过挡头模板,一半止水带用钢筋卡卡住,另一半止水带平靠在挡头模板上。待混凝土凝固后拆除挡头模板,将止水带拉直,然后弯钢筋卡紧止水带。

c.施工控制要点。

(a)待处理的施工缝附近 1 m 范围内围岩表面不得有明显的渗漏水,如有则采取必要的挡堵(防水板隔离)和引排措施。

(b)按断面环向长度截取止水带,使每个施工缝用一整条止水带,尽量不搭接,除材料长度原因外,只允许有左、右两个接头,接头搭接长度不小于 30 cm,且要将搭接位置设置在大跨以下或起拱线以下边墙位置。

(c)止水带对称安装,伸入模内部分和外露部分宽度必须相等,沿环向每隔 0.5 m 设 2 根 $\phi 6$ mm 短钢筋夹住止水带,以保证止水带在整个施工过程中位置准确。止水带处混凝土表面质量应达到宽度均匀、缝身竖直、环向贯通、填塞密实、外表光洁的要求。

(d)浇筑混凝土时,注意在止水带附近振捣密实,但不得碰止水带,防止止水带移位。止水带施工中用泡沫塑料对止水带进行定位,避免其在混凝土浇筑中发生移位。

②止水条施工。

a.施工流程。

止水条施工流程:制作专用端头模板→浇筑衬砌混凝土时形成预留槽→浇筑下一段衬砌混凝土前安装止水条。

b.施工方法。

对于水平施工缝,可在先浇筑的混凝土初凝后、终凝前根据止水条的规格在混凝土面上压出一条平直、光滑槽。对于环向或竖向施工缝,可先在端头模板中间固定木条或金属构件等,混凝土浇筑后即形成凹槽。槽的深度为止水条厚度的一半,宽度略大于止水条宽度。槽清洗后,在灌注下一个循环的混凝土之前,将止水条粘贴在槽中。

c. 施工控制要点。

(a) 二次衬砌混凝土初凝后,拆除端头模板,将凹槽压平、抹光。

(b) 止水条安放前,先将已浇筑的混凝土端部充分凿毛、清洗干净。

(c) 止水条在衬砌台车移动前 4 h 左右安装,安装前最好先在凹槽内涂抹一层氯丁胶,止水条顺凹槽拉紧嵌入,确保止水条与槽底密贴,并用水泥钉固定牢固,同时在端部混凝土面上涂抹一层界面剂。

(d) 止水条若有搭接,可用氯丁胶黏结。接口处不得有空隙。

(e) 在二次衬砌混凝土浇筑前,先在水平施工缝基面铺设 25~30 mm 厚与浇筑混凝土同等级的水泥砂浆,使新旧混凝土结合牢固。

(5) 热沥青防水层施工。

随着施工技术的发展,隧道路面结构层和明洞采用了热沥青防水层。

热沥青防水层的施工要求如下。

a. 防水层所用的沥青宜采用石油沥青,其软化点不得低于 50℃,针入度不得低于 30 (1/10 mm),延伸度不得低于 30 cm,也可采用几种不同类型的沥青通过试验配制。普通石油沥青(高蜡沥青)不得使用。

b. 防水层所用的麻布强度应符合设计要求,不得含有妨碍浸渍沥青的油质或其他化学成分。沥青玻璃布(中碱)油毡强度应符合设计要求,宜在 0~40℃时展开,不得产生裂纹。

c. 沥青混凝土粗骨料应选用坚硬耐久的碎石、卵石或两者的混合物,粒径不得大于 10 mm,其颗粒级配应符合表 3.24 的规定。沥青混凝土细骨料应选用坚硬耐久的天然砂或机制砂,其颗粒级配应符合表 3.25 的规定。沥青胶砂用砂颗粒级配应符合表 3.26 的规定。

表 3.24 沥青混凝土粗骨料颗粒级配

目数/目	筛孔尺寸/mm	通过率/(%)
30	0.59	100
200	0.071	85~100

表 3.25 沥青混凝土细骨料颗粒级配

目数/目	筛孔尺寸/mm	通过率/(%)
10	2.00	90~100
40	0.45	40~80
100	0.154	0~6

表 3.26　沥青胶砂用砂颗粒级配

目数/目	筛孔尺寸/mm	通过率/(%)
10	2.00	100
40	0.45	60~90
80	0.18	10~70
200	0.071	0~55

d. 泄水孔管安装前,应除锈、去污。当用铁管或钢筋混凝土管时,内部及外露面均应涂刷沥青漆。基层流水坡应表面抹平,与泄水管衔接平顺,在转折处修成弧形,并符合设计规定。

e. 熬制石油沥青应符合下列规定:熬制沥青宜使用专用的沥青锅,并根据产品说明操作;用敞口大锅熬制沥青,锅中盛装的沥青宜不超过其容量的 3/4;熬制沥青必须用高温温度计测温;当沥青表面停止起泡、温度达到 175~190℃ 时即可停止升温,以温火保持温度待用;每次熬制沥青后,必须将锅底剩余沥青铲除干净。

f. 涂抹沥青漆时,基层必须干燥、洁净,沥青漆配合比(质量比)可为:石油沥青 40%;煤油或轻柴油 60%。配制沥青漆时,沥青温度不得超过 140℃。

g. 熬制石棉沥青的方法:不断搅拌熬制好的石油沥青,同时投入烘干至 100~150℃ 的石棉粉,搅拌均匀,加热至 175℃ 后待用。石棉沥青的配合比(质量比)可为:石棉粉 20%;沥青 80%。

h. 浸制麻布时应先去除水分,并在 175℃ 以下的沥青中浸制。浸制后,麻布外面应为暗黑色,无孔眼、破裂及皱叠,不应有未浸透的布层。铺设沥青浸制麻布或沥青玻璃油毡防水层应符合下列规定:沥青浸制麻布或沥青玻璃油毡应干燥、清洁,并在铺设前试铺;石棉沥青应从低处开始铺设,搭接方向应根据水流方向确定,搭接宽度不得小于 10cm。

i. 沥青胶砂和沥青混凝土的配合比应通过试验确定。沥青胶砂保护层应平整、密实,厚度应符合设计要求,温度应保持在 120~150℃,不得有凹坑、裂缝等缺陷。混凝土保护层除应按照沥青胶砂保护层的要求施工外,可分层铺设碾压,最后铺一层热沥青,趁热用热砂覆盖,并再碾压一次。

j. 炼制沥青和铺设热沥青防水层时,必须符合有关防火要求。防水层应在气温不低于 5℃ 时铺设。

4. 质量控制及质量检测

(1) 防水工程的质量要求。

①衬砌不渗水,结构表面无湿渍。

②混凝土抗压强度和抗渗压力符合设计要求。

③防水层连接紧密,无渗水现象,立面拐角的防水毯无空鼓和褶皱。

④材料甩头预留长度不小于规定长度,其收边和保护达到了设计要求。

⑤防水层的破损处已按要求修补达标。

⑥防水层与其他防水材料的搭接符合设计要求。

(2)分项验收标准及检测。

A.防水板防水。

a.主控项目。

(a)防水板、土工复合材料的材质、性能、规格必须符合设计要求。

检查数量:按进场批次检验。

检查方法:检查产品合格证。

(b)防水板必须按设计要求进行焊接,焊接应牢固,不得漏焊。

检查数量:检查焊缝数量的5%,并不得少于3条焊缝。

检查方法:双焊缝间充气检查。

(c)防水板铺设范围及铺挂方式应符合要求。铺设时防水板应留有一定的余量,挂吊点数量应合理。

检查数量:全部检验。

检查方法:检查隐蔽工程验收记录、观察。

b.一般项目。

(a)铺挂防水板的基面应坚实、平整、圆顺,无渗水现象;阴阳角处应处理成圆弧形。

检查数量:全部检查。

检查方法:检查隐蔽工程验收记录、观察。

(b)防水板焊缝无漏焊、假焊、焊焦、焊穿等现象。

检查数量:全部检查。

检查方法:检查隐蔽工程验收记录、观察。

(c)防水板的铺设应与基层固定牢固,不得有绷紧和破损现象。

检查数量:全部检查。

检查方法:检查隐蔽工程验收记录、观察。

(d)防水板的搭接宽度应不小于10 cm,允许偏差为-10 mm,单条焊缝的有效焊接宽度不小于1 cm。

检查数量:检查焊缝数量的5%,并不得少于3条焊缝。

检查方法:观察和尺量检查。

B. 施工缝、变形缝防水。

a. 主控项目。

(a)施工缝、变形缝所用止水条、止水带等的品种、规格、性能应符合设计要求。

检查数量:品种、规格全部检查,性能按批取样通过试验检测。

检查方法:检查产品合格证、出厂检验报告并进行有关性能试验。

(b)施工缝的防水施工应符合下列规定:后浇筑的混凝土在先浇筑的混凝土终凝后方可浇筑,浇筑前应对原有混凝土表面进行清洗,清除浮浆、保持湿润并铺厚度为30~50mm的1:1水泥砂浆;遇水膨胀止水条安装前应检查是否受潮膨胀;确保止水条安装位置准确、固定牢靠。

检查数量:全部检查。

检查方法:观察。

(c)变形缝的防水施工应符合下列规定:止水带接头连接符合设计要求,接缝平整、牢固,不得有裂口和脱胶现象;中埋式止水带应与变形缝中心线重合,止水带不得穿孔;混凝土浇筑前应校正止水带位置,确保其位置准确、平直。

检查数量:全部检查。

检查方法:观察。

(d)施工缝、变形缝等细部构造做法应符合设计要求,表面不得有渗漏。

检查数量:全部检查。

检查方法:观察和尺量检查。

b. 一般项目。

(a)施工缝、变形缝填塞前,缝内应清扫干净,保持干燥,不得有杂物。

检查数量:全部检查。

检查方法:观察。

(b)施工缝、变形缝的外观应达到缝宽均匀、缝身竖直、环向贯通、填塞密实、外表光洁的要求。

检查数量:全部检查。

检查方法:观察。

C. 盲管。

a. 主控项目。

(a)盲管材料质量应符合设计要求。

检查数量:按进场批次检验。

检查方法:试验。

(b)反滤层的砂、石粒径和含泥量应符合设计要求。

检查数量:按进场批次检验。

检查方法:试验。

(c)盲管的布置应符合设计要求。

检查数量:全部检查。

检查方法:观察。

(d)盲管(沟)的综合排水效果应符合设计要求。

检查数量:全部检查。

检查方法:观察。

b. 一般项目。

(a)盲管的构造应符合设计要求。

检查数量:全部检查。

检查方法:观察。

(b)盲管的坡度应符合设计要求。

检查数量:全部检查。

检查方法:观察。

5. 安全施工

(1)施工人员应经培训合格后上岗。

(2)简易台架设置防护网,施工人员系好安全带,防止高空坠落。

(3)防水板存放及施工处设置防火安全标识,以免发生火灾。

(4)对于富水隧道,应加强对洞内排水的管理,备足抽水机和备用发电机,以便及时将水排出,防止隧道被淹没或长时间积水浸泡墙基,影响结构安全。

(5)设置好截水沟及边仰坡排水沟,并与路基边沟形成排水系统。

6. 环保及文明施工

(1)施工前对全体员工进行环保法规教育。

(2)对于特殊地质(如岩溶发育、地下暗河众多、地下水丰富)隧道,隧道施工势必会影响其所在地区的生态环境,施工中必须加强对地表水环境的监测,当有污染时,及时采取相应措施。

(3)隧道进、出口设 2 个沉淀池,洞内排水经二级沉淀池沉淀后,再排放至指定地点。

(4)凡需要进行混凝土、砂浆等搅拌作业的现场,必须设置沉淀池,使清洗机械和运输车的废水经沉淀后,再排入指定地点。

(5)施工过程中严禁将含有污染物或可见悬浮物的水排入河渠或水道,并应保护原有的防护设施。

3.4.2 隧道通风施工总结

1. 作业准备

根据运输类型(有轨或无轨)、隧道长度、围岩类别及特殊要求(如瓦斯隧道),合理选择压入式通风方式、吸出式通风方式、混合式通风方式,根据现场实际情况进行通风方案设计,配置足够的通风设备,在具备安装条件后,及时完善隧道通风系统。

2. 技术要求

各隧道工程应根据现场实际情况选择经济合理的通风方式、通风机械、风机及风管参数。研究通风设备的系统布置,满足通风要求。研究施工通风的管理制度,保证现场施工通风。监测洞内空气指标和通风系统的各项指数,评估通风效果。

3. 施工流程

施工流程:选择通风方式→计算风量→计算通风阻力→选择通风设备→安装设备。

4. 操作要点

(1)选择通风方式。

通风方式应根据施工方法、设备条件、掘进长度、开挖面积及污染物的含量与种类等确定。

选择通风方式的一般原则:①有轨运输施工的隧道宜采用吸出式或混合式通风方式;②无轨运输施工的隧道宜采用压入式或变换式通风方式;③有平行导坑施工的隧道应采用巷道式通风方式;④自然通风方式受较多因素影响,不稳定且不易控制,应避免采用。

(2)计算风量。

洞内施工所需风量应根据洞内同时工作的最多人数所需要的空气量、满足洞内允许的最小风速要求、使洞内同一时间内爆破使用的最大炸药量产生的有害气体降低到允许浓度所需要的空气量、通风方式、爆破后稀释一氧化碳(CO)至允许浓度所需要的空气量、稀释洞内内燃机产生的废气至允许浓度所需要的空气量等计算确定(对高海拔地区,应修正风量),最后按风量选择通风设备。

①按洞内同时工作的最多人数所需要的空气量计算风量,见式(3.9)。

$$Q = qmK \tag{3.9}$$

式中：Q——风量，m^3/min；

q——洞内每人每分钟所需要的空气量，$m^3/(人 \cdot min)$，按 $3\ m^3/(人 \cdot min)$ 计算；

m——洞内同时工作的最多人数；

K——风量备用系数，取 $1.10 \sim 1.15$。

②按满足洞内允许的最小风速要求计算风量，见式(3.10)。

$$Q = 60sv \tag{3.10}$$

式中：Q——风量，m^3/min；

s——巷道断面面积，m^2；

v——允许的最小风速，m/s，导坑应不小于 $0.25\ m/s$，全断面开挖时应不小于 $0.15\ m/s$，但均应不大于 $6\ m/s$。

③按使洞内同一时间内爆破使用的最大炸药量产生的有害气体降低到允许浓度所需要的空气量计算风量，见式(3.11)。

$$Q = \frac{5Ab}{t} \tag{3.11}$$

式中：Q——风量，m^3/min；

A——同时爆炸的炸药用量，kg；

b——$1\ kg$ 炸药爆破时所产生的一氧化碳(CO)体积，L/kg，一般取 $40\ L/kg$；

t——通风时间，min。

④按通风方式计算风量。

a. 压入式通风。

风量根据式(3.12)计算。

$$Q = \frac{7.8}{t}\sqrt[3]{A(SL)^2} \tag{3.12}$$

式中：Q——风量，m^3/min；

t——通风时间，min；

A——1 次爆破的炸药用量，kg；

S——巷道断面面积，m^2；

L——通风区段长度，m。

使用式(3.12)时，若通风区段长度 L 大于极限长度 $L_{极限}$，式中的 L 应该用 $L_{极限}$ 代替。$L_{极限}$ 按式(3.13)确定。

$$L_{极限} = 0.1K\frac{Ab}{Sc} = 500\frac{KA}{S} \tag{3.13}$$

式中：K——紊流扩散系数，$K=0.8$；

b——爆破 1 kg 炸药生成的一氧化碳(CO)体积，$b=40$ L/kg；

c——巷道内允许的一氧化碳(CO)浓度，$c=0.008$；

其余符号意义同前。

b. 吸出式通风。

风量根据式(3.14)计算。

$$Q = \frac{18}{t}\sqrt{ASL_{抛}} \tag{3.14}$$

式中：$L_{抛}$——炮烟抛掷带长度，m，火雷管起爆情况下 $L_{抛}=15+A$，电雷管起爆情况下 $L_{抛}=15+A/5$；

其余符号意义同前。

c. 混合式通风。

风量根据式(3.15)和式(3.16)计算。

$$Q_{混、压} = \frac{7.8}{t}\sqrt[3]{AV_L^2} \tag{3.15}$$

$$Q_{混、吸} = (1.2 \sim 1.3)Q_{混、压} \tag{3.16}$$

式中：$Q_{混、压}$——压入风机送入的风量，m³/min；

$Q_{混、吸}$——吸出风机应吸出的吸风管口风量，m³/min；

A——1 次爆破的炸药用量，kg；

t——通风时间，min；

V_L——吸风管口至工作面整段巷道的容积，m³，根据式(3.17)计算。

$$V_L = L_V S \tag{3.17}$$

式中：L_V——吸风管口至工作面的距离，m，一般为 22~25 m；

S——巷道断面面积，m²。

⑤按照爆破后稀释一氧化碳(CO)至允许浓度所需要的空气量计算风量，见式(3.18)。

$$Q = \frac{500AK}{t} \tag{3.18}$$

式中：t——通风时间，min；

A——1 次爆破的炸药用量，kg；

K——风量备用系数，$K=1.10$。

⑥按稀释洞内内燃机产生的废气至允许浓度所需要的空气量计算风量，见式(3.19)。

$$Q = \frac{qc\eta}{y} = q\delta\eta \tag{3.19}$$

式中：Q——风量，m^3/min；

q——内燃机废气排量，m^3/min，根据式(3.20)或式(3.21)计算；

c——废气中有害气体浓度，%；

η——安全系数，取 1.5~2.5；

y——有害气体最大允许浓度，%；

δ——稀释系数，$\delta = c/y$。

$$q = \frac{Vn\beta}{2} \quad (3.20)$$

式中：V——气缸的工作容积，m^3；

n——柴油机的转速；

β——吸气系数，自然吸气 $\beta=1$，齿轮增压 $\beta=1.2$。

$$q = \frac{NK\alpha}{60} \quad (3.21)$$

式中：N——柴油机功率，kW；

K——单位耗油量，kg/(kW·h)；

α——烧 1 kg 柴油所需供应的空气量，m^3/kg，可按 $\alpha = 20.83 \ m^3/kg$ 计算。

q 按式(3.20)和式(3.21)分别计算，取最大值。

⑦根据海拔修正风量。

高海拔地区的大气压力低，可按式(3.22)修正风量。

$$Q_{高} = \frac{760Q}{P_{高}} \quad (3.22)$$

式中：$Q_{高}$——高海拔地区的风量；

$P_{高}$——大气压力，见表 3.27；

Q——正常条件下计算的风量。

表 3.27 海拔高度与大气压力的关系

海拔高度/m	大气压力 $P_{高}$/mmHg
500	716.00
1000	674.08
1500	634.17
2000	600.00

续表

海拔高度/m	大气压力 $P_高$/mmHg
2500	571.68
3000	546.87
3500	524.53
4000	504.58
4500	486.87
5000	471.68

注：1 mmHg＝133.3224 Pa。

(3)计算通风阻力。

通风机的风压用来克服沿途所有的阻力，在数值上等于风管的沿途摩擦阻力损失和局部阻力损失之和。

①计算摩擦阻力损失。

不漏风的情况下，摩擦阻力损失根据式(3.23)计算。

$$h_摩 = RQ_扇^2 \tag{3.23}$$

式中：$h_摩$——摩擦阻力损失，10Pa；

R——风阻值，kN；

$Q_扇$——风管始端风量(或风机风量)，m³/s。

漏风的情况下，摩擦阻力损失根据式(3.24)计算。

$$h_摩 = PRQ_末^2 \tag{3.24}$$

式中：$Q_末$——风管末端风量(或工作面的风量)，m³/s；

P——漏风系数；

其余符号意义同前。

对于巷道，其风阻值 R 根据式(3.25)计算。

$$R = \alpha \frac{L\rho}{S^3} \tag{3.25}$$

式中：α——摩擦阻力系数，见表3.28及表3.29，巷道摩擦阻力系数参考表3.30；

L——风管(巷道)长度，m；

ρ——巷道断面圆周界，m；

S——断面面积，m²。

表 3.28　风管摩擦阻力系数 α 值及 1 m 长风阻率 γ

风管直径/mm	金属风管		塑料风管	
	α	γ	α	γ
500	0.00035	0.0730	0.00016	0.03330
600	0.00032	0.0260	0.00015	0.01524
700	0.00030	0.0116	0.00013	0.00500
800	0.00025	0.0049	0.00013	0.00258
900	0.00023	0.0024	—	—
1000	0.00023	0.0016	—	—

表 3.29　胶皮风管的风阻值　　　　　　　　　　　　　　单位:kN

直径/mm	长度/m												
	50	100	150	200	250	300	400	500	600	700	800	900	1000
500	5.2	10.7	15.5	20.3	25.5	30.9	41.2	51.6	63.4	73.1	83.7	94.2	107.2
600	2.1	4.3	6.1	7.9	9.9	11.9	16.3	19.9	21.3	27.6	31.4	36.2	40.7

表 3.30　巷道摩擦阻力系数 α 值

施工地段及其支护特征	α 值
成洞,用混凝土砌筑	0.0004～0.00045
成洞,用块石砌筑,带有角面	0.0006～0.0008
用木料支撑的全断面开挖隧道	0.0012
用金属拱架木模板支护的隧道	0.001～0.0012
上导坑,有支撑	0.0025
下导坑,有支撑,但中间没有加强支柱	0.0020～0.0025
下导坑,双道中间有支柱	0.0030～0.0040
下导坑,没有支撑	0.0011～0.0020
用木料框架支撑的漏渣孔	0.0026

对于圆管,风阻值 R 根据式(3.26)计算。

$$R = 6.5 \frac{\alpha L}{d^3} \tag{3.26}$$

式中：d——风管直径，m；

其余符号意义同前。

②计算局部阻力损失。

局部阻力损失是由影响风流的各种局部原因引起的，如风道缩小、扩大、转弯等，可按式(3.27)计算。

$$h_\text{局} = \xi_\text{局} \frac{\gamma}{2g} v^2 \tag{3.27}$$

式中：$h_\text{局}$——局部阻力损失，10Pa；

$\xi_\text{局}$——局部阻力系数；

v——风流经过局部断面后的速度，m/s；

γ——空气比重，$\gamma = 1.2$ kg/m³；

g——标准重力加速度，$g = 9.81$ m/s²。

(4)选择通风设备。

①通风管。

a.通风管管径的选择。

通风管管径的选择可参考表3.31。

表3.31　通风管管径　　　　　　　　　　　　　　　　　　　单位：mm

风量 Q/ (m³/s)	通风距离 l/m						附注
	50	100	200	400	600	800	
1.0	265	285	320	375	375	440	例：$Q = 3$ m³/s，$l = 400.0$ m，查本表可知管径为595 mm，因此通风管管径选600 mm
1.4	285	320	375	440	440	440	
1.8	320	375	440	440	495	545	
2.0	375	375	440	495	545	545	
3.0	440	495	545	595	660	660	
4.0	495	545	595	660	—	—	
5.0	545	595	660	—	—	—	
6.0	595	660	—	—	—	—	

b.通风管的布置。

各种管道的通风效果与风管末端到工作面的距离有关。风管末端到工作面的距离应符合表3.32的规定。一台风机连接风管的极限长度可参考表3.33。

表 3.32　风管末端到工作面的距离

通风方式		风管末端到工作面的距离/m
压入式通风		不超过 15
吸出式通风		不超过 5
混合式通风	压入（局扇）	不超过 15
	吸出（主扇）	视开挖方法而定，一般不大于 70

表 3.33　一台风机连接风管的极限长度

风管末端排风量 /(m³/s)	风机型号（JBT 型 或 JF 型）	风管直径/mm	一台风机连接风管的极限长度/m	
			铁风管	软风管
2.8～3.0	51	500	100～140	95～120
		630	300～450	200～310
		750	450～650	300～500
2.8～3.0	52	500	190～250	140～220
		630	380～560	300～450
		750	500～800	400～700
2.8～3.0	61	500	160～220	150～200
		630	500～750	400～600
		750	750～800	600～950
2.8～3.0	62	500	200～300	180～250
		630	700～1200	650～800
		750	900～1500	800～1200
4.5～5.0	61	500	50～110	50～80
		630	250～420	190～270
		750	450～780	350～600
4.5～5.0	62	500	60～230	60～190
		630	300～750	190～450
		750	550～900	450～750

②通风机。

通风机的选择依据如下。

a. 根据风量 Q 和风压 $h_总$，结合通风方式选择通风机，一般多选用轴流式风机。

b. 根据阻力特性曲线按照产品样本所提供的风机性能曲线或性能表确定风机的型号及工况点。

c. 为使风机运转平稳,轴流式风机选用的最大风压宜不超过其性能曲线波峰处最大压力的 90%,且须位于波峰的右侧。

d. 局部通风机的选择须与通风管管径的选择相结合。一般风机的直径宜不大于风管的直径。

e. 长距离风管送风时,为满足风压的要求,可采用相同型号的风机等距离间隔串联方式。这样既便于施工,又能减小风流对管壁的压力,有利于风管的轻型化。

f. 有时为满足风量的要求,可采用 2 台同型号风机并联。此时,可用单路大直径风管送风,也可用两路较小直径的风管送风,但要进行综合比较后确定。

电动机功率 N 根据式(3.28)计算。

$$N = \frac{QhB}{102\eta_1\eta_2} \tag{3.28}$$

式中:Q——风机工况点风量,m^3/s;

h——风机工况点风压,10Pa;

102——功的换算值,$102\ kg·m = 1\ kW$;

η_1——与风机工况点对应的效率(静压效率)(根据性能曲线取值);

η_2——机械效率,皮带传动时为 0.9~0.97,计算时一般取 0.95;

B——电机容量储备系数,电机容量在 1.0 kW 以内时 $B=1.5$,电机容量为 2.0 kW 时 $B=1.4$,电机容量为 5.0 kW 时 $B=1.3$,电机容量在 5.0 kW 以上时 $B=1.2$。

(5)安装设备。

①风机一般安装在拱顶,可固定在拱圈衬砌上或用锚杆固定在围岩上。风机固定在拱圈上时应检验衬砌的受力情况,必要时要加强衬砌。风机用锚杆固定在围岩上时,应注意锚杆施工质量、耐久性与渗漏水问题。

②安装风机时,支承风机本体的结构(包括基础螺栓与锚杆)强度应为实际荷载的 15 倍以上。基础螺栓或锚杆在风机安装前应进行荷载试验或拉拔试验。

5. 质量控制及检验

风管吊挂平直,拉紧吊牢,不出现褶皱。发现风管破损应及时修补或更换。定期测试通风量、风速、风压,检查通风设备的供风能力和动力消耗。通风机应装有保险装置,当发生故障时能自动停机。

通风防尘卫生标准具体如下。

(1)开挖工作面进风流中(按体积计):①氧气(O_2)不得低于 20%;②二氧化碳

(CO_2)应超过 0.5%。

(2) 洞内每立方米空气中,粉尘最高允许浓度:①含 10% 以上游离二氧化硅的粉尘为 2 mg;②含 10% 以下游离二氧化硅的粉尘为 10 mg;③含 10% 以下游离二氧化硅的水泥粉尘为 6 mg。

(3) 空气中有害气体最高允许浓度见表 3.34。

表 3.34 空气中有害气体最高允许浓度

有害气体	最高允许浓度		附注
	%	mg/m³	
一氧化碳(CO)	0.0024	30	在作业时间短暂时,一氧化碳(CO)浓度放宽值:作业时间 1 h 以内为 50 mg/m³;0.5 h 以内为 100 mg/m³;15~25 min 为 200 mg/m³。在上述条件下反复作业时,两次作业时间须间隔 2 h 以上
二氧化氮(NO_2)	0.00025	5	

(4) 瓦斯(CH_4):①从其他工作面进来的风流中瓦斯浓度不得超过 5%;②总回风道或一翼回风道风流中,瓦斯浓度不得超过 0.75%。

(5) 洞内供风量:按每人每分钟供给新鲜空气 3 m³,采用内燃机作业时,每分钟每千瓦供风量宜不小于 3 m³。

(6) 风速要求:全断面开挖时应不小于 0.15 m/s,坑道内不小于 0.25 m/s,均应不大于 6 m/s。

(7) 洞内工人作业地点的空气温度不得超过 28 ℃。

(8) 洞内工人作业地点噪声不得超过 90 dB(A)。

6. 安全要求和措施

(1) 通风。

对隧道内有害气体的防治主要采取综合治理措施,主要有超前探测、排放、通风、防护等方法,应建立完善的防治管理制度,严禁后序作业拆卸通风管道,严格控制通风时间,提高职工的防护意识,遵守操作规程,改进施工工艺。

通风是降低有害气体浓度、防止有害气体聚集的有效手段。通风可以不断向洞内送入新鲜空气,促进空气流动,从而排出有害气体和降低粉尘浓度,改善洞内施工环境,确保洞内施工安全和人员身体健康。

①组织专门的通风工班,建立健全管理制度,加强对通风的日常管理,勤检查、常维

护,保证风机正常运转。实践表明,管道式通风效果与管理工作水平密切相关。

②保证风管接头严密,避免车刮炮崩,防止漏风或尽量减少漏风。计算和实践表明,防止漏风是充分发挥机械通风效果的关键。管道漏风主要是由风管破损引起的,可采取增加每节风管长度以减少接头数量、重视风管连接质量、保证接头的严密性、及时修补破损风管和更换风管等方法来减少管道漏风。

③尽量采用大直径风管以减少沿程阻力,风管安装必须做到平、顺、直,以减少通风管道的局部阻力。

④根据施工实际情况合理确定通风方案,调整风机布置形式。桐树山隧道采用长管路独头压入式通风方式,选择直径较大、漏风少、风阻小的通风管和风量大、风压高的强力风机,并分阶段布置,实际通风效果较好。

(2)防护。

①隧道内机电设备可选用防爆型,在有害气体含量高的地段施工时,施工人员必须携带个体自救器。爆破采用安全炸药,通过非电毫秒起爆系统和电雷管引爆,洞内人员全部撤至安全距离后再引爆。通风后,先由专职人员带自救器及检测仪进入工作面,确认无燃烧有害气体涌出后再供电,待检测出各种有害气体浓度降至安全标准后,方可开始出碴作业。

②当洞内瓦斯浓度超过1%时,必须停止施工,人员撤出。洞内不能停止通风,应配备备用电源。

7. 环保及文明施工

隧道开挖时,喷射混凝土、爆破、出碴等作业会产生大量的粉尘,对人体的危害性极大。隧道施工资料表明:粉尘主要来自喷射混凝土作业,约占洞内空气中粉尘含量的85%;其次来自爆破作业,约占10%;出碴作业只占5%左右。为了使洞内空气中的粉尘含量达到国家规定标准值,必须采取有效措施进行防治。

(1)湿式凿岩标准化。

①湿式凿岩即打"水钻",高压水从机尾进入,经过水针流向钻钎,最后到钻头,钻眼时,破碎的岩粉被湿润成浆,从炮眼流出。要求高压水到达工作面处的压力不小于300 kPa且水量充足。

②钎尾标准:长度一般为107 mm,钎孔正中。钎尾淬火硬度与凿岩机内活塞应一致。

③水针安装端正,拧紧螺丝,垫圈密贴,不漏水。

④操作正规,应先开水后开风,先关风后关水,凿岩时机体与钻钎方向一致,不得摇摆,以免卡断水针。

(2) 机械通风正常化。

机械通风可降低空气中的粉尘含量,因此,在钻眼、出碴、喷射混凝土等主要工序施工时应始终保持风机的运转。

(3) 喷雾洒水经常化。

喷雾洒水不仅能降低因爆破、出碴等产生的粉尘,而且还能溶解少量的有害气体(如CO_2、H_2S等),降低温度,使空气清新。而且把水雾化成细微水滴喷射到空气中,与空气中的粉尘碰撞,尘粒附于水滴上,被湿润的尘粒凝聚成大颗粒,降落速度会加快。

(4) 个人防护普遍化。

进洞作业人员必须坚持戴防尘口罩、防护眼镜等防护用品。

(5) 操作工艺严格化。

①采用湿喷工艺或二次拌料法(掺入适量的粉尘抑制剂)。

②严格掌握混凝土喷嘴的工作风压,减少扬尘量。

③掌握好喷头处的用水量及喷头与受喷面的工作距离和角度,严格按照工艺要求施工,以降低喷射混凝土的粉尘。

对于施工产生的粉尘,除采用以上常规方法外,还可采取局部净化的处理方法来提高工作面的环境质量。

在隧道施工中,国内一直存在着"重通风、轻集尘"的思想,单纯依靠通风的方法不能从根本上解决洞内粉尘问题,必须从施工机械、施工工艺方面加以解决。在国外,集尘机辅以扑尘技术的降尘手段已广泛应用。为了把含有粉尘的空气诱导到集尘机里,可把小型集尘机安装在风管内,采用通风集尘一体化的系统技术,这是目前隧道施工通风技术发展的重要趋势。

第 4 章
官新高速公路第 11 合同段
工程保证措施

4.1 工期保证措施

4.1.1 工期管理组织机构与工期管理及保证体系

1. 工期管理组织机构

工期管理组织机构见图 4.1。

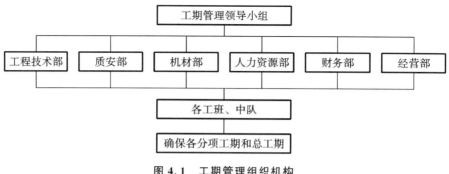

图 4.1 工期管理组织机构

依据图 4.1,明确各管理部门及岗位的管理职责,形成责任体系。表 4.1 为关键岗位工期管理责任表。

表 4.1 关键岗位工期管理责任表

岗位名称	工期管理责任
项目经理	①批准工期计划实施方案,对工期管理负全责,实行项目经理负责制; ②负责人力、物资及资金等资源的配置,以及重大问题的内外对接与协调; ③在保证质量及安全管理处于受控状态的基础上,实现工期目标; ④授权项目副经理和项目总工协助进行施工进度管理,实现管理目标
项目副经理	①组织实施项目经理部下达的施工生产计划,主持生产调度会、生产例会及协调会,解决施工生产中的问题; ②对项目经理部的施工调度、生产计划管理、设备物资调配管理工作负主要管理责任;

续表

岗位名称	工期管理责任
项目副经理	③协助项目经理的工作,检查各部门的职能落实情况,实现安全、质量、进度管理的目标; ④组织新设备的使用,提高工作效率,支持工期目标的实现
项目总工	①协助项目经理工作,负责技术工作的总体协调及进度控制,确保按时提供施工组织方案; ②制定和决策重点、难点工艺,组织优化施工工艺,确保施工工艺能够满足图纸设计要求,从技术上支持工期目标的实现; ③组织新工艺的使用,提高工作效率
施工工长	①协助项目副经理工作,负责按照里程碑进度计划及总体施工组织设计实现工期目标,编制责任范围内的施工计划及资源保证计划; ②严格执行施工计划,充分利用资源,优化施工组织,实现工期目标

2. 工期管理及保证体系

通过建立工期管理体系,采取工期规划、工期风险管理和奖惩机制等措施实现对总工期目标和各节点目标的过程动态管理,最终实现总工期目标。工期管理体系见图4.2。工期保证体系见图4.3。

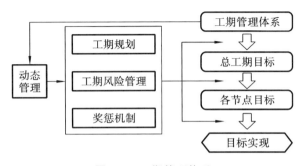

图 4.2　工期管理体系

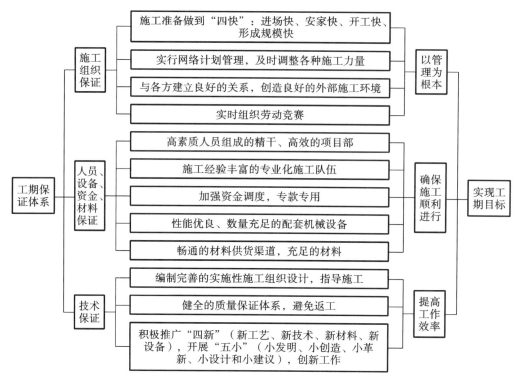

图 4.3 工期保证体系

4.1.2 各项工程工期保证措施

1. 路基、桥梁工程工期保证措施

（1）投入足够数量的施工机械和机械操作人员，配套机械性能要良好、效率要高，以保证施工生产顺利进行。

（2）重点控制好桥梁下部结构的施工工期，采用多点同步作业。

（3）根据桥梁施工的特点，对桩、墩、台身、盖梁开展多工序同步平行流水作业，加快桥梁施工进度，实行专业化施工。

（4）做好梁板的预制和安装计划，提供畅通适用的梁板运输便道，确保桥梁施工按计划进行。

（5）路基工程充分利用旱季，加快施工进度。

（6）雨季施工时，在开挖前做好坡顶截水沟。开挖后两侧做好排水沟，备足抽水设备，将雨季对施工的影响降到最低。

2. 隧道工程工期保证措施

（1）对隧道周围的地形、地貌、材料等进行详细调查，掌握充分的资料，保证正常施工，并准备充足的机械设备和施工劳动力。

（2）制订以隧道为主体的施工方案。采用国内外先进的机械设备和地质预报系统，确保施工连续、快速、正常进行。

（3）尽快打通隧道进场便道，将隧道施工所需设备运抵现场，确保隧道工程的工期。

4.1.3 工期延误应急预案

1. 工期风险管理预测

安全、质量、环保、资金及不可抗力因素（社会、物价、地质、天气等）均会对工期造成重大影响，是工期风险管理的主要内容。应采取工期风险管理措施，贯彻风险管理意识，使得各类风险处于受控状态，确保工期目标顺利实现。工期风险管理体系见图 4.4。

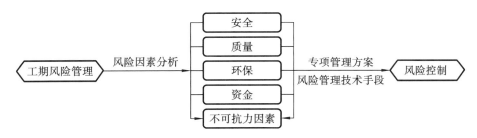

图 4.4 工期风险管理体系

2. 制订应急预防措施

建立工期专项风险管理体系，对现存或潜在的影响工期的风险因素制订相应措施进行预防。实时跟踪工程进度，找出产生偏差的原因，利用进度计划信息管理系统，对工程进度滞后的原因进行分析并提出具体解决措施。结合项目的特点及环境，针对天气、地质、材料、设备、技术方案、工程质量、人员、资金等风险因素制订应急预防措施。工期风险因素应急预防措施见表 4.2。

表 4.2 工期风险因素应急预防措施

序号	风险因素	应急预防措施
1	天气	工期规划时充分考虑天气对工期的影响并做好预防措施及应急预案
2	地质	通过超前地质预报，提前掌握前方地质情况，并采取相应的预防措施

续表

序号	风险因素	应急预防措施
3	材料	做好材料采购管理工作
4	设备	规范设备操作方法,做好设备养护工作,定期进行设备检修
5	技术方案	①采用多级方案评审制度确保方案的可行性; ②采用三级技术交底制度,确保施工人员掌握技术重点; ③采用过程跟踪制度,确保技术要点落实到位
6	工程质量	详见第4.2.2节
7	人员	加强岗前教育,对于需要持证的工种,持证率应达100%
8	资金	采取预算管理、成本控制等办法防范资金风险

4.2 质量保证措施

4.2.1 质量保证组织机构与工程质量保证体系

1. 质量保证组织机构

质量保证组织机构见图4.5。

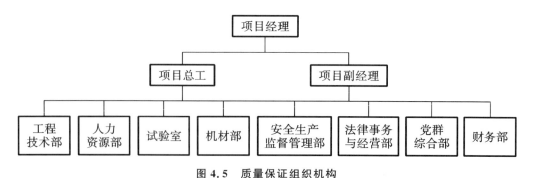

图 4.5 质量保证组织机构

2. 工程质量保证体系

为保证本工程优质、高效完成,确保本项目工程质量达到优良标准,针对本项目部施工项目构建了如下质量保证体系,见图4.6。

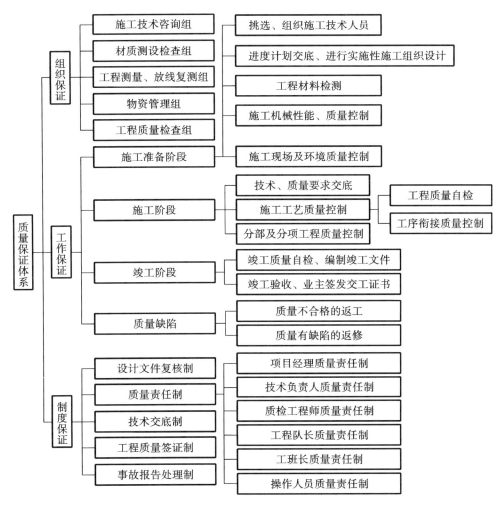

图 4.6 质量保证体系

4.2.2 各分项工程质量保证措施

实施标准化建设,各分项工程均上报首件工程的详细施工方案,利用首件工程的施工资料指导全线各分项工程的施工。

总结首件工程的实施经验,完善施工工艺与管理措施,为全线其他分项工程的规范化施工创造条件。

1. 路基工程质量保证措施

(1) 施工前对全线不良地质地段进行技术调查,确定相应的路基基底(含特殊路基基底)处理方案,保证基底处理质量。

（2）路基填筑前，对各种填料进行填筑压实试验。在正式开工前，进行路基填筑压实试验。通过试验，确定各项路基施工工艺标准，用以指导大规模施工。

（3）严格控制土壤含水率，在压实施工中使用仪器对填筑层的土壤含水率进行测定，避免盲目碾压和不必要的湿润与翻晒，确保工程质量。

（4）制定一套系统、完整、严格的检测管理制度，涵盖跟踪检测、复检、抽检三个等级。

（5）台背严格采用设计要求的填筑材料分层进行回填，采用小型振动冲击夯等夯实。施工中严格控制填料质量、分层厚度及压实度等指标。

（6）严格控制模板质量，推广钢模板施工工艺，涵洞、挡墙使用大块钢模板施工。

2. 桥梁工程质量保证措施

（1）各种施工原材料和机具设备的验收、试验与检验按现行规范及有关规定进行。

（2）落实各种原材料的检验、验收制度，各种原材料必须有合格证书。钢筋、水泥、支座等进场前必须由现场试验人员或技术人员进行验收，不合格材料严禁用于本工程。施工前，应对水质进行分析，合格后才能使用。

（3）严格把好模板质量关，重要结构物施工用模板全部采用新制作的大块钢模板（预制梁底模板使用不锈钢模板），并在施工前进行试拼、调整和打磨，确保模板几何尺寸正确，拼缝严密，不漏浆。

（4）钻孔桩基础施工过程中，应认真核对地质条件，并做好原始记录。钢筋绑扎符合设计要求、加固牢靠并经监理工程师检查签证后方可浇筑混凝土。导管使用前进行水密性、压力试验。清孔满足规范要求。混凝土灌注过程中，要定期测量混凝土位置，以确定提拔导管时间和长度，防止发生堵管和断桩。

（5）墩身施工时，检查模板中心与设计中心是否一致。板缝拼接应严密平顺，混凝土振捣有序，达到内实外美。

（6）预应力施工由技术熟练的人员操作，严格按施工技术规范、设计文件要求施工。

（7）桥面平整度及高程控制。桥面铺装施工时精确安装振动梁轨道，并保持牢固可靠，以控制桥面高程。

3. 防塌孔措施

（1）在泥浆中适当掺入水泥浆及早强剂或水玻璃，严格控制泥浆的相对密度，造孔泥浆应采用优质黏土。

（2）根据实际地质状况，严格控制不同地质条件下的成孔速度，对砂、砾等土层必须注意控制钻进速度，如过快可能产生径向摆动。

（3）二次清孔时严格控制孔底泥浆比重，防止泥浆比重过低。

(4) 首批灌注混凝土量适当加大。

4. 钢丝绳防断和防脱丝措施

(1) 选择合适的钢丝绳。

(2) 正确使用、维护钢丝绳。

(3) 防止钢丝绳过度卷曲。

(4) 预防钢丝绳受过大的冲击力和惯性力的作用。

(5) 防止钢丝绳超载。

(6) 及时更换新绳。当钢丝绳锈蚀、磨损、断丝或安全系数等无法满足相关规范的规定时，必须立即予以更换。

5. 防止声测管孔底堵塞措施

(1) 使用品质优良的声测管。

(2) 声测管接头采用法兰式连接或一体式连接。

(3) 制作钢筋笼副笼时，在声测管周围加两条螺纹钢，以免声测管被碰伤。

(4) 钢筋笼运输或下放时，避免碰撞声测管管体或接头，安装时确保法兰螺丝拧紧，橡胶垫片安装位置准确。

(5) 钢筋笼下放时，应使钢筋笼保持竖直状态并缓慢匀速入孔，避免与孔壁碰撞。

(6) 钢筋笼下放完成后，应在声测管内及时注入净水并将声测管上部端口处完全封闭，或者将比声测管稍长的塑料衬管插入声测管，桩基础灌注时采用人工上下抽动，灌注完成并初凝后拔出重复利用。

(7) 导管安装和升降时均应沿桩中心处竖直线缓慢匀速运动，尽量避免发生碰撞钢筋笼或者声测管的情况。

(8) 声测管露出地面时，搬移钻机等作业应避免碰掉声测管盖子或者将其弄断，若出现这种情况要及时封堵声测管，避免泥浆、杂物等进入声测管。

(9) 破桩头剥出声测管时避免将声测管盖子弄折或者将声测管截断，若出现这种情况要及时封堵声测管，避免混凝土碎块等杂物掉入声测管。

6. 预防混凝土堵管措施

(1) 控制混凝土的和易性和坍落度。泵送混凝土要严格按规定设计配合比，严格控制坍落度。

(2) 应根据运距适当调节混凝土配合比。

(3) 检查管道密封状况。若管道密封不严密造成渗漏，一方面会影响混凝土的浇筑质量；另一方面会导致混凝土坍落度的减小和泵送压力的损失，从而导致堵管。

(4)润滑管壁,使得管壁摩擦力减小。泵送混凝土前,应用清水润滑管道,先泵送砂浆,后泵送混凝土,以防止管道堵塞。

(5)严格控制混凝土剩余量。余料不能低于搅拌轴,余料太少,极易吸入空气,导致堵管。

(6)控制停机时间。停机时间不宜过长,防止混凝土初凝。

(7)注意气温变化。夏季气温较高,管道在强烈阳光照射下,混凝土易脱水,从而导致堵管,因此在管道上应覆盖湿草帘,并要经常洒水。冬季要用保温草帘包裹,尽量避免热量损失而影响混凝土的和易性。

7. 混凝土养护质量保证措施

(1)应在拆模或初凝后立即采取养护措施。

(2)混凝土浇水养护的时间:对采用硅酸盐水泥、普通硅酸盐水泥或矿渣硅酸盐水泥拌制的混凝土,不得少于 7 d;对掺用缓凝型外加剂或有抗渗要求的混凝土,不得少于 14 d。

(3)浇水次数以保持混凝土处于湿润状态为宜。

(4)混凝土强度达到 2.5 MPa 前,严禁任何人在上面行走、碰触混凝土、安装模板支架,更不得做具有冲击性的操作。

8. 混凝土外观质量控制措施

(1)模板缝口加工精密,模板拼装紧密,不留渗漏的缝隙。模板相邻接口平顺,避免混凝土表面出现错台。

(2)模板表面应平整光滑,装模前应清洗模板,保证模板洁净,且清洗后应在模板上涂脱模剂,方便脱模。

(3)模板支撑应牢固,在混凝土浇筑和振捣的冲击下,不能产生变形和跑模。拆模时,应注意拆模时间,保证混凝土表面光滑,没有脱皮、斑点现象。拆模时,模板边角或支架不能碰撞混凝土,避免损坏混凝土的边角或在混凝土表面留下划痕。

(4)保证混凝土材料质量及控制材料用量。水泥用量多时,混凝土表面光泽好;水泥用量过多时,混凝土表面易产生龟裂;水泥用量过少,或者砂用量过多、石粒径过小时,混凝土表面有磨砂感,缺乏光泽;水泥库存时间过短时,混凝土表面会产生龟裂;水的用量过多时,混凝土坍落度过大,混凝土表面会有较多的气泡;原材料色差较大时,混凝土的色差较大。

(5)严格按照配合比放料,搅拌均匀,缩短混凝土的运输时间,减少混凝土的水分流失,控制好混凝土的离析。

(6) 应按正确的施工工艺进行混凝土的现场浇筑,并按正确的方法进行振捣。在浇筑过程中,振动棒尽量不要触碰钢筋或模板,以免造成钢筋松动,模板不平。

9. 预应力施工保证措施

(1) 加强与设计的结合,在预应力筋张拉锚固端的构造处理、张拉顺序、张拉应力控制、伸长值的计算等方面进行必要的沟通,并依设计要求做必要的试验,取得可靠数据,以指导施工,为结构安全提供可靠的保证。

(2) 严格控制预应力钢绞线、锚具等预应力结构用材料的质量。材料进场后,要按规范要求进行取样试验,取得钢绞线的弹性模量、锚具的锚固效率系数等参数。由于要进行多次张拉,对锚夹片的硬度、韧性提出了更高的要求。

(3) 材料进场后,要采取防雨、防潮措施,将钢绞线架空堆放并覆盖好;要管理好进场锚具、钢绞线、夹片等材料,防止锈蚀。特别是雨季施工时,更要注意做好预应力筋、锚具等预应力材料的防腐防锈工作。

(4) 加强对施工过程的质量控制。

①对预应力筋下料与并束、钢筋绑扎、穿波纹管、架立波纹管、焊接马凳、安装承压片及承压板、布设预应力筋、留设张拉口、浇筑混凝土、张拉、灌浆、封锚等诸多工序进行严格的质量控制,以严格的工序质量保证预应力工程的质量。

②采取可靠的防腐措施,在施工过程中,用胶带、木塞封堵波纹管的灌浆孔和排气孔,外露预应力筋要用塑料布、胶带包裹严密。

③波纹管接口处及破损处要用胶带密封,防止漏水。

④混凝土施工过程中,要保证混凝土材料、浇筑质量的均匀性,振动棒不得紧贴波纹管振捣。在钢筋密集区要事先留出振捣间隙,采用小棒(或加钢片)振捣。

⑤切实做好各工序的技术复核和隐蔽验收工作,并做好详细记录。

⑥承压板后的混凝土要密实。混凝土浇筑后,加强养护,防止产生收缩裂缝和温度裂缝,进而保证混凝土力学指标增长统一、均匀。

⑦冬期施工,要做好预应力张拉、灌浆安排,时间安排在中午前后,并做好水泥浆的保温防冻措施,必要时掺加不腐蚀预应力筋的防冻剂,单独设计满足冬期施工要求的灌浆配合比,避免冻胀事故发生。

(5) 做好预应力张拉工作。依据设计的张拉顺序和方向,依次进行各梁的预应力张拉。张拉前要认真检测承压板后的混凝土浇筑质量。检查承压板与预应力筋的垂直度,必要时,在锚板上加垫片,保证预应力筋、锚环、千斤顶三者对中,以防发生断丝事故。

(6) 灌浆前,要仔细检查各灌浆孔是否畅通,在清洁完孔道后,方可灌浆;待梁顶排气孔冒出浓浆时,用木塞堵紧排气孔,继续加压至梁端灌浆孔冒出浓浆后,封闭梁端灌浆孔,再加压至 0.5~0.6 MPa,停止灌浆,封闭灌浆孔,保证孔道灌浆密实。

(7) 加强施工试验检测工作。为确定预应力筋的张拉时间,施工时,依据分区段的施工时间,多留一组混凝土试块,将其作为混凝土张拉的依据。应加强对灌浆材料的试验工作。

10. 预应力管道压浆保证措施

(1) 选择性能良好的压浆设备。

①选择能够制备泌水率小、流动性能好的灰浆的机械,灰浆需要拌和均匀。

②灰浆泵必须缓慢而又不混入空气地灌注灰浆。

(2) 控制压浆材料的配合比。

①控制好压浆用灰浆的稠度。灰浆稠度是决定灌浆作业可靠性的重要因素,要综合考虑气温、管道直径、灌注长度、灌注数量及机具等因素来确定。灰浆过于干稠会造成压浆管道堵塞。

②灰浆能把预应力钢筋全都包裹住,因此,灰浆抗压强度不能低于图纸设计值。

③制备灰浆使用的水泥为强度等级不低于 42.5 的硅酸盐水泥或普通硅酸盐水泥,龄期不超过 1 个月。

④灰浆配合比必须考虑施工所需要的时间、使用材料、施工机具、预应力钢筋的锚固方法等加以确定。

(3) 严格控制灌浆工艺及质量。

①灌浆前检查所有准备的材料的数量、品种是否齐全,压浆所需工具是否到位。要先用压缩空气吹洗管道,同时将锚具周围的钢丝间隙和孔洞封堵好,防止冒浆。

②水泥搅拌时应先将水加进搅拌机内,然后再放入水泥。

③管道压浆应尽可能在预应力钢筋张拉后立即进行,一般不得超过 14 d。

11. 混凝土浇筑质量控制措施

(1) 现场试验室根据各部位混凝土性能要求,进行混凝土配合比试验,确保混凝土质量。

(2) 拌和站每次搅拌前,应检查拌和计量设备的技术状态,保证按施工配合比准确计量,并根据材料的状况及时调整施工配合比。

(3) 混凝土浇筑前检查随车提供的配合比通知单,确认无误后方可使用。

12. 钢筋保护层控制措施

(1) 桩基础钢筋笼的钢筋保护层用定位钢筋控制,定位钢筋的加工与焊接应满足设计和施工需要,确保定位钢筋的制作宽度与保护层厚度一致,在安装过程中不变形、不脱落。

(2) 圆形混凝土立柱的钢筋保护层采用圆形高强度混凝土垫块控制,垫块半径同保护层厚度,每 2 m 均匀布置 4 个。

(3) 系梁、承台、盖梁、防撞栏等的钢筋保护层采用高强度混凝土垫块控制,垫块尺寸满足保护层厚度的需要,按 4 个/m^2 的密度呈梅花状布置。注意垫块应绑扎牢固,防止立模板时垫块脱落、受挤压移位。绑扎时,扎丝尾部一律朝向钢筋骨架内侧。

(4) 严控模板表面质量与安装精度。立模板后内模板尺寸与位置满足设计要求。模板安装时注意轻放,避免损坏垫块。

(5) 在混凝土浇筑和振捣过程中注意保护垫块,避免振动棒碰到钢筋、模板、垫块。另外,在浇筑中安排专人监测固定模板的风缆及支撑情况,若模板出现跑位,应及时进行加固及调整。

13. 隧道超、欠挖防治措施

(1) 测量放样时要精确标出开挖轮廓线,在开挖过程中控制好开挖断面,做到测量精确。

(2) 岩石隧道爆破开挖时要严格按照爆破施工技术交底提前做好准备,精确控制炮眼间距,并严格按照技术参数装药,不能忽多忽少。

(3) 在开挖过程中还需根据实际情况确定预留变形量,应综合考虑施工中可能发生的围岩变化情况(掉块或坍落)。

(4) 在施作超前小导管时要控制好外插角,防止外插角过大造成超挖。

(5) 预留开挖轮廓边缘线,在开挖过程中人机配合,避免机械开挖造成超、欠挖现象。

(6) 地质情况较差、局部出现坍塌时根据实际情况尽快施作初期支护进行封闭处理。

(7) 开挖到设计轮廓线位置后立即进行初喷,封闭开挖面,再架设型钢拱架。

14. 隧道衬砌混凝土裂缝控制措施

(1) 把好原材料质量关,在施工中严格按配合比进行施工,并保证施工温度在允许范围内。

(2) 衬砌施工前保证边墙等基础部位无浮渣,衬砌施工严格按混凝土浇筑施工工艺进行。

(3) 混凝土接缝施工严格按接缝施工工艺进行,在保证先浇筑混凝土具有良好的重塑性时,加强接茬处混凝土的振捣。

15. 隧道防水板铺设过程中的损坏防治措施

(1) 挂设防水板前,仰拱预埋钢筋采用塑料管套在钢筋头上,防止钢筋头损坏防水板;焊接钢筋时在其周围用石棉水泥板进行遮挡,以免溅出的火花烧坏防水板;灌注二次衬砌混凝土时,输送泵管不得直接对着防水板,避免混凝土冲击防水板引起防水板土工布带滑脱、防水板下滑。

(2)二次衬砌钢筋绑扎完成后,要对防水板进行复查,发现有损坏现象及时进行修补或焊接,确保防水效果。

16. 施工测量的保证措施

(1)施工测量执行四级(即施工队测量组、现场主管工程师、项目经理部测量室和监理)复核制度。

(2)施工测量严格按设计图纸及相关技术规范、标准的技术要求进行,满足规定的精度要求。

(3)对工程中所有测量设备与器具进行定期检校,保证测量仪器处于良好状态。

(4)施工过程中,每半年对所有导线点、水准点进行复核。

(5)所有测量资料,应认真、及时填写,做到条理清晰、签署齐全,并归档保存。

17. 施工技术保证措施

(1)邀请设计单位派人到工地现场进行交桩和技术交底,认真组织有关人员对设计图纸进行研究与现场核对。要求全体施工技术人员全面了解设计意图,做到心中有数。

(2)认真进行恢复定线测量,准确设置测量控制网基点,并逐级加以审核复测。

(3)严格执行技术管理制度。对桩基础施工、预制梁施工等关键工序制订详细的施工方案,以确保施工质量。

(4)认真做好各项工程的试验工作,及时提供现场施工的各项技术参数。试验人员经常深入现场,严格把关,按规范规定进行抽样检查,发现问题及时纠正并采取补救措施。对每批新进场的材料,都必须认真检验,合格后方可使用。

(5)夏季天气炎热时,浇筑的混凝土待收浆后再予以覆盖和洒水养护。覆盖时注意不得损伤或污染混凝土表面,并保持混凝土表面湿润。

(6)雨季施工时要采取一些必要的防雨措施,如覆盖、搭防雨棚等。

18. 其他方面

(1)工地试验室。

①做好各项试验工作。

为了确保工程质量,在开工之前,首先根据工程需要,建立能满足各项试验要求的工地试验室,选派技术熟练的人员,组成强干的试验队伍,配备精良、齐全的试验仪器,在有关专家的指导下,做好各项试验工作。试验人员做到持证上岗,试验仪器设备必须经国家有关部门标定及认可。

②建立严格的检测制度。

为把对质量具有重要影响的工作程序用制度的形式固定下来,建立一套工作程序管理制度和专项质量检验、验收制度,进行跟踪检测、复检、抽检。

(2) 选用先进的设备。

配备精良的施工设备,广泛应用成套的机具,充分发挥机械作用。在施工中加强保养,保证机械的完好率和利用率,实行机械化作业。重要设备及易损设备有一定的储备,作为设备损坏及维修时的替代,保证施工连续。制定各种有效的管理措施及激励机制,提高效率,加快工程进度。

(3) 投入高素质的人才群体。

在工程建设中,人是决定性因素,高质量的工程需要高素质的人才群体来支撑。为了确保本标段工程优质、安全、高效、按期建成,项目组从各工地抽调施工技术骨干(包括主要管理干部、专业工程师、高级技师、熟练工人等),以及具有多年桥梁、道路工程施工经验的高级专业技术人员,同时配备一批近几年毕业的大学生,组成人才群体,担负本标段建设重任。

(4) 选用有针对性的辅助工法。

在施工中,项目组坚持科技是第一生产力,贯彻科学先导的原则,选用科学先进的辅助工法,并进一步优化工艺,确保高效、安全、适用。

4.2.3 建立工程质量保证制度

1. 质量评定制度

(1)凡经检验合格的工程,按规定填写分项、分部和单位工程检验评定表,进行评定,评定结果作为考核质量成绩和验工计价的凭证;检验不合格的工程,按未完工程处理。

(2)项目经理部不定期组织抽查,对不符合《公路工程质量检验评定标准 第一册 土建工程》(JTG F80/1—2017)要求的,予以纠正,并追查责任。

2. 验工签证制度

验工计价是控制工程质量的重要手段,未经质量检查或检查不合格的项目,不予计价、拨款,并追究相关责任人的责任。

3. 质量奖罚制度

制定严格、细致的质量奖罚制度,完善工程质量的激励约束机制。

（1）贯彻精神奖励与物质奖励相结合的原则。根据贡献大小实施奖励，杜绝平均分配，严禁将质量奖金挪作他用。根据现场施工质量情况，奖励分优质工程奖、优秀 QC（quality control，品质控制）小组奖、一次性质量奖。

（2）质量处罚以教育为主。根据质量事故的等级，对不同质量责任人进行不同程度的经济处罚，并建议有关部门进行党政或行政处分，情节严重者，将依法追究法律责任。

4.2.4　竣工文件的整理

完整、详尽的竣工文件是记录工程实施情况、反映施工质量的重要依据。本工程在施工过程中按照批准和规定的形式，及时、认真地进行竣工文件、技术文字资料、影像资料的整理和完善，严格按"三标一体化"（指对质量管理体系、环境管理体系、职业健康安全管理体系这三个管理体系进行一体化管理）质量体系标准和要求，做到"写你想做的、做你已写的、写到的就要做到、做到的就要留下记录"。根据工程进展情况，分阶段进行归纳、汇总成册，在整个标段工程完工后，及时进行竣工文件、图纸及相关资料的整理工作，做好归档保存和移交业主等工作。

资料整理工作指派有档案管理工作经验的人员负责，各专业技术人员配合实施。

4.3　安全保证措施

4.3.1　对本项目安全控制的认识

为确保安全管理方针、目标和指标的实现，根据适用的法律法规、公司的程序文件、管理手册，以及"四标一体"[在 ISO9001（质量管理体系标准）、ISO14001（环境管理体系认证标准）、OHSAS18001（Occupational Health and Safety Assessment Series 18001，职业健康安全管理体系）、NOSA（National Occupational Safety Association，南非国家职业安全协会）五星安全、健康、环保管理体系框架下的，以《质量管理体系　要求》（GB/T 19001—2016）标准为基础，融合《环境管理体系　要求及使用指南》（GB/T 24001—2016）、《职业健康安全管理体系　要求及使用指南》（GB/T 45001—2020）、《诺诚综合五星系统常规工业指导手册》（CMB253—2004）的要求，实现质量、环境、职业健康安全一体化管理的综合管理体系]，并依据招标文件中的工程概况和以往项目的施工经验，初步评估本项目在施工安全方面确需重点关注以下几点。

（1）路基高填深挖施工等。

(2) 桥梁钻孔灌注桩、低桩承台、高墩、挂篮施工及梁板架设等。

(3) 隧道开挖施工等。

(4) 机械作业、高处作业。

(5) 临建设施安全防护。

(6) 交通安全组织。

本项目的危险源识别及控制措施如表 4.3 所示。

表 4.3　危险源识别及控制措施

序号	作业(业务)活动、状态	发生部位	危险源、危害因素	危险类型(可能导致的事故)	控制措施
1	门式起重机作业	门式起重机	大风时没有拉好风缆绳或夹好夹轨器	物体打击	安全操作规程(门式起重机安全保证技术措施)
2			控制电源处无紧急断电开关	起重伤害	
3			违章操作,缺乏有效的安全装置,吊钩冲顶脱落	起重伤害	
4	汽车起重机作业	汽车起重机	支腿没有垫实	起重伤害	
5			斜吊、斜拉	起重伤害	
6	机械维修	门式起重机	高处作业时,个人防护用品使用不正确	高处坠落	安全操作规程
7			未切断电源进行检修	触电	
8			进行机械检修时没有悬挂安全警示标志	机械伤害	
9	门式起重机安装与拆除	门式起重机	安装拆除人员未经过专业培训	高处坠落	安全操作规程、技术交底
10			安装及拆除不设置警戒区	物体打击	

续表

序号	作业（业务）活动、状态	发生部位	危险源、危害因素	危险类型（可能导致的事故）	控制措施
11	钢筋制作	弯筋作业场所	不按规格弯筋	机械伤害	技术交底，安全管理措施，安全操作规程，安全检查
12	钢筋制作	弯筋作业场所	弯曲短钢筋时，作业者操作不当	机械伤害	技术交底，安全管理措施，安全操作规程，安全检查
13	钢筋制作	弯筋作业场所	弯曲长钢筋时，未注意周边有人站立	物体打击	技术交底，安全管理措施，安全操作规程，安全检查
14	钢筋制作	弯筋作业场所	作业人员在作业过程中，站立位置不安全	物体打击	技术交底，安全管理措施，安全操作规程，安全检查
15	钢筋制作	镦粗、套丝作业场所	作业人员未戴手套操作	机械伤害	技术交底，安全管理措施，安全操作规程，安全检查
16	钢筋制作	钢筋冷拉作业场所	展开盘圆钢筋、切断时未踩紧	物体打击	技术交底，安全管理措施，安全操作规程，安全检查
17	钢筋制作	钢筋冷拉作业场所	拉直钢筋时拉筋沿线 2 m 内站立人员	物体打击	技术交底，安全管理措施，安全操作规程，安全检查
18	钢筋作业	成品加工场所	多人扛运钢筋时，动作不一致，上下传送时不站立在同一垂直方向	物体打击	技术交底，安全管理措施，安全操作规程，安全检查
19	钢筋作业	成品加工场所	起吊钢筋骨架或钢筋时，下方有人站立	物体打击	技术交底，安全管理措施，安全操作规程，安全检查
20	钢筋作业	成品加工场所	高处绑扎钢筋、安装骨架时，临时防护设施不到位	高处坠落	技术交底，安全管理措施，安全操作规程，安全检查

续表

序号	作业（业务）活动、状态	发生部位	危险源、危害因素	危险类型（可能导致的事故）	控制措施
21	焊割作业	电焊场所	焊机未接地，电缆线破损	触电	技术交底，安全管理措施，安全操作规程，安全检查
22			在潮湿处、雨天露天作业时，未做好绝缘防护	触电	
23			未拉电闸就启动电焊机	触电	
24			焊接作业前，未清理现场的易燃易爆物品	火灾	
25			焊接钢筋骨架时，骨架未固定	高处坠落	
26		焊割场所	移动乙炔、氧气瓶时未关闭阀门	爆炸	
27			未及时检查或更换不正常的安全阀、减压阀	火灾或爆炸	
28			氧气、乙炔瓶胶管出现老化、变质、脆裂、漏气等问题时未及时更换	火灾或爆炸	
29			氧气、乙炔瓶胶管混用	火灾或爆炸	
30			气瓶表面沾满油脂	火灾或爆炸	
31	边坡施工	作业人员	未落实边坡施工防护措施	坍塌	安全检查，施工方案，技术交底，安全教育
32			作业人员进行边坡施工时未按规定做好防护措施	高处坠落	

续表

序号	作业（业务）活动、状态	发生部位	危险源、危害因素	危险类型（可能导致的事故）	控制措施
33	拌和楼作业	堆料场	成品料卸料时未注意卸料下方的车辆、人员等	物体打击	安全教育
34		装载机	机械手违章操作	机械伤害	安全操作规程
35		作业人员	作业人员站立处距输送带位置过近	物体打击	安全操作规程及安全教育
36			清理、清洗搅拌缸时作业人员的配合不好	机械伤害	
37	支架施工	场所设备	场地未经有效硬化	坍塌	安全培训，技术交底，安全管理措施
38			场地未做好排水措施	坍塌	
39		垫木	用于支垫支架的方木腐烂	坍塌	
40		顶托	顶托伸出量过长	机械伤害	
41		管架搭设	方案未经过验算便开始施工	高空坠落	高空作业安全管理规定
42			管扣相互连接不牢固	物体打击	
43	钢结构加工	设备	接地不良、漏电	触电	安全检查，技术交底
44		卷板机	人站在移动的钢板上	机械伤害	

续表

序号	作业(业务)活动、状态	发生部位	危险源、危害因素	危险类型(可能导致的事故)	控制措施
45	高处作业	墩身与高边坡施工部位	支架搭设(支撑、缆风绳)不牢固	坍塌,高处坠落	安全教育,施工组织方案,高处作业安全管理规定,安全技术交底,安全检查
46			作业面与孔洞临边处未做好防护	高处坠落	
47			进行立体交叉作业时,零星物件没有存放好	物体打击	
48			吊装大块模板,没有绑溜绳,模板在空中打转	物体打击	
49			安装模板用对拉螺丝的强度不符合力学性能要求	坍塌	
50			钢筋骨架的刚性不足	坍塌	
51			模板、脚手架在加固前,受到阵风、台风、龙卷风影响	坍塌	
52			装拆模板时作业人员没有系安全带	高处坠落	安全教育
53	隧道作业	隧道	遇地质破碎带、软弱围岩	坍塌、涌水	安全教育,施工组织方案,安全技术交底,安全检查
54			爆破作业	爆炸	
55			机械操作违反管理规定	机械伤害	
56			氧气瓶、乙炔瓶在放置、使用、移动过程中不符合管理规定	爆炸、火灾	
57			通风设施故障	窒息	
58			未设置人行专用通道,车辆行驶无人指挥	车辆伤害	
59			作业人员未正确佩戴防毒面具,爆破后通风不充分	中毒	
60			装拆模板时作业人员没有系安全带	高处坠落	高处作业安全管理规定,安全教育

4.3.2 工程安全管理组织机构与安全保证体系

1. 工程安全管理组织机构

成立以项目经理为第一责任人的安全管理组织机构,见图 4.7。

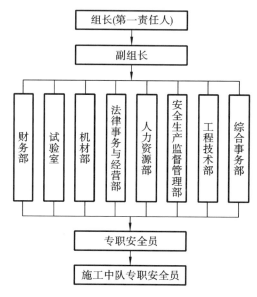

图 4.7 安全管理组织机构

建立安全管理组织机构和明确安全生产责任人是做好安全管理工作的保证。本项目部建立了一个较完善的安全管理网络,现场成立以项目经理为组长,项目书记、总工、副经理为主要负责人的"安全生产领导小组",下设安全生产监督管理部,设置专职安全员(其对安全具有否决权),突出专职安全员的权责。各部门、项目、班组和施工队也设立安全责任人,班组各设兼职安全员。坚持"预防为主""管生产必须管安全""谁主管、谁负责""全员参与,齐抓共管"的安全管理基本原则,落实安全生产的法律法规,组织各种内部安全活动,加强日常安全检查,及时整改事故隐患,督促安全生产责任制的落实。

2. 安全保证体系

安全保证体系见图 4.8。

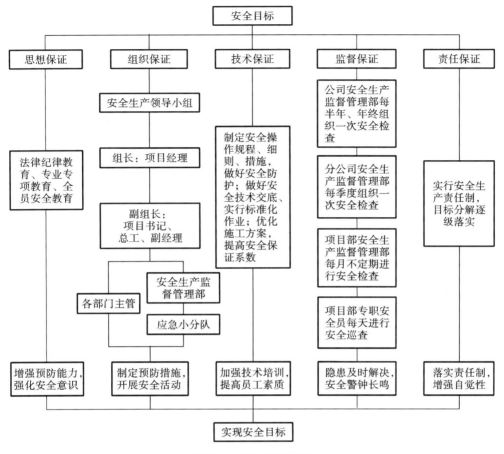

图 4.8 安全保证体系

4.3.3 安全管理制度与安全生产检查、整改

1. 安全管理制度

(1) 严格遵守有关安全生产的法律法规。

(2) 坚持"安全第一、预防为主"和"管生产必须管安全"等原则,加强安全生产宣传教育,增强全员安全意识。

(3) 建立健全安全生产责任制。

(4) 作业人员须接受安全继续教育,持证上岗。

(5) 制定相应的安全技术措施。

(6) 开展应急预案编制与演练。

(7) 投入足够的安全保障资金。

(8) 进行三级技术交底(项目总工对工程技术部部长进行技术交底、工程技术部部长对项目部施工员进行技术交底、施工员对班组进行技术交底)。

(9) 进行安全检查,消除事故隐患。

(10) 配置安全副经理和专职安全员,从上到下形成安全生产管理体系,做到责任明确、层层落实。

2. 安全生产检查、整改

安全生产检查、整改流程见图 4.9。

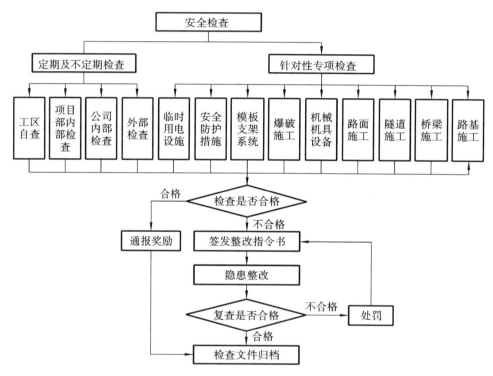

图 4.9 安全生产检查、整改流程

4.3.4 保证安全生产的技术措施

1. 安全生产技术保证措施

针对本标段工程特点、施工环境、施工方法、劳动组织、工程机械、动力设备、变配电设施及各种安全防护设施,制定切实可行的安全生产技术保证措施。

(1) 安全生产技术保证措施在开工前编制完毕,经过审批,在施工中严格执行。严格按照安全生产的要求编制施工组织设计文件,认真编制安全技术操作规程,并针对性地逐级进行安全技术交底,交底后由安全生产监督管理部负责监督检查。

(2) 将安全生产技术保证措施中的各种安全防护设施列入施工任务单,责任落实到班组、个人,实行检查验收制度。

(3) 专职安全工程师经常深入工地检查安全生产技术保证措施的实施情况,发现有违规的行为、问题及时纠正。

(4) 各级安全部门以安全生产技术保证措施为依据,以安全法规和各项安全规章制度为准则,经常对安全措施实施情况进行检查,并监督落实各项措施。

(5) 对安全生产技术保证措施执行情况进行检查,建立严格的奖惩制度。

(6) 实施严格的机械安全管理和安装验收制度。使用的施工机械、机具和电气设备,在安装前,按照规定的安全技术标准进行检测,经检测合格后方可安装。在投入使用前,按规定进行验收,确认机械状况良好,能安全运行时,再投入使用。所有机械操作人员都必须经培训合格后持证上岗,并按期复检。加强对设备的检查、保养、维修,保证安全装置完备、灵敏、可靠,确保设备正常、安全运转。

2. 交通安全保证措施

本标段通行的施工道路有国道(G354)和村镇道路,道路与便道多急弯和危险路段,施工车辆发生交通事故的风险较大,预防交通事故的措施如下。

(1) 对人员的管控。

①对所有现场施工管理人员、作业人员进行安全教育,所有作业人员必须佩戴安全帽,穿反光衣。

②有针对性地对司机进行安全教育。

③杜绝司机疲劳、酒后驾驶,在转弯处严禁超车,在雨天路滑地面要减速慢行。

(2) 安全防护措施。

①夜间施工时配备照明设备,由专人指挥。

②所有汽车机械配备倒车报警器。

③在邻近项目部的 S225 省道、施工便道等地布设减速带及限速、指示、警示标志牌,在施工路段布设施工警示牌、安全反光锥及限速、警示标志牌,危险地段要有专人指挥。

④落实运输车辆入场审核制度,经常进行检查并留下记录,全程跟踪车辆运行性能情况。

3. 高空作业安全保证措施

(1) 加强作业人员的安全教育。

①对新进场的作业人员进行岗前的三级教育。

②定期、不定期对高空作业人员进行安全教育和安全技术交底工作。

③加强高处作业施工现场安全隐患的排查工作,及时对安全隐患进行整改。

④作业人员进入施工现场时必须佩戴好安全防护用品。

⑤对起重作业人员进行专门性、经常性的培训教育。

(2) 加强高空作业安全防护。

①坑、井、沟、池、吊装孔等位置必须有栏杆、护栏或盖板,且盖板必须坚固。因工作需要移开盖板时,必须及时加设栏杆;因工作需要移开栏杆时,必须加设盖板或其他防护设施。

②高空作业人员必须戴安全帽、系安全带、穿防滑鞋,且作业人员所用的扳手、锤子等工具必须用绳子挂在工具栏内,防止坠落伤人。

③在高空用气割或电焊切割时,要采取相应措施,防止火花落下伤人或引起火灾,乙炔发生器不得放在下风处,在离切割位置不远处配备一具灭火器,保障消防安全。

④制定防高处坠落及物体打击的管理制度。

⑤从事高处作业的人员必须进行身体检查且年龄控制在 45 岁以内,凡患有高血压、心脏病、贫血及其他不适于从事高处作业的疾病的人员,一律不得从事高处作业。

4. 特种作业及操作人员作业安全保证措施

(1) 作业人员必须持有效证件上岗,并严格执行各种起重设备的安全操作规程。

(2) 大型起重设备(汽车起重机)必须经安全技术监督部门检验检测合格后才能投入使用,施工队自带或租用的设备必须经内部检验合格后才能使用。

(3) 风力大于六级、晚上灯光照明不足时不准作业。

(4) 对沿边、洞口、人行楼梯等做好安全防护措施,作业人员佩戴好个人防护用品。

(5) 高处吊物、烧焊时要严格执行有关安全管理规定。

(6) 遵守吊装作业"十不吊"(超过额定负荷不吊;指挥信号不明、重量不清、光线昏暗不吊;吊线和附件捆绑不牢不吊;不符合安全要求不吊;歪拉斜吊不吊;行车吊挂重物直接加重的不吊;氧气、乙炔瓶等爆炸性物品不吊;带棱角物未垫好不吊;埋在地下的物体不吊;金属液过满、未设固定卡不吊)规定,悬吊重物的下方严禁人员站立、通行和工作。

(7) 做好一切有效的安全技术措施预防物体打击。

5. 场站、驻地安全保证措施

(1) 加强作业人员安全教育。

①对新进场的作业人员进行岗前三级教育。

②加强对电焊、气焊、机械操作人员的安全教育和安全技术交底工作。

③加强对施工现场安全隐患的排查工作,及时对安全隐患进行整改。

④作业人员进入现场时必须戴好安全防护用品。

(2) 设置防雷、防火、抗风设施。

①在场站、驻地布置消防池,配备灭火器,数量满足标准要求。

②按照国家有关规定配置消防安全标志、设施,并定期组织检验、维修,确保消防设施完好、有效。

③要明确划分动火作业区、易燃易爆物品堆放场所、仓库地点、易燃废品集中点和生活区等,各区域之间的间距要符合防火规定。

④由具有资质的队伍对场站、驻地进行防雷设施布置,布设完毕进行防雷设施检测,检测合格后方可投入使用。

⑤拌和楼如为单个水泥罐,罐体与地面之间的固定拉线应不少于3根;各罐体宜连接成整体,安装缆风绳。

(3) 安全设施的设置。

①场站、驻地内部安装视频监控系统,保障视频监控系统可监控整个区域,对场区进行24 h实时监控。

②场区内道路转角、隔墙、围墙等处布置反光标识,并按要求设置夜间照明灯,保障夜间行车安全。

③在拌和站内设三级沉淀池进行污水处理。

④设洗车区对出场车辆进行清洗。

⑤设置门卫值班室,对进出车辆、人员进行登记。

⑥在场站、驻地旁的道路上布设减速带及指示、警告等标志。

6. 临时用电安全保证措施

(1) 加强电工安全教育。

①对新进场的电工进行岗前三级教育。

②定期或不定期对电工进行安全教育和安全技术交底工作。

③加强对现场用电安全隐患的排查工作,及时对隐患进行整改。

④电工作业时必须佩戴安全防护用品。

(2) 施工临时用电规定。

①施工现场临时用电必须采用 TN-S(三相五线制)接零保护系统。工作零线与保护零线不得混用;工作零线在现场总配电箱处应重复接地,接地电阻应小于 4 Ω;保护零线应与重复接地线相连接,在线路末端保护零线还应重复接地,接地电阻不大于 10 Ω;保护零线不得装设开关或熔断器。

②架空线必须采用绝缘电线或电缆架设在专用电杆上,严禁架设在树木上或脚手架上;电缆直接埋地,敷设深度应不小于 0.7 m,并铺砂、铺砖、做标记。

③按照三级配电、两级保护的要求配置总配电箱、分配电箱、开关箱三类标准电箱。配电箱和开关箱均应装设漏电保护开关。开关箱应符合一机、一箱、一闸、一漏的规定,严禁用同一开关直接控制多台用电设备。配电箱内各分路应编号,标明用途,并应有接线系统图。

④配电箱、开关箱中导线应从箱体底面进出线口接进和接出,严禁从箱体的其他位置接进、接出。配电箱、开关箱内的连接线必须采用铜芯绝缘导线。导线应排列整齐,不得有外露带电部分。配电箱内应分别设置工作零线和保护零线接线端子排。箱体、安装板应与保护零线可靠连接。

⑤配电器、开关箱内的电器必须可靠、完好,严禁使用破损、不合格的电器;不准将铜丝或其他不符合规范的金属丝用于电路保险。

⑥配电箱、开关箱箱门应配锁,并应由专人负责管理,配电箱、开关箱的外壳应能防雨、防尘。

⑦配电箱、开关箱应装设端正、牢固。固定式配电箱下底面与地面的垂直距离应为 1.4~1.6 m。移动式配电箱、开关箱应装设在坚固、稳定的支架上,其中心点与地面的垂直距离宜为 0.6~1.5 m。

⑧所有施工机械和电气设备不得带病运转和超负荷使用;施工机械和电气设备及施工用金属平台必须要有可靠接地;不允许在同系统中部分设备接地、部分设备接零,严禁用接地线作载流零线。

⑨手提行灯必须采用 36 V 以下的低压行灯,金属容器内和潮湿地带电压不得超过 12 V。

⑩电焊机械应放置在防雨、干燥和通风良好的地方。电焊机应设置专用漏电保护器。焊接现场不得有易燃、易爆物品。

⑪电焊机、移动式电箱及电动工具应采用完整的铜芯橡皮套软电缆作电源线;移动时,应防止电源线被拉断或损坏;移动电箱内应加装漏电保护器。

⑫从事电气作业的特种作业人员应经专门的安全作业培训,在取得相应特种作业操作资格证后,方可上岗。

⑬当非电气作业人员从事接近带电用电产品的辅助性工作时,应先主动了解或由电气作业人员介绍现场相关电气安全知识、注意事项或要求,在具有相应资质人员的带领和指导下参与工作,并由具有相应资质的人员对其安全负责。

⑭检修设备或装接电线、电器时,应拉闸停电,不准带电作业。实行挂牌警示制度,

配电房应有专人监督,不得随便离开岗位。

⑮遇雨、雪、大风等恶劣天气时严禁进行室外焊接作业。

4.3.5　各类安全措施

1. 路基施工安全保证措施

(1) 路基碾压施工前,应观察周边情况,避免伤及周边的人和物体。

(2) 深挖路堑施工要做好土石方开挖与支挡加固工程施工的有机结合和进度协调,遵循"分级开挖、分级支护"的原则,自上而下,开挖一级,加固防护一级。

(3) 对高填深挖路段实行动态监控,以确保路基安全。

(4) 石方路堑开挖采取合理的爆破方式。

2. 桥梁施工安全保证措施

(1) 钻孔灌注桩施工安全保证措施。

①钻孔灌注桩施工时随时清除杂物。

②未施工孔口均加防护盖。

③卷扬机钢丝绳在卷筒上排列整齐;严禁人拉钢丝绳卷绕。

④泥浆池应进行围蔽。

⑤水上作业平台结构要牢固,设置合格的围挡和安全警示标志。

(2) 墩台施工安全保证措施。

①墩台身钢筋模板安装前搭设脚手架、栏杆及上下扶梯。高墩设安全密目网。

②需在脚手架上运送混凝土时,走道满铺脚手板并安装护栏。使用吊斗灌注混凝土时,先通知作业面人员避让,严禁吊斗碰撞模板和脚手架。

③按规定程序拆模,人员与模板间保持安全距离。

④靠路边的墩台施工时应进行围蔽,并在来车方向提前设置安全警示牌和限速牌。

(3) 高墩施工安全保证措施。

①在开工前必须编制有安全技术措施的施工组织设计,必须严格执行审批手续、程序。

②必须逐级进行安全技术交底,技术交底应有书面资料或有作业指导书(或操作细则)。

③特种作业人员(包括机械工、电工、电焊工、试验员等)必须进行专业培训,按有关主管部门规定考试合格后,持证上岗。

④施工现场应实施机械安全管理及安装验收制度。

⑤施工现场安全管理必须抓好场地设施管理,做到井然有序、状况良好。此外,还应做好环保、消防、材料、卫生、设备等文明施工管理工作。

⑥施工现场除应设置安全宣传标牌外,还必须按照规定在危险地点悬挂警示牌,夜间在危险位置还应设红灯示警。

⑦在本工程中,高墩施工使用操作平台、模板一体化设计,操作平台随翻模施工而上升,不用专门搭设脚手架,相较于搭设脚手架,大大减少了施工过程中场地和脚手架不稳定等因素带来的风险。施工现场的安全设施主要包括安全网、围护、护栏等。

(4)梁板施工安全保证措施。

①定期对桥梁施工设备进行检查、维修、保养。

②千斤顶、管路、油泵等在张拉负荷时,不得撞击和拆卸。

③高压油管及接头在使用前进行试压,并具有足够的安全度。

④张拉时,千斤顶轴线方向不得站人。

⑤门式起重机、架桥机和其他垂直提升设备等设专人操作并配指挥人员。

⑥吊装设备要有足够的强度和稳定性,重大吊装作业先进行试吊。

⑦起重机有防倾覆措施。

(5)跨公路施工安全保证措施。

本工程桥梁施工跨省道、县道或村道,采取封闭施工区域和搭设防护棚相结合的措施,施工过程分以下几个阶段。

①桩基础及下部结构施工:桩基础采用钻孔灌注施工,在施工前对施工区域进行围护隔离,做好排水措施,并设置施工告示牌及警示牌。大型物件吊装及混凝土浇筑安排在车辆较少的时段进行,并安排专人进行交通组织。

②搭设防护棚:搭设前须先进行交通管制,对封闭路段设置醒目标志,并设专人指挥。在钢管柱吊装到位后,及时与预埋钢板焊接牢固并设临时支撑进行防护。作业人员穿醒目防护服。安装完成后,在棚架上贴反光膜、挂限高标志。

③架梁及附属设施施工:架梁期间,必须在防护棚两端上、下游位置设驻站防护员,移梁、落梁时需限制车辆通行,待梁板落架、支撑稳定后再放开交通。

④拆除防护棚:防护棚拆除时封闭半幅车道,逆着行车方向按"先支后拆、后支先拆"的原则依次拆除施工临时标志和安全防护设施。在拆除完毕后,先清理路面遗留杂物,恢复道路原有标志,然后开放交通。

⑤为缓解跨越公路交通压力,防止施工路段发生交通堵塞和交通事故,应会同公路管理部门提前制订交通组织预案,施工期间跨越公路将根据通行情况随时采取变换车道、限制车速等交通管制措施。

⑥实行交通管制时,利用公路信息情报板进行提示。

(6) 挂篮施工安全保证措施。

①挂篮前移前,应确认预应力已张拉完毕。

②走道梁安装位置应严格按施工图确认,其间连接牢靠,并与竖向钢筋锚固,走道梁连接处必须锚固,接头处要平齐、无台阶。

③挂篮移动前,应具体检查以下内容:底平台、外模板是否与混凝土面之间有 5 cm 以上的间隙;外模板固定是否牢靠,支承、悬吊系统是否稳定,受力是否均匀;后锚固点、后吊带等障碍物是否均已拆除,确保挂篮行走无障碍。

④挂篮移动过程中,两前支点同步误差应小于 3 cm,主梁与底平台同步误差应小于 5 cm。

⑤挂篮移动过程中,应密切注意前方是否有障碍物,并注意观察挂篮各部分的变形、模板支撑等情况。

⑥挂篮前移速度应均匀,移动挂篮作业应连续不间断。

⑦为保证挂篮前移同步,可在走道梁上明示行走刻度。

⑧挂篮前移时,其前端伸臂上严禁站人和堆放机具材料;悬臂浇筑施工时,应尽量减少挂篮上的施工荷载。

⑨为便于内滑梁前移,施工前一节段时,应注意预留相关孔,具体位置由施工队伍自行确定。

⑩当风力大于 5 级时,不应进行移动挂篮作业。

(7) 现浇工程施工安全保证措施。

从事支架搭设的特种作业人员,必须经过专门培训,经考核合格后,持证上岗,并对相关人员进行定期的体格检查。用于高处作业的防护设施,不得擅自拆除,确因作业需要临时拆除必须经部门负责人同意,并在原处采取相应的可靠防护设施,完成作业后必须立即恢复原防护设施。高空作业人员戴好安全帽、系好安全带,要将安全网悬挂在箱梁两侧护栏的牢固可靠处,不准穿拖鞋、高跟鞋、硬钉鞋和赤脚作业;严禁向下抛物或者相互抛递工具。作业人员在起重吊装、拼拆模板时,操作和站立位置要正确,以防因失去重心或被构件碰撞而坠落。

人工搬运、支立模板时,应有专人指挥,所有的绳索要有足够的强度,绑扎牢固;支立模板时,底部固定后再进行支立,防止滑动倾覆。

模板拆除作业前,对参加作业的全体人员进行技术交底,在统一指挥下,按照确定的方案进行拆除作业。一定要按照先上后下、先外后里、先附件后结构件的顺序,一件一件地松开连接、取出并随即吊下(或集中到毗邻的未拆的支架上)。张拉作业前对脚手架等进行检查且设置安全网。长束整捆穿束时，必须保持两端平衡以免偏载，并要检查穿束架、放束架等是否牢固、安全。张拉人员、压浆人员必须穿戴必要的劳保用具。

张拉时应设置必要的安全标志提醒相关人员注意，并应配置对讲机，保证两端张拉作业人员及时联系。张拉过程中千斤顶后方严禁有人站立、穿行，不得堆放重要物品。张拉预应力钢绞线后的管道，压浆前严禁碰击、踩踏，压浆时也要避开预应力钢绞线端部，以免钢筋突然断裂伤人。

脚手架经单位工程负责人检查验证并确认不再需要时，方可拆除。拆除脚手架前，应清除脚手架上的材料、工具和杂物。拆除脚手架时，应设置警戒区和警戒标志，并由专职人员负责警戒。脚手架的拆除应在统一指挥下，按后装先拆、先装后拆的顺序进行。

3. 隧道施工安全保证措施

（1）炸药库房设置专人管理，爆破工持证上岗，并制定相关制度。炸药、雷管分库设置，并安装防雷装置，两库之间的距离不小于 30 m 且中间应设置防爆墙。

（2）洞口安装全覆盖定位型门禁系统。

（3）洞口钻爆开挖时设置围挡。

（4）将监控测量的数据及时反馈给相关人员，以为施工提供参考，对存在异常的部位提前做好预防和相应的处置措施，保障施工安全。

（5）在靠近断层破碎带施工时施作探水钻孔，遵循"防排结合，防突防涌"的治理原则，确保施工安全。

（6）洞内采用 UPS(uninterruptible power source/uninterruptible power supply，不间断电源)供电照明，并配备充足的应急物资。

（7）隧道两端施工相距 60 m 以内时，爆破作业前需撤走人员、机具，并在安全距离处设立警告标志。

（8）加强隧道施工通风，对施工人员进行必要的放射性防护（穿防放射服等）和剂量监测，必要时，安排轮流施工，减少照射时间。

4. 水上施工安全保证措施

（1）加强施工人员教育培训，建立相关管理制度及处罚制度。

（2）水上作业人员必须了解所从事作业的安全注意事项，工作中服从指挥，不可违章冒险操作。

（3）定时与当地气象、水文站联系，时刻掌握天气、水文预报，当遇 6 级以上大风时，停止工作。

(4) 水上施工应设立明显的航标,以确定施工范围。

(5) 栏杆临边处悬挂警示标志。

(6) 水上、高处作业使用安全带时,安全带需牢靠稳妥,防止作业人员落水。

(7) 水上作业期间所有人员必须穿救生衣,高空作业需系挂安全带。

(8) 加大日常的巡查力度,对可能发生的事故做好预防工作。

(9) 施工用的机具、材料、设备等,放置在不易被水淹没的高处;同时加强安全监控,派专人检查水上施工设备及电力电缆等。

5. 夜间施工安全保证措施

(1) 充分考虑施工安全问题,交叉施工的工序不安排在夜间进行。

(2) 施工中的小型桥涵两侧及穿越路基的管线等临时工程,应设置围栏,并悬挂红灯示警标志。

(3) 主线桥与原有道路交叉时,必须按国家有关道路标线与标志的要求,设置交通安全标志与夜间照明设施,并悬挂红灯警示。

(4) 做好夜间施工防护,在作业地点附近设置警示标志,悬挂红灯,以提醒行人和司机注意,并安排专人值守。

(5) 夜间施工路基应配备夜间行车指挥信号灯,并设专人负责既有线路基的看护工作。

(6) 夜间施工用电设备必须有专人看护,确保用电设备及人身安全。

(7) 在夜间天气恶劣的情况下严禁施工作业。

(8) 夜间施工时,各项工序或作业区的结合部位要有明显的发光标志。施工人员需穿反光警示服。

(9) 各道工序夜间施工时除当班的安全员、质检员必须到位外,还要建立质安主管人员巡查制度,发现问题必须立即解决。

(10) 实施具有重大危险源性的工程项目时,必须制定好相应的应急救援预案,做好随时启动应急预案的准备。

6. 卫生防疫措施

(1) 以预防为主,预防流行病的发生。加强宣传教育,使广大职工充分认识到卫生防疫的重要性。

(2) 保持施工区和生活区的环境卫生,及时清理垃圾,并运至指定地点进行处理。

(3) 施工现场和生活区设置足够的临时卫生设施,并定期清扫处理。

(4) 根据工地具体情况,配备一定数量的、有经验的医务人员。

4.4 环保、水保保证措施

4.4.1 对本项目环保的理解

本项目位于湖南省,当地植被茂盛,沿线以经济作物、森林为主,涉及国家森林保护区。在施工过程中,为减少对环境的影响,实施绿色环保管理。绿色环保施工技术对于工程施工而言,不仅是降低施工噪声、减少施工对居民的影响、减少材料损耗等,而且是可持续发展思想和科学发展观在工程施工中的具体应用,其重点在于将"绿色方式"作为整体运用到工程施工中去。实施绿色环保施工,可在建造过程中对环境、资源产生尽可能小的影响。绿色环保施工不仅是时代的需要,也是本工程可持续发展的主要体现。本项目环境影响情况见表 4.4。

表 4.4 本项目环境影响情况

环境敏感点	与路线关系	主要影响	影响程度
安化县古楼乡	桐树山隧道进口	粉尘	小
安化县平口镇	桐树山隧道出口	粉尘	中
安化县平口镇	沂溪大桥	粉尘	中
安化县平口镇	观音坡隧道出口	粉尘	小
安化县平口镇	平口资水大桥	污水	中
水泥拌和站		粉尘、废水	中
钢筋加工场		废水	小
预制梁场		废水	小
项目驻地		废水、污水	小
弃土场		水土流失	中

为减小相关因素对环境的影响,项目部建立了有效的环保、水土保持(下文简称"水保")体系,并采取了相关保证措施,详见下文。

4.4.2 环保、水保体系

1. 环保、水保目标

严格遵守环护、水保方面的法律法规,确保不发生环保事故,保障本项目环保、水保等专项验收顺利达标。

2. 环保、水保组织机构

成立以项目经理为组长的环保、水保领导小组,制定环保措施,实行项目经理部、施工队分级管理,负责检查、监督各项环保工作的落实。

3. 环保、水保保证体系

图4.10为环保、水保保证体系。

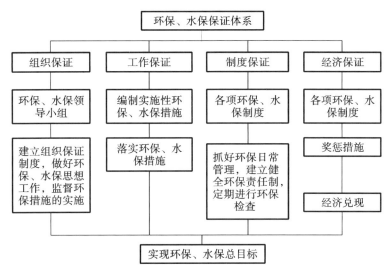

图4.10　环保、水保保证体系

4.4.3　环保、水保管理流程

图4.11为环保、水保管理流程。

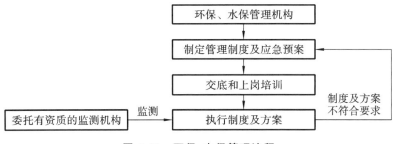

图4.11　环保、水保管理流程

4.4.4　环保、水保具体保证措施

1. 环保保证措施

1) 噪声污染管理。

(1) 施工场地的噪声符合《建筑施工场界环境噪声排放标准》(GB 12523—2011)的规定,并遵守当地有关部门对夜间施工的规定。

(2) 选用低噪声的施工设备和施工工艺。

(3) 车辆途经居住场所时应减速慢行,不鸣喇叭。

(4) 适当控制动力机械布置密度,减少噪声叠加。

(5) 现场的噪声要定期测定,一旦出现超标现象,应立即停止施工或采取相应的防护措施,如设置临时声屏障等。

(6) 加设机械设备消声罩或消声管。

(7) 尽量安排在白天进行施工。

(8) 处于较强噪声环境下的作业人员要做好防护工作。

2) 粉尘排放管理。

(1) 粉尘排放应符合《大气污染物排放限值》(DB44/27—2001)和《环境空气质量标准》(GB 3095—2012)的规定。

(2) 施工场地及便道全部进行硬化,并定期洒水,防止扬尘。

(3) 路基施工时应经常洒水,施工车辆减速慢行。

(4) 隧道施工采取湿式钻孔、洒水降尘、湿喷技术、加强通风、优化爆破方案等措施减少粉尘。

(5) 在粉状或散装物料的装卸、运输过程中洒水降尘,抑制粉尘飞扬。

(6) 拌和楼采用煤化气或液化气,减少污染物排放。

(7) 拌和楼应配置良好的除尘装置,回收粉尘必须安装湿拌装置。湿拌装置应设置雨棚,定期清理粉尘,防止二次污染。

3) 固体废弃物的处置措施。

(1) 固体废弃物分类收集、处理流程。

图 4.12 为固体废弃物分类收集、处理流程。

(2) 处置措施。

①对生活垃圾进行分类收集,防止雨水将生活垃圾冲刷至河中,及时清运并定期对保洁容器进行清洗、消毒。

②严格遵守固体废弃物收集、处理的基本原则:减量化、分类化、资源化、无害化。

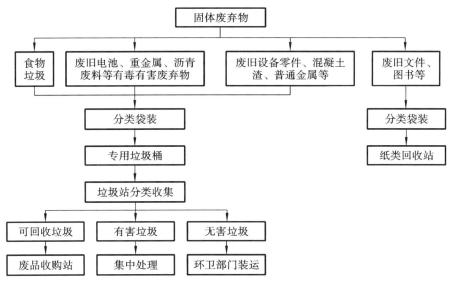

图 4.12　固体废弃物分类收集、处理流程

③设置符合安全环保管理制度要求的固体垃圾、污水收集设施和收集制度,定期集中运输至废弃物处置或堆放场所,严禁就地掩埋或焚烧。

④在收集和运输固体垃圾的过程中,采取防扬散措施;有毒有害固体废弃物的收集设施采取防渗漏、防雨水冲刷措施。

4）废水处置措施。

(1) 生活污水处理流程。

图 4.13 为生活污水处理流程。

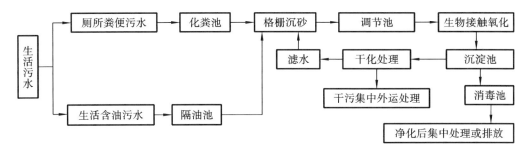

图 4.13　生活污水处理流程

(2) 生产污水处理流程。

图 4.14 为生产污水处理流程。

(3) 处置措施。

①设平流式多级沉淀池,含油污水由沉淀池收集处理。将收集的浸油废料打包密封

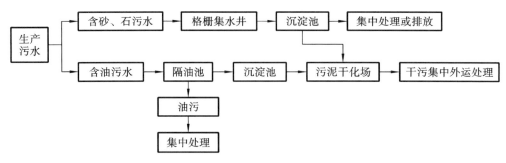

图 4.14 生产污水处理流程

后,与其他危险固体废弃物一起由有资质的单位处理。

②生活污水集中收集或处理,收集设施和排放渠道采取了可靠的防渗措施和防雨水冲刷溢流措施,处理后集中排放。

③施工现场禁止排放施工油污,溢漏油污立即采取隔离、吸附措施处理,严禁将含有污染物质或可见悬浮物的水排入河中。

④施工现场设立环保流动厕所,保证排泄物集中处理和消解,不污染周边环境。

⑤合理选择桩基础成孔工艺,泥浆及建筑垃圾集中转运至指定地点堆放,在周围设排水沟和沉淀池并做好防冲刷措施。

2. 水保保证措施

(1) 采取必要措施防止所占地及河流或排灌系统堤岸的土壤受到冲刷。

(2) 路基边坡施工时,要提前施作截水沟,要开挖一级、防护一级,防止雨水冲刷,污染周边环境。

(3) 隧道主洞洞口应尽量减小开挖面。

(4) 弃渣场周围设截排水沟和沉淀池(径流通过水沟引入沉淀池),坡脚设挡渣墙。弃渣场使用完毕后复绿。

(5) 在本工程施工中和完工后,对受破坏的土壤及时进行整治。

第 5 章
官新高速公路第 11 合同段工程亮点与技术创新

5.1 工程亮点

1. 平口资水大桥水下结构施工组织管理

平口资水大桥横跨柘溪水库,为了节约施工成本、加快施工进度,水下结构必须在水库枯水期施工完毕,因此对施工组织、辅助措施设计等要求较高,必须保证计划详细、工序无缝衔接。

根据总体进度计划安排、后续施工需求等,桩基础施工优先施工主墩位置,原计划2021年1月完成主墩桩基础施工,后平口资水大桥施工队伍更替,新队伍于2021年12月进场,项目部重新根据出水节点倒排计划,计划2021年2月完成桩基础施工,最终水中桩基础施工于2021年2月10日完成。

8#墩左右幅承台采用单壁钢吊箱施工,采用精轧螺纹钢下放。9#、10#墩左右幅承台采用双壁钢吊箱施工。钢吊箱使用期限均为3个月。

2. 隧道钢筋、工字钢加工场

本项目暂将观音坡隧道出口(檀山冲隧道进口)处的隧道钢筋、工字钢加工场定为亮点工程。

为提高隧道施工质量,隧道钢筋、工字钢加工场引进焊网机、数控冲孔机、等离子切割机等一系列机械化设备进行钢筋网片、连接钢板、连接钢板卡具等的加工,确保加工精确。

(1) 钢筋网片。

采用焊网机焊接钢筋网片,确保钢筋网片生产质量符合要求。

(2) 连接钢板。

采用等离子切割机对连接钢板进行切割,确保连接钢板质量符合要求;采用数控冲孔机对连接钢板进行冲孔,采用车床十字丝对连接钢板进行准确定位。

(3) 连接钢板卡具。

连接钢板卡具采用CO_2气体保护焊进行焊接,有效提高成品质量。

3. 隧道施工亮点

(1) 逐窗入模二次衬砌台车。

衬砌边墙滑槽逐窗入模浇筑技术,就是采取主料斗、分流槽、三通分流槽、分流串筒、入窗分流槽结合的方式,通过抽动阀门控制混凝土流向各级窗口,实现混凝土逐窗入模。

(2) 湿喷工艺。

由于传统人工喷射混凝土具有粉尘大、回弹量大、浪费大、对作业人员身体危害大等问题，本项目拟采用湿喷机械手喷射混凝土。采用湿喷机械手喷射混凝土具有以下优点。

① 高效。

采用传统的施工方法时，一台喷浆机每小时喷射量为 5~8 m^3，湿喷机械手每小时最大喷射量为 25 m^3，平均喷射速率为 13 m^3/h。

② 环保。

传统的施工方法为干喷（潮喷），作业时粉尘大，对作业人员身体危害较大。采用湿喷机械手能大大减少洞内粉尘含量，粉尘含量可由 160 mg/m^3 降至 15 mg/m^3。

③ 节能。

湿喷机械手整机功率为 130 kW（部分工作功率仅为 65 kW），且自带空压机，工作每小时耗电 130 kW·h。若采用传统施工方法，用两台喷浆机施工，需两台 22 m^3 空压机配合，喷浆机功率为 7.5 kW，空压机功率为 132 kW，工作每小时耗电 279 kW·h。

④ 经济。

采用湿喷机械手施工能大大降低喷射混凝土的回弹率，节约成本。干喷回弹率约为 70%，湿喷回弹率约为 16%，若喷射 10 m^3 混凝土，湿喷比干喷可节约 5.4 m^3 混凝土。

⑤ 安全。

采用湿喷机械手施工比干喷施工更安全。

⑥ 减少劳动力。

干喷施工需要 4~5 人，而采用湿喷机械手施工仅需 2 人。

4. 工地试验室

工地试验室位于项目部驻地，统一采用红顶象牙白墙活动板房，人字形屋顶，独立四合院风格。工地试验室分办公区和试验区，办公区面积为 100 m^2，包括会议室 40 m^2，办公室 40 m^2，资料室 20 m^2；试验区使用面积为 280 m^2，包括力学室、土工室、标养室等 12 个功能室。工地试验室外观大气，各功能室面积符合标准化要求且均采用全新试验检测仪器。

5. 2♯钢筋加工场

本项目拟将 2♯钢筋加工场打造为亮点工程，尤其对场外区域进行了布置设计，主要包括：①为提升景观效果，合理布局绿化，栽植适宜的树木，做到层次分明；②设置清晰、醒目的标志，场区外两侧设置"五牌一图"（工程概况牌、管理人员名单及监督电话牌、消防保卫牌、安全生产牌、文明施工牌和施工现场总平面图)、企业文化宣传标语等；③设置专有停车区域，便于管理并有助于宣传企业形象。同时，2#钢筋加工场与平口资水大桥栈桥紧密连接在一起，统一打造为亮点工程。

5.2 技术创新

1. 工程算量管理系统的应用

（1）工程算量管理系统介绍。

本项目采用的工程算量管理系统针对线性工程（公路）标准化程度高、工序重复等特点设计，利用"云＋端"技术，解决清单复核工作中参与人员多、组织协调困难、数据量大、算量表不统一、汇总难、提取数据难等问题，大幅提升工作效率与结果的准确性，方便查询和统计数据，并提供接口，可以把数据推送到其他业务系统进行深入应用，如对上对下计量、生产进度管理、物资管理等，为项目的精细化管理提供了有力的基础数据支撑。

（2）工程算量管理系统的基本应用。

①图纸工程量的计算和审核。通过云端和工具端，将全线分解为临建工程、路基工程、隧道工程和桥梁工程，在云端分解为单位工程，录入分部分项工程，在算量端进行计算。

②生成清单工程量台账。工程技术部与经营部对接，对每个月的成本、产值进行计算，方便及时做出调整。

③生成材料工程量台账。工程技术部与机材部对接，对每个月的材料用量进行汇总，对下个月的材料用量提前做预算，方便材料进场。

④进行系统数据的维护更新。录入现场的变更信息，培训现场施工员使用移动端软件，记录每日工作进程，生成材料并汇报。

（3）工程算量管理系统人员配置及任务。

算量工程师提前根据现场实际情况对算量员进行指定、配置。

项目部在收到两阶段施工图纸后，立即组织算量人员对全线道路工程、桥梁工程、隧道工程等进行工程数量统计、复核及录入系统工作，积极为业主组织的施工图设计"查缺漏"工作做准备。

在项目施工过程中根据现场施工情况，将每个施工点的施工员纳入工程算量管理系统，采用移动端软件记录每日施工情况，对施工现场进行有效管理。

（4）工程算量管理系统在施工过程中的预期应用效果。

①实现移动端和PC端同时办公。

②实现材料管理"日清、月结、季核"。
③实现材料消耗有依据,节约情况可控制。
④实现进度可视化。
⑤实现项目数据的纵横向分析,提升动态管理水平。
⑥通过现场记录生成每日完成产值、材料消耗分析、施工台账等多维度数据。
(5)工程算量管理系统主要生成的文件。

工程算量管理系统主要生成的文件如表 5.1 所示。

表 5.1 工程算量管理系统主要生成的文件

数据维度	文件
进度报告	生产报告、工点报告、施工记录台账、施工进度报表、进度偏差分析
产值	月度产值统计、形象产值台账
形象进度	形象进度台账、形象进度模型
材料维度	项目材料消耗对比表
队伍维度	作业队伍施工台账、作业队伍统计分析
清单维度	清单产值统计台账

2. 三维建模软件、BIM 软件等的应用

计划采用三维建模软件、BIM 软件等对本项目隧道、桥梁工程进行建模,对施工现场进行动态管理,降低施工风险。三维建模软件在桥梁双壁钢吊箱围堰施工中的应用就是一个典型例子。

双壁钢吊箱围堰相较于单壁钢吊箱围堰具有结构刚度大、整体强度高、用钢量大、结构设计复杂的特点,能承受深水压强。双壁钢吊箱围堰不需要设置围檩,内支撑可以直接撑在内壁上,可分块设计、加工。在平口资水大桥双壁钢吊箱围堰设计和施工中引入三维建模软件进行深化设计、模拟施工,在施工前做好充足的技术准备,制订高效、经济的围堰加工和施工方案,可推动同类型乃至其他类型临时钢结构设计、施工技术的进步。

官新高速公路第 11 合同段的平口资水大桥主桥采用三柱四跨的连续刚构单箱单室预应力钢筋混凝土箱梁结构,全桥总长度为 839 m,左右幅分离式设置,刚构桥跨布置为 56 m+90 m×2+56 m。主桥承台为立方体钢筋混凝土结构,顺桥向长 8.5 m,横桥向宽 12.6 m,高 3.2 m,每个承台由 3×2 根直径 2 m 的混凝土桩基础支撑。其中 9♯、10♯ 墩在同一平面位置,9♯、10♯ 墩左右幅共 4 个承台采用"先桩后围"的施工方案,设置 4 个双壁钢吊箱围堰进行辅助施工。

初步选好围堰的尺寸、材料后,利用三维建模软件建立焊件、零件模型。围堰零件应按现场加工制作流程拆分。在拆分过程中应充分考虑场地条件、运输条件和吊装条件,在最大化利用场地设备运转能力的前提下,尽量减少分块数量,以使加工质量和场地设备周转水平均达到最优。零件设计完成后,通过三维建模软件装配体模块将各个零件进行组装,模拟安装顺序并对构件进行碰撞检查,经综合比对选出高效、经济的围堰加工及安装方案。

依据三维建模软件装配体焊件清单,确定进场型钢原材料,并按要求下料。侧板单元块的加工顺序为:铺设加工平台→拼焊单侧面板→点焊安装横向加劲肋角钢→点焊安装竖向加劲肋角钢→补焊加劲肋焊缝→前后两侧面板对扣定位→安装斜撑角钢。围堰加工过程中应严格控制焊接质量,焊缝应由疏至密,严禁按照固定、连续的顺序焊接,防止面板因受热不均匀而产生变形。单元块制作成型后应进行超声波焊缝检测和煤油渗漏试验,验收合格后将各块件依据装配体清单进行编号,加工好的单元件按清单进行验收、入库。

利用三维建模软件装配体模块对单元块进行模拟拼装,确定好最优安装方案后通过动画对现场工人及机械操作手进行施工技术、安全交底。测量人员将模型数据转换成坐标后进行现场放样,将轮廓线用石蜡笔画出,依据动画所示的侧板安装顺序吊装侧板,侧板应对称、分层拼装。

测量人员复测钢护筒倾斜度后,将数据导入三维建模软件,施工技术人员可在软件中上下平移围堰模型,检查开孔位置与钢护筒的碰撞情况,确认钢护筒在下放过程中不会在底板开孔位置出现卡死情况。

参 考 文 献

[1] 广东省环境保护监测中心站.大气污染物排放限值:DB44/27—2001[S/OL].(2005-11-08).https://gdee.gd.gov.cn/hbbzwb/content/post_2724359.html.

[2] 广州市市政集团有限公司,江苏德丰建设集团有限公司.钢围堰工程技术标准:GB/T 51295—2018[S].北京:中国计划出版社,2018.

[3] 环境保护部.环境空气质量标准:GB 3095—2012[S].北京:中国环境科学出版社,2012.

[4] 黄美花,徐斌.钢吊箱围堰在深水特大桥施工中的应用[J].交通世界,2021(10):98-99.

[5] 环境保护部.建筑施工场界环境噪声排放标准:GB 12523—2011[S].北京:中国环境科学出版社,2012.

[6] 李建宁.援孟八桥深水钢吊箱围堰设计[J].铁道建筑技术,2021(3):44-48.

[7] 李震,王亚雄.SolidWorks设计软件在平口资水大桥双壁钢吊箱围堰设计及施工中的应用[J].工程建设与设计,2023(2):113-115.

[8] 刘宝成.高速公路桥梁施工中高墩施工的相关技术要点[J].工程建设与设计,2020(16):162-163,220.

[9] 刘琰君.浅谈单壁钢吊箱的设计与施工[J].山西建筑,2009,35(15):335-336.

[10] 国家安全生产监督管理总局.爆破安全规程:GB 6722—2014[S].北京:中国标准出版社,2015.

[11] 全国钢标准化技术委员会.低碳钢热轧圆盘条:GB/T 701—2008[S].北京:中国标准出版社,2008.

[12] 全国钢标准化技术委员会.钢筋混凝土用钢 第2部分:热轧带肋钢筋:GB/T 1499.2—2018[S].北京:中国标准出版社,2018.

[13] 全国钢标准化技术委员会.钢筋混凝土用钢筋桁架:YB/T 4262—2011[S].北京:冶金工业出版社,2012.

[14] 全国钢标准化技术委员会.钢丝绳通用技术条件:GB/T 20118—2017[S].北京:中国标准出版社,2017.

[15] 全国钢标准化技术委员会.碳素结构钢:GB/T 700—2006[S].北京:中国标准出版社,2007.

[16] 全国钢标准化技术委员会.预应力混凝土用螺纹钢筋:GB/T 20065—2016[S].北

京:中国标准出版社,2016.

[17] 全国焊接标准化技术委员会.气焊、焊条电弧焊、气体保护焊和高能束焊的推荐坡口:GB/T 985.1—2008[S].北京:中国标准出版社,2008.

[18] 全国环境管理标准化技术委员会.环境管理体系 要求及使用指南:GB/T 24001—2016[S].北京:中国标准出版社,2016.

[19] 全国紧固件标准化技术委员会.六角头螺栓 全螺纹:GB/T 5783—2016[S].北京:中国标准出版社,2016.

[20] 全国起重机械标准化技术委员会.一般起重用 D 形和弓形锻造卸扣:GB/T 25854—2010[S].北京:中国标准出版社,2011.

[21] 全国水泥标准化技术委员会.水泥标准稠度用水量、凝结时间、安定性检验方法:GB/T 1346—2011[S].北京:中国标准出版社,2012.

[22] 全国液压气动标准化技术委员会.液压缸活塞和活塞杆窄断面动密封沟槽尺寸系列和公差:GB 2880—1981[S].北京:中国标准出版社,1983.

[23] 全国质量管理和质量保证标准化技术委员会.质量管理体系 要求:GB/T 19001—2016[S].北京:中国标准出版社,2016.

[24] 陕西省交通建设集团公司.高速公路标准化施工技术指南[M].北京:人民交通出版社,2011.

[25] 唐祥春.平口资水大桥深水承台钢吊箱设计与施工[J].交通世界,2022(8):135-137.

[26] 唐祥春.平口资水大桥栈桥及水上平台设计与施工关键技术[J].中国科技纵横,2021(15):75-78.

[27] 王晶龙.深水区可循环利用钢吊箱设计与施工技术[J].铁道建筑技术,2015(11):49-53.

[28] 许词.高速公路桥梁工程中的安全管理对策及环保策略[J].工程建设与设计,2021(23):221-223.

[29] 杨涛.高速公路标准化施工工艺规范——蓬莱至栖霞高速公路建设实例[M].北京:科学技术文献出版社,2018.

[30] 张守全.高速公路桥梁施工安全生产管理研究[J].工程建设与设计,2019(1):265-267.

[31] 张四伟,聂卫林.高速公路施工标准化技术指南[M].郑州:河南人民出版社,2016.

[32] 张勇.大桥深水承台钢吊箱设计及施工研究[J].西部交通科技,2018(5):116-118.

[33] 中国标准化研究院. 职业健康安全管理体系 要求及使用指南:GB/T 45001—2020[S]. 北京:中国标准出版社,2020.

[34] 中国建筑材料联合会. 建设用卵石、碎石:GB/T 14685—2022[S]. 北京:中国标准出版社,2022.

[35] 中国建筑材料联合会. 建设用砂:GB/T 14684—2022[S]. 北京:中国标准出版社,2022.

[36] 中华人民共和国工业和信息化部. 钢筋混凝土用钢 第1部分:热轧光圆钢筋:GB/T 1499.1—2024[S]. 北京:中国标准出版社,2024.

[37] 中华人民共和国住房和城乡建设部. 钢结构工程施工质量验收标准:GB 50205—2020[S]. 北京:中国计划出版社,2020.

[38] 中华人民共和国住房和城乡建设部. 钢结构设计标准:GB 50017—2017[S]. 北京:中国建筑工业出版社,2017.

[39] 中交公路规划设计院有限公司. 公路钢筋混凝土及预应力混凝土桥涵设计规范:JTG 3362—2018[S]. 北京:人民交通出版社,2018.

[40] 中华人民共和国住房和城乡建设部. 建筑结构荷载规范:GB 50009—2012[S]. 北京:中国建筑工业出版社,2012.

[41] 中交一公局集团有限公司. 公路桥涵施工技术规范:JTG/T 3650—2020[S]. 北京:人民交通出版社,2020.

[42] 中交一公局集团有限公司. 公路隧道施工技术规范:JTG/T 3660—2020[S]. 北京:人民交通出版社,2020.

[43] 朱熙. 高速公路隧道施工中的超前支护技术[J]. 工程建设与设计,2021(23):181-183,229.

[44] 中华人民共和国住房和城乡建设部. 地下工程防水技术规范:GB 50108—2008[S]. 北京:中国计划出版社,2009.

后　　记

　　官新高速公路是呼北高速 G59 的重要组成部分,是《中华人民共和国国民经济和社会发展第十三个五年规划纲要》中明确的 165 项重大工程项目之一,也是国家扶贫重点工程建设项目。这个由湖南省高速公路集团、湖南建设投资集团、中交二航局等企业联袂打造的"超级工程",被称作湖南省桥隧比例最高、施工难度最大的高速公路建设项目,桥隧比例高达 74.8％,其中桥梁 106 座、隧道 22 座,全程基本上被桥、隧、路三分。

　　2019 年 11 月 5 日,官新高速公路开工建设;2023 年 12 月 19 日,官新高速公路通车运营。回眸往昔,官新高速公路建设的 4 年可谓同自然条件斗争的 4 年,项目沿线地形地貌复杂,穿越众多峭壁深壑,同一断面最大相对高差达 200 余米。沿线多为泥质板岩和砂质板岩,地质构造复杂,不良地质现象较普遍。

　　作为湖南省"七纵七横"高速公路网的重要组成部分,官新高速公路的建成通车,不仅实现了柘溪库区至安化县城的通行时间由"乘船坐车"的 3.5 h 缩短至 1 h,彻底解决了 30 万库区居民出行难题,还连接了怀化、安化、常德、娄底等地的公路系统,大大提升了湘中偏西北地区的通行效率,同时串联起柘溪水库、茶马古道、雪峰山脉、云台山等旅游资源,并畅联杭瑞高速(G56)、平洞高速(S20)、长芷高速(S50),对完善国家和湖南省高速公路网,助力当地乡村振兴,推动区域旅游产业发展,促进沿线地区乃至湖南省经济社会发展具有重要意义。

　　此外,官新高速公路的顺利通车运营,进一步增强了我国高速公路建设者的信心。未来,我国高速公路建设者将继续努力提升建造技术,克服新建高速公路桥隧比例高、施工难度大等困难,并以高标准、高要求为目标,以品质工程创建为抓手,持续抓好、抓实各项施工管理,努力打造高速公路品质工程。